U0927388

迈向新时代的反腐答卷

MAI XIANG XINSHIDAI DE
FANFU DAJUAN

吴建雄等◎著

湘潭大学出版社

图书在版编目（CIP）数据

迈向新时代的反腐答卷 / 吴建雄等著. -- 湘潭 : 湘潭大学出版社，2019.11
ISBN 978-7-5687-0370-3

Ⅰ. ①迈… Ⅱ. ①吴… Ⅲ. ①反腐倡廉—中国 Ⅳ. ①D630.9

中国版本图书馆 CIP 数据核字（2019）第 261810 号

迈向新时代的反腐答卷

MAI XIANG XINSHIDAI DE FANFU DAJUAN

吴建雄 等著

责任编辑：黄　琼
封面设计：李　平
出版发行：湘潭大学出版社
社　　址：湖南省湘潭大学工程训练大楼
电　　话：0731-58298960 0731-58298966（传真）
邮　　编：411105
网　　址：http://press.xtu.edu.cn/
印　　刷：长沙鸿和印务有限公司
经　　销：湖南省新华书店
开　　本：710 mm×1000 mm 1/16
印　　张：22
字　　数：371 千字
版　　次：2019 年 11 月第 1 版
印　　次：2021 年 5 月第 2 次印刷
书　　号：ISBN 978-7-5687-0370-3
定　　价：66.00 元

出版说明

反腐败既是关系到党和国家前途命运的重大政治任务，又是思想性、法律性、政策性和实践性很强的重大政治课题。站在两个一百年的历史交汇点上，总结中华人民共和国成立70年特别是党的十八大以来反腐败斗争的历史成就和基本经验，有着重要的现实意义。为此，我们编辑出版本书——《迈向新时代的反腐答卷》，该书获得2019年国家出版基金资助。

本书以中华人民共和国成立70年的反腐败斗争为前提，集中反映十八大至十九大召开的五年间，我们党以前所未有的勇气和定力推进全面从严治党和反腐败斗争所取得历史性、开创性成就，以及产生的全方位和深层次的影响。出版要求做到：一是理论性与实践性的统一。反腐败是党和国家的自我革命，在编撰中务求做到求真务实，不尚空谈，话语严谨。二是完整性与独立性的统一。全书以党的执政宗旨为逻辑起点，以中华人民共和国成立70年的反腐败历史进程为铺垫，以十八大至十九大召开前五年间反腐败历史成就为主题，以十九大之后的反腐败展望为依归。体系完整，又相对独立。三是特色性与原创性的统一。本书聚焦十八大以来反腐败斗争的阶段性成果，吸纳相关领导专家精彩独到、言简意赅的观点和话语，引用客观真实的案例数据，在编撰风格和编撰话语上体现腐败治理的时代特色。

本书由八个部分构成。导论“反腐败的时代答卷”为第一部分，从反腐败历史阶段、历史轨迹、思想传承三个维度，阐明中华人民共和国成立70年来反腐败斗争的历史发展进程。第一篇“反腐新理念”为第二部分，主要阐述反腐败零容忍的政治立场、党中央以上率下的政治示范和反腐败永远在路上的科学研判。第二篇“反腐新思想”为第三部分，主要阐明我们党在指导思想上坚持马克思主义的理论创新，坚持反腐败法治思维和法治方式，坚持理论与实践的紧密结合，坚持科学总结反腐败经验教训和客观规律。第三篇“反腐新战略”为第四部分，主要阐明反腐新战略的时代背景、基本内涵和反腐新战略的稳步推进。第四篇“反腐新动能”为第五部分，主要阐释在反腐败斗争中，夯实了管党治党政治责任，推进了纪检体制机制创新，深化了国家监察体制改革。第五篇“反腐新法度”为第六部分，主要检视了反腐败法规体系、反腐败保障体系、反腐败监督体系的制度完善。第六篇“反腐新成效”为第七部分，主要从执纪在前正党风、打虎拍蝇扬法威、国际猎狐布天网、社会向善新变化、改革创新展新局等方面反映了反腐倡廉的新成就。展望篇“新起点上的时代命题”为第八部分，主要以党的十九大召开为节点，阐述了新时代新征程上的反腐标识、反腐考量、反腐精神、反腐力量、反腐开局和反腐探思，以揭示新征程上续写人民满意的反腐败答卷的政治意蕴。

目　录

导论　反腐败的时代答卷

时代是出卷人，我们是答卷人，人民是阅卷人。

习近平总书记在学习贯彻党的十九大精神研讨班开班式上关于“出卷人、答卷人、阅卷人”的论述，深刻揭示了党在新的历史方位上实现新时代党的历史使命的重大责任。这一论述与他在庆祝中国共产党成立95周年大会上关于“赶考答卷”的论述一脉相承，他在“七一”讲话中深情地说：“1949年3月23日上午，党中央从西柏坡动身前往北京时，毛泽东同志说：‘今天是进京赶考的日子。’60多年的实践证明，我们党在这场历史性考试中取得了优异成绩。同时，这场考试还没有结束，还在继续。”①

2019年，是中华人民共和国成立70周年，也是执政的中国共产党不忘初心、拒腐防变的70年。在中国人民从“站起来”“富起来”到“强起来”的历史进程中，我们党领导的反腐败斗争，历经了三个历史时期的四个发展阶段，留下了不断探索、砥砺前行的足迹。中华人民共和国成立初期法制创立阶段的“运动反腐”，巩固了新生的国家政权。改革开放时期法制再建阶段的“对策反腐”和依法治国新阶段的“制度反腐”，有效保障了改革深化和科学发展。以党的十八大为节点，中国特色社会主义进入全面依法治国新时代。用法治思维和法治方式惩治腐败，反腐败斗争从量的积累迈向质的转变，不仅取得压倒性胜利，而且积累了一系列宝贵经验，保证了党和国家事业取得历史性成就、发生历史性变革。

---

① 习近平：《在庆祝中国共产党成立95周年大会上的讲话》，载《人民日报》2016年7月2日第2版。

一、从反腐败历史阶段看答卷

中华人民共和国成立70年的反腐败斗争与中国特色社会主义建设特别是法治中国建设同频共振。历经了三个历史时期的四个发展阶段，也就是："站起来"——中华人民共和国成立初期法制创立阶段，"富起来"——改革开放时期法制再建阶段和这一时期依法治国新阶段，"强起来"——伟大复兴新时代全面依法治国新阶段。

（一）中华人民共和国成立初期法制创立阶段的"运动反腐"（1949—1978）

1949年3月，毛泽东同志在中共七届二中全会上提出"两个务必"，揭开了党在全国执政背景下开展反腐倡廉、拒腐防变斗争的序幕①。中华人民共和国成立后的30年，是巩固稳定政权、全面建设社会主义历史时期，也是中华人民共和国社会主义法律制度初创时期。针对各地陆续暴露出党政机关内部的贪污、盗窃国家资财肆意挥霍现象和官僚主义问题，在法制建设刚刚起步的情况下，我们党继承延安整风的优良传统，采取群众运动方式开展反腐败斗争，有效遏制了党执政初期部分干部因政治身份变化而产生的腐败现象，巩固了新生的国家政权，维护了社会主义政治制度和经济制度，保障了社会主义改造和建设的顺利进行。主要有以下重要历史节点和重大事件：

1. 创建法律法规

1949年9月，中国人民政治协商会议第一届全体会议通过具有临时宪法作用的《共同纲领》，其规定：国家机关必须厉行廉洁的、朴素的、为人民服务的革命工作作风，严惩贪污，禁止浪费，反对脱离人民群众的官僚主义作风。根据这一规定，中央人民政府先后颁布了《中央节约检查委员会关于处理贪污、浪费及克服官僚主义错误的若干规定》和《中央节约

---

① 中国共产党对在全国执政以后拒腐防变的思考，实际上从延安整风时期就开始了。当时，毛泽东把郭沫若为纪念明朝末年李自成领导农民起义三百周年而写的《甲申三百年祭》作为整风文献，要求全党认真学习，吸取李自成起义失败的历史教训，防止李自成农民起义军失败的悲剧重演，对党的干部进行了一次艰苦奋斗、继续革命的教育。抗日战争胜利前夕，毛泽东在同黄炎培关于如何跳出历史周期率的"延安窑洞对话"中，提出了让人民来监督政府以避免"人亡政息"的新思路。

检查委员会关于追缴贪污分子赃款赃物的规定》。1951 年党中央作出《中共中央关于实行精兵简政、增产节约、反对贪污、反对浪费和反对官僚主义的决定》。1952 年 4 月 18 日，中央人民政府委员会第 14 次会议批准《中华人民共和国惩治贪污条例》。这些规定为这一时期反腐败斗争的进行提供了有力的法律武器。1954 年 9 月 20 日，第一届全国人民代表大会通过《中华人民共和国宪法》，以根本法的定位和人民民主原则的确立，构筑了中国社会主义制度的“四梁八柱”，为反腐倡廉、巩固党的执政地位提供了根本保障。

2. 建立反腐败机构

1949 年 11 月，中央作出《关于成立中央及地方各级党的纪律检查委员会的决定》，各中央局和省市开始建立纪律检查机构。全国县以上各级纪律检查机构也在 1952 年 11 月以前全部建立。1955 年党的全国代表大会通过《关于成立党的中央和地方监察委员会的决议》，决定将纪律检查委员会改为监察委员会。监察委员会的成立，表明党内专门监督机构的职权扩大、地位提高。根据《共同纲领》和《中央人民政府组织法》的规定，1949 年 10 月 1 日，中央人民政府最高人民检察署和中华人民共和国同时诞生，查办贪污腐败案件成为检察机关的重要职能之一。

3. 整风、整党运动

针对党内存在的思想不纯和组织不纯等方面的突出问题，为加强党的组织建设和作风建设，中央决定从 1951 年 5 月到 12 月，在全党进行一次大规模的整风运动。1953 年继续进行整党运动。经过整风整党，共有 32.8 万人离开党的组织，其中 23.8 万混入党内的各种坏分子和蜕化变质分子被清除出党，9 万多人自愿或被劝告退党①。1956 年 9 月召开的党的八大，强调必须进行反对腐化堕落现象的斗争。开展了以农村为重点的克服官僚主义、改进干部作风、克服贪污浪费等腐败现象的新“三反”运动，在县级以上机关和企事业单位开展反贪污、反投机倒把、反铺张浪费、反官僚主义、反分散主义的新“五反”运动。

4.“三反”“五反”运动

针对中华人民共和国成立初期增产节约运动中一些经济管理部门贪污

① 参见中共中央党史研究室：《中国共产党简史》，中共党史出版社 2001 年版，第 107 页。

国家资财的腐败案频发的现象，1951 年 12 月，中央决定在党政机关工作人员中开展一场反贪污、反浪费、反官僚主义的“三反”和“反行贿、反偷税漏税、反盗骗国家财产、反偷工减料、反盗窃国家经济情报”的“五反”运动。“三反”期间，揭发出有贪污行为者 1226984 人，其中判处有期徒刑的 9942 人，判处无期徒刑的 67 人，判处死刑缓期二年执行的 9 人，判处死刑立即执行的 42 人①。在全国县处级以上干部中，贪污 1000 万元（旧币）的共有 10 万多人。

其中以对曾经有功于革命、但因堕落而沦为大贪污犯的原天津地委书记刘青山、专员张子善的处决影响最大。刘、张参加革命 20 多年，在战争中进行过英勇斗争，却在全国胜利后两年多的和平环境中，从革命功臣堕落到成为大贪污犯。正义的枪声震彻了华夏大地，挽救了大批党的干部，至今仍回荡不息。

（二）改革开放时期法制再建阶段的“对策反腐”（1978—1997）

1978 年 12 月，具有重要历史意义的中共十一届三中全会的召开，结束了长达十年之久的“文化大革命”，我国进入了改革开放的新时期。以全面修宪和大规模立法为引领，国家法制建设得以恢复重建。党的十三届四中全会特别是党的十四大以后，我国改革开放和现代化建设事业进入了一个新的发展阶段。在经济体制转型发展、建立社会主义市场经济的关键时期，腐败与反腐败的较量日渐突出。邓小平同志强调：“搞四个现代化一定要有两手，只有一手是不行的。所谓两手，即一手抓建设，一手抓法制”，“整个改革开放过程中都要反对腐败”。为此，在修宪中恢复了“健全社会主义法制”的提法。十四届中央纪委二次全会，首次作出“反腐败斗争的形势是严峻的”重大判断。改革开放后，来势汹涌的腐败和对腐败坚决有力的回击和遏制，使这一阶段的反腐败斗争具有明显的应急性、对策性特征。主要有以下重要历史节点和重大事件：

1. 反腐机构恢复重建

党的十一届三中全会选举产生了中央纪律检查委员会。随后，全国县

---

① 参见《中国反贪调查》编辑委员会：《中国反贪调查》（第 1 卷“决策与改革”），中国检察出版社 2004 年版，第 125－131 页。

以上各级党委都建立了纪律检查委员会，中央、省市纪律检查委员会向国务院、省市人民政府各个部门派驻了纪检组。1982 年党的十二大通过的党章规定：纪律检查委员会由同级党的代表大会选举产生，各级纪律检查委员会接受“双重领导”，从而确立了“双重领导体制”。五届全国人大一次会议决定重新设置人民检察院。从 1978 年至 1983 年，全国县以上地方人民检察院全部设立，其经济检察和法纪检察是法定反腐败职能。

2. 惩治严重经济犯罪

1982 年 1 月，针对广东省和其他地方存在的干部甚至负责干部严重的走私、贩私、贪污受贿等严重犯罪问题的情况，中共中央发出坚决同严重破坏经济的犯罪活动作斗争的《紧急通知》。3 月 8 日，第五届全国人大常委会第 22 次会议作出《关于严惩严重破坏经济的罪犯的决定》。随后，中共中央、国务院颁布《关于打击经济领域中严重犯罪活动的决定》。最典型的案件有：黑龙江省宾县燃料公司经理王守信私设小金库；海丰县委原书记王仲利用职权侵吞缉私物资、受贿索贿；海丰县委原副书记叶妈坎利用分管沿海渔业生产的便利条件，煽动、策划渔民进行走私的经济犯罪案件。审判机关公开审判后，三名罪犯被依法执行枪决。

3. 三年半“整党”

1982 年 9 月 1 日至 11 日党的十二大决定，从 1983 年下半年开始，用三年时间分期分批对党的作风和党的组织进行一次全面整顿，以实现党风根本好转。整顿的主要任务是纠正利用职权和工作条件谋取私利的歪风和纠正对党对人民不负责任的官僚主义作风。整党和纠正不正之风的三年间，先后有 33896 人被开除党籍，90069 人不予登记，145456 人缓期登记，184071 人受留党察看、撤销党内职务和向党外组织建议撤销党外职务、严重警告、警告等党纪处分①。

4. “八千人大会”

1986 年 1 月 6 日至 1 月 9 日，中共中央书记处在北京召开中央机关干部大会。中央党政机关、北京市的领导干部共八千多人出席大会。这次会

① 参见《中国反贪调查》编辑委员会：《中国反贪调查》（第 1 卷“决策与改革”），中国检察出版社 2004 年版，第 127 页。

议被称为“八千人大会”。会上中央号召党政机关的全体党员、干部在端正党风中做全国的表率，中央成立中央机关端正党风领导小组。中共中央、国务院和中办、国办先后出台《关于进一步制止党政机关和党政干部经商、办企业的规定》等一系列文件，要求各级党委和政府坚决贯彻落实，做到令行禁止，对拒不执行的，要严肃处理，并追究领导责任。

5. 群众关心的“七件事”

1989 年政治风波平息以后，针对腐败现象的滋生和蔓延，国内外敌对势力则借机渲染夸大，妄图否定党的领导、推翻社会主义制度的现实状况，中共中央政治局于 1989 年 7 月 28 日举行全体会议，通过《中共中央、国务院关于近期做几件群众关心的事的决定》，庄严承诺，一定要做好七件人民群众关心的事：一、进一步清理整顿公司，惩治腐败、解决分配不公问题；二、坚决制止高干子女经商；三、取消对领导同志少量食品的“特供”；四、严格按规定配车，禁止进口小轿车；五、严格禁止请客送礼；六、严格控制领导干部出国；七、严肃认真地查处贪污、受贿、投机倒把等犯罪案件，特别要抓紧查处大案要案。该决定昭示了中国共产党坚定不移惩治腐败的鲜明态度和坚定决心。

6.“两高”通告

1989 年 8 月 15 日，最高人民法院、最高人民检察院根据中央“关于做好群众关心的七件事”的要求，联合发布《关于贪污、受贿、投机倒把等犯罪分子必须在限期内自首坦白的通告》。通告发布以后，群众举报大量增加，腐败犯罪分子纷纷投案自首。据统计，从 8 月 15 日至 10 月 31 日，人民群众向检察机关举报的线索有 133765 件，到检察机关投案自首的贪污、贿赂犯罪分子有 25544 人，追缴的贪污、贿赂款有 2.09 亿元。在投案自首的人员中，有县处级以上干部 742 人，司局级干部 40 人，省部级干部 2 人①。

7. 三项工作格局

1993 年 8 月，中纪委第二次全会强调，反腐败重点要放在党政领导机

---

① 参见《最高人民检察院工作报告》（第七届全国人民代表大会第三次会议，刘复之，1990 年 3 月 29 日），载最高人民检察院网，最后访问日期：2019 年 5 月 14 日。

关、行政执法机关、司法机关和经济管理部门，即“三机关一部门”。10月，中共中央、国务院颁布《关于反腐败斗争近期抓好几项工作的决定》。要求抓好三项工作：一是党政机关领导干部带头廉洁自律，并对县处级以上领导干部作出了五条规定；二是查办一批大案要案；三是狠刹几股群众反映强烈的不正之风，从而形成了反腐败三项工作格局。

8．查办大案要案

根据三项工作中查办一批大案要案的要求，1993 年 9 月至 1994 年 3 月，出现了新一轮反腐败高潮，全国查办贪污贿赂案件 22220 件。其中，社会震动和影响最大的案件，当属陈希同与王宝森案。北京市原常务副市长王宝森贪污公款自杀身亡，身为中共中央政治局原委员、北京市委原书记的陈希同引咎辞职。中央纪委根据陈希同涉嫌贪污、渎职等问题决定开除其党籍，经检察机关立案侦查并提起公诉，陈希同被依法判处有期徒刑十六年。此外，以首都钢铁公司原总经理助理、北京钢铁公司党委原书记管志诚为首的“首钢腐败窝案”，山东省泰安市委原书记胡建学大搞“权力黑市”收受巨额贿赂案，贵州省公安厅原厅长郭政民利用职权非法批准他人办理出境通行证等受贿案也产生重大社会影响①。

9．“三讲”教育

1995 年，中央决定在全国县级以上党政领导班子和领导干部中，开展为期三年讲学习、讲政治、讲正气的“三讲”教育。这是我们党为加强自身建设而进行的新的创造性的探索。

（三）改革开放时期依法治国新阶段的“制度反腐”（1997—2012）

依法治国新阶段的“制度反腐”，是“对策反腐”的定型和发展。党的十五大提出“依法治国、建设社会主义法治国家”，并对党风廉政建设和反腐败斗争作了新的部署。建立“党委统一领导，党政齐抓共管，纪委组织协调，部门各负其责，依靠群众支持和参与”的反腐败领导体制和工作机制。强调“坚持标本兼治，教育是基础，法制是保证，监督是关键”，“通过深化改革，不断铲除腐败现象滋生蔓延的土壤”。党的十六大提出

① 管志诚被依法判处死刑、胡建学、郭政民被依法判处死刑，缓期二年执行。

“依法执政”的概念。十一届全国人大四次会议宣布中国特色社会主义法律体系已经形成，标志着依法治国的基本方略，依法执政的基本方式和以宪法为统帅、法律为主干，由法律、行政法规、地方性法规等多层次法律规范构成的法律体系基本确立。针对腐败呈现出主体多元化、集团化和形态多样化、广泛化的趋势，我们党以法律制度和惩防体系建设为抓手，开启了惩防并举的“制度反腐”新阶段。主要有以下重要历史节点和重大事件：

1. 对政法机关的整顿

1998 年针对腐败现象侵蚀到执法、司法领域的问题，中央决定在全国政法机关开展为期 8 个月的教育整顿行动。通过整顿，法院系统 8110 余件错案得到改判，4701 名违法违纪干警受到依法处理，131 人被追究刑事责任；检察机关复查出错案 1454 件，1255 件得以纠正。同时严肃查处了军队武警与司法机关经商、走私护私等腐败行为，为此中央决定在政法领域实行收支“两条线”政策。据统计，军队、武警部队和政法机关共撤销企业 19241 户，移交 6419 户，解除挂靠关系 5557 户，取得良好的整顿效果①。

2. 世纪之交的反腐要案

世纪之交的三四年间，有影响、社会震动大的要案频频曝光，给人民群众以极大鼓舞。1998 年，涉案金额过百亿、涉案人员过百人的湛江特大走私受贿案被依法查处，广西壮族自治区政府原副主席徐炳松、广东省人大原副主任于飞、河北省人大常委会原副主任姜殿武等高级领导干部索贿受贿受到法律追究。1999 年，中纪委、最高人民检察院依法查处了浙江省宁波市委原书记许运鸿滥用职权、徇私舞弊案，江西省原副省长胡长清索贿受贿案，湖北省原副省长孟庆平受贿案。2000 年，全国人大常委会原副委员长成克杰伙同情妇收受贿赂 4000 多万元被判处死刑，成为中华人民共和国成立以后被处决的职务最高的腐败分子。重庆市人大常委会原副主任秦昌典和政协原副主席王式惠严重渎职犯罪案、福建厦门特大走私案等一批大案要案受到查处。2001 年，公安部原副部长李纪周收受巨额贿赂被判

① 参见《共和国反贪回眸》，载《中国反腐论坛》2017 年第 1 卷，第 35 页。

处死刑、缓期二年执行；云南省原省长李嘉廷、河北省原副省长丛福奎严重违法犯罪被依法查处；年末，辽宁省沈阳市委原副书记、原市长慕绥新和市委原常委、原常务副市长马向东等人因严重违法犯罪被依法立案查处，分别被依法判处死刑、死刑缓期二年执行，其他14名罪犯也受到了法律的严厉惩罚。①

3. 惩防体系纲要与法规制度建设

2005年11月，中共中央颁布《建立健全教育、制度、监督并重的惩治和预防腐败体系实施纲要》，初步形成以党章为核心、以监督条例为主干、以配套规定和其他监督规范为重要补充的党内监督法规制度体系。颁布《中国共产党党员权利保障条例》《关于中共中央纪委派驻纪检组履行监督职责的意见》等，逐步完善规范国家工作人员从政行为、不断充实违纪违法行为惩处体系。颁布《中华人民共和国公务员法》等促进国家工作人员廉洁自律。颁布《中国共产党纪律处分条例》《关于实行党政领导干部问责的暂行规定》等。通过制度改革解决导致腐败现象发生的深层次问题，如通过建设专门监督体制、司法体制、行政审批制度、干部人事制度、财政税收体制、投资体制、金融体制、竞争体制改革八大反腐倡廉体制机制，从源头上防治腐败；加强反腐败国家立法，出台《刑法修正案（七）》和《刑法修正案（八）》，修改《刑事诉讼法》《行政监察法》等法律，制定或修订《关于实行党风廉政建设责任制的规定》等党内法规，反腐倡廉法规制度体系基本形成。

4. 重点查办领导干部腐败案件

根据中央部署，重点查办领导机关和领导干部滥用职权、贪污贿赂、腐化堕落、失职渎职案件，数额巨大、影响恶劣的案件以及发生在群众身边的腐败案件。2007年11月至2012年6月，全国纪检监察机关共立案643759件，结案639068件，给予党纪政纪处分668429人。涉嫌犯罪被移送司法机关处理24584人。全国共查办商业贿赂案件81391件，涉案金额222.03亿元②。查办大要案件被放在突出位置，坚决查处了中央政治局原

---

① 参见《共和国反贪回眸》，载《中国反腐论坛》2017年第1卷，第37页。

② 参见《中共中央纪律检查委员会向党的第十八次全国代表大会的工作报告》（2012年11月14日中国共产党第十八次全国代表大会通过），载《人民日报》2012年11月20日第2、5版。

委员、上海市委原书记陈良宇，国家食品药品监督管理局原局长郑筱萸，铁道部原部长刘志军，深圳市原市长许宗衡，中央政治局原委员、重庆市委原书记薄熙来等，其中，郑筱萸被判处死刑。建立健全了防逃追逃追赃机制，协调有关部门成功将赖昌星等一批外逃的重大案件涉案人员缉捕归案①。

（四）新时代全面依法治国新阶段的“法治反腐”（2012 年至今）

以党的十八大为历史节点，中国特色社会主义进入新时代。党的十八届三中全会提出推进法治中国建设的重大命题。十八届四中全会通过《中共中央关于全面推进依法治国若干重大问题的决定》。以习近平同志为核心的党中央把反腐败斗争摆到前所未有的新高度，将其作为“必须抓好的重大政治任务”②，并纳入四个全面战略布局。深化标本兼治方针，深化纪检监察体制改革，深化党和国家监督体系建设，加强反腐败国家立法，强调以法治思维和法治方式惩治腐败，让法规制度刚性运行，突出纪在法前、纪严于法，党纪与国法相辅相成、相互促进、相互保障③，一体推进不敢腐、不能腐、不想腐，“反腐败斗争从量的积累迈向质的转变，取得压倒性胜利，保证了党和国家事业取得历史性成就、发生历史性变革”④。

1. 强化不敢腐的震慑

“正风”扫顽疾。2012 年 12 月，中共中央政治局会议审议通过改进工作作风、密切联系群众的八项规定。以习近平同志为核心的党中央率先垂范、以上率下，各级纪检监察机关强化监督执纪问责，狠抓中央八项规定精神落实，对“四风”问题坚决露头就打，推动风气产生根本转变。截至

① 参见《中共中央纪律检查委员会向党的第十八次全国代表大会的工作报告》（2012 年 11 月 14 日中国共产党第十八次全国代表大会通过），载《人民日报》2012 年 11 月 20 日第 1、5 版。

② 引自《习近平在十八届中央纪委二次全会上发表重要讲话强调更加科学有效地防治腐败坚定不移把反腐倡廉建设引向深入》，载《人民日报》2013 年 1 月 23 日第 1 版。

③ 参见习近平：《中共十八届三中全会在京举行》，载《人民日报》2013 年 11 月 13 日第 1 版。

④ 江金权：《新中国成立 70 年来反腐败斗争的经验与启示》，载《中国纪检监察报》2019 年 9 月 26 日。

2017年底，全国累计查处违反中央八项规定精神问题17万多起，处分13万多人。平均每天因违反中央八项规定精神被查处的问题超过100起。“打虎”无禁区。2013年至2017年6月底，共立案审查中管干部280多人。李春城、苏荣、徐才厚、周永康、令计划、郭伯雄等省部级和国家级领导干部受到党纪国法的制裁。此外，还查处厅局级干部8600多人、县处级干部6.6万人。全国纪检监察机关给予纪律处分超过119万人，依纪依法查处乡科级及以下党员干部134.3万人，农村党员干部64.8万人。与此同时，还开展了“猎狐”行动。从90多个国家和地区追回外逃人员近3000人。①

2. 筑牢不能腐的笼子

为深入贯彻《中共中央关于全面推进依法治国若干重大问题的决定》，着力于形成完备的法律规范体系、高效的法治实施体系、严密的法治监督体系、有力的法治保障体系、完善的党内法规体系，党中央先后制定和修订了100余部党内法规，基本形成以党章为根本，以民主集中制为核心，以《关于新形势下党内政治生活的若干准则》《中国共产党廉洁自律准则》《中国共产党党内监督条例》《中国共产党纪律处分条例》等法规为主干的党内法规制度体系。在形成完备的法律规范体系方面，2015年第十二届全国人民代表大会常务委员会第十六次会议通过《中华人民共和国刑法修正案（九）》，加大了惩戒腐败力度②。在反腐败国家立法方面，2018年3月，十三届全国人大一次会议通过《中华人民共和国宪法修正案》，将监察体制改革的反腐败体制机制成果用根本大法的形式固定下来；同时通过《中华人民共和国监察法》，标志着我国反腐败立法从无到有，用法治思维和法治方式惩治腐败走向制度化、规范化。2018年10月26日，十三届全国人大常委会第六次会议通过关于修改《中华人民共和国刑事诉讼法》的决定以及通过《中华人民共和国国际刑事司法协助法》，实现了国家刑事法律与国家监察法律紧密衔接。党纪法规的不断健全，使不能腐的笼子越扎越牢。

---

① 参见《党的十八大以来大事记》，载《人民日报海外版》2017年10月16日第3版。

② 如规定重大贪污犯罪“终身监禁”，修改贪污受贿犯罪的定罪量刑标准，严格规定行贿罪从宽处罚条件。

3. 增强不想腐的自觉

在全面从严治党中筑牢不想腐的堤坝。2014年10月8日，习近平总书记在党的群众路线教育实践活动总结大会讲话中首次提出“全面推进从严治党”。围绕全面从严治党，先后开展了群众路线教育实践、“三严三实”“两学一做”教育实践三大专题教育活动。2013年6月至2014年10月，全党集中开展党的群众路线教育实践活动，广大党员干部“照镜子、正衣冠、洗洗澡、治治病”，剖析问题、深挖根源，受到了一次深刻的思想洗礼和严格的党性锻炼；2015年4月至2016年2月，“三严三实”专题教育在县处级以上领导干部中集中开展，“关键少数”聚焦不严不实问题，不等不拖、立行立改，进行了又一次集中“加油”和“补钙”；从2016年2月开始，“两学一做”学习教育在全体党员中深入开展。一次又一次的集中学习教育，让广大党员、干部精神上“返璞归真”，坚定理想信念、坚守共产党人精神家园，不断夯实廉洁从政的思想道德基础，筑牢拒腐防变的思想道德防线。① 2019年6月，在全党开展“不忘初心，牢记使命”主题教育，引导广大党员干部保持为民务实清廉的政治本色，自觉同特权思想和特权现象作斗争，坚决预防和反对腐败②。

二、从反腐败历史轨迹看答卷

中华人民共和国成立70年以来，我们党始终把反腐败作为严肃政治斗争摆在突出位置。在历史方位转换、体制转轨、环境转变中，我们党不断深化对制度反腐作用的认识，不断总结实践的经验教训，最终实现从运动反腐到法治反腐的历史性跨越，实现制度治党、依规治党和依法治国、依法治权的有机结合。留下了不断探索前进的历史轨迹，凸显出中国特色社会主义法治框架下惩治和预防腐败的特点和规律。

（一）从反腐“运动”到反腐“法制”

反腐“运动”作为中华人民共和国成立初期法制创立阶段的反腐败斗

① 参见温红彦等：《坚决打赢反腐败这场正义之战——党的十八大以来反腐败斗争成就述评》，载《人民日报》2017年9月18日第1版。

② 习近平：《在“不忘初心、牢记使命”主题教育工作会议上的讲话》，载新华网，最后访问日期：2019年6月30日。

争方式，是由特定的历史条件和历史环境所决定的。中华人民共和国成立之初，中国共产党成为执政党。面对从“革命”到“执政”的转变，一些党员干部的个人主义、享乐主义、官僚主义等思想开始蔓延，贪污、浪费等腐化案件接连发生，严重威胁着新生的国家政权，开展一场大规模的反腐败斗争势在必行。1951 年，毛泽东在为中央起草的重要指示中说：“反贪污反浪费一事，是全党一件大事，我们已告诉你们严重地注意此事。我们需要来一次全党的大清理，彻底揭露一切大中小贪污事件，而着重打击大贪污犯，对中小贪污犯则取教育改造不使重犯的方针”，“应把反贪污、反浪费、反官僚主义的斗争看作如同镇压反革命的斗争一样的重要，一样的发动广大群众包括民主党派及社会各界人士去进行，一样的大张旗鼓去进行”[①]，从而奠定了“运动反腐”的总基调。“三反”“五反”等“运动反腐”的突出特征是：通过最高领导的意志推动，形成群众运动高压态势；有限的法律只能作为实体处置案件的依据和标准，靠行政手段主导，缺乏必要的程序性、规范性和可控性。党执政初期经验不足、法制尚不健全，唯有战争时期革命传统可资借鉴，“反腐运动”彰显了我们党不忘初心、拒腐防变的坚定立场：敲响了党在长期执政的条件下必须正确对待手中的权力、防止权力执掌者由“人民的公仆变成人民的主人”[②] 的警钟，有效地巩固和稳定了新生政权，保障了全面建设社会主义的开展。

反腐“法制”是对改革开放法制再建时期和依法治国新阶段反腐方式的总体概括，是中华人民共和国成立初期法制初创阶段反腐“运动”方式的重大调整。改革开放初期，党的十一届三中全会在深刻吸取“文化大革命”的惨痛教训的基础上，把法制建设摆在突出位置，指出：“为了保障人民民主，必须加强社会主义法制，使民主制度化、法律化，使这种制度和法律具有稳定性、连续性和极大的权威。”邓小平同志强调：“搞四个现代化一定要有两手，只有一手是不行的。所谓两手，即一手抓建设，一手

---

① 参见中共中央文献研究室：《建国以来重要文献选编》（第 2 册），中央文献出版社 2011 年版，第 442 页。

② 1891 年，恩格斯在《法兰西内战》的导言中，进一步阐发了马克思的“公仆”思想，强调要“防止国家和国家机关由社会公仆变为社会主人，这种现象在至今所有国家中都是不可避免的”。转引自刘靖北：《永葆人民公仆的政治本色》，载《文汇报》2016 年 11 月 11 日第 5 版。

抓法制。”为此，在修宪中恢复了“健全社会主义法制”的提法。以江泽民同志为核心的党中央针对改革开放经济高速发展、体制转型，权钱结合的腐败现象死灰复燃、滋生蔓延的现象，确立了“坚持标本兼治，教育是基础，法制是保证，监督是关键”[①]的反腐方针，提出了“领导干部要带头廉洁自律，查办一批大案要案，狠刹几股群众反映强烈的不正之风”三项任务。要求全党同志和全体干部都要按照宪法、法律、法令办事。强调“反腐败斗争是加强党的建设和政权建设的重要工作，必须在党委统一领导下，党政一齐抓，持续不断地抓，主要领导同志亲自负责。党政同心同德，各方面协调一致，形成整体合力”[②]。决定党的纪检机关与行政监察机关合署办公，检察机关组建反贪机构，加强反腐败执纪执法队伍建设，反腐败体制机制进一步健全。反腐“法制”的一个共同特点是摒弃了群众运动的工作方式，将反腐败纳入党的建设和法治建设的轨道上。

（二）从反腐“法制”到反腐“法治”

从反腐“法制”到反腐“法治”，是反腐败斗争方式与法治建设同步发展的重要体现。“法制”即法律制度[③]。这是十一届三中全会之后法学领域和法律实务界最流行的概念。而“法治”则是党的十五大提出“依法治国”方略后，由“法制”演变而来的。“法制”和“法治”虽然只有一字之差，其内涵和意义却有很大不同。第一，“法制”是一个静态的概念，而“法治”却是动态的，目标性和针对性更强，“法治”包容了“法制”。第二，法制一般指国家法律和行政法规；法治把党纪党规也纳入其中，强调的是党纪与国法的共同之治。第三，“法治”意味着法律至上，依法而治，依法治权、治官；不仅要有完备的法律体系和制度，而且要有完备的法律实施体系和保障体系，要树立法律的权威。

改革开放法制再建时期的“对策反腐”和“依法治国”新阶段的“制度反腐”，都属于“法制”反腐的范畴。邓小平强调，要保持党和国家

---

① 参见《江泽民文选》（第2卷），人民出版社2006年版，第46页。

② 参见《江泽民文选》（第1卷），人民出版社2006年版，第249页。

③ 董必武说：“现在世界上对法制的定义，还没有统一的、确切的解释，我们望文思义，国家的法律和制度，就是法制。”这是对“法制”的权威解释。

的长治久安，避免“文化大革命”那样的悲剧重演，必须从制度上解决问题，“还是要靠法制，搞法制靠得住些”[①]。以江泽民同志为核心的党中央在强调“治国必先治党，治党务必从严”的同时，提出了“坚持标本兼治，教育是基础，法制是保证，监督是关键”[②]的反腐败工作方针。在纪念建党八十周年大会上，江泽民进一步指出，“要深刻认识反腐败工作的长期性、艰巨性和复杂性，既要树立持久作战的思想，又要抓紧当前的工作。坚持标本兼治、综合治理的方针，从思想上筑牢拒腐防变的堤防，同时通过体制创新努力铲除腐败现象滋生的土壤和条件，加大从源头上预防和解决腐败问题的力度”[③]。以胡锦涛为总书记的中央领导集体把从严治党和依法治权紧密结合起来，将反腐败方针深化为“标本兼治、综合治理、惩防并举、注重预防”，并创造性地提出反腐倡廉建设的概念。强调“建立结构合理、配置科学、程序严密、制约有效的权力运行机制，从决策和执行等环节加强对权力的监督”[④]。颁布实施《中国共产党党内监督条例》和《建立健全教育、制度、监督并重的惩治和预防腐败体系实施纲要》，反腐败斗争各环节、各层次、各方面工作普遍被制度化、规范化。这充分说明了我们党对运用法律制度推进反腐败斗争的清醒认识，对建设社会主义法治国家的坚定决心和基本思路。法制反腐从某种意义上说，是改革开放法制再建和依法治国新阶段中国特色社会主义法治建设的重要体现和重要组成部分。

全面依法治国新时代的法治反腐，反映了从“依法治国”到“全面依法治国”，从“从严治党”到“全面从严治党”的重大转变，是对法制再建时期对策反腐、依法治国新阶段制度反腐经验教训的科学总结。反思中华人民共和国成立初期和改革开放时期的反腐方式：法制初创时期的运动反腐重在群众参与，注重发挥社会监督的优势，有利于形成反腐倡廉的社会氛围。但这种方式以阶段性治标为价值取向，难以将治标与治本统一起

① 参见《邓小平文选》（第3卷），人民出版社1993年版，第379页。

② 参见江泽民：《论党的建设》，中央文献出版社2001年版，第267页。

③ 参见江泽民：《在庆祝中国共产党成立八十周年大会上的讲话》，载《人民日报》2001年7月2日第1版。

④ 参见张德友：《党内监督概论》，湖南人民出版社2004年版，第211页。

来，没有针对反腐败斗争长期性、复杂性和艰巨性的主要特点，一些掩盖在腐败现象下的社会更深层的问题难以得到解决。法制再建时期的对策反腐的突出特点是，法制建设快速起步但与反腐败斗争需要不相适应；通过领导者的意志推动，出台应急性的政策规范开展反腐败工作，虽然具有便捷高效的优势，但由于受法律资源的限制，人治的因素较为明显，因而缺乏持久性和稳定性，对腐败的治理容易因领导者注意力的转移而转移。依法治国新阶段的制度反腐虽然注重了法律制度建设，但尚未将法律制度上升到统摄和治理的地位，仍然具有较强的“人治”色彩，在社会变迁程度逐渐加大、腐败总体趋势更为复杂多样的情况下，制度体系的构建很难做到内容上的完整和结构上的严密，从而出现制度成为“稻草人”“纸老虎”的现象。特别是在反腐实践中，当法律与当权者的个人意志发生冲突时，容易出现个人意志凌驾于法律之上的现象。

新时代法治反腐的优势在于：第一，为全面从严治党提供了新的支点。通过反腐立法将党的主张变为国家意志，把党对反腐败工作的统一领导机制和反腐败斗争中形成的新理念、新举措和新经验以法律形式固定下来，确保党牢牢掌握反腐败斗争领导权。第二，为“永远在路上的反腐败斗争”扫清了路障。通过反腐立法破解各自为政、力量分散的现实问题，实现了对所有行使公权力的公职人员的监察全覆盖，使依规治党与依法治国、党内监督与国家监督、党的纪律检查与国家监察有机统一，从而织密反腐法网，形成反腐无死角的格局。第三，为营造良好政治生态注入了活力。监察法以法治的规范性和约束力推动全面从严治党，全面发挥惩治、预防、教育、挽救的功能，以良好政治文化涵养风清气正的政治生态，引导国家公职人员提高自我净化能力。

（三）从“阶段高压”到“持续高压”

高压反腐作为我国反腐败斗争的基本战略，中华人民共和国成立以来特别是改革开放以来，经历了从阶段性“高压”到持续性“高压”的重要变化。“阶段高压”一般有一个时间段，通过对腐败现象的集中惩治，遏制其高发多发势头并释放“不敢腐”的威慑力。但由于其客观存在的不确定性和短期性，极易出现“风暴”过后腐败反弹现象。“持续高压”则是高压反腐的常态化、规范化；习近平关于“无禁区、全覆盖、零容忍，重遏制、强高压、长震慑”的十八字“金句”，是对“持续高压”最全面、最精准的阐释。

从“阶段高压”到“持续高压”，不同阶段有着各自的特点，折射出从“制度之治”到“法治之治”的变迁。改革开放法制再建时期，强力反腐所形成的高压态势，通常查办的是掌握实权的基层和中层干部腐败案件[①]，总体上说，对象主要还是“苍蝇”，很少抓“老虎”。依法治国新阶段，制度反腐所形成的高压态势，把力量集中在“查办大案要案”上。这与依法治权、治官的法治精神相吻合。消除了人们心中“刑不上大夫”的隐忧，彰显了党和国家反腐败的坚强决心，但容易形成“抓大放小”的法治隐患。全面依法治国新时代，法治反腐所形成的高压态势则强调既打“老虎”又打“苍蝇”，两者不可偏废。一方面表现为：对位高权重的“老虎”依法施以重拳，通过将其从马上一个个拉下，打掉腐败分子的嚣张气焰，在彰显法律的刚性威慑力和尊严的同时，坚定全社会反腐败信心。另一方面表现为：以法律为依据，对腐败零容忍，通过动辄则咎、抓早抓小，彻底打消“苍蝇”的侥幸心理和从众心理，将更多的小腐败消灭在萌芽状态，使法纪真正成为任何人都不可触碰的带电高压线和任何权力都不可逾越的底线。

新时代法治反腐从某种意义上说，是通过“持续高压”也就是持之以恒、常抓不懈的“打虎拍蝇”来实现的。“老虎”“苍蝇”一起打的法理逻辑在于，如果只重视拍“苍蝇”而轻视捉“老虎”，则会养痈遗患，导致一些地区、部门法律和制度的重要关卡失守，严重动摇党的执政基础。如果只注重打“老虎”而忽视灭“苍蝇”，“苍蝇”的滋生与肆虐就会严重败坏党风政风，污染社会风气；大量事实证明，“老虎”与“苍蝇”不是孤立存在的，往往有着紧密的利益输送和利益交换关系。“老虎”与“苍蝇”历来是搭帮结伙的利益共同体，一只“老虎”的周围，

---

① 这一时期，开展了打击严重经济犯罪活动的斗争，对党的作风和党的组织进行全面整顿，各级纪委纠正群众反映强烈的不正之风，查处招生、提干、出国、建房分房中以权谋私和公款请客送礼、挥霍浪费等问题，清理党政机关和党政干部经商、办企业的问题和利用价格“双轨制”牟利、“倒买倒卖”或“官倒”式腐败问题。

必然围绕一群“苍蝇”；“苍蝇”需要以“老虎”为靠山，“老虎”需要“苍蝇”来生存。只有“老虎”“苍蝇”一起打，形成联动效应，才能破解“老虎”与“苍蝇”的共生关系，产生“老虎”“苍蝇”一窝端的治理效应。

（四）从“多龙治水”到“攥紧拳头”

“多龙治水”是我国反腐败职责分布于多个执纪执法机构的一种状态描述。“攥紧拳头”则是指通过深化国家监察体制改革，聚指成拳，建立起集中统一权威高效的反腐败组织体制和工作机制。改革开放以来，随着经济社会的发展以及民主法制建设和反腐败斗争的推进，党的纪检机关、行政监察机关、检察机关和审计等行政执法机关都负有反腐职责。这些机构均恢复或建立于改革开放法制再建时期，是依法治国新阶段和全面依法治国新时代反腐败斗争的组织保障。但是，这种“多龙治水”的体制，随着十八大以来“四个全面”战略布局的实施以及国家治理体系和治理能力现代化的推进，出现了许多“不适应”的问题。这些问题主要表现在：监督力量分散，对腐败的打击防范不力；监督权力隶属部门和地方，反腐效能受到制约；日常监督难以到位，非党公职人员监督缺位等。这些体制机制上的弊端，为腐败滋生、蔓延提供了条件和机会，降低了对权力异化的防控和对腐败查处的效能。

以习近平同志为核心的党中央着眼于“四个全面”战略布局协调推进，立足于“反腐败永远在路上”的战略研判，把深化国家监察体制改革，组中华人民共和国成立家监察委员会，建立权威高效的反腐败专门机构列为党中央机构改革方案的第一条。此项改革于党的十八届六中全会之后依相关法定程序启动，先是在北京、山西、浙江三地试点，经过一年的实践探索并取得经验后，于2018年11月在全国推开。2018年3月，十三届全国人大一次会议通过了《中华人民共和国宪法修正案》和《中华人民共和国监察法》，国家监察委员会依法组建，国家监察体系总体框架初步建立。习近平总书记指出，深化国家监察体制改革，一是有利于党对反腐败工作的集中统一领导，二是有利于对公权力监督的全覆盖，三是有利于坚持标本兼治、巩固扩大反腐败斗争成果。“党的十九大以来，全国纪检监察机关充分发挥新体制的治理效能，收拢五指，重拳出击，不敢腐的震慑效应充分显现，一批腐败分子投案自首，标本兼治综合效应更加凸显。”①

（五）从国内反腐到国际反腐

从全球的视野上看，中国的法治反腐是国家主权实施领域，以践行国家法治为目标，以中国化的法治信任共同体为力量，在腐败治理领域倡行法治思维和法治方式，推进法规制度有效运行，进行廉洁政治建设的法治实践。中华人民共和国成立初期，社会主义建设主要靠自力更生、艰苦奋斗，反腐败斗争领域主要在国内进行，鲜有国际交流活动②。1999 年 8 月中央批示彻查厦门远华集团走私案，追捕出逃加拿大的主犯赖昌星，揭开了反腐败国际合作追逃追赃的序幕。

随着反腐败国际合作的深入，我国逐步走上构建全球腐败治理法律制度体系、最大程度压制腐败生存空间的国际舞台。20 世纪 90 年代开始中国加入世界贸易组织的谈判，为我国法律与世界规则衔接、融入法律全球化提供了前所未有的契机。涉及 3000 多部法律、法规和部门规章，19 万件地方性法规和规范性文件，有效推进了法律透明化、国际化。2005 年 10 月我国加入《联合国反腐败公约》以及《联合国打击跨国有组织犯罪公约》后，截至 2019 年 1 月，我国已经与法国、意大利等 50 个国家签署了双边引渡条约，签订多项民事、刑事司法协助条约等反腐败国际条约③，加强了以追逃追赃为重点的反腐败国际合作。

十八大以来，以习近平同志为核心的党中央审时度势，以构建人类命运共同体为目标，以推动全球治理体系和治理规则变革为动力，秉持共商共建共享的全球治理观，建设国际法治，推进国际关系法治化。站在全球

---

① 参见习近平：《在新的起点上深化国家监察体制改革》，载《求是》2019 年第 5 期。

② 1983 年和 1985 年，在美国华盛顿和纽约召开的第一届和第二届国际反贪污大会，我国均未派员参加。随着改革开放的深入，经济全球化的到来，反腐败国际合作逐步得到党和国家的重视。此后至 2001 年的历届国际反贪污大会，我国均派出高级别领导率团参加会议。

③ 参见《司法协助类条约缔约情况一览表》，载中华人民共和国外交部网站：https：//www. fmprc. gov. cn/web/ziliao_ 674904/tytj_ 674911/tyfg_ 674913/default_ 1. shtml，最后访问日期：2019 年 5 月 12 日。

腐败治理的高度，构建国际反腐合作网络，消弭反腐合作中的各种分歧和制度差异、地缘政治争端，这表明中国共产党坚定不移反对腐败的鲜明态度，为国际反腐败事业贡献中国智慧。2016 年 G20 杭州峰会《二十国集团反腐败追逃追赃高级原则》的一致通过、G20 反腐败追逃追赃研究中心的成功设立、《二十国集团 2017—2018 年反腐败行动计划》的切实制定，以及亚太经合组织第 26 届部长级会议上《北京反腐败宣言》的共同发布、反腐执法合作网络在中国的落户，无不体现了中国基于共同遏制和全球治理腐败的目标共识，构中华人民共和国成立际反腐败新秩序展示出的强大国际影响力。

三、从反腐败思想传承看答卷

中华人民共和国成立 70 年的反腐败斗争之所以能栉风沐雨、砥砺前行，为各个历史时期的发展提供有力的政治保障，从根本上说，在于以毛泽东、邓小平、江泽民、胡锦涛、习近平等中国共产党的五代领导人对不同时期不同阶段拒腐防变的思想指导。他们拥有马克思主义政治家的宏韬伟略，对国内政治经济社会发展和复杂多变的国际形势洞察与研判准确。毛泽东思想、邓小平理论、“三个代表”重要思想、科学发展观、习近平新时代中国特色社会主义思想，对各个历史阶段的反腐败斗争提供了中国化马克思主义的科学指导，揭示了中国特色社会主义条件下反腐败斗争的客观规律。

毛泽东同志反复告诫各级干部，不要滋长官僚主义作风，不要形成一个脱离人民的贵族阶级，要永葆人民公仆的本色。他强调“贪污和浪费是极大的犯罪”①。邓小平同志一直对贪污腐败问题保持高度警惕。他说，不坚决刹住（贪污腐败）这股风，那么，我们的党和国家确实要发生会不会“改变面貌”的问题，这不是危言耸听②。他强调，“还是要搞法制，搞法

① 寸之：《“贪污和浪费是极大的犯罪”——中央苏区的倡廉反贪运动》，载《中国档案报》2017 年 7 月 14 日。

② 邓小平：《坚决打击经济犯罪活动》，载《邓小平文选》（第 2 卷），人民出版社 1994 年版，第 403 页。

制靠得住些”，“整个改革开放过程中都要反对腐败”[①]。江泽民同志郑重告诫全党，坚决反对和防止腐败，是全党一项重大的政治任务，不坚决惩治腐败，党同人民群众的血肉联系，就会受到严重损害，党的执政地位就有丧失的危险，党就有可能走向自我毁灭[②]。胡锦涛同志提出了执政党面临的四大考验和四种危险，“执政考验，改革开放考验、市场经济考验、外部环境考验是长期的、复杂的、严峻的。精神懈怠的危险、能力不足的危险、脱离群众的危险、消极腐败的危险，更加尖锐地摆在全党面前”[③]。这些重要论述为中华人民共和国成立后法制初创、改革开放法制再建和依法治国新阶段的反腐败斗争提供了有力的思想武器。

习近平总书记紧紧围绕实现中华民族伟大复兴中国梦的时代主题，就党风廉政建设和反腐败斗争发表了一系列重要论述，形成了有机联系的法治反腐的思想体系。在法治判断上，强调反腐败斗争关系党和国家的生死存亡，反腐败斗争形势依然严峻复杂，坚决反对腐败是我们党必须抓好的重大政治任务，反腐败斗争永远在路上；在法治立场上，强调对腐败现象实行零容忍，做到有腐必反、有贪必肃，党中央反腐败的决心和遏制腐败现象蔓延势头的目标不变；在法治任务上，强调反腐败要经常抓、长期抓，老虎苍蝇一起打，无禁区，全覆盖，构建风清气正的廉洁政治生态，把权力关进制度的笼子里，实现干部清正、政府清廉、政治清明；在法治战略上，强调现阶段以治标为主，为治本赢得时间、赢得主动，以不敢腐推进不能腐和不想腐，从源头上遏制腐败现象蔓延；在法治方式上，强调运用法治思维和法治方式反对腐败，加强反腐倡廉法规制度建设，把纪律挺在前面，严格执法，公正司法，标本兼治，推进反腐败工作法治化规范化；在法治动力上，强调深化纪检监察体制改革，落实党委的主体责任，党的纪检和国家监察的监督责任、推动双重领导体制具体化程序化制度化，推进纪法贯通、有效衔接司法，实现对公权力监督全覆盖；在法治合

---

① 邓小平：《我们有信心把中国的事情做得更好》，载《邓小平文选》（第3卷），人民出版社1993年版，第327页。

② 《全面建设小康社会，开创中国特色社会主义事业新局面——在中国共产党第十六次全国代表大会上的报告》，载新华网，最后访问日期：2002年11月8日。

③ 《胡锦涛在庆祝中国共产党成立90周年大会上的讲话》，载新华网，最后访问日期：2011年7月1日。

作上，强调深入了解和掌握国际反腐败规则和动态，提高追逃追赃工作的针对性和有效性，决不能让国外成为腐败分子的“避罪天堂”。正是在这一思想体系的指引下，反腐败从“呈胶着状态”到“形成压倒性态势”，从“压倒性态势形成”，再到“压倒性胜利形成”，走出了一条卓有成效的法治反腐之路。

中国反腐70年最宝贵的精神财富，实现了反腐败理论与实践的伟大创新。在毛泽东思想、中国特色社会主义理论体系、习近平新时代中国特色社会主义思想的指导下，中国共产党领导的反腐大业与经济社会发展、民主法制建设同频共振，实现了从运动反腐到法治反腐的伟大变迁。习近平总书记继承和发展了毛泽东同志等老一辈革命家反腐倡廉思想，科学总结了党风廉政建设和反腐败斗争的基本经验，形成了把依规治党和依法治国有机结合起来的法治反腐理论体系。它坚持从实际出发，立足党情国情世情的正确判断，蕴含着唯物论的基本观点；运用全面的、历史的、发展的思维方式，科学认识当下各种腐败本质与社会经济政治间的有机联系，蕴含着辩证法的基本观点；科学总结建党以来我们党同腐败现象作斗争的经验教训，并进行规律性概括，蕴含着认识论的基本观点；高度聚焦我们党建设廉洁政治、真挚为民的执政思想和理念，蕴含着价值论的基本观点。正是这些充满马克思主义思想光辉的科学内核，为全面从严治党和反腐败斗争提供了前所未有的巨大动能①。鲜明的政治理念凝聚反腐败精神力量，严谨的科学思想提出反腐败目标任务，周密的战略部署推进反腐败深入发展，改革的实践勇气完善反腐败体制机制，书写出人民满意的反腐败时代答卷。

① 参见邱学强：《以绝对忠诚的使命担当践行习近平总书记反腐败战略思想》，载《学习时报》2017年6月2日。

第一编　反腐新理念

理念是行动的先导。反腐败斗争的基本理念是对反腐败本质及其规律的理性认识与整体把握而形成的一系列理性的基本认知，是新的历史条件下对腐败现象蔓延、演化规律的理性认识，是以对腐败现象“零容忍”态度为基础，以“以上率下”的政治示范为关键，以“常”“长”结合的基本原则为依托的坚定信念。“零容忍”的基本理念集中体现了中国共产党的性质和宗旨，宣示了党同各种腐败现象水火不容的政治立场。以上率下的示范理念彰显了中国共产党人打铁必须自身硬的政治品格和自我革命的精神风貌。永在路上的反腐理念体现了我们党对腐败治理的坚韧和执着。不忘初心的政治理念，蕴含着持续反腐的历史逻辑、坚决反腐的政治逻辑、协同反腐的系统逻辑和科学反腐的辩证逻辑。

第一章　零容忍的政治立场

习近平总书记指出，“坚持以零容忍态度惩治腐败。对腐败分子，发现一个就要坚决查处一个。要抓早抓小，有病就马上治，发现问题就及时处理，不能养痈遗患。要让每一个干部牢记‘手莫伸，伸手必被捉’的道理”①，“贪似火，无制则燎原；欲如水，不遏必滔天”②。坚持把反腐败当作廉洁政治建设的头等大事来抓，是我们党一贯坚持的政治任务。但是，在长期反腐实践中，对于反腐败斗争的认识缺乏一致性和统一性，存在法律制度执行不到家、失之于宽、失之于软的问题。比如，对重大案件打击力度大，但对一般腐败现象重视不够，“抓大放小”。特别是“把腐败控制在人民群众可以容忍程度”的阶段性目标，在很大限度上成为反腐败斗争的实际标准。习近平总书记关于“零容忍”反腐标准的提出，使反腐败斗争的基本理念得到深化，表明了中国共产党全心全意为人民服务、与腐败现象水火不容的鲜明立场，是惩治腐败的基本态度与理性化的思维模式，是当下反腐败斗争实践的本质性反映。

一、彰显根本宗旨③

2014 年 1 月，习近平总书记在十八届中纪委三次全会上的重要讲话中指出，反腐败高压态势必须继续保持，坚持以零容忍态度惩治腐败。这充分表明了中央在反腐败问题上的坚强意志和坚定决心，也说明了零容忍态

① 参见习近平：《在十八届中央纪委三次全会上的讲话》，载新华网，2014 年 1 月 14 日。
② 参见习近平：《在十八届中央纪委三次全会上的讲话》，载新华网，2014 年 1 月 14 日。
③ 本节参见邵景均：《坚持以零容忍态度惩治腐败》，载《中国行政管理》2014 年第 2 期。

度是防治腐败的必要条件。我们一定要把思想和行动统一到中央的要求上来，坚持有腐必反、有贪必肃，坚决把反腐败斗争进行到底。

什么是以零容忍态度惩治腐败？就是对腐败现象毫不忍受、毫不宽容，就是有腐必反、有贪必肃。对腐败分子，发现一个坚决查处一个；对腐败行为，发现一起坚决纠正一起；坚持“露头即打”，防止滋生蔓延。中国共产党对腐败“零容忍”是由自身的马克思主义政党的性质决定的。中国共产党是中国工人阶级的先锋队，同时也是中国人民和中华民族的先锋队，以全心全意为人民服务为自己的根本宗旨。共产主义理想信念决定我们必须对腐败零容忍。从1926年8月4日中共中央向全党发出关于《坚决清洗贪污腐化分子》的通告，到1932年5月9日中华苏维埃共和国枪决第一个腐败分子谢步升；从中华人民共和国成立之初严惩腐败分子刘青山、张子善，到改革开放以来惩治100多名省部级贪官，无不表明，不论是在革命战争的艰难岁月，还是在建设改革的和平年代，党始终坚持有腐必反、有贪必肃。

对腐败零容忍，是由党执政条件下腐败的严重危害性决定的。历史上，统治集团的严重腐败历来是导致政权更替的主要原因。中华人民共和国成立后，我们党的几代领导人都清醒地认识到，腐败现象是侵入党和国家健康肌体的毒瘤。如果我们掉以轻心、任其泛滥，就会葬送我们党、葬送我们的人民政权和葬送社会主义现代化事业。面对如此严重的危害，必须以零容忍态度坚决加以惩治。

对腐败零容忍，是由当前反腐败的严峻形势决定的。这些年，尽管我们党不断加大反腐败工作力度，但腐败现象在一些地方和部门仍然易发多发：有的案件涉案金额巨大、涉及人员众多，特别是在高级干部中发生的腐败案件影响恶劣；腐败行为更加复杂化、隐蔽化，监督机制和预防腐败手段还不健全，揭露和查处难度加大；少数领导干部理想信念动摇，宗旨意识淡薄，缺乏艰苦奋斗精神，严重脱离群众，形式主义、官僚主义、享乐主义、奢靡之风问题比较严重。在如此严峻的反腐败斗争形势面前，我们对腐败的态度别无选择，只能是零容忍。

对腐败零容忍，是党的十八大以来反腐败工作成功经验的科学总结。十八大以来，我们党一直坚持以零容忍态度抓反腐败工作，坚持有腐必反、有贪必肃。不管是谁，不管地位多高、权力多大，只要触犯党的纪律，就一查到底、决不手软。党的十八大以来至十九大召开之前：中央纪委共立案审查中管干部 240 人，给予纪律处分 223 人；全国纪检监察机关共立案 116.2 万件，给予纪律处分 119.9 万人；全国共处分乡科级及以下党员、干部 114.3 万人，处分农村党员、干部 55.4 万人。2014 年以来，共追回外逃人员 2566 名，“百名红通”人员已有 37 人落网，追赃金额 86.4 亿元。有力推进了党风政风的好转。如果没有零容忍的态度，就不可能取得这样大的工作成效。

二、防止破窗效应①

以零容忍态度惩治腐败，是对各级党委、纪委和反腐执法司法机关的基本要求。零容忍，意味着腐败没有“特区”，反腐败没有“禁区”；意味着在党纪国法面前没有例外，不论什么人，不论其职务多高，都要一查到底，决不姑息；意味着我们必须采取更加有力的措施，对腐败分子发现一个查处一个，构筑起惩治和预防腐败的高压线与防火墙。这就要求各级党组织把坚决遏制腐败蔓延势头作为重要任务，切实加强对反腐败工作的领导；建立健全查办案件组织协调机制，进一步明确各级反腐败协调小组工作职责，加强同司法、审计等机关的协调配合，增强反腐败合力。各级纪委要不辱使命，履行好监督执纪的职责，严格审查和处置党员干部违反党纪政纪、涉嫌违法的行为，严肃查办贪污贿赂、买官卖官、徇私枉法、腐化堕落、失职渎职等案件。坚持运用法治思维和法治方式反腐败。加大国际追逃追赃力度，堵住贪官外逃的“出路”，决不让腐败分子逍遥法外。

零容忍防止破窗效应。日常工作生活中，有的基层党员干部借口公务活动“小吃小拿”，利用公权之便“小卡小要”，或趁生日节日铺张浪费、红白喜事收受财物。而有些党组织对此并不及时提醒、批评和纠正，认为这是“小问题”，不要吹毛求疵、求全责备。这种认识和态度是非常错误的。从一些案例看，某些党员干部的贪污犯罪就是从笑纳一瓶酒、一条烟，从推推让让收红包、逢年过节收赠礼开始的。这些“小腐败”点多线

① 本节参见邵景均：《坚持以零容忍态度惩治腐败》，载《中国行政管理》2014 年第 2 期。

长、面广多发，离人民群众最近，像白蚁食木一样地啃噬党员干部形象、削弱党的执政根基。如果对这些问题置之不理，或者适度容忍，那么必然会积小腐成大腐、积小贪成大贪，使一些干部一步步滑向腐败深渊。“网开一面、法外施恩”的结果，很容易养痈遗患，最后出大问题。各级党组织特别是基层党组织应切实树立“抓早抓小、治病救人”的反腐败思路，对问题要早发现、早提醒、早纠正、早查处，对苗头性问题要及时约谈或进行诫勉谈话，防止小问题演变成大问题。在惩治腐败问题上，一切“温情”的土政策必须废止，一切“罚酒三杯”式的假惩罚必须摒弃。我们党对惩治腐败的决心丝毫不能动摇，惩治这一手始终不能软。只有这样才能严密而有针对性地编织起防治腐败的制度之笼。

三、强化理想信念①

以零容忍态度惩治腐败，是对党和政府以及各类社会组织的要求，更是对每一个党员干部的要求。反腐败重在治本。“本”在哪里？从个体看，“本”就在人的内心。古往今来，有多少官员为内心的贪欲所害，在腐败泥潭中越陷越深。贪似火，无制则燎原；欲如水，不遏必滔天。每一个党员干部特别是领导干部一定要充分认识贪欲之心对人民、对党和国家的事业、对自己、对家庭的严重危害，切实牢记“手莫伸，伸手必被捉”的道理。“见善如不及，见不善如探汤。”领导干部要心存敬畏，不能心存侥幸。对自己的错误要及时纠正，须知“小洞不补，大洞吃苦”。只有按照“零容忍”要求自己，做到“坚定廉洁之志、全无贪腐之心”，才能远离腐败。

对腐败零容忍，基础是坚定共产党人的理想信念。理想信念是共产党人精神上的“钙”，没有理想信念，理想信念不坚定，精神上就会“缺钙”，就会得“软骨病”，容易屈服于金钱、美色，沦为腐败分子。大量事实表明，一些党员干部之所以走上违纪违法的道路，说到底是信仰迷茫、精神迷失、思想根源上“想腐败”。衡量党员干部抗腐败意志力的根本尺子是“公私”二字。古人说：“一言可以丧邦，一言可以兴邦，只在公私

① 本节参见邵景均：《坚持以零容忍态度惩治腐败》，载《中国行政管理》2014 年第 2 期。

之间尔。”作为党的干部，就是要讲大公无私、公私分明、先公后私、公而忘私。只有一心为公、事事出于公心，才能坦荡做人、谨慎用权，才能光明正大、堂堂正正。在腐败问题上犯错误，很多是因公私关系没有摆正而产生的。应该懂得，公款姓公，一分一厘都不能乱花；公权为民，一丝一毫都不能私用。做到公私分明、克己奉公、严格自律，才能够做到对腐败零容忍。

四、蕴含固本强基①

反腐败是一个系统工程，惩治腐败只是一方面，大量的基础性工作在幕后。如果一系列基础工作做不好，那么“零容忍”就可能等于零。

教育是基础。要认真学习党章，深入开展党的理想信念和宗旨教育以及党风党纪和廉洁自律教育。坚决抵制一切迷惘迟疑的观点、一切及时行乐的思想、一切贪图私利的行为、一切无所作为的作风，使党员干部常怀忧党之心、恪尽兴党之责，始终保持蓬勃朝气、昂扬锐气、浩然正气，始终与人民群众同呼吸、共命运、心连心。如果有了这样的教育效果，以零容忍态度惩治腐败就有了坚实的思想基础。

制度是保证。当前，腐败问题多发的一个重要原因，就是制度不完善、管理不严格，为腐败滋生留下了缝隙、提供了漏洞。深入推进反腐败斗争，必须紧紧围绕对权力的监督和制约这个核心，抓住腐败现象易发多发的关键环节，结合落实惩治和预防腐败体系工作规划，加强法规制度体系建设和反腐败国家立法，健全廉政风险防控、防止利益冲突、领导干部报告个人有关事项等制度，逐步形成内容科学、程序严密、配套完备、有效管用的法律法规制度体系，切实把权力关进制度的笼子里。当前，要认真贯彻落实党的十八届三中全会精神，推动党的纪律检查工作双重领导体制具体化、程序化、制度化，强化上级纪委对下级纪委的领导；明确规定查办腐败案件以上级纪委领导为主，各级纪委书记、副书记的提名和考察，以上级纪委会同组织部门为主。缝隙弥补了，漏洞堵住了，腐败产生的可能性就会大大降低。

---

① 本节参见邵景均：《坚持以零容忍态度惩治腐败》，载《中国行政管理》2014 年第 2 期。

责任是关键。改革、创新反腐败体制机制是重要的，理清责任、落实责任更重要。不讲责任，不追究责任，再好的制度也会成为纸老虎、稻草人。党的十八届三中全会提出，落实党风廉政建设责任制，党委负主体责任，纪委负监督责任。其中，党委对主体责任的落实，是影响反腐败斗争全局的关键。这就要求各级党委特别是主要负责同志必须树立不抓党风廉政建设就是严重失职的意识，常研究、常部署，抓领导、领导抓，抓具体、具体抓，种好自己的"责任田"，着力在以下方面尽到责任：加强领导，选好用好干部，防止出现选人用人上的不正之风和腐败问题；坚决纠正损害群众利益的行为；强化对权力运行的制约和监督，从源头上防治腐败；领导和支持执纪执法机关查处违纪违法问题；党委主要负责同志要管好班子、带好队伍、管好自己，当好廉洁从政的表率。党委领导反腐败的主体责任，纪委的监督责任落实了，以零容忍态度惩治腐败的工作就能长期坚持，我们党也才能向人民交出合格的执政答卷。

第二章　以上率下的政治示范

2012年11月15日，习近平同志当选中共中央总书记后，首次在媒体前亮相，面对全世界新闻媒体，面对我国8500多万共产党员和全国13亿多人民，他指出，我们的党是全心全意为人民服务的政党。党领导人民已经取得举世瞩目的成就，我们完全有理由因此而自豪，但我们自豪却不自满，更不会躺在过去的功劳簿上。新形势下，我们党面临着许多严峻挑战，党内存在着许多亟待解决的问题。尤其是一些党员干部中存在的贪污腐败、脱离群众、形式主义、官僚主义等问题，必须下大气力解决。全党必须警醒起来。打铁还需自身硬。我们的责任，就是同全党同志一道，坚持党要管党、从严治党，切实解决自身存在的突出问题，切实改进工作作风，密切联系群众，使我们党始终成为中国特色社会主义事业的坚强领导核心。

一、以史为鉴明得失[①]

习近平总书记指出，历史是最好的教科书。以史为鉴，可明得失、晓大势、见未来。从古到今，领导带头都是最大的带动力、贯彻力、执行力。中共中央以上率下落实“八项规定”转变作风，不仅是得民心的务实举措，也是对执政规律的深刻认识和准确把握。以上率下，其力无穷。这是被历史反复证明了的一条真理，也必将在今天被再一次证明。

---

① 本节参见运新宇：《品读“以上率下”的力量——借鉴古代优秀廉政文化，加强从政品德修养》，载《解放军报》2013年7月11日。

先哲孔子有句名言“政者，正也。子帅以正，孰敢不正?”道出了一个执政规律：执政者的表率作用，是清廉政治的最好榜样，对下能产生不可替代的感染力、执行力。史载，西汉文帝厉行节俭，使当时社会形成尚俭崇廉风尚，开始出现中国封建社会第一个太平盛世——文景之治。《汉书》称，文帝在位23年，宫室、园林、服饰和御用器具等，都没有什么增加。有一次，文帝打算建造一个露台，叫来工匠一计算，要花费黄金100斤。文帝说，百斤黄金相当于中等百姓十户的家产，我继承先帝的宫室，常感到恐惧和羞愧，为何还要花费这么多建造这样的露台呢？其实，从当时国力财政来说，建造这样一个露台，规模也不是太大，算不了什么。但文帝觉得劳民伤财，而作罢。文帝后元七年（公元前157年），天下大旱，蝗虫成灾。文帝下诏，不准诸侯向朝廷进贡，减少供皇帝享用的服饰、用具和狗马，以廉明节俭为天下人，特别是在各级官吏面前作出榜样。史学家普遍认为，汉文帝时期“海内安宁，家给人足”局面的形成，与汉文帝躬行节俭，以上率下，示百姓以淳朴的廉政思想和行为是分不开的。

领导者的形象，就是最好的榜样；领导者的行为，就是最有说服力的教科书。春秋时齐国名相晏婴，其睿智善谏的故事几乎家喻户晓，而其“食不重肉、妾不衣帛”的廉政行为，亦对当时的齐国产生了重大影响。史载，晏婴以生活节俭、廉洁自律、德操高尚而著称。一天，齐国大夫田无宇路过晏婴家门，看到晏婴站在大门外，便凑上去打招呼。这时，屋内走出一位满脸皱纹的老妇人，身上穿着粗布衣服。田无宇等她走远后，问晏婴这位老妇人是谁？晏婴说是自己的妻子。田无宇听后笑道：“您位至卿大夫，食田七十万，为何不另娶一位妙龄少女，却同一个老太婆厮守在一起?”晏婴不屑地回答：“我曾听人说，抛弃年老的，是为不守礼义；纳娶年少的，是为淫乱。因富贵而失人伦，简直可称得上是大逆不道。难道你希望看到我不顾人伦而另娶，做那些寡廉鲜耻的事情吗?”一席话，说得田无宇面红耳赤。

由于晏婴德高望重，就连为他驾车的车夫也倍觉荣耀。晏婴每次出行，车夫高坐在车篷前赶马驾车，总露出一副得意的神态。车夫的表现引起了车夫妻子的不安，她对车夫说：“晏子身为国相，坐在车上神情稳重，衣着朴实，没有一点自满的样子。而你呢，虽然身材高大，但不过是驾车人而已，却那么意气洋洋。你如此妄自尊大，怎么让我跟你过下去啊！”一番话说得车夫羞愧不已。从这件事可以看出，领导者的形象对群众具有何等的感染力和影响力，以至于司马迁在《史记》中发出这样的感慨：“假如晏子还活着，我就是为他执鞭驾马，也是心向往之啊！”

不仅如此，以上率下，在历史变革的特殊时期还能产生攻坚克难、扭转乾坤的作用。比如中国历史上最重要的改革之一——北魏孝文帝的汉化改革，就是采取以上率下的方法完成的。正是由于孝文帝的以上率下，改革才取得完全成功，使以鲜卑族为主的北方各少数民族向先进的中原文明靠拢，对恢复和发展北方的社会经济、促进各民族的融合以及中华民族的历史发展，作出了重大贡献。

二、子帅以正，孰敢不正①

十八大以来，习近平总书记一再强调反腐倡廉要从中央最高领导层做起，各级领导干部要发挥表率作用。他在第十八届中央纪律检查委员会第三次全体会议上深刻指出：党要管党、从严治党怎么抓？就从中央政治局抓起，正所谓“子帅以正，孰敢不正”？在十八届中央政治局第一次会议上，他就说过，我们党作为马克思主义执政党，不但要有强大的真理力量，而且要有强大的人格力量；真理力量集中体现为我们党的正确理论，人格力量集中体现为我们党的优良作风；中央政治局的同志要带头把党的优良作风继承下来、发扬下去，敏于行、慎于言，降虚火、求实效，实一点，再实一点。全党看着中央政治局，要求全党做到的，中央政治局首先要做到。

以上率下，就是以正治政，身体力行。多年来，不少党政部门在党风廉政建设和反腐败斗争中说和做两层皮，说得好，做得差，甚至以各种手法抵制，“纸老虎”“稻草人”“样子货”随处可见②。“政者，正也。子帅

① 本节参见运新宇：《品读“以上率下”的力量——借鉴古代优秀廉政文化加强从政品德修养》，载《解放军报》2013年7月11日。

② 参见习近平：《在党的群众路线教育实践活动第一批总结暨第二批部署会议上的讲话》，载新华网，最后访问日期：2014年1月20日。

以正，孰敢不正”，“善禁者，先禁其身而后人”，反对腐败首先要从最高层抓起，“全党看着中央政治局，要求全党做到的，中央政治局首先要做到”，“上面没有先做到，要求下边就没有说服力和号召力”①。因此，落实“零容忍”的反腐理念，抓好党风廉政建设和反腐败斗争，必须以上率下，中央要充分发挥其政治示范作用，要在党的群众路线教育实践活动中，以较真找问题的作风和真诚听意见的态度，体现出中央高层的榜样作用，用“顶层推动”与“全党行动”的政治示范理念全面推进反腐败。

以上率下，就是层层传导，示范带动。这是被实践证明最有效的工作方式。面对全面建成小康社会、全面深化改革、全面依法治国、全面从严治党的时代要求和反腐败斗争的严峻形势，各级党委、纪委和反腐职能部门及其领导干部，要以抓铁有痕、踏石留印的劲头把主体责任、监督责任和执纪执法责任扛在肩上、抓在手上、落到实处。特别是主要领导干部，更需要做到以上率下，当好带头人，发挥好火车头、领头羊的作用，事事带头、时时带头、处处带头，领着大家干、干给下边看，用身影指挥人、用实干带动人，真正把队伍领起来，形成上行下效、狠抓落实的生动局面。

以上率下，就是明白规矩，狠抓落实。一个拥有出色战斗力的团队必定严明纪律，按制度、按规矩、按程序决策办事，做到令行禁止。明白纪律规矩，一个最基本的要求就是执行中央决策态度坚决、行动自觉、一以贯之，做到精诚团结，同吹一把号，同唱一个调，一条心、一盘棋，齐心协力干事业谋发展。地方和部门既具有决策职能，又是个执行机构，既要严格按照决策程序科学决策、依法决策，并在落实过程中逐步完善决策，又要提高执行能力，确保党和国家决策部署不折不扣得到贯彻落实。对于贯彻落实党和国家决策的地方党委、政府的工作部署，各级各部门也要以坚决的态度抓落实，以有力的措施办法抓落实，在落实上决不能打折扣、搞变通。只有同心断金，才能捏指成拳，破难闯关。只有层层传导，才能在困难压力大的情况下，步调一致、形成合力。风成于上，俗化于下。

① 参见习近平：《在中央政治局会议上关于改进工作作风、密切联系群众的讲话》，载新华网，最后访问日期：2014 年 12 月 4 日。

“一打纲领不如一步行动”。践行零容忍的反腐理念，必须把落实紧紧抓在手上，在落实上下真功夫、实功夫。

三、打铁必须自身硬[①]

2012年11月15日，中央政治局常委同中外记者见面时，习近平总书记作出了“打铁还需自身硬”[②]的庄严承诺。2017年10月党的十九大报告，再次提出了“打铁必须自身硬”[③]，从“还需”到“必须”，充分体现了打铁自身、刀刃向内的坚定态度。

打铁必须自身硬是一句人们常挂嘴边的中国传统白话，也可以换成孔子“其身正，不令而行；其身不正，虽令不从”之言；倘若说得再具体一点，则可如明代政治家钱琦在《钱公良测语》中所云：“治人者必先自治，责人者必先自责，成人者必须自成。”凡此皆一个意思，讲的是官员自身素质的极端重要性。[④]

打铁必须自身硬体现在中央高层的日常活动中。2012年12月4日，中央政治局召开会议，审议中央政治局关于改进工作作风、密切联系群众的“八项规定”。会议强调，抓作风建设，首先要从中央政治局做起，要求别人做到的自己先要做到，要求别人不做的自己坚决不做，以良好党风带动政风民风，真正赢得群众信任和拥护。如“八项规定”明确要求改进调查研究、精简会议活动、精简文件简报、规范出访活动、改进警卫工作、改进新闻报道、严格文稿发表、厉行勤俭节约，被称为“新八项注意”。特别是推出的出访不安排机场迎送，警卫一般不封路、不清场等系

① 本节参见齐民：《打铁还需自身硬》，载人民网－中国共产党新闻网，最后访问日期：2013年2月18日。

② 参见《习近平等十八届中共中央政治局常委同中外记者见面时的讲话》，载新华网，最后访问日期：2012年11月15日。

③ 引自《习近平十九大报告（全文）》，载新华网，最后访问日期：2017年10月18日。

④ 参见《舌华录》十五卷记：明人左英纶在示儿一文中叮嘱子女说：“丈夫遇权门须脚硬，在谏垣须口硬，入史局须手硬，拒贿赂赃钱须心硬，浸润之谮须耳硬。”其意为：大丈夫在权贵门前不腿软，任谏官敢于直言，做史官秉笔直书，拒受贿赂赃款态度坚决，别人向自己进谗言时绝不轻信。左英纶历任知县、知府，为人正直，居官有节，几次调迁，百姓均用万民伞相送。左英纶一生为官，能得善终，全身而退，全靠这“五硬”心得。这“五硬”哪个都重要，但尤以“心硬”为最，假使其他几硬力不从心、难有作为，只要还保持一个“心硬”，虽做不了干练能吏，至少可以做到洁身自好、名节不亏。

列措施，让群众拍手叫好。以习近平同志为核心的领导干部无论是在京出席有关活动，还是到基层视察，都严格遵守这些规定。

打铁必须自身硬，就全体党员干部而言，最基本的就是忠于职守，履职尽责。党风廉政建设和反腐败斗争既惩治以权谋私、滥用职权的腐败行为，又反对消极懒政、尸位素餐、不作为的渎职行为。全体党员干部都要明确自己的岗位职责，深刻认识到各级岗位都是党和国家依据我国政体要求和事业发展需要设置的，都有着明确的职责定位。国家工作人员特别是领导干部只有认清了自己的岗位职责，才能知道应该干什么、抓什么、管什么，都应该清楚明白，真正做到身在岗、心在位，司其职、尽到责，把岗位责任履行好，把应有的作用发挥好，这是最基本的要求。只有清楚知道自己的主要职责是什么，清楚自己该干什么、抓什么，才能分清轻重，才能知道缓急，从而把主要精力放在抓大事、抓要害、抓关键上；才不会本末倒置、眉毛胡子一把抓，捡了芝麻丢了西瓜；才能更好地立足岗位职责，主动应对挑战，扛起肩上的责任，积极适应党风廉政建设和经济发展新常态，办实事、出实招、求实效。

打铁必须自身硬，主要体现在“五硬”：一是思想过硬，就是坚持理论自信，自觉用中国特色社会主义理论武装自己的头脑，不断增强自己的党性觉悟，坚定理想信念，自觉与党中央保持一致，毫不懈怠，矢志不渝，为共产主义奋斗的信仰毫不动摇，沿着中国特色社会主义道路前进的信念坚定不移。二是作风过硬，就是思想作风要实事求是，公道正派；工作作风高效、务实，拼搏进取；生活作风严肃端正，健康向上。远离高高在上的官僚主义作风，杜绝哗众取宠形式主义作风，警惕奢侈腐化的享乐主义作风，不当官老爷，不当败家子。三是能力过硬，就是想干、会干、能干、善干，是行家里手，有克服困难、打开工作局面的能力，有开拓进取、锐意创新的能力，有卧薪尝胆、带领群众实现奋斗目标的能力，有与时俱进、掌控全局的能力。放在哪里都胜任工作，干什么都让组织放心。四是学习过硬，就是勤于学习，挤时间学习，把学习当作生命的一部分；善于向书本学习、向群众学习、向实践学习；学理论、学政策、学知识、学科学；做学习的模范，当学习的标兵，成为学习的带头人。五是形象过硬，就是用权上不私不滥，钱财上不贪不占，作风上不吹不拍，女色上不淫不乱，坐在台上敢说硬话率先垂范，走在路上身正心安不怕人指指点点，光明磊落，胸怀坦荡，廉政形象好，群众威信高，让人服气敬佩。

有了这“五硬”，党员干部就可以振臂一呼“我是共产党员，向我看齐，我乃榜样”，而不怕“台上我说人，台下人说我”；就能理直气壮地与腐败背道而驰，以清廉形象示人；就能大刀阔斧地兴利除害，整肃官僚主义作风；就能高标准提高工作效率，多出优秀政绩；就能带出过硬队伍，造就洁净氛围，做到风清气正。这样过硬的党员干部多了，风气的扭转，积弊的清除，信心的重树，自会日见成效；美丽中国的问世，小康社会的建成，便会水到渠成；中华民族的伟大复兴，中国梦的最终实现，就会如期而至。因此，打铁必须自身硬应当成为党员干部的座右铭。

第三章　永远在路上的科学研判

“党风廉政建设和反腐败斗争永远在路上，只有进行时”[①]，“要严字当头，实字托底，步步深入、善作善成”，“要拿出滴水穿石的劲头、铁杵磨针的功夫，在坚持不懈、持之以恒中见常态、见长效”[②]。习近平总书记的这些谆谆告诫，表明了我们党持之以恒抓好作风建设，坚定不移把反腐败斗争引向深入的态度和要求，是对新时期腐败发生规律与反腐败治理路径认识的进一步深化。

一、关键就在“常”“长”二字[③]

习近平总书记在十八届中央纪委二次全会上指出，反腐倡廉必须常抓不懈，拒腐防变必须警钟长鸣，关键就在“常”“长”二字。此后又在十八届中纪委七次全会上强调，要继续在常和长、严和实、深和细上下功夫。进一步丰富了“常”“长”结合的科学内涵，体现了党对腐败问题的清醒认识，道出了党惩治腐败的坚定决心，揭示了“反腐败斗争永远在路上[④]”的真谛。

对腐败现象的“零容忍”既不是一时一事的短期行为，也不是一两次

① 参见习近平：《在中国共产党第十八届中央纪律检查委员会第六次全体会议上的讲话》，载新华网，最后访问日期：2016年1月14日。

② 参见习近平：《在中国共产党第十八届中央纪律检查委员会第七次全体会议上的讲话》，载新华网，最后访问日期：2017年1月8日。

③ 本节参见汉鸿：《在严和实中体现深和细》，载《南方日报》2016年4月26日。

④ 参见习近平：《在中国共产党第十八届中央纪律检查委员会第五次全体会议上的讲话》，载新华网，最后访问日期：2015年1月14日。

战役就可结束的。“反腐倡廉必须常抓不懈，拒腐防变必须警钟长鸣，关键就在‘常’‘长’二字，一个是要经常抓，一个是要长期抓。[①]”在“常”字上下功夫，就是要做到对腐败不手软、不留情，对腐败分子有一个抓一个，严惩不贷。当前一些重大违纪违法案件影响恶劣，一些领域消极腐败现象仍然易发多发，甚至有些地方党政部门官员依然顶风作案。这就表明，反腐败要在“长”字上下功夫，就要常抓不懈，不能一蹴而就。一方面要坚定决心、充满信心，另一方面也要树立恒心、保持耐心。要建立反腐败全国“一盘棋”的机制，全党联动，决不允许对中央决策部署有令不行、有禁不止，或上有政策、下有对策。反腐败斗争是一项长期的、复杂的、艰巨的任务，只有坚持“常”“长”二字的策略理念，才能使党员干部真正筑牢思想上的权力之“笼”。

“常”“长”二字，是对全党的一种警示。腐败是社会毒瘤，关系党和国家的生死存亡。当前，广大群众对腐败现象已到了深恶痛绝、忍无可忍的地步，对我们党解决腐败问题更是充满期待。但是，对腐败问题的危害性，对反腐败斗争的长期性、艰巨性和复杂性，一些党员干部头脑中并没有非常清醒的认识，置身事外者有之，随波逐流者有之。党的十八大提出建设廉洁政治的重大任务，要求做到干部清正、政府清廉、政治清明。面对人民群众空前热切的期待，党必须在党风廉政建设和反腐败斗争上有所作为。特别是要实现“两个一百年”目标，实现中华民族伟大复兴的中国梦，更需要抓住“常”“长”二字，用反腐倡廉建设的实际成效凝聚党心民心。

“常”“长”二字，相辅相成，有机结合。“常”就是经常抓。当前，保持惩治腐败高压态势，就得坚持有案必查、有腐必惩，做到有群众举报的及时处理，有具体线索的认真核实，违反党纪国法的严肃处理。对于腐败分子，有一个抓一个，“老虎”“苍蝇”一起打，防止小错酿成大错、小贪变成巨贪。“长”就是长期抓。根除腐败，不可能毕其功于一役。我们要有惩治腐败的决心、信心，也要有长期作战的恒心、耐心。从长远看，

① 参见习近平：《在中国共产党第十八届中央纪律检查委员会第二次全体会议上的讲话》，载新华网，最后访问日期：2013年1月22日。

在决不放松惩治这一手的同时，应当把更多精力用在预防上。借助当前抓作风的有利契机，狠刹歪风、整肃纪律、清理特权，不断清除腐败滋生的土壤。人们期待各级党委、纪检监察机关和反腐执法机关，时时不忘“常”“长”二字，不断用反腐败斗争的成果取信于民。应当加强立法和制度建设，加强对权力运行的制约和监督，把权力关进制度的笼子里，让权力在阳光下运行，从源头上有效防治腐败。

二、在严和实中体现深和细[①]

常长结合的反腐倡廉建设，必须在严和实中体现深和细。党的十八大以来，我们党着眼于新的形势任务，把全面从严治党纳入“四个全面”战略布局，把党风廉政建设和反腐败斗争作为全面从严治党的重要内容，正风肃纪，反腐惩恶，着力构建不敢腐、不能腐、不想腐的体制机制。从出台“八项规定”到持之以恒纠“四风”，从发挥巡视利剑到加大追逃追赃力度，从拍蝇打虎到扎紧制度篱笆，一系列具体而扎实的“组合拳”，从宽松软逐步走向严紧硬，有力净化了党风政风民风，极大增强了人民群众对党的信任和支持，人民群众对此给予高度评价。但是必须看到，从宽松软走向严紧硬是一个长期的过程，增强党的凝聚力和战斗力不可能毕其功于一役，要有韧劲、恒心。如何做到严紧硬？“一具体就深入，一深入就见效。”王岐山同志强调的“从点点滴滴抓起、在严和实中体现深和细”[②]，充分显示了把全面从严治党体现在实实在在行动上的坚定决心和明确要求。

习近平总书记指出，全面从严治党，核心是加强党的领导，基础在全面，关键在严，要害在治[③]。“关键”和“要害”释放出重在具体的信号。具体的衡量标准在于深和细：首先必须突出一个“深”字，在坚持中深化、在深化中坚持，持之以恒、久久为功、常抓不懈。其次是抓住一个

---

① 本节参见汉鸿：《在严和实中体现深和细》，载《南方日报》2016 年 4 月 26 日。

② 参见王岐山：《在中央纪委举办派驻纪检组组长副组长培训班上的讲话》，载新华网，最后访问日期：2016 年 4 月 24 日。

③ 参见习近平：《在中国共产党第十八届中央纪律检查委员会第七次全体会议上的讲话》，载新华网，最后访问日期：2017 年 1 月 8 日。

“细”字。天下大事必作于细，“治小者不可以怠，怠则废”，全面从严治党必须落细落小落实。随着全面从严治党形成常态化，腐败“变种”也越来越隐蔽，识别和查处的难度会越来越大。对此，党的各级纪检部门要拉长耳朵、瞪大眼睛，发现问题，及时处置，让形形色色的腐败行为无处遁形。

严和实是确保深和细的前提，要在严和实中体现深和细。全面从严治党抓深抓细，必须“严”字当头，每名党员干部都要牢固树立“四个意识”，自觉尊崇党章，严肃党内生活，认真对照“三严三实”，坚守防线、把住底线、不越红线，心有所畏、言有所戒、行有所止。必须向“实”处用力，全面从严治党的措施要实、效果要实，一定要以抓铁有痕、踏石留印的决心和行动抓落实。特别是基层党委，如果大而化之、虚与委蛇，不对症下药，歪风邪气就必然大行其道，最后只会贻误党和人民的事业。

“一分部署、九分落实”。在严和实中体现深和细，就是要突出问题导向，在反腐倡廉建设中带着具体问题学，针对具体问题改，把解决问题贯穿秉公用权、廉洁从政的全过程，不断增强党的凝聚力和战斗力，从而为推进全面从严治党提供强大的正能量。

三、反腐只有进行时①

反腐败任重道远。回顾历史，古今中外，国家的衰亡、政权的更替甚至文明的消失，后人在为这些关键节点把脉时，腐败总会成为无法回避的高频词。纵然腐败不是某一政权轰然倒下的最后推手，但也早已掏空了执政的根基、透支了群众的信赖。现实是正在发生的历史。无论是西方发达国家，还是正在崛起的发展中国家，腐败程度或有不同，但仍然像挥之不去的幽灵，成为所有国家和政党共同的敌人。事实不容置疑：“腐败，自有人类文明史以来就一直存在，古今中外，概莫能外。”腐败危害之大、“生命力”之顽强，谁轻视谁就要栽跟头，这是历史的教训。把党风廉政建设和反腐败斗争提到关系党和国家生死存亡的高度来认识，正是深刻总

① 本节参见贾亮：《反腐败斗争永远在路上 只有进行时》，载《中国纪检监察报》2016 年 3 月 4 日。

结了古今中外的历史教训得出的科学认识。任何权力都面临被腐蚀的危险，执政党永远会面对与腐败的斗争。从周永康、徐才厚等握有重权的高级别领导干部的腐败，到马超群等权力不大却贪腐上亿的事实，从权力集中部门到“清水衙门”都不时有腐败分子落马的现实，无不印证有权力就有腐败的古训。长期存在就要长期反腐败，当下存在就要从现在反起。中国共产党与腐败水火不容，党中央对形势的判断没有变、旗帜立场不变，目标任务就不能变。唯有严字当头，实字托底，步步深入，善作善成，才能把反腐败斗争引向深入。

反腐只有进行时是实践与认识的深化。党风廉政建设和反腐败斗争永远没有终点，并不意味着对腐败束手无策，甚至放任腐败，而是为了更好地认识腐败、治理腐败。反腐败不能讳疾忌医，而要准确把握腐败的新变化新特点，摸清摸透腐败的发生机理，有针对性地制定反腐战略战术，更加有效地推进党风廉政建设和反腐败工作。靠什么把握规律、深化认识？全会工作报告给出了答案，即“运用辩证唯物主义和历史唯物主义的世界观和方法论驾驭现实，用历史、哲学和文化的思考支撑信心”。规律要把握，认识要深化，实践要跟上。从治标入手，为治本赢得时间；遵循党章规定，聚焦中心任务；严明党的政治纪律，夯实管党治党责任；创新体制机制，扎牢制度笼子；持之以恒纠正“四风”，党风民风向善向上；强化党内监督，发挥巡视利剑作用；严惩腐败分子，加强追逃追赃工作……党的十八大以来，党中央坚定不移推进党风廉政建设和反腐败斗争作出的一系列部署，是对这句话作出的注解。反腐只有进行时，就是要拿出滴水穿石的劲头、铁杵磨针的功夫，在坚持不懈、持之以恒中见常态、见长效。

反腐败任重道远，永远在路上是态度与决心的展现。习近平总书记强调，在党风廉政建设和反腐败问题上，“一切何必当真的观念，一切干一下得了的想法，一切得过且过的心态，都是对党和人民事业有大害而无一利的，都是万万要不得的！”① 王岐山同志面对有关“高压反腐会不会再持

① 参见习近平：《在党的群众路线教育实践活动第一批总结暨第二批部署会议上的讲话》，载新华网，最后访问日期：2014 年 10 月 20 日。

续”等提问时，坚定而明确地回复“反腐败永远在路上”①。这些话意味着反腐败不是一朝一夕之功，不能有一丝一毫的敷衍应付，更传递出一种决心，即要保持坚强的政治定力，有静气、不“刮风”、不搞“运动”，立足当前、谋划长远，认准正确方向，踩着不变的步伐，以顽强的毅力和不屈的韧劲，把党风廉政建设和反腐败斗争一步步引向深入。方向明确了，就要节奏不变、力度不减，一步一个脚印向前走。反腐败不是“三把火”，烧过去就完了，也不是一阵风，刮了就过去了。将“永远在路上，只有进行时”列入党风廉政建设和反腐败斗争的重要工作体会，给持错误思想和没做好长期作战准备的干部敲响了警钟，也有力回击了社会上各种质疑和猜测。

持续反腐、标本兼治，根本目的在于厚植党执政的政治基础，坚定广大人民群众对党的信心和信任。要把人民高兴不高兴、满意不满意、答应不答应，作为衡量一切工作得失的根本标准。正如毛泽东同志在中共七大闭幕式上的致辞所言：“我们一定要坚持下去，一定要不断地工作。我们也会感动上帝的。这个上帝不是别人，就是全中国的人民大众。”关乎人心向背，坚持下去就是“向”，一旦反弹就会“背”；关乎生死存亡，这个时候松劲就是对腐败的放任和对党和人民的不负责任。必须保持定力、坚定信心，以“狭路相逢勇者胜”的勇气，持之以恒地做下去。

---

① 2014年8月25日，王岐山同志在出席政协十二届全国委员会常务委员会第七次会议开幕会并作报告后，面对政协常委有关反腐的提问，作出如上回答。2014年8月28日，新华网廉政频道。

第四章　不忘初心蕴含的反腐逻辑[①]

习近平总书记在中国共产党成立95周年纪念大会上的讲话，昭示了“永远保持对人民赤子之心”的建党初衷，强调了腐败是执政党面临的最大威胁，表明了坚持零容忍的态度不变，坚定有案必查、有腐必惩的立场。讲话中关于“不忘初心、继续前进”的一系列深刻论述，高屋建瓴、内涵丰富、逻辑缜密、博大精深，深刻揭示了以习近平同志为核心的党中央治国理政新理念、新思想、新战略。习近平总书记“不忘初心”的谆谆告诫，蕴含着拒腐防变、警钟长鸣的反腐逻辑。

一、持续反腐的历史逻辑

中国共产党的发展史，是一部领导中国人民革命、建设、改革的历史，也是一部自我净化、自我完善、自我革新的反腐倡廉史。1927年党的五大召开，针对党员由建党之初的50多人发展到5700多人的情况，党章修正案规定设置中央和省级监察委员会，此后，拒腐防变就成为党的建设的永恒主题。不忘初心蕴含的历史逻辑，就是以建党时党的根本宗旨为逻辑起点，把反腐败置于历史发展过程中进行思考，以顽强的意志品质，坚持零容忍态度不变，做到有案必查、有腐必惩，让腐败分子在党内没有任何藏身之地。

坚持不忘初心的历史逻辑，就要深刻认识先进性和纯洁性是马克思主义政党的本质属性。这是持续反腐的动力之源。习近平总书记指出，我们

① 本章参见吴建雄：《“不忘初心”蕴含的反腐思维》，载《领导之友》2017年第4期。

加强党的建设，就是要同一切弱化先进性、损害纯洁性的问题作斗争，祛病疗伤、激浊扬清。要以自我革命的政治勇气，着力解决党自身存在的突出问题，不断增强党自我净化、自我完善、自我革新、自我提高能力，经受“四大考验”、克服“四种危险”。他强调，“我们党作为执政党，面临的最大威胁就是腐败”，因此，“反腐倡廉、拒腐防变必须警钟长鸣”。各级领导干部要牢固树立正确权力观，保持高尚精神追求，敬畏人民、敬畏组织、敬畏法纪，做到公正用权、依法用权、为民用权、廉洁用权，永葆共产党人拒腐蚀、永不沾的政治本色。切实做到中国特色社会主义事业发展到什么阶段，与其相适应的反腐倡廉建设就推进到什么阶段，确保党始终成为中国特色社会主义事业的坚强领导核心。

坚持不忘初心的历史逻辑，就要深刻认识党的作风建设的深刻内涵。这是持续反腐的关键所在。习近平总书记指出，党的作风是党的形象，是观察党群干群关系、人心向背的晴雨表。党的作风正，人民的心气顺，党和人民就能同甘共苦。实践证明，只要真管真严、敢管敢严，党风建设就没有什么解决不了的问题。作风建设永远在路上。只要从中央政治局常委会、中央政治局、中央委员会抓起，从高级干部抓起，持之以恒加强作风建设，坚持和发扬党的优良传统和作风，坚持抓常、抓细、抓长，使党的作风全面好起来，就能确保党始终同人民同呼吸、共命运、心连心。以德修身、以德立威、以德服众，是干部成长成才的重要因素。每一名党员干部都要坚守“三严三实”，拧紧世界观、人生观、价值观这个“总开关”，做到心中有党、心中有民、心中有责、心中有戒，把为党和人民事业无私奉献作为人生的最高追求。

坚持不忘初心的历史逻辑，就要深刻认识我们党“跳出历史周期率”的执政使命。这是持续反腐的必然要求。1945 年 7 月，毛泽东在回答黄炎培提出中国共产党如何跳出中国历代王朝兴亡的历史周期率时说：“只有让人民来监督政府，政府才不敢松懈。只有人人起来负责，才不会人亡政息。”只要我们始终坚持党的性质和宗旨，不变色，不变质，就一定能够跳出这个历史周期率。而要“跳出历史周期率”，就必须时刻谨记习近平总书记在七一讲话中的教诲：治国必先治党，治党务必从严。如果管党不力、治党不严，人民群众反映强烈的党内突出问题得不到解决，那我们党迟早会失去执政资格，不可避免被历史淘汰。管党治党，必须严字当头，把严的要求贯彻全过程，做到真管真严、敢管敢严、长管长严。持之以恒地惩治和预防腐败，在“跳出历史周期率”这场考试中经受考验，向历史、向人民交出新的优异的“赶考”答卷。

二、坚决反腐的政治逻辑

习近平总书记指出：“人民立场是中国共产党的根本政治立场，是马克思主义政党区别于其他政党的显著标志。全党同志要把人民放在心中最高位置，坚持全心全意为人民服务的根本宗旨，实现好、维护好、发展好最广大人民根本利益，把人民拥护不拥护、赞成不赞成、高兴不高兴、答应不答应作为衡量一切工作得失的根本标准，使我们党始终拥有不竭的力量源泉。”不忘初心蕴含的政治思维，就是善于从政治上看问题，站稳立场、把准方向，始终坚持把反腐败作为巩固党的执政基础、维护人民根本利益的重大政治任务，确保党始终同人民同呼吸、共命运、心连心。

坚持不忘初心的政治逻辑，就要深刻把握反腐败斗争的根本性质。党的十八大以来，我国大力查处腐败案件，坚持“老虎”“苍蝇”一起打，持续开展正风肃纪的行动，使党风政风为之一新、党心民心为之一振。随着反腐败斗争的持续深入，社会上出现了一些值得注意的舆论倾向和氛围。比如，反腐同群众利益无关，反腐让干部不作为，反腐影响经济发展，反腐是权力斗争，等等。特别是对于一些看惯了政党斗争的西方民众来说，权力斗争的观点迎合了他们的思维定式，继而产生中国“选择性反腐”的偏见。面对这些杂音，我们必须增强政治警觉性和政治鉴别力，始终做政治上的明白人，牢牢把握我国反腐败立场的坚定性、反腐败方针的一贯性、反腐败决策的正当性。深刻认识反腐败不是权力斗争，而是从维护人民群众的根本利益出发，着力构建新的清朗政治生态；反腐败没有双重标准，谁违反党纪国法搞腐败，谁就要受到惩处，自觉为深入开展党风廉政建设和反腐败斗争营造良好舆论氛围。

坚持不忘初心的政治逻辑，就要深刻把握反腐败政治属性和法律属性的有机统一。反腐败是一场重大政治斗争，是一场输不起的战争。要进一步强化党委主体责任和纪委监督责任，依纪依规、从严治党，坚持把纪律挺在前面，推动正风反腐不断取得新成效。要健全反腐执纪与反腐执法相互配合的工作衔接制度，强化党委对职务犯罪侦查起诉审判工作的组织协调责任，坚持重大事项重大案件请示报告制度，把党委领导督查腐败犯罪案件与领导个人干预司法办案严格区分开来，确保腐败违法犯罪能够得到及时揭露、有效证实和法律追究。反腐败执法司法应突破传统的刑事司法模式，确立腐败犯罪与普通犯罪分开治理的执法理念，强化反腐执法的有效性，严密反腐法网，从重从严惩治腐败犯罪。始终坚持反腐败无禁区、全覆盖、零容忍，做到办案工作不放松、不停步、不手软；始终围绕构建“不敢腐、不能腐、不想腐”体制机制的基本战略，推动“不敢腐”向“不能腐”“不想腐”转变。

坚持不忘初心的政治逻辑，就要深刻把握反腐败斗争的人民性。传承“让人民有获得感”的反腐利民思想。把反腐败斗争同直接改善民生结合起来，充分体现了我们党执政为民的本质特征。中国历史上虽然有反腐惩贪，但鲜见反腐改善民生。历代反腐大多沦为权力斗争的工具，反腐的最终目的也并不是全面提升和改善普通民众的生活质量，只有以全心全意为人民服务为根本宗旨，才能在真正意义上实现反腐败和民生建设的有机结合。我们要从巩固党的执政地位和人民政权的高度，深刻认识腐败问题的严重性和反腐败斗争的紧迫性，以踏石留印、抓铁有痕的态度持之以恒地抓下去，抓出成效，取信于民。

三、协同反腐的系统逻辑

习近平总书记关于“不忘初心、继续前进”的系列论述，是一个内在联系、有机统一的科学体系，是新形势下指导我们做好反腐败工作的世界观和方法论。党的十八大以来，习近平总书记就党风廉政建设和反腐败斗争发表了一系列讲话。从理论和实践的结合上回答了新时期反腐败斗争为什么、是什么、怎么做等一系列重大问题。不忘初心的系统思维，就是把惩治和预防腐败作为系统，从系统和要素、要素和要素、系统和环境的相互联系、相互作用中认识反腐败斗争的协同性。

坚持不忘初心的系统逻辑，就要深入领会十八大以来党中央反腐败新理念、新思想、新战略。比如，在基本理念上，坚持零容忍态度不变，猛药去疴、重典治乱的决心不减，刮骨疗毒、壮士断腕的勇气不歇；在基本任务上，坚持“老虎”“苍蝇”一起打，既坚决查处领导干部违纪违法案件，又切实解决发生在群众身边的不正之风和腐败问题，坚决遏制腐败蔓延的势头；在基本方略上，善于运用法治思维和法治方式反对腐败，加强反腐败国家立法，加强反腐倡廉党内法规建设，让法律制度刚性运行，把权力关进制度的笼子里；构建不敢腐的惩戒机制、不能腐的防范机制、不易腐的保障机制；在履职要求上，“打铁还需自身硬”。做到有权必有责，用权受监督，失职要问责，违法要追究，保证权力始终为人民谋利益。

坚持不忘初心的系统逻辑，就要完善反腐败制度体系。目前我国已经建立了包括党内法规、党内规范性文件和国家法律法规在内的两类制度化反腐机制，形成了预防和惩治腐败的国家法律制度体系。但是反腐败的法律制度仍然不够完备，反腐败立法滞后仍然是制约我国廉政制度建设的主要问题，反腐败法律规定缺、粗、疏的问题还比较突出。当下，在不敢腐的制度体系构建上，应重点完善对违纪违法行为的惩处制度。在《中国共产党纪律处分条例》《中国共产党问责条例》《中国共产党党内监督条例》等党内法规出台之后，需进一步健全完善反腐败国家立法。在不能腐的制度体系构建上，推进从源头上防治腐败的制度改革和创新，完善领导干部重大事项报告和收入申报制度。在不想腐的保障机制上，要把反腐倡廉教育纳入党的宣传教育总体部署，做好经常性的反腐倡廉教育工作。

坚持不忘初心的系统逻辑，就要健全完善反腐败领导体制和工作机制。应遵循习近平总书记提出的“坚持党对党风廉政建设和反腐败工作的统一领导，扩大监察范围，整合监察力量，健全国家监察组织架构，形成全面覆盖国家机关及其公务员的国家监察体系，既加强党的自我监督，又加强对国家机器的监督”重要指示。切实解决反腐败领导体制中职能机构分散、法治话语不强、职责定位不清、机制运行不畅等问题，构建党的领导下机构设置科学，人员配备合理，装备手段先进，具有强大战斗力、威慑力和公信力的反腐败执纪执法机关，实现党纪国法的无缝衔接，党纪反腐与司法反腐有机结合，权力反腐与权利反腐良性互动，推进反腐败领导体制、权力结构和运行机制的科学化。

四、科学反腐的辩证逻辑

习近平总书记指出，马克思主义及其在中国的发展，为党和人民事业发展提供了既一脉相承又与时俱进的科学理论指导。科学有效地反腐败，是“不忘初心、继续前进”的必然选择。不忘初心蕴含的辩证思维，就是在习近平总书记反腐败战略思想引领下，注重用全面、联系和发展的思想方法正确处理反腐败斗争面临的若干问题，坚持问题导向和规律导向，推进新的历史条件下反腐倡廉理论与反腐败斗争实践的创新和发展。

坚持不忘初心的辩证逻辑，就要处理好反腐败与“四个全面”的关系。处理好反腐败与全面建成小康社会的关系，为全面建成小康社会创造良好的经济发展环境和政治生态环境；处理好反腐败与全面深化改革的关系，认清二者是建设中国特色社会主义的两个战略要素，反腐败斗争为全面深化改革清障开路、保驾护航，全面深化改革清除权力滥用的体制弊端，铲除腐败滋生的土壤；处理好反腐败与全面依法治国的关系，认清反腐败是依法治国的重要内容，依法治国是根治腐败的基本方略，坚持用法治思维和法治方式治理腐败；处理好反腐败与全面从严治党的关系，坚持依规治党、从严治党，在反腐败斗争中把纪律和规矩挺在前面，做到以党纪反腐为先导，以法律反腐为保障。

坚持不忘初心的辩证逻辑，要求我们正确认识继承与创新的关系。中华人民共和国成立后开展了反贪污、反浪费、反官僚主义的“三反”运动和反行贿、反偷税漏税、反盗骗国家财产、反偷工减料和反盗窃国家经济情报的“五反”运动，有效保障了新生人民政权的纯洁性和廉洁性。随着中国特色社会主义事业的发展，群众运动的反腐方式已经不适应反腐倡廉建设的客观需要。但是，其拒腐防变的坚定立场，重典惩腐的法治精神，依靠群众支持和参与的反腐败基本方针等，都与新时期反腐败斗争的基本理念、基本任务、基本目标、基本要求等一脉相承，是“不忘初心、继续前进”的具体体现。新时期反腐败时代特征集中体现为反腐败方式更加科学。“善于运用法治思维和法治方式反对腐败”的重要思想，意味着新时期的反腐败斗争正在实现由既往的运动反腐、权力反腐向制度反腐的路径模式转变，标志着反腐败斗争法治化水平的提升。各级党委承担主体责任，纪委承担监督责任，保障司法机关独立行使检察权、审判权，为新时期遏制腐败蔓延的势头奠定了坚实的组织基础。

第二编　反腐新思想

思想是力量的源泉。党的十九大把习近平新时代中国特色社会主义思想确立为我们党必须长期坚持的指导思想，实现了党的指导思想的又一次与时俱进。习近平新时代中国特色社会主义思想内涵丰富、体系完整、意境高远，其中所蕴含的反腐败思想尤为引人注目。

它立足党情国情世情的正确判断，蕴含着唯物论的基本观点；运用全面的、历史的、发展的思维方式，科学认识各种腐败本质与社会经济政治间的有机联系，蕴含着辩证法的基本观点；科学总结我们党同腐败现象作斗争的经验教训，并进行规律性概括，蕴含着认识论的基本观点；高度聚焦我们党建设廉洁政治、真挚为民的执政思想和理念，蕴含着价值论的基本观点。正是充满马克思主义思想光辉的反腐败创新理论，引领和指导着全党全军和全国人民汇成了同仇敌忾的磅礴伟力。①

① 引自邱学强：《以绝对忠诚的使命担当 践行习近平总书记反腐败战略思想》，载《学习时报》2017年6月2日。

第一章　马克思主义的理论创新

习近平总书记反腐败思想，是以马克思主义中国化的演进与飞跃为理论支撑的。2013 年 12 月 26 日在纪念毛泽东同志诞辰 120 周年座谈会上，习近平总书记指出："马克思主义基本原理是普遍真理，具有永恒的思想价值，但马克思主义经典作家并没有穷尽真理，而是不断为寻求真理和发展真理开辟道路。今天，坚持和发展中国特色社会主义，全面深化改革，有效应对前进道路上可以预见和难以预见的各种困难与风险，都会提出新的课题，迫切需要我们从理论上作出新的科学回答。我们要及时总结党领导人民创造的新鲜经验，不断开辟马克思主义中国化的新境界，让当代中国马克思主义放射出更加灿烂的真理光芒。"① 我们党在领导中国革命、建设、改革的长期实践中，在中华人民共和国建立两个 30 年的执政"考试"中，不断推进马克思主义中国化，实现了历史性的演进飞跃。

一、马克思主义中国化的三次飞跃

（一）第一次飞跃

以毛泽东同志为主要代表的中国共产党人，经过艰苦探索，在总结中国革命正反两方面经验的基础上，找到了中国新民主主义革命的正确道路，并在新民主主义革命胜利后，适时进行社会主义革命，积极探索适合

① 参见习近平：《在纪念毛泽东同志诞辰 120 周年座谈会上的讲话》，载新华网，最后访问日期：2013 年 12 月 26 日。

中国国情的社会主义建设道路，创立和发展了毛泽东思想，开启和推动了马克思主义中国化的历史进程。毛泽东思想系统回答了在中国当时这样一个半封建半殖民地的经济文化十分落后且人口众多的东方大国，到底应该进行什么样的革命、怎样进行革命的问题，系统回答了在无产阶级人数很少而战斗力很强、农民和其他小资产阶级占人口大多数的国家建设什么样的党和军队、怎样建设党和军队的问题，并且在中华人民共和国建立后在探索建设社会主义的问题上取得了重要成果。党的七大郑重地把毛泽东思想确立为党的指导思想，这是一个具有重大意义的历史性决策，对于中国革命的胜利产生了很重要的作用。

（二）第二次飞跃

以邓小平同志为主要代表的中国共产党人，在总结中华人民共和国成立以后正反两方面经验的基础上，在研究国际经验和世界形势的基础上，在改革开放的崭新实践中，开辟了中国特色社会主义道路，创立了邓小平理论，实现党的指导思想和基本理论的与时俱进。邓小平理论是马克思主义基本原理同当代中国实践与时代特征相结合的产物，是毛泽东思想在新的历史条件下的继承和发展。这个理论围绕什么是社会主义、怎样建设社会主义这两个重大课题，在一系列重大问题上形成了一系列相互联系的观点，第一次比较系统初步地回答了在中国这个处于社会主义初级阶段、经济文化比较落后的国家，如何建设、巩固和发展社会主义的一系列基本问题，丰富和发展了马列主义、毛泽东思想。党的十五大把邓小平理论确立为党的指导思想，这同样是一个具有重大意义的历史性决策，有力推进了中国特色社会主义事业的胜利发展。

（三）第三次飞跃

在中国这样的东方大国进行无产阶级领导的革命，是马克思主义发展历史上的新课题；在中国这样的东方大国建设社会主义，是马克思主义发展历史上的新课题；在中国这样的东方大国成功崛起、实现伟大复兴，在世界大国历史上也是史无前例、独一无二的新课题。中国实现国家的现代化，是要在几十年的时间里，去完成世界发达国家在几百年里走过的道路，把全球进入现代化的人口数量提高一倍以上，这是何等艰巨的任务！是何等辉煌的伟业！古今中外的世界大国，没有一个实现复兴、再度辉煌的先例。所以，中华民族的伟大复兴将在世界历史上创造一个奇迹。马克思主义中国化的过程，是一个与时俱进、不断推进的过程。这个过程在过去的90多年中，随着中国革命、建设、改革的时代需要而不断深化和创新，已经实现了马克思主义中国化的两次飞跃。在中国今后30年成功崛起、胜利复兴的新的伟大斗争的征程中，我们党必将实现马克思主义中国化的第三次飞跃，必将形成和结出新的理论成果。这是中华民族实现伟大复兴的时代需求，是以习近平为主要代表的中国共产党人理论创新必须完成的历史使命。

自党的十八大以来，习近平总书记在一系列重要讲话中，深刻阐述了党和国家发展的诸多重大理论和实践问题，全面提出了自己富有创见的执政理念和兴国方略，形成了习近平治国理政的一系列战略思想。习近平治国理政系列战略思想，是中国共产党在当代世界发展中大国群体崛起、国际战略格局酝酿重大转变、大国综合国力竞争和国家地位博弈加剧、中国进入世界政治舞台中心的新的历史条件下，为了更好履行执政使命，围绕“两个一百年”奋斗目标、实现中华民族伟大复兴的中国梦，面对具有许多新的历史特点的伟大斗争，统筹国内国际两个大局，针对坚持和发展中国特色社会主义遇到的若干带有国际性、全局性和长远性的理论与实践问题，作出的一系列战略判断，提出的一系列战略思想，进行的一系列战略决策。这些重要的战略判断、战略思想、战略决策，丰富和发展了党的科学理论，指导和运筹了新的伟大斗争，推进了新的伟大实践，开创了实现民族复兴伟大事业的新局面。作为习近平新时代中国特色社会主义思想的重要组成部分，习近平反腐败论述是指引我们在中华民族伟大复兴时代背景下，科学有效地防治腐败，巩固党的执政地位，保障人民赋予的权力永远为人民谋利益的指导思想，是引领我们胜利实现中国梦的理论旗帜之一。

二、历史唯物主义的创造性应用

历史唯物主义是习近平总书记反腐败论述的基石。习近平总书记指出，在革命、建设、改革各个历史时期，我们党运用历史唯物主义，系统、具体、历史地分析中国社会运动及其发展规律，在认识世界和改造世界过程中不断把握规律、积极运用规律，推动党和人民事业取得了一个又一个胜利。历史和现实都表明，只有坚持历史唯物主义，我们才能不断把对中国特色社会主义规律的认识提高到新的水平，不断开辟当代中国马克思主义发展新境界。①

（一）学习掌握历史唯物主义

学习和运用社会存在决定社会意识的观点。习近平总书记说，我们党现阶段提出和实施的理论和路线方针政策，之所以正确，就是因为它们都是以我国现时代的社会存在为基础的②。党的十八届三中全会对我国全面深化改革作出了总体部署，是从我国现在的社会存在出发的，即从我国现在的社会物质条件的总和出发的，也就是从我国基本国情和发展要求出发的。

学习和掌握人民群众是历史创造者的观点。习近平总书记指出，人民是历史的创造者③。要坚持把实现好、维护好、发展好最广大人民根本利益作为推进改革的出发点和落脚点，让发展成果更多更公平惠及全体人民，唯有如此改革才能大有作为。要处理好尊重客观规律和发挥主观能动性的关系。要坚持一切从实际出发，按照客观规律办事，一张蓝图抓到底，抓好打基础利长远的工作。同时，要鼓励地方、基层、群众大胆探索、先行先试，勇于推进理论和实践创新，不断深化对改革规律的认识。

学习和掌握社会基本矛盾分析法。习近平总书记说，要学习和掌握社会基本矛盾分析法，深入理解全面深化改革的重要性和紧迫性。只有把生产力和生产关系的矛盾运动同经济基础和上层建筑的矛盾运动结合起来观察，把社会基本矛盾作为一个整体来观察，才能全面把握整个社会的基本

① 参见习近平：《在中共中央政治局第二十次集体学习时的讲话》，载新华网，最后访问日期：2015 年 1 月 26 日。

② 参见习近平：《在中共中央政治局第十一次集体学习时的讲话》，载新华网，最后访问日期：2013 年 12 月 4 日。

③ 参见《习近平等十八届中央政治局常委同中外记者见面时的讲话》，载新华网，最后访问日期：2012 年 11 月 15 日。

面貌和发展方向[①]。

学习和掌握生产关系要与生产力相适应的观点。习近平总书记说，坚持和发展中国特色社会主义，必须不断适应社会生产力发展调整生产关系，不断适应经济基础发展完善上层建筑[②]。我们提出进行全面深化改革，就是要适应我国社会基本矛盾运动的变化来推进社会发展。社会基本矛盾总是不断发展的，所以调整生产关系、完善上层建筑相应地需要不断进行下去。改革开放只有进行时、没有完成时，这是历史唯物主义态度[③]。

学习和掌握生产力是推动社会发展第一要素的观点。习近平总书记说，生产力是推动社会进步的最活跃、最革命要素，社会主义的根本任务是解放和发展社会生产力[④]。在全面深化改革中，我们要坚持发展仍是解决我国所有问题的关键这个重大战略判断，使市场在资源配置中起决定性作用和更好发挥政府作用，推动我国社会生产力不断向前发展，推动实现物的不断丰富和人的全面发展的统一。

学习和掌握物质生产是社会历史发展的决定性因素的观点。习近平总书记说，物质生产是社会历史发展的决定性因素，但上层建筑也可以反作用于经济基础，生产力和生产关系、经济基础和上层建筑之间有着作用和反作用的现实过程，并不是单线式的简单决定和被决定逻辑。我们提出全面深化改革的方案，是因为要解决我们面临的突出矛盾和问题，仅仅依靠单个领域、单个层次的改革难以奏效，必须加强顶层设计、整体谋划，增强各项改革的关联性、系统性、协同性[⑤]。

---

① 参见习近平：《在中共中央政治局第十一次集体学习时的讲话》，载新华网，最后访问日期：2013 年 12 月 4 日。

② 参见习近平：《在中共中央政治局第十一次集体学习时的讲话》，载新华网，最后访问日期：2013 年 12 月 4 日。

③ 参见习近平：《在中共中央政治局第二十次集体学习时的讲话》，载新华网，最后访问日期：2015 年 1 月 26 日。

④ 参见习近平：《在中共中央政治局第二十次集体学习时的讲话》，载新华网，最后访问日期：2015 年 1 月 26 日。

⑤ 参见习近平：《在中共中央政治局第二十次集体学习时的讲话》，载新华网，最后访问日期：2015 年 1 月 26 日。

（二）历史唯物主义的原理蕴含

习近平总书记反腐败思想贯穿了一条核心逻辑主线——坚持执政为民的反腐宗旨。这体现了唯物史观的社会基本矛盾原理同人民群众是历史的主体原理的一致性。只有从坚持执政为民、人民主体地位这一根本的立场、观点、方法出发，才能准确理解“大逻辑”下反腐败战略思想之精髓。

马克思、恩格斯创立的唯物主义历史观与各种形形色色的唯心主义历史观的根本区别之一，就在于它始终坚持人民群众是历史主体。早在19世纪40年代，他们就在《神圣家族》中明确提出，“历史活动是群众的事业”，决定历史发展的是“行动着的群众”，从而确立了人民群众创造历史的主体地位，实现了历史观上的伟大变革。人民群众始终是我们党的坚实执政基础，只要我们党永不脱离群众，就能无往而不胜，当代中国共产党人深深铭记这一点。面对党风廉政建设和反腐败斗争的艰巨性，作为中共中央总书记的习近平同志袒露了自己的心迹：“我们不是没有掂量过，但认准了党的宗旨使命，认准了人民期待，人民把权力交给我们，我们就必须以身许党许国、报党报国，该做的事就要做，该得罪的人就得得罪。不得罪腐败分子，就必然会辜负党、得罪人民。”① 习近平总书记关于反腐败斗争这番“掏心窝子”的话，不但直观展现了中国共产党人全心全意为人民服务的宗旨意识，而且体现了中国共产党人执政为民的真实情怀，更是社会基本矛盾原理同人民群众是历史的主体原理的一致性的完美结合。

党的十八大以来，习近平总书记着眼于在新的历史起点上推进中国特色社会主义事业的需要，突出强调“坚持人民主体地位，充分调动人民积极性，始终是我们党立于不败之地的强大根基”②，并以一系列新论断、新观点，深刻阐释了人民主体思想。概括起来主要包括：把人民对美好

---

① 参见习近平：《在中国共产党第十八届中央纪律检查委员会第五次全体会议上的讲话》，载中新网，最后访问日期：2015年1月13日。

② 参见习近平：《在纪念毛泽东同志诞辰120周年座谈会上的讲话》，载新华网，最后访问日期：2013年12月26日。

生活的向往作为自己的奋斗目标，提出实现中华民族伟大复兴的中国梦；以促进人的全面发展为价值取向，提出以人民为中心的发展思想，坚持创新、协调、绿色、开放、共享的发展理念，不断满足人民日益增长的物质文化需要，推进全面小康社会建设；以增进人民福祉为使命追求，提出“人民是改革的主体”的思想，坚持依靠人民、为了人民，让人民群众有更多获得感，推进全面深化改革；以依法维护人民权益为责任担当，坚定不移走中国特色社会主义法治道路，保证人民当家作主，维护人民根本权益，推进全面依法治国；以全心全意为人民服务为根本宗旨，提出“权为民所赋、权为民所用”的权力观，密切党同人民群众的血肉联系，以踏石留印、抓铁有痕的劲头全面从严治党，推进党风廉政建设和反腐败斗争。

从严治党、正风反腐是为了始终保持党与人民群众的血肉联系，做到立党为公、执政为民，真正维护好最广大人民的根本利益。一个政党、一个政权，其前途和命运最终取决于人心。党风廉政建设，核心是始终保持党同人民群众的血肉联系，始终保持党的先进性和纯洁性。从严治党、正风反腐不能关门进行，需要人民群众的支持、监督，也一定能够得到人民的支持。正如习近平总书记所说：“群众的眼睛是雪亮的，群众的意见是我们最好的镜子。”[①] 正风反腐与党群关系建设呈现明显的正关联。因此，党要始终植根人民、造福人民，始终与人民心心相印、与人民同甘共苦、与人民团结奋斗。

三、辩证唯物主义的创造性应用

唯物辩证法是习近平总书记反腐败思想的内核。习近平总书记指出，辩证唯物主义是中国共产党人的世界观和方法论，我们党要团结带领人民协调推进全面建成小康社会、全面深化改革、全面依法治国、全面从严治党，实现“两个一百年”奋斗目标、实现中华民族伟大复兴的中国梦，必须不断接受马克思主义哲学智慧的滋养，更加自觉地坚持和运用辩证唯物

① 参见习近平：《在党的群众路线教育实践活动总结大会上的讲话》，载新华网，最后访问日期：2014 年 10 月 8 日。

主义世界观和方法论，增强辩证思维、战略思维能力，努力提高解决我国改革发展基本问题的本领[①]。

（一）学习掌握辩证唯物主义

1. 学习掌握世界统一于物质、物质决定意识的原理

习近平总书记说，要学习掌握世界统一于物质、物质决定意识的原理，坚持从客观实际出发制定政策、推动工作[②]。当代中国最大的客观实际，就是我国仍处于并将长期处于社会主义初级阶段，这是我们认识当下、规划未来、制定政策、推进事业的客观基点，不能脱离这个基点。既要看到社会主义初级阶段基本国情没有变，也要看到我国经济社会发展每个阶段呈现出来的新特点。经过40多年改革开放，我国社会生产力、综合国力、人民生活水平实现了历史性跨越，我国基本国情的内涵不断发生变化，我们面临的国际国内风险、面临的难题也发生了重要变化。准确把握、主动适应经济发展新常态，就是要适应国际国内环境变化、辩证分析对我国经济发展阶段性特征作出的判断。准确把握我国不同发展阶段的新变化新特点，使主观世界更好地符合客观实际，按照实际决定工作方针，这是我们必须牢牢记住的工作方法。辩证唯物主义并不否认意识对物质的反作用，而是认为这种反作用有时是十分巨大的。我们党始终把思想建设放在党的建设第一位，强调“革命理想高于天”，就是精神变物质、物质变精神的辩证法。我们必须毫不放松理想信念教育、思想道德建设、意识形态工作，大力培育和弘扬社会主义核心价值观，用富有时代气息的中国精神凝聚中国力量。

2. 学习掌握事物矛盾运动的基本原理

习近平总书记说，要学习掌握事物矛盾运动的基本原理，不断强化问题意识，积极面对和化解前进中遇到的矛盾[③]。问题是事物矛盾的表现形

---

① 参见习近平：《在中共中央政治局第二十次集体学习时的讲话》，载新华网，最后访问日期：2015年1月24日。

② 参见习近平：《在中共中央政治局第二十次集体学习时的讲话》，载新华网，最后访问日期：2015年1月24日。

③ 参见习近平：《在中共中央政治局第二十次集体学习时的讲话》，载新华网，最后访问日期：2015年1月24日。

式，我们强调增强问题意识、坚持问题导向，就是承认矛盾的普遍性、客观性，就是要善于把认识和化解矛盾作为打开工作局面的突破口。我们党领导人民干革命、搞建设、抓改革，从来都是为了解决中国的现实问题。对待矛盾的正确态度，应该是直面矛盾，并运用矛盾相辅相成的特性，在解决矛盾的过程中推动事物发展。我们强调不能简单地以国内生产总值增长率论英雄，提出加快转变经济发展方式、调整经济结构，提出化解产能过剩，提出加强生态文明建设，等等，这都是针对一些牵动面广、耦合性强的深层次矛盾的。面对复杂形势和繁重任务，首先要有全局观，对各种矛盾做到心中有数，同时又要优先解决主要矛盾和矛盾的主要方面，以此带动其他矛盾的解决。我们提出要协调推进全面建成小康社会、全面深化改革、全面依法治国、全面从严治党，是当前党和国家事业发展中必须解决好的主要矛盾。我们既要注重总体谋划，又要注重牵住"牛鼻子"。在任何工作中，我们既要讲两点论，又要讲重点论，没有主次，不加区别，眉毛胡子一把抓，是做不好工作的。

3. 学习掌握唯物辩证法的根本方法

习近平总书记说，要学习掌握唯物辩证法的根本方法，不断增强辩证思维能力，提高驾驭复杂局面、处理复杂问题的本领。我们的事业越是向纵深发展，就越要不断增强辩证思维能力①。当前，我国社会各种利益关系十分复杂，这就要求我们善于处理局部和全局、当前和长远、重点和非重点的关系，在权衡利弊中趋利避害，作出最为有利的战略抉择。全面深化改革，要突出改革的系统性、整体性、协同性，使改革成果更多更公平惠及全体人民。要反对形而上学的思想方法，看形势做工作不能盲人摸象、坐井观天、揠苗助长、削足适履、画蛇添足。要加强调查研究，坚持发展地而不是静止地、全面地而不是片面地、系统地而不是零散地、普遍联系地而不是单一孤立地观察事物，准确把握客观实际，真正掌握规律，妥善处理各种重大关系。

4. 学习掌握认识和实践辩证关系的原理

习近平总书记说，要学习掌握认识和实践辩证关系的原理，坚持实践

① 参见习近平：《在中共中央政治局第二十次集体学习时的讲话》，载新华网，最后访问日期：2015 年 1 月 24 日。

第一的观点，不断推进实践基础上的理论创新。我们推进各项工作，要靠实践出真知①。理论必须同实践相统一。必须高度重视理论的作用，增强理论自信和战略定力，对经过反复实践和比较得出的正确理论，要坚定不移地坚持。要根据时代变化和实践发展，不断深化认识，不断总结经验，不断实现理论创新和实践创新的良性互动，在这种统一和互动中发展21世纪中国的马克思主义原理。

（二）辩证唯物主义的科学思维

运用"世界统一于物质、物质决定意识"的原理，夯实反腐败思想基础。坚持从反腐败客观实际出发，制定政策和策略，推动工作。从"当前腐败现象多发、滋生腐败的土壤存在"到"一些腐败分子一意孤行，仍然没有收手，甚至变本加厉"的判断；从"空谈误国、实干兴邦"的提出到"踏石留印、抓铁留痕"的要求；从"老虎""苍蝇"一起打到对腐败现象"零容忍"；从"有案必查、有腐必反"的基本原则到"刮骨疗毒、壮士断腕"的果敢勇气；从"反腐倡廉必须常抓不懈，拒腐防变必须警钟长鸣"到"把权力关进制度的笼子里，形成不敢腐、不能腐、不想腐的机制"的策略路径等，习近平总书记的系列重要论述，坚持实事求是、求真务实，都是从发展中国特色社会主义的全局和反腐败形势的客观判断所得出的结论，都是"不唯上、不唯书、只唯实"的具体体现。

运用唯物辩证法的根本方法，实现反腐败的科学思维。强调处理好改革与反腐败的各种重大关系，充分体现了"两点论"的辩证法。比如，在改革方面，要处理好解放思想和实事求是的关系、整体推进和重点突破的关系、顶层设计和摸着石头过河的关系、胆子要大和步子要稳的关系、改革发展和稳定的关系。在反腐倡廉方面，要处理好作风建设与惩治腐败的关系、打"苍蝇"与打"老虎"的关系、查处职务犯罪与防控犯罪风险的关系、加大反腐力度与自身反腐的关系、建章立制与制度执行的关系、党委主体责任与纪委监督责任的关系等。习近平总书记对这一系列重大关系

① 参见习近平：《在中共中央政治局第二十次集体学习时的讲话》，载新华网，最后访问日期：2015年1月24日。

的论述，充分体现了对新形势下反腐败斗争规律的深刻把握，为职能部门辩证思考，缜密分析事物，正确研究和解决问题，提高反腐败工作的科学化水平，提供了强大的思想指南。

运用事物矛盾运动的基本原理，不断强化问题意识。积极面对反腐败工作中遇到的矛盾，提出一系列相互联系的观点。比如：以“零容忍”的态度惩治腐败，以猛药去疴、重典治乱的决心，以刮骨疗毒、壮士断腕的勇气将反腐败斗争进行到底等论述，确立了新时期反腐理念；保持高压态势的基本定力，“老虎”“苍蝇”一起打，既坚决查处领导干部违纪违法案件，又切实解决发生在群众身边的不正之风和腐败问题等论述，进一步明确了新时期反腐任务；善于运用法治思维和法治方式反对腐败，加强反腐败国家立法，加强反腐倡廉党内法规建设，让法律制度刚性运行等论述，强调了依法反腐的基本方式；把权力关进制度的笼子里，形成不敢腐的惩戒机制、不能腐的防范机制、不易腐的保障机制等论述，指明了新时期反腐败斗争的基本走向；坚持全面从严治党，以更大的政治勇气和智慧，不失时机深化重要领域改革，攻克体制机制上的顽症痼疾，突破利益固化的藩篱，构建良好的政治生态，实现干部清正、政府清廉、政治清明等论述，这些都彰显了反腐败的价值目标。

第二章　反腐败法治思维和法治方式

一、马克思主义法律观在中国的新发展

马克思主义法律观认为，法是由国家制定的，也是由国家的强制力保证实施的行为规范体系。国家有阶级性，作为国家意志体现的法也是有阶级性的。而剥削阶级法律观则认为法律与国家没有联系或者至少没有必然联系，因此国家的产生、本质及消亡问题跟法没有关系。

依法治国法治观在坚持马克思主义法律观的基础上，进一步认为，法律可以作为一种治国方略，依法治国是实现人民当家作主的基本保证，是发展社会主义市场经济的客观需要，是社会文明进步的重要标志，是国家长治久安的重要保障。早在1996年初，江泽民同志就将坚持依法治国，建设社会主义法制国家的理论和实践问题作为中共中央1996年第一次法制讲座的主题。1996年2月，江泽民同志又发表了依法治国，保障国家的长治久安的重要讲话。党的十五大报告明确提出了“依法治国，建设社会主义法治国家”，同时对依法治国的内涵作了准确界定，即“依法治国，就是广大人民群众在党的领导下，依照宪法和法律规定，通过各种途径和形式管理国家事务，管理经济文化事业，管理社会事务，保证国家各项工作都依法进行，逐步实现社会主义民主的制度化、法律化，使这种制度和法律不因领导人的改变而改变，不因领导人看法和注意力的改变而改变。”1999年3月15日通过的《中华人民共和国宪法修正案》第13条规定：“中华人民共和国实行依法治国，建设社会主义法治国家。”以根本大法的形式将依法治国确定为一项基本的法律原则。党的十八大开启了实现中国梦的新时代，习近平总书记进一步提出，中国特色的社会主义法治，是党

纪与国法的共同之治。党纪是防腐的戒尺，国法是惩腐的利器，法治反腐必须把党执纪与国家执法有机贯通起来，“形成国家法律法规和党内法规制度相辅相成，相互促进，相互保障的格局”①。

二、马克思主义法律观的创造性应用

党的十八大以来，习近平总书记创造性地运用马克思主义法律观，提出了一系列有关法治的新论述和新观点，实现了中国特色社会主义法治理论的重大创新。

（一）法治中国的基本内涵

习近平总书记全面系统地阐述了中国特色社会主义法治体系的科学内涵和基本内容。他指出：法治体系是全面推进依法治国过程中总揽全局、牵引各方的总纲领、总抓手，建设中国特色社会主义法治体系，就是要加快形成完备的法律规范体系、高效的法治实施体系、严密的法治监督体系、有力的法治保障体系、完善的党内法规体系②。

一是以“人民主体”和“公正是法治的生命线”，揭示当代中国社会主义法治的核心价值，完善了中国法治的价值体系。习近平总书记指出：坚持人民主体地位，既是全面推进依法治国的基本原则之一，也是社会主义法治的根本价值。法治建设为了人民、依靠人民、造福人民、保护人民，以保障人民根本权益为出发点和落脚点，保证人民依法享有广泛的权利和自由、承担应尽的义务，维护社会公平正义，促进共同富裕。坚持公正是法治的生命线，加快制定和完善体现权利公平、规则公平、机会公平的法律法规，并保障和监督公正执法和公正司法。在此基础上，十八届四中全会完善了当代中国法治的价值体系，论述了当代中国法治的基本价值体系，主要包括：保障和促进社会公平正义、维护社会和谐稳定、确保国家长治久安、推进经济持续发展、维护世界和平。

---

① 引自《中共中央关于全面推进依法治国若干重大问题的决定》，载人民网，最后访问日期：2014 年 10 月 29 日。

② 引自张文显：《习近平法治思想与中国特色社会主义法治理论的重大发展》，载《民主与法制时报》2015 年 7 月 9 日。

二是阐述了中国特色社会主义法治道路。习近平总书记指出：中国特色社会主义法治道路体现为三个核心要义和五项基本原则。核心要义是坚持党的领导，坚持中国特色社会主义制度，贯彻中国特色社会主义法治理论，基本原则是坚持中国共产党的领导，坚持人民主体地位，坚持法律面前人人平等，坚持依法治国和以德治国相结合，坚持从中国实际出发。

三是丰富和创新了宪法法律实施的理论。习近平总书记指出：全面贯彻实施宪法，是建设社会主义法治国家的首要任务和基础性工作。宪法法律的生命在于实施，宪法法律的权威也在于实施①。中国特色社会主义法治体系的基石是宪法，坚持依法治国首先要坚持依宪治国，坚持依法执政关键是坚持依宪执政。

四是丰富和深化了司法改革的理论。习近平总书记指出：司法体制改革是政治体制改革的重要组成部分，是全面深化改革的重点之一，对推进国家治理体系和治理能力现代化具有十分重要的意义。深化司法体制改革，提高司法公信力，着力解决影响司法公正、制约司法能力的深层次问题，破解体制性、机制性、保障性障碍；人民法院、人民检察院依法独立公正行使审判权、检察权，司法人员公正办案，只服从事实、只服从法律。提出以提高司法公信力为根本尺度推进司法改革，提出以审判为中心的诉讼制度等崭新命题。

（二）法治中国建设的基本关系

一是法治与人治的关系。习近平总书记从人类政治文明和现代化的视野深刻分析了法治与人治的关系，深化了厉行法治的理论基础。习近平总书记指出：法治和人治问题是人类政治文明史上的一个基本问题，也是各国在实现现代化过程中必须面对和解决的一个重大问题。纵观世界近现代史，凡是顺利实现现代化的国家，没有一个不是较好解决了法治和人治问题的。人类社会发展的事实证明，依法治理是最可靠、最稳

① 参见习近平：《在首都各界纪念现行宪法公布施行30周年大会上的讲话》，载人民网，最后访问日期：2012年12月4日。

定的治理。同时，习近平总书记深刻论述了形式法治与实质法治相统一的理论，提出“法律是治国之重器，良法是善治之前提”。第一句话是形式法治思想，第二句话是实质法治思想，二者有机统一才是中国特色社会主义法治。①

二是阐述了中国特色社会主义法治道路。全面推进依法治国，必须坚持中国共产党的领导，这是社会主义法治最根本的保证。必须坚持人民主体地位，这是我们的制度优势，也是中国特色社会主义法治区别于资本主义法治的根本所在。必须坚持法律面前人人平等，是社会主义法律的基本属性，是社会主义法治的基本要求，必须坚持依法治国和以德治国相结合，道德和法律都具有规范社会行为、维护社会秩序的作用。必须坚持从我国实际出发，同推进国家治理体系和治理能力现代化相适应。②

三是丰富和创新了宪法法律实施的理论。习近平总书记指出：宪法以国家根本法的形式，确立了中国特色社会主义道路、中国特色社会主义理论体系、中国特色社会主义制度的发展成果，反映了我国各族人民的共同意志和根本利益，成为历史新时期党和国家的中心工作、基本原则、重大方针、重要政策在国家法治上的最高体现。全面贯彻实施宪法，是建设社会主义法治国家的首要任务和基础性工作。宪法法律的生命在于实施，宪法法律的权威也在于实施。中国特色社会主义法治体系的基石是宪法，依法治国首先是依宪治国；依法执政，关键是依宪执政。③

四是丰富和深化了司法改革的理论。习近平总书记指出：司法体制改革是政治体制改革的重要组成部分，是全面深化改革的重点之一，对推进国家治理体系和治理能力现代化具有十分重要的意义④。深化司法体制改革，提高司法公信力，着力解决影响司法公正、制约司法能力的深层次问题，破解体制性、机制性、保障性障碍；人民法院、人民检察院依法独立公正行使审判权、检察权，司法人员公正办案，只服从事实、只服从法

---

① 引自张文显：《习近平法治思想与中国特色社会主义法治理论的重大发展》，载《民主与法制时报》2015 年 7 月 9 日。

② 参见习近平：《加快建设社会主义法治国家》，载《求是》2015 年第 1 期。

③ 参见习近平：《在首都各界纪念现行宪法公布施行 30 周年大会上的讲话》，载人民网，最后访问日期：2012 年 12 月 4 日。

④ 参见《习近平谈治国理政》，外文出版社 2014 年版，第 150 页。

律。提出以提高司法公信力为根本尺度推进司法改革、以审判为中心的诉讼制度等崭新命题。

三、社会主义法治与反腐败方略

党的十八大以来习近平总书记就法治问题多次发表重要讲话，要求以宪法为统帅，坚持依法治国、依法执政、依法行政共同推进，坚持法治国家、法治政府、法治社会一体建设。这不仅展示了新的法治思维、理念和方略，也为反腐败方略注入了中国特色的法治思想。特别是“善于运用法治思维和法治方式反对腐败，加强反腐败国家立法，加强反腐倡廉党内法规制度建设，让法律制度刚性运行”① 的重要论述，为新形势下推进反腐败斗争法治化指明了方向。

（一）依宪治国的执政思维

习近平总书记强调依法治国即依宪治国，表现了对宪法的绝对服从和敬畏。保证宪法的实施，就是维护党和人民的权威和尊严；保证宪法的实施，就是坚持党的领导，保证最广大人民群众的根本利益的实现。在服从宪法的前提下，党具体怎么领导，怎么执政，应该与时俱进。新形势下，党要执政兴国，必须依据党章国法从严治党，必须首先依据宪法治国理政。这既是对历史经验教训的总结，也是对现实问题的积极回应。正如邓小平同志所说，并为新中国不太长的历史所证明，在一党执政的情况下，党最有资格犯错误，党也最有能力违反宪法。国家的治乱兴衰，与执政党特别是其最高层的宪法意识、法治观念强不强密不可分。②

中国改革开放的过程，也是法制恢复和走向法治的过程。如果没有法制的恢复，没有法治观念的逐步确立，非但改革开放和经济建设不能成功，恐怕整个国家都还要在黑暗中徘徊。面对世界所谓“民主化”潮流的挑战，面对不能严格执法、带头守法的现实，面对公信力日渐丧失的危

---

① 参见习近平：《在中国共产党第十八届中央纪律检查委员会第二次全体会议上的讲话》，载新华网，最后访问日期：2013 年 1 月 22 日。

② 参见宋玉波：《宪行天下 政治昌明 政党“束手束脚”可让国家少走弯路——习近平法治思想蕴含的新意》，载《人民论坛》2013 年第 13 期。

险，总书记适时提出党要严格执法、带头守法，可谓抓住了要害。[①] 习近平总书记明确指出："依法治国，首先是依宪治国；依法执政，关键是依宪执政"[②]，并强调宪法的生命和权威在于实施。这是党的十五大正式将依法治国确定为治国理政的基本方略以来，首次从宪法的生死存亡的高度来强调宪法实施的重要性。

（二）管住权力的控权思维

现代意义上的法治是以民主为前提，以制约权力和保障权利为核心内容，依法办事是国家社会活动的方式和状态。绝对的权力导致绝对的腐败。法治具有监督性和自我约束的属性。法治首先通过国家根本法对国家权力作出合理的架构，极大地限制了权力的恣意性。习近平总书记提出的"把权力关进制度的笼子里"，是对我们历史和现实的深刻教训的总结，体现了限制权力恣意的法治精神。要实现把"权力关进制度的笼子里"，关键在党，主动权也在党。党已经意识到必须把权力关进制度的笼子里，这是巨大的进步。但要兑现承诺，就得下大力气建设好制度、落实好制度。现在我们的制度之所以关不住权力，不是因为"网开一面"，就是因为受非制度因素制约太多。更为要命的是，权力不会自己往笼子里钻；权力更不会老老实实地待在笼子里。面对管不住权力的难题，执政党及其领导核心需要有革新政治、重建权力结构的勇气和智慧，大胆而稳妥地推进政治改革，探索适合中国国情的依法执政之路。[③]

（三）公平正义的规则思维

公平正义是人类对美好的追求。权力腐败，是公平正义的天敌。法治的真谛不是用法治民，而是用法限权治官，保障公民自由，实现社会公正。十八大以来，习近平总书记多次发表重要讲话，强调加强对权力的制

---

① 参见宋玉波：《宪行天下 政治昌明 政党"束手束脚"可让国家少走弯路——习近平法治思想蕴含的新意》，载《人民论坛》2013 年第 13 期。

② 《中国共产党第十八届中央委员会第四次全体会议公报》，载人民网，最后访问日期：2014 年 10 月 23 日。

③ 参见宋玉波：《宪行天下 政治昌明 政党"束手束脚"可让国家少走弯路——习近平法治思想蕴含的新意》，载《人民论坛》2013 年第 13 期。

约监督，让人民群众感受到公平正义。党的十八大提出要在全社会实现公平正义，不论是在执法还是在司法活动中都要讲求公平正义，处理的结果要经得起公平正义规则的拷问。在我国人民代表大会制度中，国家权力机关的立法职能、行政机关的管理职能、审判机关的审判职能和检察机关的法律监督职能都是保障在全社会实现公平和正义的国家职能。立法职能主要通过权利义务的分配为在全社会实现公平和正义提供规范、程序和制度；行政管理职能主要通过严格执行法律、公平处理行政事务来促进和保障社会的公平和正义；审判职能主要通过公正司法来保障在全社会实现公平和正义；法律监督职能则主要通过对权力的监督制约和对权利的司法救济，通过维护国家法律的统一正确实施来保障在全社会实现公平和正义。公平正义在现实生活中存在的形式也是多种多样的：在资源分配领域，有关于分配的公平正义规则；在权利救济领域，有关于矫正的公平正义规则。由此不难发现，从资源的分配到权利的救济，生活的各个方面、各个层次、各个领域都有它特有的公平正义规则。讲法治思维就是在各个层面、各个领域都要建立清晰的、可辨认的公平正义规则，实现职权法定、有权必有责、用权受监督、违法要追究的目标。

（四）零容忍的“破窗”思维

习近平总书记指出：对违规违纪、破坏法规制度踩“红线”、越“底线”、闯“雷区”的，要坚决严肃查处，不以权势大而破规，不以问题小而姑息，不以违者众而放任，不留“暗门”、不开“天窗”，坚决防止“破窗效应”[①]。这与美国预防犯罪学专家乔治·凯林观察总结的第一扇被打破的玻璃如果不被修复，就会产生强烈的暗示性纵容，导致整栋建筑的玻璃被打破的“破窗”思维一脉相承，凸显了反对腐败的坚定态度和严防死守的防腐决心。

法规制度的生命力在于执行。贯彻执行法规制度关键在于真抓，靠的是严管。加强反腐倡廉法规制度建设，必须一手抓制定完善，一手抓贯彻

① 参见习近平：《在中共中央政治局第二十四次集体学习时的讲话》，载新华网，最后访问日期：2015年6月27日。

执行。要强化法规制度意识，在全党开展法规制度宣传教育，引导广大党员、干部牢固树立法治意识、制度意识、纪律意识，形成尊崇制度、遵守制度、捍卫制度的良好氛围，坚持法规制度面前人人平等、遵守法规制度没有特权、执行法规制度没有例外。要加大贯彻执行力度，让铁规发力、让禁令生威，确保各项法规制度落地生根。要加强监督检查，落实监督制度，用监督传递压力，用压力推动落实。

要健全问责机制，坚持有责必问、问责必严，把监督检查、目标考核、责任追究有机结合起来，形成法规制度执行的强大推动力。问责的内容、对象、事项、主体、程序、方式都要制度化、程序化，要把法规制度执行情况纳入党风廉政建设责任制检查考核和党政领导干部述职述廉范围，通过严肃追究主体责任、监督责任、领导责任，让法规制度的力量在反腐倡廉建设中得到充分释放。纪律检查机关要加大监督检查力度，对有令不行、有禁不止的，不仅要严肃查处直接责任人，而且要严肃追究相关领导人员的责任。

第三章　反腐败理论与实践的紧密结合

习近平总书记在第十八届中央纪律检查委员会第二次全体会议上指出：实现党的十八大确定的各项目标任务，实现“两个一百年”目标，实现中华民族伟大复兴的“中国梦”，必须把我们党建设好。党的十八大对全面提高党的建设科学化水平提出了明确要求，突出强调坚持党要管党、从严治党，不断提高党的领导水平和执政水平、提高拒腐防变和抵御风险能力，增强自我净化、自我完善、自我革新、自我提高能力，确保党始终成为中国特色社会主义事业的坚强领导核心。党风廉政建设和反腐败斗争，是党的建设的重大任务。[①] 这一重要论述揭示了新时期反腐败斗争的价值追求和目标任务。

一、从解决“四风”问题入手

解决“四风”问题是反腐倡廉建设的着力点。任何政党的存在和发展，都离不开作风建设，作风建设是一项很重要的任务，需要遵循现代政党自身建设发展的一般规律。习近平总书记说：中央提出抓作风建设，反对形式主义、官僚主义、享乐主义，反对奢靡之风，就是提出了一个抓反腐倡廉建设的着力点，提出了一个夯实党执政的群众基础的切入点。全党同志一定要从这样的政治高度来认识这个问题，从思想上警醒起来，牢记“两个务必”，坚定不移转变作风，坚定不移反对腐败，切实做到踏石留

① 参见习近平：《在中国共产党第十八届中央纪律检查委员会第二次全体会议上的讲话》，载新华网，最后访问日期：2013 年 1 月 22 日。

印、抓铁有痕，不断以反腐倡廉的新进展、新成效取信于民，确保党和国家兴旺发达、长治久安。①

（一）“四风”是腐败的重要根源

我们必须看到，面对世情、国情、党情的深刻变化，精神懈怠危险、能力不足危险、脱离群众危险、消极腐败危险更加尖锐地摆在全党面前，党内脱离群众的现象大量存在，一些问题还相当严重，集中表现在形式主义、官僚主义、享乐主义和奢靡之风这“四风”上。②

习近平总书记说，中央决定集中解决形式主义、官僚主义、享乐主义和奢靡之风这“四风”问题。为什么要聚焦到“四风”上呢？因为这“四风”是违背我们党的性质和宗旨的，也是损害党群干群关系的重要根源。党内存在的其他问题都与这“四风”有关，或者说是这“四风”衍生出来的。“四风”问题解决好了，党内其他一些问题解决起来也就有了更好的条件。党的十八大之后，中央首先抓改进工作作风，也是出于这个考虑。改进工作作风的任务非常繁重，中央八项规定是一个切入口和动员令。中央八项规定既不是最高标准，更不是最终目的，只是我们改进作风的第一步，是我们作为共产党人应该做到的基本要求。“善禁者，先禁其身而后人。”③

习近平总书记认为“工作作风上的问题绝对不是小事”，各级领导干部要以身作则、率先垂范，说到的就要做到，承诺的就要兑现，中央政治局同志从我本人做起。领导干部的一言一行、一举一动，群众都看在眼里、记在心上。干部心系群众、埋头苦干，群众就会赞许你、拥护你、追随你；干部不务实事、骄奢淫逸，群众就会痛恨你、反对你、疏远你。我们的财力是不断增加了，但决不能大手大脚糟蹋浪费！要坚持勤俭办一切

---

① 参见习近平：《在十八届中央政治局第五次集体学习时的讲话》，载新华网，最后访问日期：2013年5月19日。

② 参见习近平：《在党的群众路线教育实践活动工作会议上的讲话》，载新华网，最后访问日期：2013年6月18日。

③ 参见习近平：《在中国共产党第十八届中央纪律检查委员会第二次全体会议上的讲话》，载新华网，最后访问日期：2013年1月22日。

事业，坚决反对讲排场比阔气，坚决抵制享乐主义和奢靡之风。①

作风问题关系人心向背，关系党的执政基础。习近平总书记说，对“四风”问题，必须下大气力惩治。形式主义实质是主观主义、功利主义，根源是政绩观错位、责任心缺失，用轰轰烈烈的形式代替了扎扎实实的落实，用光鲜亮丽的外表掩盖了矛盾和问题。官僚主义实质是封建残余思想作祟，根源是官本位思想严重、权力观扭曲，做官当老爷，高高在上，脱离群众，脱离实际。有些领导干部爱忆苦思甜，口头上说是穷苦家庭出身，是党和人民培养了自己，但言行不一，心里想的是自己当上官了，终于可以扬眉吐气了，要好好享受一下当官的尊荣，摆起官架子来比谁都大。享乐主义实质是革命意志衰退、奋斗精神消减，根源是世界观、人生观、价值观不正确，拈轻怕重，贪图安逸，追求感官享受。奢靡之风实质是剥削阶级思想和腐朽生活方式的反映，根源是思想堕落、物欲膨胀、灯红酒绿、纸醉金迷。“四风”的后果，就是浪费了有限资源，延误了各项工作，疏远了人民群众，败坏了党风政风，最终会严重损害党的先进性和纯洁性，严重损害党的执政基础和执政地位。如果沉迷在“四风”之中，还讲什么无数革命先烈流血牺牲打下的红色江山永不变色，那是多么大的讽刺啊！无数革命先烈流血牺牲打下的红色江山就是让一些人去挥霍败坏的吗?！如果领导干部弄不清“为了谁、依靠谁、我是谁”，“四风”问题如果蔓延开来又得不到有效遏制，就会像一座无形的墙把党和人民群众隔开，就会像一把无情的刀割断党同人民群众的血肉联系，那后果就严重了。②

（二）“四风”具有顽固性和反复性

习近平总书记说，“四风”问题积习甚深，可谓冰冻三尺非一日之寒。以往的经验告诉我们，纠风之难，难在防止反弹。事物是不断发展变化的，“四风”问题具有很强的变异性和传染性，这样的问题消失了，那样

---

① 参见习近平：《在中国共产党第十八届中央纪律检查委员会第二次全体会议上的讲话》，载新华网，最后访问日期：2013 年 1 月 22 日。

② 参见《习近平关于党风廉政建设和反腐败斗争论述摘编》，中央文献出版社、方正出版社 2015 年版，第 75 – 76 页。

的问题就会出现。正所谓“由俭入奢易，由奢入俭难”。目前，在一些地方和部门，作风问题依然突出，但表现形态不一样了，存在一些使歪招、打折扣、搞变通现象。有的楼堂馆所穿上“创业大厦”“研发中心”等马甲，有的以培训为名行游山玩水之实，有的干部红白喜事不请客但收礼，有的大吃大喝转战到私人会所、农家乐、“内部食堂”。有的送礼和收礼穿上“隐身衣”，礼品册、电子礼品卡等花样繁多，利用网络、快递进行，双方不见面，十分隐蔽。还有的单位为了应付检查，采取无中生有、移花接木、指鹿为马等手法，看似在表格上完成了考核指标，实际上没有多少改变，如此等等。这就说明，教育实践活动有期限，但贯彻群众路线没有休止符，作风建设永远在路上。[①]“四风”积习的顽固性和反复性还表现在基层。比如针对军队问题，习近平总书记说，基层风气不好，直接损害官兵切身利益，动摇部队建设发展基础。要下大气力整治发生在士兵身边的不良行为，对随意插手基层敏感事务，截留克扣基层物资经费，在入党、考学、转士官上处事不公，吃拿卡要，收受战士钱物、侵占士兵利益等问题，必须严肃查处，决不姑息。[②]习近平总书记强调，同学、同行、同乡、同事等小圈子聚会也值得警惕，搞不好就会形成宗派主义、山头主义、小圈子。到党校学习一段时间，同学之间很自然会形成比较好的关系，但如果刻意说我们是党校第几期、是一个班的，称兄道弟，甚至政治上形成一种互相支持的关系，那就不正常了。有的这种聚会里面有潜规则，大家形成了一种特殊关系，今后在利益交换中是要兑现的。权钱交易有没有？政治上是不是互相提携、互相抱团啊？千万不要搞这些东西，搞这些东西危害很大！我们经常讲，党的干部都是来自五湖四海，为了一个共同的革命目标走到一起来的。党内不允许这种不良风气蔓延，宗派主义必须处理，山头主义必须铲除。[③]

---

① 参见习近平：《在党的群众路线教育实践活动第一批总结暨第二批部署会议上的讲话》，载新华网，最后访问日期：2014 年 1 月 20 日。

② 参见《习近平关于党风廉政建设和反腐败斗争论述摘编》，中央文献出版社、方正出版社 2015 年版，第 76 页。

③ 参见习近平：《在参加河北省委常委班子专题民主生活会时的讲话》，载新华网，最后访问日期：2013 年 9 月 23 日。

（三）对准焦距、找准穴位、抓住要害

习近平总书记说，反对形式主义，要着重解决工作不实的问题，教育引导党员、干部改进学风文风会风，改进工作作风，在大是大非面前敢于担当、敢于坚持原则，真正把心思用在干事业上，把功夫下到察实情、出实招、办实事、求实效上。反对官僚主义，要着重解决在人民群众利益上不维护、不作为的问题，教育引导党员、干部深入实际、深入基层、深入群众，坚持民主集中制，虚心向群众学习，真心对群众负责，热心为群众服务，诚心接受群众监督，坚决整治消极应付、推诿扯皮、侵害群众利益的问题。反对享乐主义，要着重克服及时行乐思想和特权现象，教育引导党员、干部牢记“两个务必”，克己奉公，勤政廉政，保持昂扬向上、奋发有为的精神状态。反对奢靡之风，要着重狠刹挥霍享乐和骄奢淫逸的不良风气，教育引导党员、干部坚守节约光荣、浪费可耻的思想观念，做到艰苦朴素、精打细算，勤俭办一切事情。解决“四风”问题，要从实际出发，抓住主要矛盾，什么问题突出就着重解决什么问题，什么问题紧迫就抓紧解决什么问题，不能“走神”，不能“散光”。要找准靶子，有的放矢，务求实效。① 他强调，军委的同志身居高位，全军官兵在看着我们，广大人民群众在看着我们。为人是否正派？做事是否干净？这是事关党和军队形象的大问题。我们要清廉自律，坚决不搞特殊化；坚决不搞特权，坚决不搞不正之风，坚决不搞腐败。只有给全军作出表率了，我们抓全军作风建设才有底气。自己不检点，不清爽，不干净，让人家在背后指指点点的，怎么去要求人家啊？没法说，说了也没用啊！②

习近平总书记说，教育实践活动重点抓什么？要选准目标、集中火力，深入解决形式主义、官僚主义、享乐主义和奢靡之风问题。我们提出“照镜子、正衣冠、洗洗澡、治治病”的总要求，对存在的问题不回避、不掩饰，不等不靠、立行立改。我们要求开门搞活动，开展批评和自我批评，不绕弯子，直奔主题，真刀真枪提意见，满腔热情帮同志，起到红红

---

① 参见《十八大以来重要文献选编》（上），中央文献出版社 2014 年版，第 314 页。

② 参见《中央军委召开专题民主生活会 习近平主持会议并发表重要讲话》，载新华网，最后访问日期：2013 年 7 月 8 日。

脸、出出汗，触及思想、触及灵魂的效果。大家通过查摆问题、整改落实，着力解决违背群众路线的突出问题，针对调查研究、新闻报道、出国访问、干部住房、办公用房、配车上牌、秘书配备、公务接待、警卫规格、楼堂馆所、公款消费、铺张浪费、礼品礼券等方面存在的问题一项一项抓，取得了明显进展。对抓作风问题，广大干部群众高度支持和拥护，说明我们抓对了。①

清除“四风”积习的根本标准是分清公私界限。习近平总书记说，作风问题起决定性作用的是党性，衡量党性强弱的根本尺子是公私二字。古人说：“一言可以丧邦，一言可以兴邦，只在公私之间尔。”作为党的干部，就是要讲大公无私、公私分明、先公后私、公而忘私，只有一心为公、事事出于公心，才能坦荡做人、谨慎用权，才能光明正大、堂堂正正。作风问题，很多是因公私关系没有摆正产生的。作风问题有的看起来不大，几顿饭，几杯酒，几张卡，但都与公私问题有联系，都与公款、公权有关系。公款姓公，一分一厘都不能乱花；公权为民，一丝一毫都不能私用。领导干部必须时刻清楚这一点，做到公私分明、克己奉公、严格自律。②

（四）解决“四风”必须行胜于言

解决“四风”问题要行胜于言。习近平总书记说，我们抓中央八项规定贯彻落实，看起来是小事，但体现的是一种精神。中央八项规定都抓不好、坚持不下去，还搞什么十八项规定、二十八项规定？抓“四风”要首先把中央八项规定抓好，抓党的建设要从“四风”抓起。办好一件事后再办第二件事，让大家感到我们是能办成事的，而且是认真办事的。这样才能取信于民、取信于全党。大家担心防范“四风”的制度能不能建立起来，是不是有用，是不是“稻草人”？行胜于言。比如，今年中秋节中央纪委抓月饼，看起来是小事，其实是抓这后面隐藏的腐败。抓了中秋节抓国庆节，抓了国庆节抓新年，抓了新年抓春节，抓了春节抓清明节、抓端

---

① 参见习近平：《在中国共产党第十八届中央纪律检查委员会第三次全体会议上的讲话》，载新华网，最后访问日期：2014 年 1 月 14 日。

② 参见习近平：《在中国共产党第十八届中央纪律检查委员会第三次全体会议上的讲话》，载新华网，最后访问日期：2014 年 1 月 14 日。

午节，就这么抓下去，总会见效的，使之形成一种习惯、一种风气。①

行胜于言要做到标本兼治。习近平总书记说，治标，就是要着力针对面上“四风”问题的各种表现，该纠正的纠正，该禁止的禁止。治本，就是要查找产生问题的深层次原因，从理想信念、工作程序、体制机制等方面下功夫抑制不正之风。各地区各部门“四风”问题表现不尽相同，有的形式主义、官僚主义突出一点，有的享乐主义、奢靡之风突出一点，什么问题突出就着力解决什么问题。②

二、打虎拍蝇遏制腐败蔓延势头

习近平总书记在十八届中央纪委六次全会上强调，党中央坚定不移反对腐败的决心没有变，坚决遏制腐败现象蔓延势头的目标没有变。两个“没有变”向全党全社会释放的信号是庄严的承诺，必须兑现，认准的目标务必实现。反腐败斗争是一场输不起的斗争，也是一场攻坚战、持久战。面对党风廉政建设和反腐败斗争的目标任务，我们必须拿出勇者必胜的信心，持之以恒奋力拼搏，持续保持高压态势，推动反腐败工作深入开展。

（一）坚持有案必查、有腐必惩

有案必查是党纪国法的必然要求。习近平总书记说，反对腐败、建设廉洁政治，保持党的肌体健康，始终是我们党一贯坚持的鲜明政治立场。党风廉政建设，是广大干部群众始终关注的重大政治问题。“物必先腐，而后虫生。”近年来，一些国家因长期积累的矛盾导致民怨载道、社会动荡、政权垮台，其中贪污腐败就是一个很重要的原因。大量事实告诉我们，腐败问题越演越烈，最终必然会导致亡党亡国，我们要警醒啊！③ 习近平总书记明确指出，要深入抓好反腐倡廉工作，坚持有案必查、有腐必惩，任何人触犯了党纪国法都要依纪依法严肃查处，决不姑息，党内决不

---

① 参见习近平：《在参加河北省委常委班子专题民主生活会时的讲话》，载人民网，最后访问日期：2013 年 9 月 23 日。

② 参见习近平：《在河北调研指导党的群众路线教育实践活动时的讲话》，载人民网，最后访问日期：2013 年 7 月 11 日。

③ 参见《十八大以来重要文献选编》（上），中央文献出版社 2014 年版，第 81 页。

允许腐败分子有藏身之地。[①] 他深刻指出，坚定不移惩治腐败，是我们党有力量的表现，也是全党同志和广大群众的共同愿望。我们党严肃查处一些党员干部包括高级干部严重违纪问题的坚强决心和鲜明态度，向全党全社会表明，我们所说的不论什么人，不论其职务多高，只要触犯了党纪国法，都要受到严肃追究和严厉惩处，绝不是一句空话。[②]

有腐必惩是从严治党的责任担当。惩腐要有忧患意识。习近平总书记说，坚持党要管党、从严治党，就要保持高压态势，坚决遏制腐败现象的蔓延势头。我们已处理了几十个部级干部，比过去多了不少，但不要算这个账，有贪必反，有腐必惩！既然党和国家前途命运交给了我们，就要担当起这个责任。杜甫有诗："新松恨不高千尺，恶竹应须斩万竿。"实现不敢腐、不能腐、不想腐，要把制度篱笆扎起来。放权不是放任，制度要落实，不能是"样子货"。[③] 他指出，滋生腐败的土壤依然存在，反腐败形势依然严峻复杂，一些不正之风和腐败问题影响恶劣、亟待解决。全党同志要深刻认识反腐败斗争的长期性、复杂性、艰巨性，以猛药去疴、重典治乱的决心，以刮骨疗毒、壮士断腕的勇气，坚决把党风廉政建设和反腐败斗争进行到底。[④]

遏制腐败蔓延必须强化执法力度。习近平总书记说，腐败现象蔓延势头尚未有效遏制，我们的目的就是遏制。现在矿产资源、土地出让、房地产开发、工程项目、惠民资金、科研经费管理等方面腐败问题频发。领导干部插手工程项目、亲属子女经商办企业问题突出。有的地方扶贫、涉农、医保、低保资金都敢贪敢挪，而且拿这些钱来行贿买官，群众的"保命钱"成了干部的"买官钱"，发达地区通过工程项目搞权钱交易，贫困地区贪扶贫救济的钱，恶行令人发指！查处惩戒力度还要加大。[⑤] 他指出，

---

① 参见习近平：《在中共十八届一中全会上的讲话》，载人民网，最后访问日期：2012 年 11 月 15 日。

② 参见《十八大以来重要文献选编》（上），中央文献出版社 2014 年版，第 135 页。

③ 参见习近平：《在中央政治局常委会听取中央巡视工作领导小组二〇一四年中央巡视组首轮巡视情况汇报时的讲话》，载中央纪委国家监委官网，最后访问日期：2014 年 6 月 26 日。

④ 参见习近平：《在中国共产党第十八届中央纪律检查委员会第三次全体会议上的讲话》，载人民网，最后访问日期：2014 年 1 月 14 日。

⑤ 参见习近平：《在中央政治局常委会听取中央巡视工作领导小组二〇一四年中央巡视组首轮巡视情况汇报时的讲话》，载人民网，最后访问日期：2014 年 6 月 26 日。

我们说“老虎”“苍蝇”一起打，有的群众说“老虎”离得太远，但“苍蝇”每天扑面。这就告诉我们，必须着力解决发生在群众身边的腐败问题，认真解决损害群众利益的各类问题，切实维护人民群众合法权益。[①]他强调，我们坚持运用法治思维和法治方式反腐败，查处了一批大案要案，形成了对腐败分子的高压态势。我们注重解决发生在群众身边的不正之风和腐败问题。习近平总书记在中央纪委第二次全体会议上说过，要坚持党纪国法面前没有例外。我们用行动证明，我们是说到做到的。[②]

（二）反对特权思想，惩腐没有例外

反腐倡廉建设必须反对特权思想、特权现象。习近平总书记说，党章规定：“中国共产党党员永远是劳动人民的普通一员。除了法律和政策规定范围内的个人利益和工作职权以外，所有共产党员都不得谋求任何私利和特权。”党的十八大文件强调，各级领导干部决不允许搞特权。为什么要突出提出这个问题？就是因为群众对我们一些干部搞特殊、要特权意见很大。[③] 习近平总书记还指出，军队不是生活在真空中的，军委也要旗帜鲜明地反对腐败，对广大官兵和群众反映的消极腐败问题，一定要认真查处。任何人违反了党纪国法，都要依法惩治，决不能手软。我们说，党内不能有腐败分子的藏身之地，军队是拿枪杆子的，更不能有腐败分子的藏身之地。[④] 习近平总书记强调，党纪国法不能成为“橡皮泥”“稻草人”，无论是因为“法盲”导致违纪违法，还是故意违规违法，都要受到追究，否则就会形成“破窗效应”。[⑤]

严肃党纪国法，反腐没有例外。习近平总书记指出，贪似火，无制则燎原；欲如水，不遏必滔天。一些人在腐败泥坑中越陷越深，一个重要原

---

① 参见习近平：《在党的群众路线教育实践活动第一批总结暨第二批部署会议上的讲话》，载人民网，最后访问日期：2014 年 1 月 20 日。

② 参见习近平：《在中国共产党第十八届中央纪律检查委员会第三次全体会议上的讲话》，载新华网，最后访问日期：2014 年 1 月 14 日。

③ 参见《十八大以来重要文献选编》（上），中央文献出版社 2014 年版，第 136 – 137 页。

④ 参见习近平：《在中央军委军事工作会议上的讲话》，载新华网，最后访问日期：2012 年 11 月 15 日。

⑤ 习近平：《深化改革巩固成果积极拓展 不断把反腐败斗争引向深入》，载新华网，最后访问日期：2015 年 1 月 13 日。

因是对其身上出现的一些违法违纪的小错，党组织提醒不够，批评教育不力，甚至睁一只眼闭一只眼。网开一面，法外施恩，就可能导致要么不暴露，要么就出大问题。所以，要抓早抓小，有病就马上治，发现问题就及时处理，不能养痈遗患。这是对干部的爱护。要让每一个干部牢记“手莫伸，伸手必被捉”的道理。孔子说：“见善如不及，见不善如探汤。”意思是一见到“善”要觉得赶不上似的急切追求，见到“不善”就要像用手试沸水一样赶快躲开。领导干部要心存敬畏，不要心存侥幸。群众说，只有警钟长鸣，才能警笛不响。这些说的都是一个道理。[①] 明代冯梦龙在《警世通言》中说：“人心似铁，官法如炉”，意思是任人心中冷酷如铁，终扛不住法律的熔炉。习近平总书记强调，法治之下，任何人都不能心存侥幸，都不能指望法外施恩，没有免罪的“丹书铁券”，也没有“铁帽子王”。[②]

（三）保持高压反腐的政治定力

惩治这一手始终不能软。习近平总书记说，党面临的最大风险和挑战是来自党内的腐败和不正之风。权力寻租，体制外和体制内挂钩，形成利益集团，挑战党的领导。我们惩治腐败的决心丝毫不能动摇，惩治这一手始终不能软。“诛一恶则众恶惧。”要保持政治定力，持续强化不敢腐的氛围，使有问题的干部及早收手、收敛，遏制腐败现象蔓延势头。同时也要抓不能腐的制度建设。[③] 他指出，巡视中对用人腐败和不正之风问题反映突出，违规用人问题十分普遍，干部制度形同虚设。有的地方拉票贿选、跑官要官、买官卖官问题严重，有的热衷于寻求政治靠山，搞小圈子，架设“天线”。吏治腐败是最大的腐败，用人腐败必然导致用权腐败。花钱跑官买官，一定在当权后用权力把钱千方百计捞回来。从严治党，必先从

---

① 参见习近平：《在中国共产党第十八届中央纪律检查委员会第三次全体会议上的讲话》，载新华网，最后访问日期：2014 年 1 月 14 日。

② 参见习近平：《在省部级主要领导干部学习贯彻党的十八届四中全会精神 全面推进依法治国专题研讨班开班式上的讲话》，载人民网，最后访问日期：2015 年 2 月 2 日。

③ 参见习近平：《在中央政治局常委会听取中央巡视工作领导小组关于二〇一四年中央巡视组第二轮巡视情况汇报时的讲话》，载新华网，最后访问日期：2014 年 10 月 16 日。

严治吏，要抓住管权治吏的要害，严肃查处用人腐败。[①]

打虎拍蝇必须保持高压态势。习近平总书记强调，深入推进反腐败斗争，做到零容忍的态度不变、猛药去疴的决心不减、刮骨疗毒的勇气不泄、严厉惩处的尺度不松，发现一起查处一起，发现多少查处多少，不定指标、上不封顶，凡腐必反，除恶务尽。[②] 他告诫人们，要牢记"蠹众而木折，隙大而墙坏"的道理，保持惩治腐败的高压态势，做到有案必查、有腐必惩。要严格依纪依法查处各类腐败案件，坚持"老虎""苍蝇"一起打，既坚决查处大案要案，严肃查办发生在领导机关和领导干部中的滥用职权、贪污贿赂、腐化堕落、失职渎职案件，又要着力解决发生在群众身边的腐败问题，严肃查处损害群众利益的各类案件，切实维护人民合法权益，努力做到干部清正、政府清廉、政治清明。[③] 习近平总书记还深刻指出，坚决查办案件，不是要和什么人过不去，而是要严肃法纪。如果是你先同党和人民过不去、同党纪国法过不去，而我们不讲原则让你过去了，党和人民、党纪国法是不会答应的。[④] 要建立健全违反法定程序干预司法的登记备案通报制度和责任追究制度，对违反法定程序干预政法机关执法办案的，一律给予党纪政纪处分；造成冤假错案或者其他严重后果的，一律依法追究刑事责任。[⑤]

（四）加强反腐败国际追逃追赃

习近平总书记指出，加强反腐败国际追逃追赃工作是坚持党要管党、从严治党，遏制腐败现象蔓延势头的重要举措。这一重要论断，深刻揭示了推进反腐败国际追逃追赃的作用和意义，也为深入务实开展这项工作指

---

① 参见习近平：《在中央政治局常委会听取中央巡视工作领导小组关于二〇一四年中央巡视组第二轮巡视情况汇报时的讲话》，载新华网，最后访问日期：2014 年 10 月 16 日。

② 参见习近平：《在中共十八届四中全会第二次全体会议上的讲话》，载新华网，最后访问日期：2014 年 10 月 23 日。

③ 参见习近平：《在十八届中央政治局第五次集体学习时的讲话》，载新华网，最后访问日期：2013 年 4 月 19 日。

④ 参见习近平：《在中国共产党第十八届中央纪律检查委员会第三次全体会议上的讲话》，载新华网，最后访问日期：2014 年 1 月 14 日。

⑤ 参见《十八大以来重要文献选编》（上），中央文献出版社 2014 年版，第 721 页。

明了方向。[①]

把国际追逃追赃工作纳入反腐败斗争总体部署。习近平总书记说，国际追逃工作要好好抓一抓，各有关部门要加大交涉力度，不能让外国成为一些腐败分子的“避罪天堂”，腐败分子即使逃到天涯海角，也要把他们追回来绳之以法，五年、十年、二十年都要追，要切断腐败分子的后路。[②]习近平总书记强调，加强追逃追赃工作是向腐败分子发出断其后路的强烈信号，能够对腐败分子形成震慑，遏制腐败现象蔓延势头。随着反腐败力度不断加大，一些腐败分子把外逃作为后路。近期处理的这些案件，很多人都是把外逃作为后路，最后未遂，但都有这个打算的。所以要以零容忍态度惩治腐败，即使腐败分子跑到天涯海角，也要把他们绳之以法，决不能让其躲进“避罪天堂”逍遥法外。要把追逃追赃工作纳入党风廉政建设和反腐败斗争总体部署中，把反腐败斗争引向深入。[③]

习近平总书记要求，加强对国际规则和国际组织情况的研究，深入了解和掌握有关国家的相关法律和引渡、遣返规则。要及时了解和掌握国际反腐败最新动态，提高追逃追赃工作的针对性。[④]中央媒体要及时发声，揭露外逃腐败分子违纪违法、逃避惩罚的真面目。对一些证据确凿、定性清晰的外逃腐败分子，可以考虑向全世界公布，点名道姓公开曝光，使之在世界任何一个角落都成为过街老鼠、人人喊打，这样震慑力就会更强。[⑤]要搭建追逃追赃国际合作平台。加大交涉力度，突破一批重点个案，使企图外逃分子丢掉幻想、望而却步。要加快与外逃目的地国签署引渡条约、建立执法合作。要继续推动在二十国集团、亚太经合组织、《联合国反腐

① 参见滕抒：《追逃追赃，一刻不放松》，载《中国纪检监察》2016 年第 9 期。

② 参见习近平：《在中国共产党第十八届中央纪律检查委员会第三次全体会议上的讲话》，载新华网，最后访问日期：2014 年 1 月 14 日。

③ 参见习近平：《在十八届中央政治局常委会第七十八次会议上关于加强反腐败国际追逃追赃工作的讲话》，载新华网，最后访问日期：2014 年 10 月 9 日。

④ 参见习近平：《在十八届中央政治局常委会第七十八次会议上关于加强反腐败国际追逃追赃工作的讲话》，载新华网，最后访问日期：2014 年 10 月 9 日。

⑤ 参见习近平：《在十八届中央政治局常委会第七十八次会议上关于加强反腐败国际追逃追赃工作的讲话》，载新华网，最后访问日期：2014 年 10 月 9 日。

败公约》等多边框架下加强追逃追赃国际合作。[①]

三、破立并行实现“三清”

习近平总书记在十八届中央纪委五次全会上强调，深入推进党风廉政建设和反腐败斗争，要做好“破”“立”两篇文章。反腐败斗争是一场持久战，而要打赢这场战争，必须坚持标本兼治、“破”“立”并行。如果说高压反腐、打虎拍蝇属于“破”，那么建章立制、落实责任就是“立”。没有“破”，就不能遏制腐败蔓延的势头，就不能用治标为治本赢得时间；没有“立”，就不能从源头上制止腐败，就不能做到正本清源。只有坚持“破”“立”并行，通过“破”来形成不敢腐的惩治机制，通过“立”来形成不能腐的防范机制和不想腐的保障机制，才能实现干部清正、政府清廉、政治清明的目标。

（一）破立并行的基本内涵

反腐败破立并行包含着深刻的哲学思想，源于辩证唯物主义的两点论。它是在科学分析现阶段我国反腐败斗争形势和腐败现象的严重情况的基础上，把辩证法同惩治腐败活动实践相结合的体现。首先要承认，“破”与“立”存在着对立性。“破”是以已然的腐败行为人为对象的，目的在于防止这些人再次危害社会；“立”则是以潜在的腐败行为人和其他党员干部及公民为对象的，目的在于防止腐败意识转化为腐败行为。减少和遏制腐败是“破”和“立”的共同归宿。其次是功能的互补性。“破”是“立”的前提和基础，“立”是“破”的深化和发展。“破”效果有赖于“立”措施的充分实现，“立”效果有赖于“破”的准确有力。

“破”和“立”是辩证统一的关系，“破”为先，“立”为要。一方面，“破”才能“立”，坏的东西不破除，好的东西就立不起来；另一方面，“破”是为了“立”，用制度管权管事管人，扎紧编密制度的“笼子”，才是治本之策。问题是时代的声音。反腐倡廉建章立制，应该有什

---

① 参见习近平：《在十八届中央政治局常委会第七十八次会议上关于加强反腐败国际追逃追赃工作的讲话》，载新华网，最后访问日期：2014 年 10 月 9 日。

么漏洞堵什么漏洞，有什么问题解决什么问题，兵来将挡，水来土掩。现在，我们作了许多禁止性规定，明确了不该做什么，但对什么可以做有的还不够清楚。此外，“立”还要有一定前瞻性，根据新的形势任务，针对“四风”和腐败的新特点，尤其是配合下一步深化改革，超前立规立矩，防止改革进程和新旧体制转换中滋生出新的腐败。把党风廉政建设和反腐败斗争引向深入的过程，必然是反腐倡廉制度建设不断取得成效的过程。

（二）破立并行的基本特征

1. 注重“破”的特殊预防作用

在滋生腐败的土壤依然存在，反腐败形势依然严峻复杂，一些不正之风和腐败问题影响恶劣、亟待解决的情况下，必须有“以猛药去疴、重典治乱的决心，以刮骨疗毒、壮士断腕的勇气”来依法查处腐败行为。这是因为，揭露腐败、证实腐败、惩治腐败的执法办案活动，是最有效的预防方式。腐败分子最大限度地受到法律的制裁，可以震慑心存侥幸的人不敢腐败，以发挥特殊的预防作用。执纪执法机关应坚持有案必查、有腐必惩，“老虎”“苍蝇”一起打，既突出查办大案要案，又注意查办群众反映强烈的案件。突出办案重点，严肃查办发生在领导机关和领导干部中的腐败行为，严肃查办发生在重点领域和关键环节的案件，严肃查办国家机关工作人员索贿受贿、失职渎职等腐败行为。深入推进查办和预防发生在群众身边、损害群众利益职务犯罪专项工作，坚决惩治危害民生民利的腐败行为。①

2. 强调“破”字当头，“立”在其中

在保持高压态势不放松，坚决遏制腐败现象蔓延势头的同时，针对腐败案件暴露出的体制机制问题加强制度建设。十八大以来，我们在强力打虎拍蝇的同时，先后加强了四个方面的制度建设：一是要着力健全党内监督制度，着手修订党员领导干部廉洁从政若干准则、中国共产党纪律处分条例、巡视工作条例，突出重点、针对时弊。二是要着力健全选人用人管

---

① 参见曹建明：《最高人民检察院关于检察机关反贪污贿赂工作情况的报告》，载最高人民检察院网，最后访问日期：2013 年 12 月 15 日。

人制度，加强领导干部监督和管理，敦促领导干部按本色做人、按角色办事。三是要着力深化体制机制改革，最大限度减少对微观事务的管理，推行权力清单制度，公开审批流程，强化内部流程控制，防止权力滥用。四是要着力完善国有企业监管制度，加强党对国有企业的领导，加强对国企领导班子的监督，搞好对国企的巡视，加大审计监督力度。国有资产资源来之不易，是全国人民的共同财富。要完善国有资产资源监管制度，强化对权力集中、资金密集、资源富集的部门和岗位的监管。①

3. 着力构建“三不”机制

破立并行要求在不敢腐的惩戒机制建设上，强化党的巡视工作机制，纪检监察与刑事侦查衔接机制，侦查预防一体化机制；完善举报实名答复、举报人保护、举报奖励等工作制度，改进和加强举报线索管理和监督、网络举报和涉腐网络舆情研判处置机制；加强与各国、各地区反腐机构的交流合作，完善境外司法协作和追逃追赃机制。② 在不能腐的防范机制建设上，在健全完善从严治党各项规矩、纪律的同时，加强反腐败国家立法。构建科学严密的反腐败法律规范体系和权力规范运行的制度体系。在不想腐的保障机制建设上，结合办案创新宣传教育内容和载体，增强国家工作人员的廉政意识和法治观念。习近平总书记指出，党员、干部必须认真学习马克思列宁主义、毛泽东思想特别是中国特色社会主义理论体系，自觉用贯穿其中的立场、观点、方法武装头脑、指导实践、推动工作，始终不渝为中国特色社会主义共同理想而奋斗。要加强警示教育，让广大党员、干部受警醒、明底线、知敬畏，主动在思想上划出红线、在行为上明确界限，真正敬法畏纪、遵规守矩。③

（三）“三清”目标的历史溯源

为政清廉才能取信于民，秉公用权才能赢得人心。习近平总书记在党

---

① 参见习近平：《在中国共产党第十八届中央纪律检查委员会第五次全体会议上的讲话》，载中央纪委国家监委网站，最后访问日期：2015 年 1 月 14 日。

② 参见曹建明：《最高人民检察院关于检察机关反贪污贿赂工作情况的报告》，载最高人民检察院网站，最后访问日期：2013 年 12 月 15 日。

③ 参见习近平：《在党的群众路线教育实践活动总结大会上的讲话》，载人民网，最后访问日期：2014 年 10 月 9 日。

的十八大提出“三清”廉洁政治目标后深情地说，这个道理我们党早就明确提出来了。1926 年 8 月，中共中央扩大会议发出通告指出，对腐化分子混入党内的现象必须高度警惕，“应该很坚决地洗清这些不良分子，和这些不良倾向奋斗，才能坚固我们的营垒，才能树立党在群众中的威望”。中华人民共和国成立前夕，毛泽东同志在党的七届二中全会上告诫全党务必保持谦虚谨慎、艰苦奋斗的作风，不要在糖弹面前打败仗。中华人民共和国成立初期，我们党严肃查处了刘青山、张子善腐化堕落案件，教育了广大干部，在人民群众中树立了共产党人执法如山的形象。改革开放 30 多年来，以邓小平同志为核心的党的第二代中央领导集体、以江泽民同志为核心的党的第三代中央领导集体、以胡锦涛同志为总书记的党中央始终把党风廉政建设和反腐败斗争作为重要任务来抓，旗帜是鲜明的，措施是有力的，成效是明显的，为保持和发展党的先进性和纯洁性发挥了重大作用，为我们党领导改革开放和社会主义现代化建设提供了有力保证。可以说，如果我们党不是一以贯之高度重视党风廉政建设、坚决反对腐败，我国经济社会发展不可能取得这么大的成就，改革发展稳定大局也不可能得到巩固。①

加强党风廉政建设和不断改进反腐败工作，努力做出经得起群众检验和评判的实际成绩，还政治生态以清明。党的十八大报告把党风廉政建设和反腐败工作放在更加突出的位置。在世情、国情、党情发生深刻变化的新形势下，面对执政、改革开放、市场经济、外部环境四种考验，报告中鲜明提出反腐倡廉建设要实现“干部清正、政府清廉、政治清明”的目标。干部清正是建设廉洁政治的基础，政府清廉是建设廉洁政治的关键，政治清明是建设廉洁政治的核心。干部清正、政府清廉与政治清明，三者既有区别，又有内在联系。政治清明必须以干部清正、政府清廉为前提和基础；唯有建立健全政治清明的体制机制制度，才会造就越来越多的清正干部，保持政府清廉。

（四）“三清”目标的价值基础

首先，这是一个继往开来的目标。有其鲜明的时代背景。近年来，一

---

① 参见习近平：《在第十八届中央纪律检查委员会第二次全体会议上的讲话》，载人民网，最后访问日期：2013 年 1 月 22 日。

些国家或地区因长期积累的矛盾导致民众怨声载道、社会动荡、政权垮台，其中贪污腐败是一个很重要的原因。习近平总书记指出："腐败是社会毒瘤。如果任凭腐败问题愈演愈烈，最终必然亡党亡国。"[①] 从查处腐败案件的实际情况来看，解决党内、国内存在的种种难题，尤其如腐败问题，必须营造一个良好的从政环境，也就是要有一个好的政治生态。习近平总书记对廉洁政治生态建设目标的强调是一种"倒逼"思维：好的政治生态的最终实现，意味着必须首先遏制住腐败蔓延的势头，从而让良性政治生态成为一种"势头"。习近平总书记关于廉洁政治生态构建的建设目标是一个以结果为导向的、正确的、科学的反腐败战略目标。[②]

其次，这是一个切合实际的目标。干部清正、政府清廉、政治清明和政治生态良好，对"四个全面"的伟大实践具有决定性意义。"三清"和优化政治生态，是全面建成小康社会的政治基础，是全面深化改革的政治保障，是全面依法治国的核心内容，是全面从严治党的价值体现，是民心所系，民意所向。习近平总书记对廉洁政治生态目标和"三清"内容的倡导和强调具有很强的现实意义。一方面，反对腐败、建设廉政生态是我们党根据人民群众的新要求新期待，对人民群众所作出的庄严承诺；另一方面，反对腐败、建设廉政生态是对社会关切的有力回应，能够坚定人民群众与腐败现象作斗争的信心、耐心和恒心。廉洁政治生态目标及其"三清"内涵把我们党执政的阶段性目标与长远目标结合起来，不仅有助于我们党和国家从战略层面来谋划、部署、推进反腐倡廉工作，而且能够从社会关切层面来及时应对党风廉政建设所面临的新情况、新问题，以适应新的历史条件下大国治理的新要求。[③]

再次，这是一个极富挑战性的目标。广大人民群众最痛恨腐败现象，腐败现象对我们党的伤害最大。中华文明数千年，腐败现象一直是一个挥之不去的梦魇，以至于让我们的文明始终处于"掌权—腐败—垮台"的

---

① 参见习近平：《在中国共产党第十八届中央纪律检查委员会第二次全体会议上的讲话》，载新华网，最后访问日期：2013 年 1 月 22 日。

② 参见邱学强：《新时期反腐败理论与实践的重大创新——深入学习领会习近平总书记反腐败战略思想》，载《学习时报》2015 年 7 月 16 日。

③ 参见邱学强：《新时期反腐败理论与实践的重大创新——深入学习领会习近平总书记反腐败战略思想》，载《学习时报》2015 年 7 月 16 日。

"历史周期率"之中。[①] 我们党和国家大力推进党风廉政建设和反腐败斗争的实践表明：敢于提出建设廉洁政治生态这样一个具体、明确的目标是极大的自我挑战。重构政治生态，实现廉洁政治，需要开展许多具有新的历史特点的伟大斗争。这意味着我们党要借助问题"倒逼"之势，坚决革除那些已相沿成习的陈旧体制机制，始终以"刮骨疗毒"的决心和意志，毫不手软地剜除自身肌体上的腐败恶瘤，斗争越是深入展开，就越有可能全面挑战我们党及其领导骨干的认知力、领导力和意志力，意味着我们共产党人应该强化自我修炼、自我约束、自我塑造，在廉洁自律上作出表率。有了全心全意为人民服务的理想信念，站位就高了，眼界就宽了，心胸就开阔了，就能经受住各种风险包括腐败风险的考验，就能成功构建清正廉洁的政治生态。

最后，这是一个坚持共产党人价值观，不断坚定和提高党员干部政治觉悟的目标。习近平总书记指出，全面从严，从根本上说要靠内因，同时也要靠外因促进内因起变化。觉悟看似无形，关键时就会明心见性。在革命、建设、改革各个历史时期，一代又一代共产党人为了党和人民事业英勇奋斗，甚至献出生命，靠的就是觉悟。战场上，共产党人冒着枪林弹雨勇往直前、冲锋陷阵，刑场上，共产党人视死如归、从容就义，危难时，共产党人豁得出来、冲得上去，都不是靠强迫命令，而是靠觉悟。我们入了党，就认定了马克思主义，认定了社会主义和共产主义，认定了全心全意为人民服务的宗旨。坚守这份理想信念，是拒腐防变的思想根基。坚守这份理想信念，不是一朝一夕的事，需要一辈子学习进步，一辈子改造提高。做不到这一点，就可能随时掉队、名节不保，甚至身败名裂。面对公和私、义和利、是和非、正和邪、苦和乐的矛盾，是选择前者还是后者，反映了觉悟高低，最终检验的是对党和人民忠诚与否。修身立德是为政之基，从不敢腐、不能腐到不想腐，要靠铸牢理想信念这个共产党人的魂。因此，坚持共产党人价值观，是实现干部清正、政府清廉、政治清明，构建政治生态青山绿水的根本所在。

---

① 参见邱学强：《新时期反腐败理论与实践的重大创新——深入学习领会习近平总书记反腐败战略思想》，载《学习时报》2015 年 7 月 16 日。

第四章　反腐败经验的科学总结

王岐山同志指出，腐败自有人类文明史以来就一直存在，古今中外，概莫能外。中国共产党清醒认识到，从严治党关乎人心向背，关系实现中华民族伟大复兴的中国梦。党风廉政建设和反腐败斗争永远在路上。我们要保持坚定的政治定力，坚定的立场方向，聚焦当前目标任务，坚决遏制腐败蔓延势头。要有静气、不刮风、不搞运动、不是一阵子，踩着不变步伐，把握力度和节奏，把党风廉政建设和反腐败斗争一步步引向深入。① 这一论述体现了党中央对反腐败规律的深刻认识和对反腐败历史经验的科学总结。

一、除恶务尽的深刻洞察

除恶务尽的深刻洞察蕴含彻底反腐的内在逻辑。“新松恨不高千尺，恶竹应须斩万竿。”习近平总书记在十八届中纪委六次全会上深刻指出：如果不除恶务尽，一有风吹草动就会死灰复燃、卷土重来，不仅恶化政治生态，更会严重损害党心民心。这一论述揭示了彻底反腐的坚定立场和鲜明态度，也反映出反腐败斗争是攻坚战，更是一场持久战。

（一）高压反腐威慑常在

党的十八大以来，正风反腐的雷霆之势远远超出了一些人的惯性思

① 参见王岐山：《在北京会见泰国前国会副主席兼上议院议长提拉德率领的泰国改革大会代表团时的讲话》，载新华网，最后访问日期：2014 年 12 月 28 日。

维，总有少数人明里暗里期待所谓的“拐点”，隔一段时间，就有相关论调冒头。针对这一现象，习近平总书记指出，在反腐败问题上，社会上有一些不同认识。有的人认为反腐败是刮一阵风，搞一段时间就会过去，现在打枪，暂且低头；有的人认为反腐败查下去会打击面过大，影响经济发展，导致消费需求萎缩，甚至把当前经济下行压力增大与反腐败力度加大扯在一起；有的人认为反腐败会让干部变得缩手缩脚、明哲保身，不愿意干事了；等等。这些认识都是不正确的。①

全面从严治党，关系党和国家的生死存亡。中国共产党执政以来，腐败现象屡禁不止，这说明打造廉洁政治生态，是我们党长期面临的艰巨政治任务。有案必查、有腐必反的高压态势，不是一时一阵的短期行为。特别是当下反腐败斗争呈现的法治方式，为党和国家的事业发展提供可持续的制度保障，是运动反腐、权力反腐的新超越。还要看到，法治反腐的法律和制度除了本身具有稳定性、长效性的特点外，法治社会还更多地赋予了法律的权威性，这样保证了反腐败斗争会持续、稳定、长效地进行下去，而并不因领导人的变化而变化，也不因领导人个人的决心和注意力的变化而变化。法治是现代文明发展的结晶，也是未来国家与社会治理的必然趋势与走向，在反腐败工作上具有其他反腐方式或途径无法比拟的优势。纪律和法律可以预先为各种涉腐和腐败行为设置“红线”和“雷区”，只要有人违反党纪国法，就要坚决地做到有案必查，有腐必反。反腐败没有“拐点”，就是在任何时候任何情况下，都不能偏离有案必查、有腐必反的原则，即使在反腐败已经取得压倒性胜利的情况下，也要毫不动摇地坚持有案必查、有腐必反这个原则，保持高压反腐威慑常在的定力和氛围。

（二）反腐倡廉常抓不懈

习近平总书记指出：“党风廉政建设和反腐败斗争是一项长期的、复杂的、艰巨的任务，不可能毕其功于一役。”② 作风建设是攻坚战，也是持

---

① 参见习近平：《在中共十八届四中全会第二次全体会议上的讲话》，载人民网，最后访问日期：2014 年 10 月 23 日。

② 参见习近平：《在中国共产党第十八届中央纪律检查委员会第二次全体会议上的讲话》，载人民网，最后访问日期：2013 年 1 月 22 日。

久战。2013 年 1 月 22 日，习近平总书记在第十八届中央纪律检查委员会第二次全体会议上的讲话中又指出：“反腐倡廉必须常抓不懈，拒腐防变必须警钟长鸣，关键就在‘常’‘长’二字，一个是要经常抓，一个是要长期抓。”上述论述，揭示了当前腐败现象的自然属性和时间属性，揭示腐败是一个长期的社会历史现象，是一个执政党执政过程中必须面临的重大考验和课题。

对于腐败行为，必须要有“经常抓、长期抓”的思想意识和心理准备，通过抓住“常”“长”二字不放松，切实贯彻落实各项反腐败制度，才能遏制直至消灭各种腐败行为或者现象，我们党才能不断加强执政的主动权，才能赢得广大人民群众的真心拥护。习近平总书记强调，我们党员干部队伍的主流始终是好的。同时，我们也要清醒地看到，当前一些领域消极腐败现象仍然易发多发，一些重大违纪违法案件影响恶劣，反腐败斗争形势依然严峻，人民群众还有许多不满意的地方。[①] 党风廉政建设和反腐败斗争是一项长期的、复杂的、艰巨的任务。反腐倡廉必须常抓不懈，拒腐防变必须警钟长鸣。我们要坚定决心，有腐必反、有贪必肃，不断铲除腐败现象滋生蔓延的土壤，以实际成效取信于民。[②]

要做到反腐不休止、不停步，就要在实践中强化党委党风廉政建设主体责任，不断加大推进反腐败责任追究的严肃性，通过健全各种制度、细化各种责任，通过以上率下的方式，使各级党委在解决反腐问题上实实在在作出成效。全国各地横下一条心扎实贯彻八项规定、纠正“四风”问题，避免反弹，大力强化执法执纪监督力度，在对各项制度的建立健全中收获防范腐败行为的新长效，在对腐败行为零容忍、发现一起查处一起、发现多少查处多少中保持高压反腐的新局面。反腐没有休止符，全国各地始终抓住反腐工作不放松，尺度不减、力度不退，通过及时查处腐败行为、严厉惩处腐败分子，对腐败分子形成强大的震慑力。

---

① 参见习近平：《在中国共产党第十八届中央纪律检查委员会第二次全体会议上的讲话》，载新华网，最后访问日期：2013 年 1 月 22 日。

② 参见习近平：《在中国共产党第十八届中央纪律检查委员会第二次全体会议上的讲话》，载新华网，最后访问日期：2013 年 1 月 22 日。

（三）法治反腐持续长效

反腐除恶要在法治轨道上常态运行。法治反腐就是通过制定和实施法律，限制和规范公权力行使的范围、方式、手段和程序，创设公正、透明的运作机制，使公权力执掌者不能腐败、不敢腐败，从而达到减少和消除腐败的目的。

党的十八大以来，习近平总书记关于"善于用法治思维和法治方式反对腐败，加强反腐败国家立法，加强反腐倡廉党内法规制度建设，让法律制度刚性运行"的法治反腐思想得到较好贯彻。实践证明，法治反腐是反腐败思想观念、体制机制、方式抓手的重大变革，是有效遏制腐败的必由之路。反腐法治新常态必须坚持以下两点：

1. 党纪与国法共同推进

治国必先治党，治党务必从严。十八大以来，我们党坚持从严治党，得到广大人民群众的衷心拥护。当前党风廉政建设和反腐败斗争形势依然严峻复杂，"四风"病根未除，有一部分人希望反腐是一时一刻的运动，现在潜伏但时刻盼望回到原有的纸醉金迷的日子，因此目前防止反弹任务艰巨。在惩治腐败的高压态势下，仍有一些党员干部不收敛、不收手，甚至变本加厉。因此必须始终保持政治定力，坚定信心决心，使作风建设落地生根、成为新常态。[①]《宪法》是国家的根本大法、治国安邦的总章程，《党章》是党内根本大法、管党治党的总章程，两者均明确规定了党的执政地位和领导地位，赋予了党治国理政的历史责任和使命，因此共产党员必须模范遵守国家的法律法规，以自身的实际行动保证宪法和法律的实施。党领导人民制定法律，就要带头遵守法律。必须坚持党规党纪严于国家法律，始终将纪律挺在前面，不断加大对违纪违法党员干部的惩治力度，尽量减少腐败存量，控制腐败增量。同时要充分发挥司法惩治腐败的职能作用，决不允许"法外施恩""法不责众"，始终坚持公正司法，坚持以党纪国法协同推进法治反腐的有效进行。

---

① 参见王岐山：《坚持党的领导 依规管党治党 为全面推进依法治国提供根本保证》，载《人民日报》2014 年 11 月 3 日。

2. 立法与执法共同推进

推进法治方式反腐，必须坚持立法先行，充分发挥立法的引领和推动作用。以法治方式反腐应当建立健全反腐败的各种保障机制和问责机制，不仅要对党员干部规定“干什么”，还要规定“怎么干”，如何“保证干”。在完善反腐败立法的同时要强化执法力度，保证反腐败法律的严格执行，确保违法必究、执法必严，形成“零容忍”的反腐败态势。领导干部要处于执法中的关键与示范的重要地位，因此，习近平总书记强调，党风廉政建设要从领导干部抓起，要善于抓住关键的少数。“领导干部要把对法治的尊崇、对法律的敬畏转化成思维方式和行为方式，做到在法治之下、而不是法治之外、更不是法治之上想问题、作决策、办事情。党纪国法不能成为‘橡皮泥’、‘稻草人’，违纪违法都要受到追究。①”坚持立法与执法的协同，才能保证反腐败取得实效，才能保证反腐工作常态化进行。

二、建制筑笼的预防思想

强化不能腐的防范力是彻底反腐的关键所在。习近平总书记指出，反腐败斗争一定要坚持破立并举，注重建章立制，加强对权力运行的制约和监督，把权力关进制度的笼子里，建立不能腐的防范机制、不易腐的保障机制和不敢腐的惩戒机制。邓小平同志也曾认为：“制度好可以使坏人无法任意横行，制度不好可以使好人无法充分做好事，甚至会走向反面。②”

（一）着力构建制度体系

习近平总书记强调，推进反腐倡廉制度建设，要做好“破”和“立”这两篇文章③。从实际出发制定制度，注重解决实际问题，使制度既在理论上站得住，又在实践中行得通。反腐败工作要紧紧围绕权力范围限定、

① 参见习近平：《领导干部要做尊法学法守法用法的模范 带动全党全国共同全面推进依法治国》，载《人民日报》2015 年 2 月 3 日。

② 参见《邓小平文选》（第 2 卷），人民出版社 1994 年版，第 333 页。

③ 参见习近平：《推进反腐斗争要做好“破”“立”两篇文章》，载中国新闻网，最后访问日期：2015 年 1 月 13 日。

权力界限厘定、权力裁量规定、权力运行法定等方面建立健全制度，依法科学合理设计权力行使的具体程序，防止权力寻租，使权力的授予、行使、监督的各环节和过程均有法律制度规定，以形成用制度管权、按制度办事、靠制度管人的长效机制。

1. 坚持完善党内监督制度

全面推进法治方式反腐，就要不断地完善党内监督制度，健全执政党权力运行制约机制，从而强化制度对权力的制约力度。党中央修订《党员领导干部廉洁从政若干准则》《中国共产党纪律处分条例》《中国共产党巡视工作条例》《中国共产党问责条例》等党内规章，党的十八届六中全会通过《关于新形势下党内政治生活的若干准则》，党的十八届中央纪委六次全会通过《中国共产党党内监督条例》，突出重点、针对时弊。不仅明确了党内监督制度应当健全的主要内容，而且强调建立健全党内监督制度必须具有重点突破性和问题导向性。针对当前存在一些制度的机制化程度低、刚性约束不强等问题，大力加强程序性、操作性的制度建设，优化或者重构相关工作流程，将法律制度上的“不准”，向实际运行机制上的“不能”转化，实现以制度约束权力、控制权力的权力运行模式。对各种决策权、执行权、监督权在遵循精简、统一、高效的基础上，依法进行合理配置、限定和规范，对决策权、执行权和监督权适当分解与平衡，使三种权力形成既相互制约又相互协调的权力结构和运行机制。在厘清权力事项的基础上，建立公共权力配置的硬性制度规定，依法加强对一把手的权力、重点岗位的权力、上一层级的权力分解配置，从制度机制上防止权力过分集中或者分散导致的权力任意。

2. 坚持用制度管权管事管人

人是决定事业兴衰成败的根本，是制度与法治运行的主要要素。事实上任何法律制度的制定与执行均离不开人，任何腐败现象与行为，也无不基于人的沦陷和堕落。故人在任何时候均是影响制度与法治运行的关键因素。因此，加强党风廉政建设，深入开展反腐败斗争，其根本也在于对人的管理。习近平总书记在十八届中纪委五次全会上指出，要着力健全选人用人管人制度，加强领导干部的监督和管理，敦促领导干部按本色做人、按角色办事。只有如此，才能从根本上遏制不正之风和腐败行为的蔓延势头。[①] 此外，大力推行权力清单制度，公开行政审批流程，防止权力滥用。要着力完善国有企业和国有资产资源的监管制度，强化对权力集中、资金密集、资源富集的部门和岗位的人和事的监管，要加强对干部经常性的管理监督，形成严格的制度约束，让党员干部始终如履薄冰、如临深渊地行使权力。坚持用制度管权、管事、管人，让人民监督权力，使权力在阳光下运行，是将权力关进制度笼子里的根本之策。

3. 坚持深化体制机制改革

习近平总书记在十八届中纪委五次全会上指出：着力深化体制机制改革，最大限度减少对微观事务的管理，推行权力清单制度，公开审批流程，强化内部流程控制，防止权力滥用。[②] 习近平总书记的重要讲话表明从体制机制上预防腐败发生的重要性，指明出台权力清单，减少政府对微观事务的管理，在一定程度上可以防止和减少腐败的发生。党的十八届三中全会审议通过的《中共中央关于全面深化改革若干重大问题的决定》提出，推行地方各级政府及其工作部门权力清单制度，依法公开权力运行流程。李克强总理在国务院第二次廉政工作会议上，对目前仍保留的政府行政审批事项强调，要公布审批目录清单，在清单之外“一律不得实施行政审批，更不得违规新设审批事项”。“对那些反映多、意见大、又不利于激发市场活力的，还是要继续取消下放。”推行权力清单制度，公开行政审批流程，是以制度的方式规范政府的“权力边界”“权力事项”和“权力家底”；也是向社会公开政府权力行使过程，接受社会广泛监督的有力方式，从而倒逼政府职能转变和加速行政体制改革，预防腐败现象的发生。推行权力清单制度，公开行政审批流程，让权力公开透明运行，既是促进干部清正、政府清廉和政治清明的有力举措，也是加强党风廉政建设和反腐败斗争的重要治本之策。

4. 坚持完善国有企业监管制度

国有企业是国民经济的支柱，国有资产资源是全国人民的共同财富。

---

① 参见习近平：《深化改革巩固成果积极拓展 不断把反腐败斗争引向深入》，载中央纪委网站，最后访问日期：2015 年 1 月 13 日。

② 参见习近平：《深化改革巩固成果积极拓展 不断把反腐败斗争引向深入》，载中央纪委网站，最后访问日期：2015 年 1 月 13 日。

加强国有企业党风廉政建设和反腐败斗争，是搞好国有企业的改革发展、完善国有企业监管制度的重要举措。当前国有企业领导人员发生腐败屡禁不止，涉案数额之大、腐败程度之深令人瞠目结舌。防范和减少国有企业领导人员职务犯罪，既是一个重大的经济问题，也是一个重大的政治问题。因此，习近平总书记在十八届中纪委五次全会上的讲话中指出，要着力完善国有企业监管制度，加强党对国有企业的领导，加强对国企领导班子的监督，搞好对国企的巡视，加大审计监督力度。

（二）着力增强制度执行力

反腐倡廉工作的成效，不仅取决于制度的制定，更取决于制度的执行。如果制度得不到执行，再好的制度也是形同虚设。从一定意义而言，有制度不执行比没有制度的后果更糟糕、更严重。只有增强制度的执行力，才能发挥制度的应有功能与作用，才能确保各项反腐措施落到实处。习近平总书记指出，法规制度的生命力在于执行。加强反腐倡廉法规制度建设，必须一手抓制定完善，一手抓贯彻执行。对违规违纪、破坏法规制度踩“红线”、越“底线”、闯“雷区”的，要坚决严肃查处，不以权势大而破规，不以问题小而姑息，不以违者众而放任，不留“暗门”、不开“天窗”，坚决防止“破窗效应”。[①] 习近平总书记进一步指出：“制度一经形成，就要严格遵守，坚持制度面前人人平等、执行制度没有例外，坚决维护制度的严肃性和权威性，坚决纠正有令不行、有禁不止的各种行为，使制度真正成为党员、干部联系和服务群众的硬约束，使贯彻党的群众路线真正成为党员、干部的自觉行动。”[②] 习近平总书记的上述讲话精神，充分表明了制度必须执行的深刻内涵和重要意义，为党风廉政建设和反腐败斗争指明了方向，提出了要求。

1. 不让制度变“稻草人”“纸老虎”

要想制度具有执行力，不让制度变“稻草人”“纸老虎”，就要求在党

① 参见习近平：《在中共中央政治局第二十四次集体学习时的讲话》，载人民网，最后访问日期：2015 年 6 月 27 日。

② 参见习近平：《在党的群众路线教育实践活动工作会议上的讲话》，载人民网，最后访问日期：2013 年 6 月 18 日。

风廉政建设和反腐败斗争中，要有完整的反腐败体制机制和权力的监督制约机制，形成一套科学的权力结构和运行机制，这样才能既增强反腐败的力度，又有效地惩治腐败分子。让制度的执行力度得到增强，就不会使制度成为“纸老虎”“稻草人”，而应该将制度当成“真老虎”和“包青天”。坚持在制度面前人人平等，用制度管人管事，腐败才会逐渐减少直至销声匿迹。再好的制度，如果不执行，仅仅是摆设，制度就会给腐败提供机会，更会纵容腐败。如今落马的高官，无不是因为他们把制度当成了“纸老虎”和“稻草人”，才会在腐败的道路上愈陷愈深、不能自拔。

近年来查处了一系列高级干部严重违纪违法案件，特别是对周永康、薄熙来、郭伯雄、徐才厚、令计划、苏荣等案件的查处，高度体现了我们党在治理腐败方面做到了言行一致，深得党心民心，对腐败零容忍。在认真落实反腐执纪问责问题上，习近平总书记多次强调，言出纪随，寸步不让，不要让人感觉到好像只是口上说说、纸上写写、墙上挂挂。法规制度的生命力在于执行。尽管，我们的法规制度存在一些不够健全、不够完善的问题，但关键问题就是已有的法规制度事实上并没有得到严格执行。因此，必须使铁规发力、禁令生威，才能确保各项法规制度落地生根。①

2. 突出制度的针对性和指导性

习近平认为，制度不在多，而在于精，在于务实管用，突出针对性和指导性。牛栏关猫是不行的！要搞好配套衔接，做到彼此呼应，增强整体功能。要坚持制度面前人人平等、执行制度没有例外，不留“暗门”、不开“天窗”，坚决维护制度的严肃性和权威性，坚决纠正有令不行、有禁不止的行为，使制度成为硬约束而不是“橡皮筋”。② 十八大以来，以习近平同志为核心的党中央，针对各级党政机关和党员干部中存在的突出问题，从制度层面、机制层面、立法层面推出了一系列具有针对性和指导性

---

① 参见习近平：《在省部级主要领导干部学习贯彻党的十八届四中全会精神 全面推进依法治国专题研讨班开班式上的讲话》，载新华网，最后访问日期：2015 年 2 月 2 日。

② 参见习近平：《在党的群众路线教育实践活动总结大会上的讲话》，载新华网，最后访问日期：2014 年 10 月 8 日。

的党风廉政建设和反腐败斗争的相关制度，以规范约束权力、强化监督权力，从根本上逐步形成以制度建设为龙头的反腐败斗争工作体系。

2013 年 5 月至 2016 年 3 月，党中央先后出台了《中国共产党党内法规制定条例》《中国共产党党内法规和规范性文件备案规定》《建立健全惩治和预防腐败体系 2013—2017 年工作规划》《党政机关厉行节约反对浪费条例》《关于党政机关停止新建楼堂馆所和清理办公用房的通知》《中央和国家机关会议费管理办法》《关于严禁公款购买印制寄送贺年卡等物品的通知》《关于严禁元旦春节期间公款购买赠送烟花爆竹等年货节礼的通知》《关于进一步做好领导干部报告个人有关事项工作的通知》《关于严禁超职数配备干部的通知》《关于进一步加强领导干部出国（境）管理监督工作的通知》《配偶已移居国（境）外的国家工作人员任职岗位管理办法》等 50 余项规定，突出制度的针对性和指导性。

3. 强化制度的监督性和约束力

习近平总书记强调，法规制度的生命力在于执行，加强反腐倡廉法规制度建设，必须一手抓制定完善，一手抓贯彻执行，坚持法规制度面前人人平等，遵守法规制度没有特权，执行法规制度没有例外[①]。要坚持严字当头、一严到底，加大对法规制度执行情况的监督检查力度，用监督传递压力，以压力推动落实，坚持把强化问责作为推动法规制度落实的核心关键和落脚点，以严格的管理、严厉的措施、严肃的问责保障法规制度刚性运行，推动反腐倡廉法规制度落地生根。[②]

改革开放以来，很多人习惯了“遇到绿灯赶紧走、遇到黄灯抢着走、遇到红灯绕着走”，形成了破纪破法的“破窗”效应，其中一项重要原因，就是监督检查开了“天窗”，制度执行留了“暗门”。[③] 要从根本上解决这些问题，就必须抓好三个环节：一是日常监督要“紧”。法规制度要落实到位，既要抓常态，也要抓长久，核心就是念好日常监督的“紧箍咒”，

① 参见习近平：《加强反腐倡廉法规制度建设 让法规制度的力量充分释放》，载新华网，最后访问日期：2015 年 6 月 27 日。

② 参见习近平：《加强反腐倡廉法规制度建设 让法规制度的力量充分释放》，载新华网，最后访问日期：2015 年 6 月 27 日。

③ 参见习近平：《加强反腐倡廉法规制度建设 让法规制度的力量充分释放》，载新华网，最后访问日期：2015 年 6 月 27 日。

让各项纪律和规矩在日常工作、生活中得到严格贯彻执行。如每年都重点针对各级领导班子及成员执行政治纪律和政治规矩、落实廉洁自律规定等情况开展经常性监督检查，并围绕领导班子换届等重大事项和春节、五一、中秋等重要节点，加强对纪律执行情况的专项监督检查，使党员干部自觉养成讲规矩、守纪律的好习惯。接下来，将探索建立巡查制度，加强对各级领导班子和党员干部法规制度执行情况的专项巡查，进一步强化讲规矩、守纪律意识，确保各项法规制度执行不走样。二是抓早抓小要“实”。法规制度要落到实处，就要切实转变政绩观，坚决把党的纪律和规矩挺到最前沿，牢牢守住第一道防线。对党员干部出现的苗头性倾向性问题，要及时谈心谈话、教育提醒，逐渐使信访函询、诫勉谈话、组织处理、党纪处分等监督执纪方式经常化，防止党员干部“小问题”酿成大错误、由违纪滑向违法。三是纪律审查要“严”。党要管党、从严治党，靠的是严明的纪律。要切实做到执纪必严、违纪必究，对违规违纪、破坏法规制度踩“红线”、越“底线”、闯“雷区”的，坚决严肃查处，做到“不以权势大而破规、不以问题小而姑息、不以违者众而放任”。①

（三）着力筑牢权力之笼

从当下查处违纪违法案件暴露出来的问题看，丰厚的腐败回报和低廉的腐败成本是各种腐败发生的最直接动因。潜在的腐败危险一旦遇上腐败的各种社会原因推波助澜，区域式、塌方式、系统性的腐败就会屡屡发生。在十八届中纪委二次全会上，习近平总书记深刻分析反腐败严峻形势后提出，要形成不敢腐的惩戒机制、不能腐的防范机制、不易腐的保障机制，把权力关进制度的笼子里。

强化不敢腐的威慑力。要形成“不敢腐”的有效机制，就是使执纪执法机关严格依法依规发现、揭露和查处腐败行为和腐败分子，使违纪违法腐败分子在政治、经济、人身自由上付出应有的代价，以加大腐败行为的投入成本，使抱有腐败侥幸心理的人员望而生畏。要构建不敢腐的机制，

---

① 参见习近平：《加强反腐倡廉法规制度建设 让法规制度的力量充分释放》，载新华网，最后访问日期：2015 年 6 月 27 日。

就要坚持把纪律挺在前面，对出现的各种腐败问题抓早、抓小，并强化执纪问责监督的力度。对决策、执行和监督权要建立平衡制约机制，做到用制度管住重点人、盯紧重点事、抓住重点问题，提高发现问题的及时性和精准性。大力加强巡查巡视工作，始终把落实“两个责任”、严守政治纪律和政治规矩作为巡查巡视的重要内容，及时也发现各级各地各部门存在的突出问题，使巡视工作利剑常举，威慑常在。再好的制度，有时也难以做到万无一失。因此防范腐败的滋生，还要加强制度与制度间的衔接与配合，要在制度之外，跟进配套措施，使制度体系更加完整，制度之间互为支撑，织密法网，严肃法纪。要始终保持反腐高压态势，对腐败行为和腐败分子做到发现一处查处一处，发现一个惩治一个，并严格根据党纪法律予以惩处，不姑息不迁就、不心慈不手软、不养痈为患，充分发挥党纪国法的威慑作用，减少与防控冒险贪腐的行为。

强化不能腐的防范力。一定内外因条件和一定的空间条件的结合往往是腐败滋生的因素。一些地方或者部门领导权力高度集中，班子“一言堂”严重，各种监督措施、监督制度虚设等，就容易给想腐败的人员在制度上留下了一条通往腐败的便利通道。要构建“不能腐”的有效反腐机制，就要紧紧抓住用制度管人、管事、管权的关键环节，围绕人、事、权建构决策科学、执行严格、监督有力的权力运行机制，切实“把权力关进制度的笼子里”，使权力始终在法律和制度制约下良性运行，使权力拥有者难以实施腐败行为，确保人民赋予的权力始终为人民谋利益，而不是为个人或者小团体谋利益。因此要在法律、制度上设定各种权力运行的界限和程序，优化权力的结构，对各种权力的行使按照精简、高效、统一的原则适度分解，使立法权、司法权与行政权在高度统一的基础上保持相互制约。同时要合理分解单位一把手、重点工作岗位、上一层级机关的权力配置，严密设定权限范围、权力界限，控制行政机关自由裁量权力的幅度，规范权力运行的方式。建立和完善反腐败举报、反馈和防控制度，加大领导干部财产申报公开制度的执行力度，利用财产申报制度，监督党员干部廉洁奉公，使权力始终在既定的法律制度框架下运行，任何人都不能为所欲为。

强化不想腐的自律力。要让人不想腐，其理想信念是否坚定，道德品质是否高尚，意志意念是否坚强坚韧是一个最为重要的方面。因此要构建“不想腐”的反腐机制，就要持续不断地加强党员干部的理想信念、道德情操和行为规范教育，使党员干部在履行职责和公共权力时，能够始终保持一尘不染、两袖清风。始终保持严于律己、克己奉公，永葆共产党人的崇高本色。一个人的定力来自内心意志的坚定和理想信念的支撑。如果一个党员干部理想信念坚定，就能有效地拒腐防变。如果一个党员干部对党的奋斗目标半信半疑，为人办事当面一套背后一套，就不可能严格恪守全心全意为人民服务的宗旨和坚守为共产主义奋斗终生的远大抱负，也不可能固守人民公仆的基本道德底线，最终倒在各种糖衣炮弹的诱惑面前。习近平总书记提出，党员干部要做到“三严三实”的政治品格和做人准则，即“严以修身、严以用权、严以律己”“谋事要实、创业要实、做人要实”，以规范自身的修身之本、为政之道。党员干部要做到“三严三实”，首先要把对党忠诚、对人民负责作为思想基础，要把讲政治、守规矩摆在前面，坚定共产主义理想信念。党员干部要形成不想腐的自制力，必须始终坚守“永不动摇信仰”的执着信念，保持讲政治的品格和定力；始终与党中央保持高度一致，坚决拥护党的领导和维护中央权威；任何时候都要牢记自己的党员身份，要有讲党性的高贵品格，严格以党章党纪约束规范个人的言行，对党忠诚、向党负责；严格遵守党内政治生活准则和国家法律，发扬与继承党的优良传统，将“七个有之”① 作为警诫，将“五个必须”②

---

① 参见《习近平在十八届四中全会上的讲话》。“七个有之”指“一些人无视党的政治纪律和政治规矩，为了自己的所谓仕途，为了自己的所谓影响力，搞任人唯亲、排斥异己的有之，搞团团伙伙、拉帮结派的有之，搞匿名诬告、制造谣言的有之，搞收买人心、拉动选票的有之，搞封官许愿、弹冠相庆的有之，搞自行其是、阳奉阴违的有之，搞尾大不掉、妄议中央的也有之”。

② 参见习近平：《在中国共产党第十八届中央纪律检查委员会第五次全体会议上的讲话》，载中新网2015年1月13日。“五个必须”指“一是必须维护党中央权威，决不允许背离党中央要求另搞一套，必须在思想上政治上行动上同党中央保持高度一致，听从党中央指挥，不得阳奉阴违、自行其是，不得对党中央的大政方针说三道四，不得公开发表同中央精神相违背的言论。二是必须维护党的团结，决不允许在党内培植私人势力，要坚持五湖四海，团结一切忠实于党的同志，团结大多数，不得以人划线，不得搞任何形式的派别活动。三是必须遵循组织程序，决不允许擅作主张、我行我素，重大问题该请示的请示，该汇报的汇报，不允许超越权限办事，不能先斩后奏。四是必须服从组织决定，决不允许搞非组织活动，不得跟组织讨价还价，不得违背组织决定，遇到问题要找组织、依靠组织，不得欺骗组织、对抗组织。五是必须管好亲属和身边工作人员，决不允许他们擅权干政、谋取私利，不得纵容他们影响政策制定和人事安排、干预日常工作运行，不得默许他们利用特殊身份谋取非法利益”。

作为警诫和准绳，牢记讲规矩、守纪律的根本底线。

三、协同推进的反腐合力

反腐败斗争的协同推进是整合反腐败力量资源、形成反腐败整体合力的有效途径。旨在强化不敢腐的威慑力、不能腐的防范力和不想腐的自律力。协同推进反腐败斗争必须立足于查办案件，着眼于制度建设，把权力关进制度的笼子，通过实现反腐败斗争的压倒性态势，遏制腐败蔓延势头，同时坚持治标与治本相结合、教育与惩治相结合、高标准与守底线相结合，协同推进反腐败斗争的常态化、制度化、法治化。

（一）治标与治本相结合

反腐倡廉既要从严治标，又要着力治本，把治标与治本统一于党风廉政建设和反腐败斗争的进程中。“善除害者察其本，善理疾者绝其源。”反腐败实践证明，铲除党员干部的不良作风和腐败滋生蔓延的土壤，根本上要靠法律与制度发挥作用。习近平总书记强调，党风廉政建设和反腐败工作“急则治其标，缓则治其本”。治标，着重“惩”的功能，对腐败分子起到惩治、震慑、遏制的作用。治本，着重“防”的功能，通过对权力进行有效制约和监督，对腐败现象起到预防、警示、阻拦的作用。在当前腐败存量相对比较大的情况下，治标可以有效遏制腐败现象滋生蔓延的势头。① 同时，治标也可倒逼反腐倡廉法规制度建设的不断加强和完善。

中外反腐败经验表明，要构建不敢腐的惩戒机制和加强威慑力，就要加大依法严厉惩治腐败的力度；要构建不能腐的防范和预防机制，就要坚持完善和健全权力制约的法律制度；要构建不想腐的自律意识和思想道德防线，就要坚持对党员干部深入细致地进行理想和信念教育，这样才能有效压缩与铲除腐败现象的生存空间和滋生土壤。反腐败实践充分说明，既要保持查办腐败案件的强劲势头，遏制正在发生的腐败现象，又要逐步加大治本力度，从源头上预防和解决腐败问题。加大治本力度，必须坚持标

① 参见习近平：《在十八届中央政治局第二十四次集体学习时的讲话》，载人民网，最后访问日期：2015 年 6 月 26 日。

本兼治，一个重要的方面就是要不断健全反腐败法制体系，让法律制度充分发挥促进、实现和保障廉政建设的重要功能，以全面推进法治反腐的顺利进行。另一方面就要深化相关反腐败的体制机制改革，加大对权力运行的监督和制约力度，不断限制和压缩腐败现象生存的空间和滋生的土壤。要始终把制度建设摆在党的建设的重要位置，加强法律制度执行力的建设，为反腐败斗争和社会长治久安提供强大的制度保障，从而通过制度建设巩固已有的思想建设、组织建设、作风建设、反腐倡廉建设的成果。①

破立并行、标本兼治是新时期腐败治理的重要特征。十八大以来，我们党从关系党和国家生死存亡的高度，以强烈的历史责任感、深沉的使命忧患感、顽强的意志品质推进反腐败斗争，收获了一个又一个“丰收”：论“老虎”级别之高，有周永康、徐才厚、令计划等倒台；论数量之多，有万庆良、王敏等多名省部级干部落马；论复杂程度，有山西的“塌方式腐败”等。打虎拍蝇没有禁区，反对腐败没有特区，正风肃纪没有盲区。经过持续不断的努力，我们党实现自我净化，我们的社会迎来了清气上扬、浊气下降的景象。反腐治标为反腐治本扫清障碍，创造条件；反腐治本巩固反腐治标成果，完善体制机制。党中央着力健全党内监督机制，着力健全选人用人管人制度，着力深化体制机制改革，着力完善国有企业监管制度，“四个着力”既有放眼全局的顶层设计，也有切中时弊的具体部署，为重构良好政治生态奠定了更为坚实的制度基础。实践证明，只有坚持破立并行，通过“破”来遏制腐败增量，通过“立”来重构政治生态，我们才能在反腐败斗争的路上无坚不摧、无往不胜，真正打赢这场反腐持久战。

（二）教育与惩治相结合

建设廉洁政治，坚决反对腐败，必须把反腐倡廉教育摆在首要位置。大量事实证明，一些不正之风或腐败盛行的地方和部门，往往从党内政治生活弱化开始。因此，新形势下的反腐倡廉教育要以严肃党内政治生活为

① 当前全国各地以贯彻落实《中国共产党廉洁自律准则》和《中国共产党纪律处分条例》为契机，探索建立不敢腐、不能腐、不想腐的有效机制，为推动全面从严治党、协调推进“四个全面”战略布局提供坚强的纪律保证。

主题，坚决克服党组织对党员管理软弱涣散，民主集中制成为摆设，批评上级怕穿小鞋、批评同级怕伤和气、批评下级怕丢选票、自我批评怕丢面子，把规规矩矩的上下级关系搞成了猫鼠关系或带有封建人身依附性质的君臣父子关系等突出问题。① 牢牢把握马克思主义执政党的政治性，高度警惕和防止任何偏离党的主张的思想和言论，把对党对人民的绝对忠诚摆在首位；牢牢把握党内政治生活的原则性，坚决防止和纠正党内生活庸俗化、随意化、平淡化倾向，把确保党员政治上坚定、经济上廉洁、作风上过硬作为底线要求；牢牢把握党内政治生活时代性，防止和纠正党员干部故步自封、不思进取、为政不为现象，强化党员干部在四个全面战略布局中的责任感和使命感；牢牢把握党内政治生活的战斗性，以理论上的清醒、政治上的坚定、责任上的担当深入推进党风廉政建设和反腐败斗争，把全面从严治党的要求落到实处。②

坚持教育与惩治相结合，既要加强思想教育的引导功能，提高广大党员干部的思想觉悟，又要坚持惩前毖后、治病救人的方针，“不搞不教而诛”。习近平总书记指出：各级党组织必须明白，加强党风廉政建设，加强对干部的监督，是对干部的爱护。放弃了这方面责任，就是对党和人民、对干部的极大不负责任。党教育培养一名领导干部不容易，一旦在廉政方面出了问题，党组织多年的培养和本人以前的一切努力就毁于一旦。各级党组织一定要负起责任，敦促教育干部廉洁自律，不能放弃责任。③因此在反腐败过程中，要善于“抓大” “严小”，出重拳、下猛药，使“抓大”形成一种强有力的威慑；同时又要从小问题抓起，使“严小”成为一种良好的习惯。

坚持教育与惩治相结合，必须抓好制度教育与制度建设。让每项制度规定得明确具体，将一些“大力提倡”的劝导性规定变为一种法律制度的“硬性规定”，将一些“自由裁量”的主观性规定转化为一种可供操作的客

---

① 参见吴建雄：《正风反腐是全面从严治党的必然选择》，载中国日报网，最后访问日期：2016 年 10 月 27 日。

② 参见吴建雄：《正风反腐是全面从严治党的必然选择》，载中国日报网，最后访问日期：2016 年 10 月 27 日。

③ 参见《依纪依法严惩腐败，着力解决群众反映强烈的突出问题》，载《十八大以来重要文献选编》（上），中央文献出版社 2014 年版，第 138 页。

观性的“具体标准”，从而减少各种权利行使的自由范围与弹性空间，增强法律制度的刚性约束。当前既要注重以法治思维和方式，完善权力制度制约机制，用法律制度监督制约权力，做到权力内容法定、界限法定、运行法定和后果法定；又要注重预防腐败的制度设计，对党员干部的日常细微行为作出详细、具体的规定，且要明确违反这些规定的严重后果，从而在前端杜绝腐败发生的可能。同时要依法深入推进党务公开和政务公开，不断扩大公开事项领域、内容和范围，建立健全公众参与、专家咨询、公示、听证等重大事项的决策制度，增强权力运行的透明度。

坚持教育与惩治相结合，必须做到严格执法与堵漏建制相结合。在查办各种腐败犯罪案件时，应当坚持“一要坚决，二要慎重，务必搞准”的原则，以事实为依据，以法律为准绳办理案件，注意正确区分工作失误与违法违纪的界限，既依法打击极少数，又教育挽救大多数，以分化瓦解腐败分子；严格贯彻宽严相济的刑事政策，对腐败犯罪分子坚持该严则严、当宽则宽的原则，做到宽严适当，以取得良好的办案效果。在查办案件的同时，要找准引发案件体制和机制上的漏洞，及时查漏补缺；注意发现权力运行中存在的问题和缺陷。亡羊补牢，建章立制，把失控的权力关进制度的笼子，切断腐败犯罪行为动机与易发腐败条件的联系，实现惩治结果向预防结果转变。此外，要正确处理打击与保护的关系，讲求办案策略，认真把握办案时机，把执纪执法作为服务改革发展大局的基本路径，最终实现法律效果、社会效果与政治效果的高度统一。

（三）党内监督与群众监督相结合

党内监督和群众监督虽然各有相对独立的结构和功能，但二者相互补充、相互促进，在根本性质和目标上是一致的。党组织和党员身处人民群众之中，人民群众对他们的情况最清楚、最有发言权，对他们的活动监督范围广、信息准，可以有效弥补党内监督的不足，也有利于推动党内监督深入开展。同时，完善党内监督制度，是人民群众监督得以实现的重要保证。对人民群众检举揭发的党组织或党员违纪违法行为，只有及时启动党内监督程序，依规依纪进行严肃处理，人民群众监督才能取得实效。可以说，党内监督是自律，人民群众的外部监督是他律。只有推动党内监督和人民群众监督有效衔接，才能促进自律和他律相结合，构建起科学严密的监督体系，永葆党的先进性和纯洁性。①

党的十八大以来，以习近平同志为核心的党中央坚持全面从严治党，制定实施了改进工作作风、密切联系群众的八项规定等一系列党内法规制度，部署开展了党的群众路线教育实践活动、“三严三实”专题教育和“两学一做”学习教育，严明政治纪律和政治规矩，坚持“老虎”“苍蝇”一起打，依法依纪惩治腐败，推动党的建设开创了新局面，党风改风呈现新气象。同时，我们也清醒地认识到，有的地方和单位仍存在党的领导弱化、党的建设缺失、全面从严治党不力、党的观念淡薄、组织涣散、纪律松弛、管党治党宽松软等突出问题。解决这些突出问题，既要发挥好党内监督作用，又要发挥好人民群众监督作用。② 实践证明，把党内监督和人民群众监督有机结合起来，有利于消除监督死角、盲区，及时发现、解决党内突出问题，进一步提高党的执政能力和领导水平，提高拒腐防变和抵御风险的能力。

四、对反腐规律的科学认知

党的十八大以来，我们党立足“四个全面”战略布局，扎实推进全面从严治党，提出作风建设永远在路上，进而提出党风廉政建设和反腐败斗争永远在路上，直至提出全面从严治党永远在路上，充分表明我们党对共产党执政规律的认识不断深化，对党的建设规律的认识不断深化。实践证明，彻底反腐必须不断总结反腐败斗争的实践经验，把握时代性，体现规律性，富有创造性，为反腐败斗争的深入开展提供源源不断的内生动力。

（一）反腐工作的四点启示

习近平总书记在十八届中纪委七次全会上总结了党的十八大以来，开

---

① 引自孟建柱：《坚持党内监督和人民群众监督相结合》，载法制网，最后访问日期：2016年11月15日。

② 引自孟建柱：《坚持党内监督和人民群众监督相结合》，载法制网，最后访问日期：2016年11月15日。

展党风廉政建设和反腐败斗争的四点启示，这就是：

1. 高标准和守底线相统一

习近平总书记指出，要教育引导党员、干部自觉向着理想信念高标准努力，不断提升党性修养和思想境界，保持对远大理想和奋斗目标的执着追求，增强拒腐防变自觉性，同时要以党的纪律为尺子，强化刚性约束，使党员、干部知敬畏、存戒惧、守底线。①

坚持高标准必须把固本培元的思想建设摆在首要位置。理想信念是共产党人精神上的“钙”。从正风反腐的实践看，腐败案件的发生往往始于理想的迷失和信念的动摇。党员干部如果理想信念不坚定、思想防线出现松动，甚至降格要求、放任自流，就容易走上违纪违法之路。因此，必须把坚定理想信念作为思想防线的核心，把好世界观、人生观、价值观这个“总开关”，教育引导广大党员特别是领导干部牢固树立理想信念、始终站稳政治立场。只有稳住理想信念这个“压舱石”，才能在胜利和顺境面前不骄傲不急躁，在困难和逆境面前不消沉不动摇，经受住各种风险和困难的考验，自觉抵御各种腐朽思想的侵蚀，永葆共产党人政治本色。②

坚持守底线必须把令行禁止、接受监督作为从政履职的基本要求。党的十八届六中全会从制度层面对全面从严治党提出了要求、作出了安排。我们要以贯彻落实全会精神为契机，建立完善相关配套制度。紧密结合这些年发生的腐败案件，寻找漏洞、吸取教训，全面加强制度建设。党员领导干部遵守党章党规和国家宪法法律，维护党中央集中统一领导，坚持民主集中制，落实全面从严治党责任，落实中央八项规定精神，坚持党的干部标准，廉洁自律、秉公用权，完成党中央和上级党组织部署的任务。应当说，万变不离其宗。党员领导干部能否守住党纪国法的红线、底线，考验的是在公和私、义和利、是和非、正和邪、苦和乐面前的选择，最终检验的是对党和人民的忠诚。

2. 抓惩治和抓责任相统一

习近平总书记指出：“坚持不懈地贯彻中央八项规定精神，对四风问

---

① 参见习近平：《在中国共产党第十八届中央纪律检查委员会第七次全体会议上的讲话》，载新华网，最后访问日期：2017 年 1 月 8 日。

② 参见吴建雄：《构筑拒腐防变的坚固防线》，载《人民日报》2016 年 12 月 20 日。

题露头就打、执纪必严。"[①] 要针对"四风"蔓延到群众眼皮底下的情况，立行立改、雷厉风行，一个节点一个节点坚守，一个阶段一个阶段推进，每年都有新招数，不断释放新信号，让全社会感到党中央的决心，推动党内正气上升、社会风气上扬。要抓住领导干部这个"关键少数"，同时深挖在执纪审查中发现的"四风"问题线索，有效防止反弹回潮。要坚持反腐败无禁区、全覆盖、零容忍，着力遏制腐败滋生蔓延势头。针对腐败问题比较严重的状况，抓住惩治不放松，坚决铲除"污染源"。坚持有腐必反、有贪必肃，"老虎""苍蝇"一起打，让腐败分子在党内没有藏身之地。坚决把腐败滋生蔓延的势头遏制住，把不敢腐的问题解决好，减少存量、遏制增量。保持惩治腐败高压态势，发挥震慑作用，以实际行动表明党中央进行党风廉政建设和反腐败斗争绝不是一句空话。

坚持抓惩治与抓责任相统一，就要坚持有责必问、问责必严，让失责必问成为常态。问责条例是全面从严治党的利器，不是摆设，能否发挥作用，关键看敢不敢较真碰硬。党的各级组织和领导干部要把自己摆进去，手电筒对着自己照，在贯彻执行上下功夫。要敢于坚持原则，完善配套措施，推动问责制度落地生根。对失职失责的典型问题要盯住不放，问责一个、警醒一片、促进一方工作。要把监督检查、目标考核、责任追究有机结合起来，实现问责内容、对象、事项、主体、程序、方式的制度化、程序化。要层层传导，压实责任。党的中央委员会、中央政治局、中央政治局常务委员会全面领导党内监督工作。特别是明确党委（党组）在党内监督中负主体责任，书记是第一责任人，党委常委会委员（党组成员）和党委委员在职责范围内履行监督职责。要"建立责任体系"，即在党中央统一领导下，党委（党组）承担全面监督责任，纪律检查机关承担专门监督责任，党的工作部门承担职能监督责任，党的基层组织承担日常监督责任，普通党员承担民主监督责任，有权向党负责地揭发、检举党的任何组织和任何党员违纪违法的事实，提倡实名举报。落实这些监督责任，党内监督"宽松软"的情况将得到根本性改变，党内监督"严紧硬"的格局将

① 参见习近平：《在中国共产党第十八届中央纪律检查委员会第七次全体会议上的讲话》，载新华网，最后访问日期：2017 年 1 月 8 日。

会实质性生成，正风反腐、拒腐防变价值功能就得到充分体现。

3. 查找问题和深化改革相统一

习近平总书记指出，要从问题入手，抽丝剥茧，查找根源，深化改革，破立并举，与时俱进推进制度创新，攻克体制机制的痼疾，确保公权力在正确轨道上运行。①

马克思有一句名言："问题就是公开的、无畏的、左右一切个人的时代声音。"从这些年揭露出来的一些涉及领导干部的大案要案看，其犯罪情节之恶劣、涉案金额之巨大，都是触目惊心的。这些领导干部在成长过程中都曾为党和国家做了一些工作，也作出了一定成绩，但是他们律己不严、蜕化变质，最终堕入违纪违法甚至犯罪的泥潭，既令人无比痛心，教训也极其深刻。从中我们可以发现很多问题，其中一个重要方面就是我们的制度还不够健全，已经有的铁笼子门没关上、没上锁；或者栅栏太宽了，或者栅栏是用麻秆做的，不起作用。②

我们共产党人的权力无论大小，都是人民给的，也只能用来为人民谋利益。人民把权力交给了我们，我们在使用权力的时候就要让人民放心。怎么样才能让人民放心呢？一个很重要的措施就是让查找问题和深化改革相统一。也就是有什么漏洞堵什么漏洞，有什么问题解决什么问题。各级党组织要紧密结合这些年发生的腐败案例，寻找漏洞，吸取教训，全面深化改革，全面加强制度建设。要坚决维护制度的严肃性和权威性。制度得不到遵守，执纪、问责就必须及时跟进。要强化对制度执行情况的监督检查，坚决纠正有令不行、有禁不止的行为。对一切违反破坏制度的行为，必须依规依纪严肃处理，构成犯罪的坚决移送司法机关。加大问责力度，通过严肃追究主体责任、监督责任、领导责任，使制度成为硬约束而不是"橡皮筋"，使制度的力量在反腐倡廉建设中得到充分释放。③

4. 选人用人和严格管理相统一

习近平总书记指出，要选对用好干部，更要管好干部，强调的就是对

---

① 参见习近平：《在中国共产党第十八届中央纪律检查委员会第七次全体会议上的讲话》，载新华网，最后访问日期：2017 年 1 月 8 日。

② 参见李显锋：《反腐倡廉重在制度建设》，载《中国纪检监察报》2015 年 1 月 27 日。

③ 参见李显锋：《反腐倡廉重在制度建设》，载《中国纪检监察报》2015 年 1 月 27 日。

干部的监督管理。要把“选种育苗”和“田间管理”结合起来，既把德才兼备的好干部选出来、用起来，又加强管理监督，及时清除腐败分子，形成优者上、庸者下、劣者汰的好局面。这些重要启示和经验，要长期坚持。对干部需要信任，但信任不能代替监督。

一个干部的成长，既需要信任，也离不开监督。党组织充分信任，能使干部放开手脚，增强干工作的积极性、主动性和创造性；党组织严格监督，能促其勤政廉政，不偏离正道、不走向歪道。权力与监督应该相伴相随。党员干部越是位高权重，越要受到严格管理和监督。如果因为信任，就对党员干部疏于监督，甚至放手不管、放任自流，他们就有可能成为脱缰的野马、越轨的火车，作出自毁前程、践踏法纪的举动。近年来，各级纪检监察机关对干部监督力度不断加大，监督机制日趋完善，效果也日益显现。但要看到，监督“虚化”、流于形式的问题在个别单位仍不同程度存在。在监督环节上，重选拔任用，轻任后监督；在监督对象上，重一般干部，轻主要领导；在监督内容上，重日常事务，轻原则问题；在监督时段上，重“八小时以内”，轻“八小时以外”；在监督形式上，重事后查处，轻事前监督。组织管干部的功能发挥不好，对苗头性倾向性问题不敢管、不愿管，甚至哄着护着，就可能使小毛病演变成大问题。一些落马领导干部反思“组织提醒得太少、处理得太晚”，虽有为己开脱之意，但也说明，组织信任有余而监督不足，后果十分严重。①

不辜负信任，不排斥监督，是党员干部应有的姿态。对那些自律不严、行为不端的领导干部，监督的必要性自不必说，即使对那些严于律己、品行端正的领导干部，监督也绝不多余。道德修养、党性锤炼不可能一劳永逸，那种视监督为“找茬”“整人”的干部，总有一天会将组织的信任“挥霍一空”。只有把监督当警诫、作镜子，处处对照、时时检查，找出不足、改正缺点，才能赢得组织更大的信任，挑起更重的担子。严是爱，松是害。党组织加强监督管理，是对党员干部的真正关爱，是对党的事业的高度负责。搞好监督，要进一步健全制度机制，切实发挥监督体系的功能作用；要坚持对上对下一个样、此时彼时一个样、大事小情一个

① 引自李细平：《信任不能代替监督》，载人民网，最后访问日期：2015 年 1 月 29 日。

样；要克服好人主义思想，不怕丢选票、不怕得罪人，敢于坚持原则、敢于较真碰硬；要保持有规必依、执规必严、违规必究的高压态势，对违反纪律、不讲规矩的人和事，该批评的批评、该制止的制止、该处理的处理，使干部心有所畏、言有所戒、行有所止。

（二）反腐履责的六点体会

在十八届中纪委五次全体会议上，王岐山同志总结了十八届中央纪委党风廉政建设和反腐败职能责任的六点体会：

一是党中央从严治党的鲜明立场、坚决态度和强有力措施，是我们做好工作的根本保证。治国必先治党、治党务必从严。我们党是一个拥有8600多万（现为9000多万）党员的大党，肩负着带领13亿（现为14亿）人民走中国特色社会主义道路的艰巨任务。新形势下，党面临着“四大考验”“四种危险”。党风问题和腐败问题关乎人心向背，关系实现中华民族伟大复兴。党中央坚持党要管党、从严治党，把党风廉政建设和反腐败斗争提到新高度，坚定不移改进作风，坚定不移惩治腐败。习近平总书记就从严治党、严明纪律、改进作风、惩治腐败发表一系列重要讲话，态度坚决、铮铮有声，为深入推进党风廉政建设提供了强大思想武器。没有党中央鲜明的政治态度、坚强领导、率先垂范，党风廉政建设和反腐败斗争就会一事无成。

二是坚定立场方向，聚焦目标任务。我们党进行的党风廉政建设和反腐败斗争有立场、有目标。立场是坚持有腐必反、有贪必肃，“老虎”“苍蝇”一起打，以零容忍态度惩治腐败；目标任务是坚决遏制腐败蔓延势头，纠正“四风”、防止反弹。我们立足当前、着眼长远，从形势和任务出发，把握政策、突出重点。惩治腐败，重点查处十八大后不收敛、不收手，问题线索反映集中、群众反映强烈，现在重要岗位且可能还要提拔使用的领导干部；纠正“四风”，重点查处十八大后、中央八项规定出台后、群众路线教育实践活动开展后仍然顶风违纪的行为。党风廉政建设和反腐败斗争永远在路上，我们面临的形势越复杂，肩负的任务越艰巨，就越要保持坚强的政治定力，有静气、不刮风、不搞运动、不是一阵子，踩着不变的步伐，把握节奏和力度，把党风廉政建设一步步引向深入。

三是紧紧抓住落实党风廉政建设主体责任这个“牛鼻子”，以上率下，层层传导压力。主体责任是党章赋予各级党组织的基本责任。党风廉政建设和反腐败斗争是全党的工作，仅靠党中央抓不行，仅靠纪委抓也不行，必须落实各级党委全面从严治党的政治责任，强化责任担当。我们创新体制机制、改进工作方法，先从中央部委和省一级抓起，一级抓一级，层层传导压力，通过约谈督促、报告工作、严肃问责等方式，推动形成全党动手一起抓的局面。主体责任不能虚化空转，必须细化、具体化。只要全党共同努力，把党委的主体责任、纪委的监督责任真正扛起来，落实下去，我们就一定能从严峻复杂的形势中走出来。

四是聚焦聚焦再聚焦，强化监督执纪问责，确保党的纪律刚性约束。纪律松弛已经成为党的一大忧患，有的党员干部把自己当成“官”，忘记了是执政党的干部。党的观念一旦淡漠，组织必然涣散、纪律必然松弛。从严治党首要的是严明党纪。纪律检查机关是党内监督的专责机构，必须加强监督执纪。党的十八大以来，中央纪委不断深化“三转”，从党章规定和形势任务出发，找准职责定位，聚焦中心任务，守住主业不发散，强化监督执纪问责。只有把纪律建设摆在更加突出的位置，加强党纪监督、巡视监督、派驻监督，严明纪律，才能永葆党的先进性和纯洁性。

五是紧紧依靠人民参与支持，使群众监督无处不在。党的根本宗旨是全心全意为人民服务。深入推进党风廉政建设和反腐败斗争，是民意所致、民心所向。我们的工作必须为了人民、植根人民、依靠人民。纪检监察机关不断提高工作透明度，畅通群众监督渠道，发挥新媒体、新技术作用，形成无处不在的监督网。没有人民群众的支持参与，纠正“四风”就很难取得今天的成效。要释放群众和媒体监督正能量，让“四风”无处藏身，为深入推进党风廉政建设提供强大支撑。

六是冷静清醒判断形势，客观审视面对的挑战，树立必胜信心。形势决定任务。1993 年我们党就提出，反腐败形势是严峻的。此后一直沿用“依然严峻”的判断。党的十八大后，党中央深化了对形势的认识，指出党风廉政建设和反腐败斗争形势“依然严峻复杂”。巡视发现的问题、纪检机关查处的案件、严重违纪违法者的自我忏悔，都印证了党中央的判断是有的放矢、完全正确的。当前，“四风”面上有所好转，但树倒根在，重压之下花样翻新，防止反弹任务艰巨。有的地方政治生态恶化，干部被"围猎"，权权交易、权钱交易、权色交易，搞利益输送，遏制腐败蔓延的任务仍然艰巨。党风廉政建设和反腐败斗争是一场输不起的斗争。"四风"一旦反弹，腐败依然蔓延，后果不堪设想。我们要保持冷静清醒、坚定信心决心，保持高压态势、加大惩治力度，强化"不敢"；坚持标本兼治，选对人用好人，深化改革，健全制度，加强管理监督，完善激励和问责机制，强化"不能"；加强党性修养，增强宗旨意识，弘扬优秀传统文化，确立"三个自信"，强化"不想"。①

（三）反腐规律的实践探索

习近平总书记的反腐败论述，在传承我党反腐倡廉根本立场的同时，对新时期反腐败斗争作全新思考，对反腐败工作结构作全新调整，拓展了反腐新思路，打开了反腐新局面，开创了反腐新境界，提升了反腐新水平。

党的十八大至十九大，是党的发展史上一个极其重要的历史时期。中华民族伟大复兴的中国梦的新征程由此开启，"四个全面"战略布局统筹实施，党风廉政建设和反腐败斗争以前所未有的力度、广度向前推进，反腐败斗争压倒性态势初步形成。新时期反腐败时代特征集中表现为：一是反腐败的理念更加清晰。"零容忍"等反腐理念的提出，从根本上否定了对重大腐败案件比较重视、对轻微腐败现象却见怪不怪、反腐正风说到做不到、甚至根本没有去做等现象的合理性。表明了对任何腐败行为、腐败分子都必须依纪依法坚决惩处的法治原则。二是反腐败目标更加明确。对"三清"廉洁政治生态建设目标的强调是一种"倒逼"式的创新，意味着必须首先遏制住腐败蔓延的势头，从而让良性政治生态成为一种"势头"；这是一个以结果为导向的、正确的、科学的反腐败战略目标。三是反腐败方式更加科学。"善于运用法治思维和法治方式反对腐败"的重要思想意味着新时期的反腐败斗争正在实现由既往的运动反腐、权力反腐向依法反

---

① 参见王岐山：《在中国共产党第十八届中央纪律检查委员会第五次全体会议上的工作报告》，载新华网，最后访问日期：2015 年 1 月 29 日。

腐的路径模式转变，是新的历史条件下反腐模式的一种超越和创新，标志着反腐败斗争法治化水平的提升。四是反腐败责任更加强化。习近平总书记强调各级党委承担主体责任，纪委承担监督责任，保障司法机关独立行使检察权、审判权，为新时期遏制腐败蔓延的势头奠定了坚实的组织基础。

习近平总书记在十八届中纪委七次全会上深刻指出：实践使我们越来越深刻地认识到，管党治党不仅关系党的前途命运，而且关系国家和民族的前途命运，必须以更大的决心、更大的气力、更大的勇气抓紧抓好。只有把党建设好，我们才能带领人民成功应对重大挑战、抵御重大风险、克服重大阻力、解决重大矛盾，不断从胜利走向新的胜利。反腐败斗争关乎人心向背，关系实现中华民族伟大复兴，是一场输不起的斗争。[①] “四个统一”和“六个体会”，是对反腐败实践经验的科学总结，是对反腐败工作规律的正确把握。坚持和运用“四个统一”“六个体会”，就能更好地保持战略定力和政治定力，为打赢反腐败这场正义之战奠定坚实的思想基础，以清醒的理论自觉为打赢反腐败正义之战履行好职能责任。

① 参见习近平：《在中国共产党第十八届中央纪律检查委员会第七次全体会议上的讲话》，载新华网，最后访问日期：2017 年 1 月 8 日。

第三编　反腐新战略

党的十八大以来，以习近平同志为核心的党中央洞察时代风云、把握前进方向，面对反腐败盘根错节的利益链条和错综复杂的形势，着眼于目标明确、计划周延、程序科学、方法得当的顶层设计，确立了现阶段以治标为主，为治本赢得时间的战略重心和构建“不敢腐”的惩治机制，“不能腐”的防范机制，“不想腐”的保障机制的“三不”反腐败基本战略。

长期以来，反腐败斗争战略重心、战略布局和发展走势不够清晰，在治标和治本的问题上缺乏针对性，反腐败主体责任落实不够。习近平总书记以“明者因时而变、知者随时而制”的政治智慧和“急则治标、缓则治本”的辩证思维，确立了现阶段以治标为主，为治本赢得时间、赢得主动的战略决策，并立足于反腐败斗争永远在路上科学判断，提出了从不敢、不能到不想的三步走战略布局，从而解决了新时期反腐败工作“船”和“桥”的问题，使中国特色的反腐大业从此走上了稳步推进、科学发展的道路。①

① 参见邱学强：《坚定不移反对腐败的思想指南和行动纲领》，载《人民日报》2017 年 6 月 19 日。

第一章　反腐新战略的时代背景

习近平总书记关于党风廉政建设和反腐败斗争的系列重要讲话，立足于对国内政治、经济、社会发展和复杂多变的国际形势的准确洞察与研判，紧紧围绕我们党要团结和带领全国各族人民实现“两个一百年”奋斗目标和中国梦的时代主题，着眼于从严治党、执政为民，深入推进党风廉政建设，从理论和实践的结合上，对反腐败斗争面临的形势与任务、战略与策略、方法与路径等进行了系统论述，体现了全面建成小康、全面深化改革、全面依法治国、全面从严治党的价值追求和客观要求，其新思想观点深深根植于“四个全面”的战略布局之中。①

一、全面建成小康社会的价值追求

“我们的人民热爱生活，期盼有更好的教育、更稳定的工作、更满意的收入、更可靠的社会保障、更高水平的医疗卫生服务、更舒适的居住条件、更优美的环境，期盼孩子们能成长得更好、工作得更好、生活得更好。”② 2012 年 11 月 15 日，刚刚当选中共中央总书记的习近平用朴实的语言，清晰生动地表达了全面小康的内涵，并庄严承诺：“人民对美好生活

① 参见习近平：《在十二届全国人大一次会议上的讲话》，载中新网，最后访问日期：2013 年 3 月 17 日。作为近代以来中华民族最伟大的梦想，到 2021 年中国共产党成立 100 周年和 2049 年中华人民共和国建立 100 周年时，顺利实现国家富强、民族振兴、人民幸福的“中国梦”。

② 参见习近平：《人民对美好生活的向往，就是我们的奋斗目标》，载人民网，最后访问日期：2012 年 11 月 16 日。

的向往，就是我们的奋斗目标。”[①] 现实中腐败现象的蔓延势头是人民群众追求美好生活的“拦路虎”，只有坚决彻底地反对腐败，人民对美好生活的向往才能实现。

（一）反腐败与全面小康

全面建成小康社会，发展永远是“第一要务”。对此，习近平总书记2014年初在云南调研时又进行了强调：我国经济发展进入新常态，并没有改变我国是世界上最大的发展中国家这一国际地位。一定要牢牢抓住发展这个党执政兴国的第一要务不动摇，在推动产业优化升级上下功夫，在提高创新能力上下功夫，在加快基础设施建设上下功夫，在深化改革开放上下功夫，扎扎实实走出一条创新驱动发展的路子来。[②] 从经济社会发展的视角看反腐，就会非常清楚，中国的反腐败斗争绝不是仅仅抓几个腐败分子，而是一场价值观的较量，要从价值观念、行为方式上对中国社会进行重塑，从而实现经济社会的可持续发展。

1. 反腐败为“十三五”的实施保驾清障

党的十八届五中全会通过“十三五”规划建议，确定了“保持经济增长，转变经济发展方式，调整优化产业结构，推动创新驱动发展，加快农业现代化步伐，改革体制机制，推动协调发展，加强生态文明建设，保障和改善民生，推进扶贫开发”十大目标任务。

“十三五”时期是全面建成小康社会关键的五年，也是全面深化改革、全面推进依法治国取得决定性成果的五年。中国经济正处于从高速到中高速的增长速度换挡期、结构调整阵痛期、前期刺激政策消化期，即“三期叠加”，矛盾风险挑战之多前所未有，对我们党的考验之大也前所未有。在这样的背景下，中国将实现经济社会发展全面转型升级。核心目标是要全面建成小康社会，将进入以“经济社会双重转型升级”为主线的“全面现代化”时代。既有“发展是硬道理”，又有“转型是硬道理”，创新速

---

① 参见习近平：《人民对美好生活的向往，就是我们的奋斗目标》，载人民网，最后访问日期：2012年11月16日。

② 参见习近平：《坚决打好扶贫开发攻坚战 加快民族地区经济社会发展》，载《人民日报》2015年1月22日。

度和创新质量将成为国家和国家之间竞争的一个重要砝码和标志。推动经济社会持续健康发展，必须破解发展难题，厚植发展优势，牢固树立并切实贯彻创新、协调、绿色、开放、共享的五大发展理念；坚持人民主体地位、坚持科学发展、坚持深化改革、坚持依法治国、坚持统筹国内国际两个大局、坚持党的领导六个坚持发展原则①。

然而，腐败却与“十三五”时期的目标要求和五大发展理念、六个坚持发展原则水火不容。它严重影响经济发展，使国家受损失，消费者受坑害，市场秩序遭到破坏，政府的信誉也大受影响。公共权力的滥用或私用，必然侵害人民主体地位、危害科学发展、阻碍改革深化、妨碍依法治国、影响国内国际两个大局、动摇党的执政基础。如果不反腐败，“十三五”规划和全面建成小康社会的目标就不能实现。因此，“十三五”规划和全面建成小康社会的过程，也就是反腐败斗争深入开展的过程。只有坚决地反对腐败、清除腐败，才能赢得民心，才能提高党的威信和增强人民群众的信心，才能更好地理顺经济秩序和促进社会公平公正，才能汇集创新、协调、绿色、开放、共享“五大发展”理念的正能量，向全面建成小康社会的最后阶段发起冲刺。

2. *反腐败优化资源配置和发展环境*

著名经济学家厉以宁经常强调“资源配置效率”这个概念，在他的经济分析框架中，“从事融资筹资工作的人，从事人事组织工作的人，从事行政管理工作的人”都与“资源配置效率”有较大的相关性。“从事融资筹资的人是直接来参与资源配置效率的提高，做人事组织工作的人他们是在人力资源上能够做到最佳配置，提高效率。从事行政管理工作的人是把物质资源和人力资源更好地结合起来。”这意味着，许多看似不直接参与经济生产的人，其实都与资源配置的效率有直接或间接的关系。而保持这些群体工作的廉洁高效，防止腐败发生，将最终促进资源的有效配置，进而推动经济的持续健康发展。他认为，反腐败与经济发展是一种正相关的关系，反腐败为经济发展保驾护航，使中国经济步入可持续发展的正确轨

① 中国共产党第十八届中央委员会第五次全体会议确立的坚持创新发展、坚持协调发展、坚持绿色发展、坚持开放发展、坚持共享发展的五大理念，以及坚持人民主体地位、坚持科学发展、坚持深化改革、坚持依法治国、坚持统筹国内国际两个大局、坚持党的领导的六大原则。

道，进一步提升了中国共产党的威信，也为中国经济持续健康发展提供了最重要的保障。

加快转变经济发展方式，核心是促进产业结构优化升级，对政策环境、行政效率、市场秩序等提出了新的更高的要求。而各种消极腐败现象，不利于发挥市场配置资源决定性的作用，破坏公平竞争的市场秩序，增加建设成本和行政成本，降低行政效率和社会公信力，成为阻碍经济发展方式转变的“拦路虎”“绊脚石”。加强反腐倡廉建设，坚决惩治和有效预防腐败，能够为经济发展清除障碍、提高效率，从而对转变经济发展方式发挥“催化剂”和“助推器”的效果。① 目前，由于我国社会主义市场经济体制还不完善，各种市场主体的行为还不规范、信用意识还不强，商业贿赂行为仍然时有发生；出借资质、违法转包、非法分包等问题还比较突出。只有旗帜鲜明地反对经济领域的腐败，才能确保加快转变经济发展方式的各项工作落到实处。腐败现象对于社会公平正义、民生福祉有着巨大的破坏作用。加强反腐倡廉建设，坚决纠正损害群众利益的不正之风，能够有效解决经济社会发展中存在的突出矛盾和问题，使改革发展的成果更多地被人民群众共享，从而充分调动广大人民群众投身改革发展的积极性，促使全社会形成加快转变经济发展方式的浓厚氛围。②

3. 反腐败为经济社会发展“体检”

反腐败强化廉政风险防控，要求经济社会发展主体健全完善各项法规制度，巩固重点领域改革成果，注重抓好制度的系统配套工作，加强制度执行情况的纪律检查和行政效能监察，切实提高制度执行力。将惩防体系建设纳入“十三五”规划，同步部署，同步推进，进一步提高坚决惩治腐败和有效预防腐败的工作水平。建立健全责任机制，把落实惩防体系建设任务情况纳入党风廉政建设责任制考核范围，把考核结果作为选拔任用干部的重要依据。③ 同时，加强对资金管理使用的监督检查。加快转变经济

① 参见杨大庆：《加强经济领域反腐倡廉建设 促进经济发展方式转变》，载《湖南行政学院学报》2013 年第 1 期。

② 参见杨大庆：《加强经济领域反腐倡廉建设 促进经济发展方式转变》，载《湖南行政学院学报》2013 年第 1 期。

③ 参见杨大庆：《加强经济领域反腐倡廉建设 促进经济发展方式转变》，载《湖南行政学院学报》2013 年第 1 期。

发展方式涉及许多资金投入，必须切实管好用好。通过专户管理、专款专用、强化监督等有效措施，确保资金投向符合中央、省、市规定，拨付和配套及时到位、管理使用安全高效廉洁，坚决防止骗取、滞留、挤占、挪用、截留以及其他违规使用问题的发生。对项目建设实施情况坚持“五位一体”的监督检查办法，即对工程质量、工期、成本、安全、廉洁五个方面进行综合监管，要体现针对性和有效性。同时不断完善政府投资项目监督网，切实抓好项目信息公开和诚信体系建设，及时、全面公开项目信息和诚信信息，接受社会监督。

反腐是对经济发展全方位的“体检”。我们为什么要体检？是要通过医学方面的检查，来判断自己有没有疾病，如有，就要治疗，让身体健康；如没有，也要注意那些方面，让疾病远离。反腐就是全方位的“体检”，对发现的“疾病”进行治疗，尤其是严重“疾病”必须刮骨疗毒，虽然刮骨疗毒会很疼痛，但不经历疼痛怎么能够治疗好“疾病”，怎么能够健康生活呢？对没有发现的“疾病”我们同样要进行预防。经济发展要健康地持续下去，同样必须进行全方位的“体检”，尤其是改革开放已40多年，我们更要审视经济的发展是否健康，是不是以牺牲环境、浪费资源、破坏公平法制等代价取得的，如果是这样，就必须要缓下来甚至要停下来，否则是没有明天和未来的。所以，反腐必然会使中国经济焕发新的生机，必然促进中华民族伟大复兴的中国梦的实现。

（二）反腐败与政治生态

党的十八大的召开，标志着全面建成小康社会进入决定性阶段。全面小康的持续发展需要良好的政治生态。在党风廉政建设和反腐败斗争系列重要讲话中，习近平总书记多次强调反腐败要实现干部清正、政府清廉、政治清明，构建良好的廉洁政治生态。以“三清”为内涵的廉洁政治生态构建目标，把我们党执政的阶段性目标与长远目标结合起来，不仅有助于我们党和国家从战略层面谋划、部署、推进反腐倡廉工作，而且能够从社会关切层面及时应对党风廉政建设所面临的新情况、新问题，以适应新的历史条件下大国治理的新要求。

1. 政治生态对小康建设主体的影响

生产力决定生产关系，生产力的第一要素是人。政治生态是指人与人之间的政治关系以及环境，特别是社会环境与人的政治行为之间的相互影响。政治生态不仅是党员干部党性、觉悟、作风的综合体现，也是党风、政风、社会风气的综合体现，是政治昌明、经济发展、文化繁荣、社会和谐的基础。

党员干部是全面小康建设的重要主体之一。不良政治生态常常是他们蜕化变质的温床。马克思主义认为，任何事物的产生和发展都有一个从量变到质变的过程。我们的公务员招录和干部选拔有着十分严格的条件和门槛，腐败分子中很大一部分曾经都是优秀干部，为党和人民立过功，受过累。从政治生态学的视野看来，公务人员在公务活动中的行为无不受到所处政治生态环境的影响。从一位合格的公务人员蜕化为腐败分子除了理想信念动摇、对自己要求不严格这一根本原因外，与不良政治生态的外在影响有着很大的关系。① 在举国震惊的“衡阳破坏选举”案中，整届人大代表几乎全军覆没，给党和国家的民主政治建设造成了巨大影响。其中接受贿赂的人员中很多曾是优秀的基层干部，据考察，他们之所以犯下如此严重的错误，长期受不良政治生态的影响是其中一个重要原因。改革开放以来，由于各种复杂因素的综合作用，中国共产党人廉洁从政的社会生态环境发生了历史性变化，一些地方和部门的政治生态已经出了问题，净化和重构政治生态成为纯洁公务员队伍，保护党员干部健康成长的重要手段。②

构建良好的政治生态对保障全面小康的建设主体具有决定性意义。一方面，反腐败、建设良好政治生态是全面建成小康社会的必然要求，能够坚定人民群众进行反腐败的信心和决心。同时，这也是我们党对全社会作出的庄严承诺，能够激发人民群众全面建成小康社会的积极性和创造性。另一方面，建设良好的政治生态不仅使我们党在党风廉政建设上及时应对新情况、发现新问题、适应新要求，而且有助于我们党和国家从战略层面来谋划和推进反腐倡廉建设，实现保障小康社会全面建成的政治价值。

2. 政治生态对小康社会建设进程的影响

从小康社会建设进程看，不良政治生态是社会关系优化的最大阻碍。

---

① 参见胡守勇：《净化和重构政治生态：新时期反腐败斗争的根本方略》，载《中共福建省委党校学报》2016 年 8 月 8 日。

② 参见胡守勇：《净化和重构政治生态：新时期反腐败斗争的根本方略》，载《中共福建省委党校学报》2016 年 8 月 8 日。

总部设在德国柏林的非政府组织——“透明国际”建立的清廉指数排行榜显示，中国从1995年到2014年这20年间，在全世界的国家和地区中排名一直在100名之后。尤其是从近年来“打虎拍蝇”所揭示出的腐败问题来看，腐败现象趋于严重化，区域性腐败、系统性腐败、家族式腐败、塌方式腐败等不断发生。邓小平同志曾指出：“制度好可以使坏人无法任意横行，制度不好可以使好人无法充分做好事，甚至走向反面。”[①] 由于政治生态的恶化，一些地方和部门潜规则大行其道，关系网错综复杂，权力寻租、权钱交易、官商勾结、卖官鬻爵、团团伙伙、拉帮结派层出不穷、屡禁不止；更为可怕的是这种风气不仅在官场上大有市场，而且蔓延到社会的各个层面、各个角落，败坏了社会风气，屡屡冲击着善良人们的道德底线。腐败现象不断发生、腐败问题日益严重，与不良的政治生态有着直接联系。净化和重构政治生态已经成为全党、全社会亟待解决的问题。[②]

从小康社会建设的艰巨性看，不良政治生态严重制约着反腐败的深入推进。习近平总书记指出：“从这两年查处的案件和巡视发现的问题看，反腐败斗争形势依然严峻复杂，主要是在实现不敢腐、不能腐、不想腐上还没有取得压倒性胜利，腐败活动减少了但并没有绝迹，反腐败体制机制建立了但还不够完善，思想教育加强了但思想防线还没有筑牢，减少腐败存量、遏制腐败增量、重构政治生态的工作艰巨繁重。”[③] 深入推进反腐倡廉工作还存在多方面的阻力和障碍。一是腐败问题日趋复杂。区域性腐败和领域性腐败交织，用人腐败和用权腐败共存，体制外和体制内挂钩，权钱交易、权色交易、权权交易同在，利益关系错综复杂、盘根错节，形成了“共腐关系圈”。二是腐败方式较隐蔽。随着反腐败工作的日趋深入，以及党风廉政建设规章制度的日益缜密，赤裸裸腐败的空间越来越狭小。一些领导干部便开始千方百计地钻制度的空子，并在腐败方式上寻求“突破”。腐败手段花样翻新，且趋于隐蔽。三是“四风”问题顽固。受到多

---

① 参见《邓小平文选》（第2卷），人民出版社1993年版，第333页。

② 参见胡守勇：《净化和重构政治生态：新时期反腐败斗争的根本方略》，载《中共福建省委党校学报》2016年8月8日。

③ 参见习近平：《在中国共产党第十八届中央纪律检查委员会第五次全体会议上的讲话》，载新华网，最后访问日期：2015年1月14日。

年潜规则“暗流”滋润建成的不良政治生态，消解了“吏治改革”管理制度的效力，误导了干部的心理与行为。“四风”问题积习甚深，一些地方和部门对于反“四风”没有从心底里认同，常有反弹的苗头出现。为此，深入推进反腐倡廉工作，必须从长计议，从净化和重构政治生态着眼。①

现实表明，政治生态和廉洁政治的重构与实现，是一场具有新的历史特点的伟大斗争。它意味着我们党要顺应全面建成小康社会的倒逼之势，以刮骨疗毒的决心和意志，革除历史上相沿成习的旧体制和旧机制，痛下重手毫不留情地剜除自身的腐败毒瘤；意味着反腐败越是深入展开，就越挑战我们党的领导骨干的认知力、领导力、意志力和自我修炼、自我约束、自我塑造的定力和魄力。只有在实践中应对这种挑战和考验，才能攻克体制上的顽疾，打破利益上的藩篱，构建“山清水秀”的政治生态。

（三）反腐败与小康文化

文化兴盛是全面小康的重要标志。习近平总书记指出：“文明特别是思想文化是一个国家、一个民族的灵魂。无论哪一个国家、哪一个民族，如果不珍惜自己的思想文化，丢掉了思想文化这个灵魂，这个国家、这个民族是立不起来的。”②“一个国家、一个民族的强盛，总是以文化兴盛为支撑的，中华民族伟大复兴需要以中华文化发展繁荣为条件。”在谈到反腐倡廉建设时，习近平总书记指出：要大力加强反腐倡廉教育和廉政文化建设，坚持依法治国和以德治国相结合。思想纯洁是马克思主义政党保持纯洁性的根本，道德高尚是领导干部做到清正廉洁的基础。我们要教育引导广大党员、干部坚定理想信念、坚守共产党人精神家园。

1. 小康文化着眼于“不想腐”

文化是民族之根，民族之家，民族之力，民族之福。小康文化之路是中国特色社会主义道路在文化领域中的集中体现，是中国特色社会主义道路的重要内容，它同新型工业化、信息化、城镇化、农业现代化道路，政

---

① 参见胡守勇：《净化和重构政治生态：新时期反腐败斗争的根本方略》，载《中共福建省委党校学报》2016 年 8 月 8 日。

② 参见习近平：《在纪念孔子诞辰 2565 周年国际学术研讨会暨国际儒学联合会第五届会员大会开幕式上的讲话》，载《人民日报》2014 年 9 月 25 日第 2 版。

治发展、社会建设、生态文明建设道路交相辉映，共同构成中国特色社会主义道路。经过几十年的探索和实践，中国特色社会主义文化发展道路已经形成，它内涵丰富、特色鲜明，涵盖了文化建设的方方面面。文化建设与反腐倡廉的双向互动，直接影响着新时代反腐倡廉的成效和走向。文化通过知识体系、价值观念、思想信仰和行为规范，教化社会成员，规范人们行为，保持社会认同，凝聚社会共识，成为人类社会发展包括反腐倡廉进程的灵魂，从而为全面建成小康社会提供有利的精神文化条件。[①]

着眼于“不想腐”，小康文化建设首要的是倡行中国特色社会主义理想信念。习近平总书记指出，理想信念就是共产党人精神上的“钙”，没有理想信念，理想信念不坚定，精神上就会“缺钙”，就会得“软骨病”[②]。他强调，共产党人要有“革命理想高于天”的精神，始终把思想防线筑得牢牢的，始终保持共产党人的蓬勃朝气、昂扬锐气、浩然正气。理想信念坚定，是衡量是否是好干部的第一位标准，这个标准就是：主要看干部是否能在重大政治考验面前有政治定力，是否能树立牢固的宗旨意识，是否能对工作极端负责，是否能做到吃苦在前、享受在后，是否能在急难险重任务面前勇挑重担，是否能经得起权力、金钱、美色的诱惑。崇高信仰、坚定信念不会自发产生，共产党人要练就“金刚不坏之身”，就必须用科学理论武装头脑，不断培植自己的精神家园，切实解决好世界观、人生观、价值观这个“总开关”问题。习近平总书记用“精神上的钙”“革命理想高于天”“软骨病”“金刚不坏之身”“总开关”这样的词句和“六个是否”，形象生动地阐述了坚定理想信念的极端重要性。党员干部只有理想信念坚定了，才能在大是大非面前旗帜鲜明，在风浪考验面前无所畏惧，在各种诱惑面前立场坚定，在关键时刻靠得住、信得过、能放心[③]，从而使反腐败战略重心从当前的不敢腐、不能腐迈向“不想腐”。

2．腐败文化对小康的危害

腐败现象形成腐败文化。官员腐败与腐败文化的形成密切相连，互为

---

① 参见李欣平：《文化强国的必由之路》，载《求是》2013 年第 3 期。

② 参见习近平：《在十八届中共中央政治局第一次集体学习时的讲话》，载人民网，最后访问日期：2012 年 11 月 17 日。

③ 参见赵洪祝：《认真领会习近平总书记关于党风廉政建设和反腐败斗争重要讲话的深刻内涵》，载《学习时报》2014 年 1 月 13 日。

因果。官员腐败是腐败社会化的诱因和“龙头”。官员腐败出现在先，社会化腐败发生在后；官员道德崩溃在先，公众道德水平下降在后。“上有所好，下必甚焉。”纵观历朝兴衰，社会治乱，风气腐败都导源于官场的腐败。毛泽东同志曾经说过：“只要我们党的作风完全正派了，全国人民就会跟我们学。”① 腐败行为具有极强的示范作用，而且腐败者的社会地位越高，社会影响面便越大。在腐败现象严重的情况下，由于腐败现象随处可见，并成为人们日常生活的一个组成部分，人们往往会由义愤而变得麻木、冷漠，逐渐习惯在腐败的环境中生活，开始容忍它，甚至利用它来为自己谋取好处。这种态度更加助长了腐败现象的蔓延，进而形成一种腐败的文化。

腐败行为危害社会文化。政治学有一个基本判断，有什么样的民众就有什么样的政府。一个社会，民众有什么样的社会价值观、道德观、生活方式，就会造就与之相对应的政府公职人员。腐败文化的丑恶性、隐秘性，虽然使它不可能像主流文化那样可通过家庭教育、学校教育、大众传播媒体等合法途径去传播，但如果一个人通过滥用职权谋得了金钱、权力、地位等利益，另一些人发现了其中的“奥妙”，便会寻找机会，仿效前者实施腐败行为。如果这个模仿“成功者”的链条不断加长，腐败群体也就得以形成，腐败文化就会不断得到传播。在这样的恶俗文化背景下，如果防线脆弱，想不腐败都难。事实上，从国际经验看，腐败在一些地方之所以泛滥，其中一个原因就在于腐败在社会中被视为“正常”，已经成为一种文化。

3. 小康文化的导向价值

全面小康的先进文化，作为一种知识系统，不仅在于其智力支持，还在于它对人们精神境界的提升。人们对先进文化的需求愈多，腐朽文化在其精神空间的领地就愈小，对腐朽文化的抗拒力也就愈强。发展先进文化，是我们进行改革开放和现代化建设的重要目标，也是深入推进反腐倡廉的重要保证。思想道德防线是抵御腐朽思想文化侵袭的前沿防线。先进文化以科学理论为灵魂，给予人们以坚定的理想信念。先进文化为人们的

① 参见《毛泽东选集》（第3卷），人民出版社1991年版，第812页。

精神生活全面发展拓宽了空间，可以使人们筑起精神屏障，站在人格高地，保持灵魂干净。只有用先进文化不断丰富人们的精神世界，不断增强人们的精神力量，不断满足人们的精神文化需求，才能教育引导党员干部牢固树立正确的世界观、人生观、价值观，自重、自省、自警、自励，讲修养、讲道德、讲廉政，永葆共产党人的蓬勃朝气、昂扬锐气和浩然正气，为反腐倡廉提供强大的思想保证、精神动力和智力支持。

反腐倡廉是全面小康先进文化建设的重要保证。加强党风廉政建设，深入推进反腐败斗争，是建设社会主义精神文明，代表先进文化前进方向的前提和保证。腐败与先进文化是根本对立的，是剥削阶级腐朽没落思想的反映，代表的是保守、颓废、庸俗和阻碍社会进步的文化，体现的是反动、落后的道德观和价值观。腐败行为的思想核心是拜金主义、享乐主义和极端个人主义。深入推进党风廉政建设和反腐败斗争，是建设先进文化的必然要求。只有大力加强党风廉政建设，进一步加大反腐败力度，才能为先进文化的建设创造良好的政治和法制环境，带动社会风气的进一步好转。

（四）反腐败与民生建设

民生建设是全面小康的本质要求。习近平总书记2014年1月7日在中央政法工作会议上强调：要重点解决好损害群众权益的突出问题，决不允许对群众的报警求助置之不理，决不允许让普通群众打不起官司，决不允许滥用权力侵犯群众合法权益，决不允许执法犯法造成冤假错案①。在当月20日党的群众路线教育实践活动第一批总结暨第二批部署会议上，他又指出：我们说“老虎”“苍蝇”一起打，有的群众说“老虎”离得太远，但“苍蝇”每天扑面。这就告诉我们，必须着力解决发生在群众身边的腐败问题，认真解决损害群众利益的各类问题，切实维护人民群众合法权益。②

1. 民生是反腐的重要归宿

当前，我国正处在全面建成小康社会的关键时期，随着经济社会的发

---

① 参见习近平：《在中央政法工作会议上的讲话》，载人民网，最后访问日期：2014年1月7日。

② 参见习近平：《在党的群众路线教育实践活动第一批总结暨第二批部署会议上的讲话》，载人民网，最后访问日期：2014年1月20日。

展和群众生活水平的提高，利益群体诉求多元，民生问题日益凸显，这就决定了我们必须实事求是地回应百姓的新期待，党和政府要用更多精力和付出更多努力实现发展成果由人民共享。对于老百姓而言，与他们息息相关的自然是民生问题，诸如医疗、养老、教育、就业、食药品安全等，这些问题如何解决，取决于政府部门，如何让群众拥有更多的获得感，也取决于政府部门如何作为，一个腐败的政府是不会让群众拥有更多的获得感的，群众期盼反腐，群众支持反腐，反腐的结果必定是促进群众生活的全面改善。

在群众眼里，能改善民生的反腐才是正风反腐。中国官场反腐虽源远流长，但最终能够改善民生的很鲜见，历代王朝反腐斗争大多沦为官场内的权力争斗，反腐也并非为了普通民众的政治生活、物质生活、精神生活质量的全面提升和改善，官场上是反贪腐的大张旗鼓、轰轰烈烈，民间仍然是哀鸿遍野、水深火热。反腐反腐，越反越腐，越反百姓越痛苦，打倒一个被养肥的贪官，意味着又要养肥一个新的贪官，这样的反腐，如何能改善民生，如何能得到大众的支持和拥护?[①] 因此，把正风反腐和民生有机地结合起来，做到学有所教，劳有所得，病有所医，老有所养，住有所居，才能深孚民望、顺乎民意。只有在共建中共享，在共享中共建，才能最大限度地促进社会和谐。

2. 灭蝇是民生的反腐诉求

群众身边的腐败直接侵害老百姓切身利益，是民生建设的大敌。如乡村干部挪用、贪污、侵占专项资金及政府给予农民的扶贫、救灾资金等侵害群众利益的案件，建设工程招投标领域规避招标、以租代征土地和矿产资源、擅自变更规划获取利益的案件，司法领域索贿受贿、徇私舞弊以及为黑恶势力充当“保护伞”的案件，资源领域的商业贿赂案件等。大敌当前，必须严肃党纪国法，坚决依法查办。[②]

应围绕民生建设开展执法监察、廉政监察和效能监察。如加强环境污染治理监督检查，大力推进“蓝天碧水”工程；加强对涉及人民群众生产

① 参见吴建雄:《以反腐败获得感取信于民》，载《检察日报》2016 年 3 月 22 日。

② 参见吴建雄:《以反腐败获得感取信于民》，载《检察日报》2016 年 3 月 22 日。

生活的安全管理的监督检查，严肃查处不顾群众生命安全的失职渎职行为；加强对资源管理使用情况进行监督检查，重点解决非法开采和官商勾结“收黑钱、干黑事、谋黑利”等问题；加强对党的支农惠农政策落实情况进行监督检查，重点解决克扣粮食直补款、农村医保、养老保险等问题；加强对行业协会、市场中介组织进行监督检查，规范行业协会、市场中介组织的行为，提高服务水平。认真纠正各种名目的不正当收费、集资、摊派。强化绩效考核，狠抓制度落实，提高行政机关的公信力和执行力。[①] 要加大行政执法过错责任追究力度。对于执法不严、监管不力、推诿扯皮、敷衍塞责、行政不作为、乱作为等问题应严肃追究责任人、责任单位和有关领导的行政过错责任，情节严重的移送司法机关查处。

3．民生反腐的“最后一公里”

民生反腐的“最后一公里”，就是各项民生反腐措施要得到有效落实。在民生服务方面，健全和完善项目审批公开、查询和问责制度，实行“一站式服务、一窗口管理、一次性收费、一次性告知、一次性办结”；进一步简化行政许可、审批事项的办理流程，缩短审批时限，提高即办件的办结率；加强对行政审批的规范和监督，杜绝厅外审批，规范电子政务，全面推进行政审批电子监察系统建设，县乡政务大厅要建立电子监察系统，实现审批网络的数据连接，对上报件实行网上审批等。

在涉腐防控方面，推行“一把手”行政问责制度，增强依法行政意识，提高政府行政能力和管理水平。继续严格执行“收支两条线”规定，全面实行部门预算改革。强化预算、管理和监督，加强票据管理，强化稽查手段，确保所有政府非税收入应收尽收。不断深化投资体制改革，完善政府投资监管体系。对县级乡级工程和政府投资的重大建设项目应当向社会公开，采取听证会、征询会等方式广泛征求社会各界和公众的意见。对政府投资项目规划备选、政府决策、部门审批、资金使用、建设实施、竣工验收、资产移交等工作要搞好评价及审计监督，并严格实行决策责任追究机制。

① 参见吴建雄：《以反腐败获得感取信于民》，载《检察日报》2016年3月22日。

“广大人民群众最痛恨腐败现象，腐败现象对我们党的伤害最大。”①落实民生反腐的“最后一公里”，要求我们从巩固党的执政地位和人民政权的高度，深刻认识基层腐败问题的严重性，切实加强基层反腐倡廉建设的紧迫性，以抓铁有痕、踏石留印的态度持之以恒地抓下去，抓出成效，取信于民。只有这样，才能巩固党的执政基础，增强党的执政能力，加强基层政权建设，满足人民的美好期待，凝聚又好又快发展动力，进一步加快全面建成小康社会的步伐。

二、全面深化改革的治本之策

习近平总书记在十八届中纪委三次全会上的讲话中，从党和国家全局的高度，提出要以深化改革推进党风廉政建设和反腐败斗争，在十八届中纪委五次全会上强调，要着力深化体制机制改革，最大限度减少对微观事务的管理，推行权力清单制度，公开审批流程，强化内部流程控制，防止权力滥用。这就说明，改革和反腐败应并肩前进，是双轮驱动。一方面以反腐败推进改革深化，另一方面以深化改革促进反腐败斗争，实现反腐败与深化改革的协调发展。

（一）反腐是深化改革的关键一招

改革是中国发展的最大红利。在改革开放的基础上，继续全面深化改革是建设现代化国家、实现中国梦的必由之路。改革本质上是国家权力结构的重新调整，由于国家权力具有扩张、寻租和易蚀性质，改革必须坚持公正性和廉洁性。一些干部之所以不愿、不敢改革甚至阻碍改革，其根本原因是害怕失去利益——集团利益和个人利益。深化改革，就意味着一些人要失去公共权力和某些特权。在这种情况下，各种反改革势力，势必采取各种方式和手段，利用各种理由来阻挠甚至否定改革。坚决反对腐败既是党中央清除党内毒瘤、纯洁党员队伍的重要手段，更是全面深化改革、树立权威与增强凝聚力量的重要推动力。反腐成为全面深化改革顺利进行

① 参见习近平：《在党的十八届二中全会第二次全体会议上的讲话》，载新华网，最后访问日期：2013 年 2 月 28 日。

的关键一招。

1. 反腐为改革清障

反腐是打破利益集团阻挠，开辟全面深化改革道路的清障车。经过40多年的改革，我国已进入改革的深水区，容易改的已经基本改完，剩下的就是所谓的“硬骨头”。改革正在由浅层次转入深层次，改革的阻力由过去的碎片化转向集团化。全面深化改革必然触动利益集团的核心利益，如何破除利益集团在全面深化改革中的“抱团式”阻挠和干扰，成为全面深化改革能否具有实质性进展的关键因素。党中央近来的高强度反腐，正是为了消除利益集团疯狂阻挠全面深化改革的企图，为全面深化改革开辟道路。只有敢于向利益集团开刀，才能彰显中央反腐的决心和信心，才能让那些试图阻挠改革的利益集团闻风丧胆、“不战而退”；只有破除利益集团的阻挠，清除改革道路上的一道道屏障，新一轮改革才能一帆风顺。

2. 反腐为改革助力

反腐是树立中央权威、保证全面深化改革进行的助力器。过去40多年，我们是“摸着石头过河”的改革，历尽艰苦的探索，取得了丰富的改革经验和很大的改革成就，但是，这种改革通常带有试验、探索的性质。随着经济社会的不断发展和改革事业的不断深化，各种深层次的矛盾纷纷显露，并盘根错节地联系在一起，牵一发而动全身。因此，改革已经不能单纯依靠“摸着石头过河”式进行渐进探索，而需要高瞻远瞩的顶层设计，全面把准改革的全局性、关联性、协同性问题，科学确立改革的总体目标，明确改革的路线图和时间表。2013年12月，中央全面深化改革领导小组的成立，就是要对改革进行顶层设计，加强改革的全局性、系统性、战略性、有序性和协调性。顶层设计的改革必然要求各部门无条件遵从党中央的改革思路、改革精神与改革路线。当前，党中央把反腐提至空前高度，严查严办，绝不留情，就是要树立中央权威，使各级党政部门必须与党中央保持改革路线的高度一致，各级部门只有不折不扣执行党的改革路线，全面深化改革之路才能顺利进行。

3. 反腐凝聚改革力量

反腐是取得人民信任、凝聚全面深化改革力量的黏合剂。人民群众是历史的创造者，是改革的主体和力量之源。改革开放的总设计师邓小平同志深刻指出："改革开放中许许多多的东西，都是群众在实践中提出来的"，"这是群众的智慧，集体的智慧"。[①] 回眸中国历史上的重大改革，失败的改革必然是脱离人民群众的，成功的改革必定是紧紧依靠群众的。新一轮的改革，其艰难程度在历史上前所未有，改革的复杂性、风险性都大大增加。在新的改革时期，只有紧紧依靠群众的力量，尊重人民主体地位，发扬群众首创精神，始终站在人民群众立场上谋划改革，才能保证改革的最终胜利。依靠人民，需要取得广大人民群众的信任，让人民热爱党、相信党，矢志不渝地跟着党走。当前，党中央对腐败的严厉打击，赢得了人民群众的一致叫好。对腐败零容忍、出重拳、下猛药既顺民意更得民心，坚定反腐毫不动摇是保持党同人民群众的血肉联系、取得人民充分信任的重要途径。在全面深化改革的紧要关头，必须紧紧地依靠广大民众，凝聚人民的智慧和力量，使人民大众支持改革，维护改革，参与改革，使改革之势不可阻挡。

（二）改革是遏制腐败的治本之策

党的十八大以来，我们党坚定不移地反对腐败，取得的成绩有目共睹。但是，滋生腐败的土壤依然存在，反腐败形势依然严峻复杂，一些不正之风和腐败问题影响恶劣、亟待解决。从体制机制方面看，影响反腐败成效的问题，主要是反腐败机构职能分散，不能形成监督合力，有些案件受各种因素的影响难以得到坚决查办，有的地方腐败案件频发却追究责任不力。解决这些问题，从根本上说，还得靠改革、靠制度。[②]

1. 改革压缩腐败空间

改革是更深层次、更彻底的反腐败，是强化反腐职能的重大举措。从当前的社会现象看，贫富差距、环境恶化、资源浪费等现象频发，究其原因，是社会公权力的滥用和腐败滋生造成的，是市场不健全、竞争不公平的结果。处理好政府和市场的关系，关键是经济体制改革，压缩腐败空间。这是全面深化改革的重点，是核心问题，只有充分发挥政府作用，

① 参见冷溶、汪作玲：《邓小平年谱》（1975—1997 下），中央文献出版社 2004 年版，第 1350 页。

② 参见李雪勤：《改革是遏制腐败的治本之策》，载《求是》2014 年第 4 期。

让市场在资源配置中起决定性作用，才是完善市场体系、防止政府不当干预和监管不力的根本办法。这将同时有利于经济体制改革和惩防腐败体系的建设。反过来，政府与市场关系在体制、制度等方面具备了惩防腐败机制，其市场的决定性作用就大大显示出来，经济秩序和社会不公现象就能够得到有效的纠正，改革就会得到全面落实，滋生腐败的环境和条件就会压缩和减少。因此改革越深入，惩治和预防腐败的职能就愈加强化。

2. 改革优化权力配置

改革的要义是强化权力运行的制约和监督，保证权力的正确行使。从这些年查处的腐败案件看，权力不论大小、不分领域，只要不受制约和监督，都可能被滥用。党的十八届三中全会决定专门用一个部分来部署“强化权力运行制约和监督体系”，目的就是要真正把权力关进制度的笼子里，保证权力的正确行使。一是强化制约。要合理分解权力，科学配置权力，不同的权力由不同部门、单位和个人行使，形成科学的权力结构和运行机制。二是强化监督。着力改进对领导干部特别是一把手权力行使的监督，健全民主集中制，完善党委议事决策制度，加强领导班子内部监督，加强行政监察、审计监督和巡视监督。三是强化公开。推行地方各级政府及其工作部门权力清单制度，依法公开权力运行流程。完善党务、政务、司法和各领域办事公开制度，推进决策公开、管理公开、服务公开、结果公开，让权力在阳光下运行，让广大干部群众在公开中监督权力。①

3. 改革强化源头预防

党的十八届三中全会作出全面深化改革的决定，为我们从体制、机制、制度上解决腐败问题，创造了非常有利的条件。从以往的改革实践看，如果在改革过程中不注意措施的配套和衔接，不注意过程的顺序和步骤，各自为战，一哄而上，极易产生混乱和腐败，改革的重点领域很可能成为腐败的高发区域。为此，必须尽量避免改革中出现的漏洞和问题，防止改革出现负面效应。全面深化改革坚持顶层设计和“摸着石头过河”相结合，坚持超前思考，更加注重改革的系统性、整体性、协同性，更加注

① 参见李雪勤：《改革是遏制腐败的治本之策》，载《求是》2014 年第 4 期。

重各项改革的相互促进、良性互动、协同配合，在总体布局上要体现防止问题出现、防止腐败思想滋生的理念和思路。注重把推进全面改革与建设廉洁政治紧密结合起来，在制订具体改革方案时要把防治腐败的要求和措施融入各项改革的全过程，体现到各项制度建设之中，先立后破、于法有据、有序进行，避免出现制度真空，堵塞一切可能出现的腐败漏洞。在改革过程中要更加注重廉政制度的健全和完善，以制度促进改革，真正建立起体现廉洁性、具备惩戒力的反腐倡廉法规制度体系，保障改革健康顺利推进。①

（三）改革推进纪检工作“三转”

1.“三转”的基本内涵

根据习近平总书记在十八届中纪委历次全会上的讲话要求，中纪委坚持以深化改革推进党风廉政建设和反腐败斗争，在全国纪检监察系统部署开展了“转职能、转方式、转作风”的改革工作，为全面从严治党和反腐败斗争的深入推进提供了组织机制和职能保障。

“三转”即转职能、转方式、转作风。转职能，就是纪检监察机关要根据党章、党内法规，根据党的十八大以来的中央的要求，根据习近平总书记系列重要讲话的精神，明确职能定位，聚焦党风廉政建设和反腐败斗争这个中心工作，突出我们的主业，全面履行监督执纪问责的专职，做到不越位、不缺位、不错位。转方式，就是纪检监察机关要积极顺应十八大以来的新形势和新要求，探索把握加强党风廉政建设和反腐败斗争的规律，创新理念思路，改进方式方法，更加科学有效地履行职能、担当责任。转作风，就是纪检监察机关要按照“打铁还需自身硬”的要求，牢固树立宗旨意识，坚持不懈地纠正“四风”，以情况明、数字准、责任清、作风正、工作实为标准来推进我们的纪检监察工作，建设忠诚可靠、服务人民、刚正不阿、秉公执纪的纪检监察队伍。这“三转”中，转职能是核心，转方式是关键，转作风是保障。“三转”相互关联，是一个整体，相辅相成。我们只有把“三转”同步抓实、抓紧、抓到位，纪检监察工作才

---

① 参见李雪勤：《改革是遏制腐败的治本之策》，载《求是》2014 年第 4 期。

能不负党和人民的重托，党风廉政建设和反腐败斗争才能开创新局面。①

2. “三转”的基本依据

推进“三转”是贯彻落实党章的必然要求。《中国共产党章程》第八章对党的纪律检查机关的职能作了专门的阐述，对纪委的职责定位作出了明确的规定，这是纪委全部工作的依据。其中，第46条规定党的各级纪律检查委员会的主要任务是：维护党的章程和其他党内法规，检查党的路线、方针、政策和决议的执行情况，协助党的委员会推进全面从严治党和加强党风建设和组织协调反腐败工作。在这几项任务当中，当前各级纪委关键是要履行协助党委加强党风建设和组织协调反腐败工作的职责，聚焦党风廉政建设和反腐败斗争这一中心任务，切实承担起监督的责任，把不该由纪委管的工作交还给主责部门，把该管的工作切实地管好。因此，推进“三转”实际上是向党章回归，是向党对纪律检查机关的基本要求回归。②

同时，“三转”也是党风廉政建设和反腐败斗争形势的必然要求。党的十八大对党风廉政建设和反腐败斗争形势作出了科学的判断，提出了干部清正、政府清廉、政治清明的目标。对于当前党风廉政建设和反腐败斗争，我们面临着严峻复杂的形势，在一些地方、部门和一些党员领导干部当中，党性观念淡薄、组织涣散、纪律松弛。因此我们必须推进“三转”，聚焦党风廉政建设和反腐败中心工作，这样才能更好地落实中央的要求和部署，才能完成党的十八大提出的目标任务。所以，推进“三转”既是回归，也是创新，是在回归本职的基础上，面对新形势、新任务进行的开拓创新。③

3. “三转”的全面推进

中央纪委率先改革创新，找准职能定位，聚焦党风廉政建设和反腐败斗争的主业。职能转变带动方式转变。中央纪委聚焦中心任务，在党风廉

① 参见《中央纪委监察部机关聚焦中心任务深化“三转”》，载中央纪委网站，最后访问日期：2014年5月26日。

② 参见《中央纪委监察部机关聚焦中心任务深化“三转”》，载中央纪委网站，最后访问日期：2014年5月26日。

③ 参见《中央纪委监察部机关聚焦中心任务深化“三转”》，载中央纪委网站，最后访问日期：2014年5月26日。

政建设和反腐败各项工作中创新方式方法，提高工作质量和实效。在落实中央八项规定的精神上，一个时间节点一个时间节点地抓，一个重点问题一个重点问题地抓，咬住纠正“四风”不放，不断坚持、巩固、深化，以党风政风带动民风社会风气转变。在巡视工作上，克服过去题多面广、重点不突出的问题，聚焦党风廉政建设和反腐败斗争，紧紧围绕“四个着力”，发现问题形成震慑。在查办案件上，对反映中管干部问题线索进行清理，全面摸清底数，认真进行审查，提高办案质量和效率，办案效果显著。实施组织制度创新，加强办案全过程监督，明确派驻纪检组长、纪委书记不分管主业以外的其他业务；坚持抓早抓小，治病救人，本着对党的事业负责、对干部负责的态度，对党员干部身上的苗头性问题及时约谈、函询，防止小问题演变成大问题，用习近平总书记的话说，就是要扯扯袖子提个醒。

转职能、转方式同时也落实到作风转变上。转作风与纠“四风”，抓内部监督，抓落实、抓效率、抓精神、抓责任等都密切相关。委部机关着力克服工作飘浮等问题，实施底线思维，强化问题导向、需求导向，推动工作落实。按照“打铁还需自身硬”“信任不能代替监督”的要求，狠抓自身建设。在全国纪检监察系统开展会员卡专项清退活动，严肃认真查处“灯下黑”的腐败问题，努力打造过硬的纪检监察队伍。[①]

（四）改革完善反腐败体制机制

1. 改革纪委领导体制

健全完善反腐败领导体制和工作机制，是全面深化改革的重要内容。从总体上讲，各级纪委由同级党委和上级纪委双重领导的体制，自党的十二大确立以来发挥了积极作用，但随着时代的发展，也暴露出一些问题。特别是纪委在查办腐败案件、履行党内监督方面，受到牵制的因素比较多。改革党的纪律检查体制，保证各级纪委监督权的相对独立性和权威性，实现反腐败领导体制的具体化、程序化、制度化，这是全面深化改革

① 参见《中央纪委监察部机关聚焦中心任务深化“三转”》，载中央纪委网站，最后访问日期：2014 年 5 月 26 日。

的重要任务。党的十八届三中全会提出，要推动党的纪律检查工作双重领导体制具体化、程序化、制度化，强化上级纪委对下级纪委的领导；明确规定查办腐败案件以上级纪委领导为主，各级纪委书记、副书记的提名和考察以上级纪委会同组织部门为主；明确要求纪委派驻监督对党和国家机关全覆盖，工作经费在驻在部门预算中单列，巡视监督对地方、部门、企事业单位进行全覆盖，从事权、人权和财权等方面进行了调整和改革。这既坚持了党对反腐败工作的领导，坚持了党管干部原则，又保证了纪委监督权的行使，有利于加大反腐败工作力度，有利于各级党的纪律检查机关更好地发挥党内监督专门机关的作用。①

2. *改革落实廉政责任*

反腐败体制机制改革，一个很重要的方面是理清责任、落实责任。党委要负主体责任，纪委要负监督责任。习近平总书记明确提出："党委的主体责任是选好用好干部、纠正损害群众利益行为、从源头上防治腐败、支持执纪执法机关工作、党委主要负责同志当好廉洁从政表率等五个方面。"② 党的组织、宣传、政法、统战等部门要把党风廉政建设的要求融入各自工作，人大、政府、政协和法院、检察院等部门的党组织都要按照中央要求，履行党风廉政建设主体责任。在纪委的监督责任方面，既要协助党委加强党风建设和组织协调反腐败工作，又要督促检查相关部门落实惩治和预防腐败工作任务，经常进行检查监督，严肃查处腐败问题。各级党委特别是主要领导必须树立不抓党风廉政建设就是严重失职的意识，主要领导是第一责任人，其他领导班子成员按职责分工承担各自责任，都要种好自己的"责任田"，不能当"甩手掌柜"。③ 无论是党委、纪委还是其他相关职能部门，都要对具体承担的党风廉政建设责任行为进行签字背书，都要做到守土有责、守土尽责。出了问题，不管是任现职的还是已经调离或者升迁的，都要追究责任。

3. *改革凝聚反腐合力*

历史的脉络清晰可见，发展的轨迹坚定从容。党的十八大以来，党中

---

① 参见李雪勤：《改革是遏制腐败的治本之策》，载《求是》2014 年第 4 期。

② 引自《习近平在十八届中央纪委三次全会上发表重要讲话》，载人民网，最后访问日期：2014 年 1 月 14 日。

③ 参见李雪勤：《改革是遏制腐败的治本之策》，载《求是》2014 年第 4 期。

央坚持治标与治本相结合，抓住治权这个关键，大力推进反腐败体制机制改革，日益向理清责任、落实责任、追究责任和反腐合力聚焦。从2013年11月十八届三中全会提出落实党风廉政建设责任制，党委负主体责任，纪委负监督责任，到2016年1月习近平总书记在十八届中纪委六次全会上强调，各级党组织要担负起全面从严治党主体责任，各级纪委要担负起监督责任；从2014年10月党的群众路线教育实践活动提出“不明确责任，不落实责任，不追究责任，从严治党是做不到的”，到2016年6月出台的《中国共产党问责条例》明确要追究主体责任、监督责任、领导责任，再到十八届六中全会制定党内政治生活准则、修订党内监督条例，全面从严治党的内涵在丰富，范围在拓展，责任的标准更明确、要求更具体。党委纪委职责硬化了，管党治党任务实化了，严管严治导向强化了。通过改革国家监察体制，建立权威高效的反腐败专责机构，与党的廉政专责机构相对应，实现对党员干部和国家机关工作人员监督的全覆盖。各级党委支持和保证同级人大、政府、监察机关、司法机关等对国家机关及公职人员依法进行监督，人民政协依章程进行民主监督，审计机关依法进行审计监督。支持民主党派履行监督职能，重视民主党派和无党派人士提出的意见、批评、建议。形成以党的领导为核心、以人大监督为保障、以行政管理为基础、以党内监督为先导、以国家监察为主体、以司法监督为支撑、以民主监督和社会监督为动力的反腐败监督体系，推进党的治理、国家治理和社会治理体系和治理能力的现代化。

三、全面依法治国的基本方略

2014年2月23日，中共中央总书记习近平在主持中央政治局第四次集体学习时强调，全面建成小康社会对依法治国提出了更高要求。习近平总书记在关于《中共中央关于全面推进依法治国若干重大问题的决定》的说明中指出，全面建成小康社会、实现中华民族伟大复兴的中国梦，全面深化改革、完善和发展中国特色社会主义制度，就必须在全面推进依法治国上作出总体部署、采取切实措施、迈出坚实步伐。党的十八届四中全会对全面推进依法治国的重大意义、指导思想、总目标、基本原则，对科学立法、严格执法、公正司法、全民守法，对加强法治工作队伍建设等方面进行了全面论述和部署，这为全面建成小康社会提供了有力的支撑和保障，也为反腐败斗争提供了基本遵循，从而使腐败治理走上法制化轨道。

（一）法治与反腐的内在联系

1. 依法治国的反腐内涵

依法治国就是依照体现人民意志和社会发展规律的宪法和法律治理国家，国家的政治、经济运作，社会各方面的活动依照法律进行。依法治国是中国共产党领导人民治理国家的基本方略，是发展社会主义市场经济的客观需要，也是社会文明进步的显著标志，还是国家长治久安的必要保障。依法治国，建设社会主义法治国家，是人民当家作主的根本保证。依法治国要求各级领导干部要提高运用法治思维和法治方式深化改革、推动发展、化解矛盾、维护稳定的能力，努力推动形成办事依法、遇事找法、解决问题用法、化解矛盾靠法的良好法治环境，在法治轨道上推动各项工作；要求健全权力运行制约和监督体系，有权必有责，用权受监督，失职要问责，违法要追究，保证人民赋予的权力始终用来为人民谋利益。

依法治国框架下的反腐即法治反腐，包括两层含意：一是用法律制度的有效实施惩治腐败。法治反腐意味着，任何人违反法律规定的腐败行为，都要受到法律的制裁；任何法律制裁的腐败行为都要按照法定程序进行，所受制裁的严重程度都按相同的标准决定。二是通过制定和实施法律有效预防腐败，即限制和规范公权力行使的范围、方式、手段和程序，创设公正、透明的运作机制，使公权力执掌者不能腐败、不敢腐败，从而达到减少和消除腐败的目的。[①] 法治反腐具有根本性、全局性、稳定性和长期性，法治反腐是反腐败思想观念、体制机制、方式抓手的重大变革，是有效遏制腐败的必由之路，也是今后反腐败的基本方略。

2. 依法治国的反腐功能

在全面建成小康社会过程中，法治通过规范市场和政府的关系为社会主义市场经济提供良好的发展环境；法治规范公共权力以保证其良好运

① 参见吴建雄：《善于用法治思维和法治方式反对腐败》，载《人民日报》2014 年 12 月 12 日。

行；法治本身体现了现代的政治文化，有利于塑造公民的文明行为；法治通过规范社会主体行为而使社会有序运行；法治同样也能为生态文明发展保驾护航。因此，依法治国是坚持和发展中国特色社会主义的本质要求，是实现国家治理体系和治理能力现代化的必由之路，是保证国家长治久安、人民幸福安康的根本举措，与反腐败斗争有着内在的必然联系。

依法治国的前提是依规管党治党建设党。“没有党规党法，国法就很难保障。”① 依法治国，既要求我们党依宪治国，又要求国家依法理政，更要求党依规管党治党。长期以来，我们党在探索实践中，已经完善了一套行之有效的党内法规制度，这使党管制党有章可循、有规可依。严格遵守党章的总规矩，这不仅体现了中国共产党的先锋队性质和先进性，也彰显了我们党的凝聚力和战斗力。每个党员和党组织必须忠实履行党章规定，尊法、守法、用法，接受党规党纪的约束，只有把党章党规党纪作为工作和党建的根本依据，中国共产党才能把其政治推动力转化为管理国家的效能，引领全国人民迈向依法治国的征程。

依法治国的要义是依法治权、依法治吏，这正是推进法治反腐的基本要求。法治反腐通过制定和实施法律，限制和规范公权力行使的范围、方式、手段、条件和程序，为执掌公权力的人创设公平、公正的保障运作机制，使掌权者不能腐败、不敢腐败，从而达到减少和消除腐败的目的。法治反腐要形成完备的法律规范体系和党内法规体系、高效的法治实施体系、严密的法治监督体系和有力的法治保障体系，以实现干部清正、政府清廉、政治清明的最终目标。法治反腐注重严格执法、公正司法，一切以事实为依据，以法律为准绳，既坚持法律面前人人平等，一切监督与惩处以程序正义为实质正义的前置条件，既实现罪刑法定，罚当其罪，又合理保护当事人的合法权益，充分发挥依法反腐对公权力的引导、规范、制约和惩戒作用，从而实现从制度反腐到法治反腐②的历史超越。

---

① 参见《邓小平文选》（第2卷），人民出版社1994年版，第147页。

② 制度反腐即通过健全规章制度来规范和惩处违法违纪行为，营造保障廉政的制度环境，但在实际操作中不能排除人治因素，且缺乏强制性和约束力。法治反腐不仅强调反腐执法的公正性、程序性和规范性，而且强调通过制定和实施法律，限制和规范公权力行使的范围、方式、手段和条件，为公权力执掌者创设公正、透明和保障公正、公平的运作机制，使公权力执掌者不能腐败，从而达到减少和消除腐败的目标。

3. 法治反腐的实践特征

党的十八大以来，被查处的腐败官员的频频曝光，产生了极具震撼力的冲击波，给人以反腐风暴之感，但仔细分析就会发现，当下反腐败斗争的基本方式与传统思维下的“政治运动”有着很大不同。党中央从部署反腐败斗争开始，就强调法治思维和法治方式。

超常态反腐的表象下体现出明显的法治特征：一是民主性。广大人民群众通过各种方式和渠道将腐败问题和有关情况提供给职能部门，基本形成需求与诉求的良性互动。当下，高密度腐败案件披露所产生的冲击效应，就是执纪执法公开得到落实的必然反应，满足人民群众反腐诉求和期待。二是平等性。从查办的案件中可以看到，纪律法律面前人人平等的原则已得到充分体现。查办腐败案件不搞选择性执法，不搞以人划线，不搞“特赦”。三是程序性。坚持以事实为依据，以纪律法律为准绳，客观公正地查办案件；违纪者受党纪政纪处分，违法者受法律制裁；坚决反对先入为主、主观臆断，打棍子扣帽子，搞扩大化等“运动性”做法。当前，反腐败斗争形势依然严峻复杂，人民群众还有许多不满意的地方，必须继续保持对腐败的高压态势，使反腐败斗争在法治轨道上常态运行。①

（二）党纪与国法的健全完善

1. 党纪国法实体内容的完善

依法治国强调党纪国法实体内容上的完整性。惩治腐败的法纪规范与约束权力的法律规范要相互衔接、相互配合，形成一个整体。如果只有收受贿赂后如何制裁的法律规范，缺乏如何行使国家权力和公共权力的法律规范，行使公权力的人即使因为制裁的严厉性而不敢腐败，也不知道如何正确地行使手中的权力。如果只有腐败行为构成犯罪的要严厉处罚的规定而没有不构成犯罪的如何处理的规定，就可能给官员们一种暗示，即一旦犯罪了，就掉进了深渊，只要不构成犯罪，就万事大吉。尤其是对那些没有好处就不为民办事的官员，如果没有法律规范的约束，一味强调惩治腐败，那么是达不到建立廉洁高效政府之目的的。因此，惩治腐败的法律体

① 参见邱学强：《坚定不移将反腐败斗争推向前进》，载《学习时报》2014 年 9 月 15 日。

系，不仅要有如何制裁腐败行为的法律规范，而且要有约束国家权力和公共权力行使的法律规范；不仅要有制裁腐败行为的法律规范，而且要有整治公权力行使过程中不作为、乱作为的法律规范；不仅要有刑事制裁方面的法律规范，而且要有行政处罚、纪律处罚方面的法律规范。不同的法律规范互相协调配合，形成公权力运行的规范体系，才有可能全面地预防和遏制腐败。①

2. 党纪国法结构的严密性要求

依法治国强调党纪国法结构上的严密性。法治反腐的法律制度要考虑到腐败现象的方方面面，如在防控腐败上，一是权力法定的规范。特别是要依法界定和规范政府职能权限，防止侵权、越权和滥权；实行政企分开、政事分开、政府公共管理职能与政府履行出资人职能分开；进一步减少和规范行政审批，建设有限政府、法治政府。二是程序法定的规范。通过法定程序规范公权力执掌者行使权力的手段、方式、过程和步骤，要求公权力执掌者在决策时必须信息公开、透明，必须通过听证会、论证会以及有关会议的审议，乃至票决的程序，保证公众参与和领导班子集体的民主参与，防止公权力寻租带来腐败。三是监督法定的规范。建立对公权力和公权力行使者的制约监督机制，有效压缩腐败活动可以利用的“灰色空间”。当前，我国对公权力运行的监督既包括纪检、监察监督的环节，也包括人大监督、司法监督、社会监督和媒体监督的环节，要进一步提高监督的公信度，增强权威性。四是公开法定的规范。2008 年 5 月实施的《政府信息公开条例》以及社会各界呼吁建立的公务人员财产申报制度等，都是利用公开制度预防腐败的重要措施，必须在此基础上完善公开制度，提升政务公开的立法层级，实现公权力全过程的公开。五是问责法定的规范。包括“问什么人的责、什么事可以问责、问责的方式有哪些、按什么程序问责、问责后怎么办”等关键问题，以及对官员复职的时间、程序和事由都要进行统一明确的法律规范。

3. 党纪国法功能价值的合理性要求

依法治国强调党纪国法价值上的合理性。目前，反腐败国家立法仅限

---

① 参见吴建雄：《善于用法治思维和法治方式反对腐败》，载《人民日报》2014 年 12 月 12 日。

于对构成犯罪的腐败行为的规制，不构成犯罪的腐败行为属党纪政纪处理，要坚持对腐败的“零容忍”，就必须加强党纪与国法一体建设。解决好党纪与国法、行政规定与法律条文之间存在的缝隙，以及贪腐行为的法律漏洞和刚性不足等问题。就党内法规而言，应立足于党员的从政道德底线，将相关道德规范上升为纪律规范，加重党员特别是国家工作人员的纪律义务，使党纪更好地发挥“有病早治”的预防作用。[①]《中国共产党纪律处分条例》就是执政党正风反腐的戒尺和依据。就国家立法而言，2018 年通过了《中华人民共和国监察法》，实现国家监察全面覆盖，深入开展反腐败工作。就国家立法而言，应降低腐败入罪的门槛，将现行由党纪政纪规制的部分腐败问题上升由法律规制，构建刑事法治与非刑事法治紧密衔接的、体现反腐败斗争客观规律的专门法律制度，修改后的刑诉法虽然在特殊侦查手段、讯问时限的特殊等规定上有了新的加强，但一些关键性、瓶颈性问题进展迟缓。如腐败犯罪的证明标准问题、建立污点证人与辩诉交易制度问题、特殊侦查手段的执法主体问题、境外腐败资产追回问题、反腐败刑事司法国际协作问题等，均存在运行机理上的“梗阻”。在司法运行上，可考虑立法规范纪检监察、检察、法院三机关各负其责、相互制约、相互配合的工作机制。在强制措施、证据采信、律师会见、辩诉交易等程序设计上，可考虑职务犯罪主体身份的特殊性和高智能、高隐秘特点，作出不同于普通刑事犯罪的法律规定。在腐败犯罪的事实认定上，要尊重党内法规的证据标准，健全完善纪检监察证据与检察侦查证据衔接转换规范，慎用“疑罪从无”，充分体现对腐败犯罪的国家评价、国家确认和国家处罚。[②]

（三）法治反腐的三个原则

中国特色法治反腐是党纪与国法的共同之治，是党纪反腐与司法反腐的双管齐下。党纪反腐要着力于“严格”，体现“从严治党”的精神；司

① 参见吴建雄：《善于用法治思维和法治方式反对腐败》，载《人民日报》2014 年 12 月 12 日。

② 参见吴建雄：《善于用法治思维和法治方式反对腐败》，载《人民日报》2014 年 12 月 12 日。

法反腐要着力于“公正”，体现公平正义的法治原则。实现严格执法与公正司法的有机衔接、相互配合和相互制约，是党的领导、人民当家作主、依法治国在反腐败领域的有机统一。法治反腐必须坚持以下三大原则：

1. 坚持和依靠党的领导

坚持党对反腐败的领导，就要坚决贯彻党中央决策部署，在各级党委领导下，统筹协调法治反腐工作。反腐执纪与反腐司法既是反腐败斗争的重大政治任务，又是依法治国建设社会主义法治国家的核心内容。因此，必须把反腐执纪与反腐司法纳入各级党委的总体工作规划，与经济社会发展和法治建设、党的建设工作一起部署、一起检查、一起落实、一起考核。要充分体现反腐败协调小组的作用，在整体设计、系统规划、强化治理和对查办重大案件中的重大部署和重大问题的协调会商等方面，进一步明确具体职责和程序，以适应反腐败斗争新形势要求。要正确处理坚持党的领导与依纪依法行使职权的关系。坚持党对反腐败执纪执法工作领导的同时，注意防止和避免地方、部门保护和利益固化对办案工作的影响，勇于冲破阻力干扰和利益固化的藩篱，对非法干扰阻碍案件查办、以权压法或以纪律处理代替刑事处罚的，坚决及时予以纠正。要强化党委核心领导作用，完善要案党内请示报告制度，主动向党委汇报重大部署、重大问题和重大事项。强化纪委的组织协调和政法委工作协调作用，充分发挥政治体制优势，有效整合各方面力量和资源，为反腐执纪与反腐司法创造良好环境。①

2. 满足人民的反腐期待

坚持人民当家作主，就要满足人民群众的反腐期待。在反腐败斗争问题上，人民群众和党的意志是高度统一的。这是党敢于向腐败开刀的根本原因，也是党深入推进反腐败斗争、全面深化改革、敢动真碰硬的底气所在。十八大以来，党中央站在“不治理腐败就会亡党亡国”的战略高度，顺应社情民意，旗帜鲜明地向腐败宣战，向全社会发出了“对腐败零容忍”的强烈信号。反腐职能部门紧紧扭住腐败不放松，“打虎拍蝇”，查办了一大批大案要案，查处了一大批腐败分子。特别是随着周永康、薄熙

---

① 参见吴建雄：《司法反腐的法治功能与实现路径》，载《光明日报》2015 年 10 月 6 日。

来、郭伯雄、徐才厚、令计划、苏荣等一批位高权重者“落马”，人民群众对党的反腐败工作交口称赞，“反腐无禁区”“反腐无上限”“反腐无死角”等观念更加深入人心，党心民心进一步凝聚。正如习近平总书记所说：“全党必须牢记，反对腐败是党心民心所向。有党的民心作力量源泉，反腐败斗争必定胜利。[①]”只要为了群众、依靠群众，腐败这个千夫所指的问题，就没有什么人不敢动，没有谁可以有特权和例外。

满足人民群众的反腐期待就要坚持民主公开。腐败是社会健康肌体中的“寄生虫”。在权力无法受到有效约束和监督的情况下，腐败现象仍存在着死灰复燃的风险。反腐败斗争注定会是一场持久战，而不会是一场一战而胜的短期斗争。发达的社会网络舆情和人们关注反腐的热情更让反腐执法以透明的形象展现在公民的视野之中，关门办案、神秘诉讼主义已经成为历史。这就要求我们更为自觉地贯彻专门工作和群众路线相结合的原则，进一步拓展检务公开的深度与广度。健全民意收集、研究与转化机制，探索建立群众投诉的及时受理、查究反馈机制，高度重视人民群众对检察机关和检察人员的控告、申诉、举报，及时发现和解决职务犯罪侦查等执法活动中存在的突出问题，最大限度地满足人民群众的知情权、参与权、表达权与监督权。

3. 把权力关进制度的笼子里

法治反腐意味着把权力关进制度的笼子里。法治反腐从某种意义上说，是“反腐败战略思想”的法纪监督活动，也是强化权力制约和监督的重要环节。要深刻领会“把权力关进制度的笼子里”的科学内涵，牢牢把握形成“不敢为、不能为、不愿为”预防机制这个治本之策，坚持从源头治理，正确处理惩治腐败与预防腐败的关系，强调通过制度反腐，建立常态化、科学化的惩治和预防腐败体系。反腐败战略思想必须坚持零容忍的反腐理念；牢牢把握预防工作法定职责，把查办职务犯罪案件与查找制度漏洞有机结合；推动预防工作法治化，通过修改相关法律或出台司法解释等方式，从职能和工作层面使预防工作的责任主体有法可依、有规可循。

---

① 参见《习近平在十八届中央纪委五次全会上发表重要讲话》，载人民网，最后访问日期：2015 年 1 月 14 日。

反腐败战略思想要求严格依纪依法办案，提高惩治腐败的法治化水平。司法是公正的象征，公正则是腐败的克星。要以法治思维和法治方式应对和解决腐败问题，就必须毫不动摇地坚持公正司法，办案人员要坚守职业良知，自觉用职业道德约束自己，做到对群众深恶痛绝的事零容忍、对群众急需急盼的事零懈怠，树立惩恶扬善、执法如山的浩然正气；要信仰法治，做知法、懂法、守法、护法的执法者。办案中坚持以事实为依据，以纪律法律为准绳，违纪者受党纪政纪处分，违法者受法律制裁；坚决防止以党纪处分代替刑事处罚、以刑事处罚代替党纪处分的问题发生，确保反腐职权始终在法治轨道上运行。

第二章　反腐新战略的基本内涵

习近平总书记在十八届中央政治局第二十四次集体学习时，用通俗易懂的语言阐明了当下我国反腐败斗争的战略重心和基本战略。他指出，中医有一句话，叫“急则治其标，缓则治其本”。在反腐倡廉工作中，我们一直强调标本兼治。治标，对腐败分子能够起到惩治、震慑、遏制作用，突出“惩”的功能。治本，对权力进行制约和监督，对腐败现象能够起到预防、阻拦作用，重在“防”的功能。在腐败存量比较大的情况下，只有以治标为先，才能遏制腐败现象滋生蔓延的势头。同时，这也“倒逼”我们加强反腐倡廉法规制度建设。①

一、全面从严治党的新部署

全面从严治党是习近平总书记根据复杂多变的国内外形势，深刻总结治国理政、管党治党经验和教训提出来的。十八届三中全会作出了全面深化改革的重大部署，十八届四中全会强调全面推进依法治国。此后，习近平总书记在多个不同场合就“四个全面”作了深刻阐述。2014 年 12 月，习近平总书记在江苏调研时指出：“协调推进全面建成小康社会、全面深化改革、全面推进依法治国、全面从严治党，推动改革开放和社会主义现代化建设迈上新台阶”，向全党清晰地展现出“四个全面”的战略布局。习近平总书记关于“四个全面”战略布局特别是关于全面从严治党的重要

① 参见习近平：《在十八届中央政治局第二十四次集体学习时的讲话》，载人民网，最后访问日期：2015 年 6 月 26 日。

思想，为反腐败斗争的战略部署提供了科学依据，注入了强大动力。

（一）全面从严治党的新内涵

习近平总书记在十八届中纪委六次全会上指出，全面从严治党，核心是加强党的领导，基础在全面，关键在严，要害在治。学习领会全面从严治党的内涵，应注意把握“全面”的要求。

所谓“全面”，就是“全方位”全覆盖”。“全方位”是指各地区各部门各单位都要贯彻全面从严治党的要求。在中国，东西南北中，工农商学兵，党是领导一切的。在国家治理体系的大棋局中，党中央是坐镇中军帐的“帅”，车马炮各展其长，一盘棋大局分明。从严治党是党的各级组织的责任所系、使命所在，是必须履行的重大政治责任。党的组织、宣传、统战、政法等部门，人大、政府、政协、法院的党组织，事业单位、人民团体等党组织都要从严管党治党，各个党组织都要发挥核心领导作用。“全覆盖”是指从严治党不是只管少数人，每一名党员、每一个党组织都不能置身其外。全面从严治党不等同于处理少数有严重问题的干部，用纪律管住大多数，才叫全面从严治党。[①] 总之，“全面”就是管全党、治全党，覆盖党的建设各个领域、各个方面、各个部门，重点是抓住“关键少数”。

所谓“从严”，是指管党治党要“严字当头”“从严从实”，坚持严的标准、采取严的措施，就是像习近平总书记要求的那样，“严要求、动真格，真实抓、抓真实，真管真严、敢管敢严、长管长严，而不是管一阵放一阵、严一阵松一阵”。[②] 从严治党是具体的而不是抽象的，主要体现在八个方面，即落实从严治党责任、坚持思想建党和制度治党结合、严肃党内政治生活、坚持从严管理干部、持续深入改进作风、严明党的纪律、发挥人民监督作用、深入把握从严治党规律。要求广大党员干部落实“三严三实”精神，坚持严以修身、严以用权、严以律己，让群众看得到、体会得

---

① 参见孙志勇、孟庆海：《深刻认识全面从严治党的丰富内涵》，载《中国纪检监察》2015年第8期。

② 参见孙志勇、孟庆海：《深刻认识全面从严治党的丰富内涵》，载《中国纪检监察》2015年第8期。

到、享受得到全面从严治党成果。“从严”的标准不是模糊的，标准就是党章和党规党纪，对党员的要求要严于普通群众，对领导干部的要求要严于普通党员，对执纪监督的党员干部要严于非执纪监督的党员干部。用党规党纪的尺子丈量党员干部的言行，发挥在全社会的引领作用，形成好的党风，带动民风社风的转变。

所谓“治”，就是从党中央到省市县党委，从中央部委党组党委到基层党支部，都要肩负起主体责任，党委书记要把抓好党建当作分内之事，各级纪委要担当起监督责任，敢于瞪眼黑脸，勇于执纪问责。管党治党，管是途径，治是根本。通过加强党的纪律建设、纪检工作和其他建设，使干部向高标准努力，不犯或少犯错误。“治”是一个系统工程，从严治党应体现在党的建设的各个方面。在思想上“治”，就要引导党员干部树立正确的是非观、义利观、权力观、事业观，坚定理想信念宗旨，正确处理公私关系，不断拧紧思想的“总开关”。在组织上“治”，就是要按照“信念坚定、为民服务、勤政务实、敢于担当、清正廉洁”要求选好干部，以严的标准要求干部、以严的措施管理干部、以严的纪律约束干部，使干部心有所畏、言有所戒、行有所止。在作风上“治”，就是要落实中央八项规定精神，抓常、抓细、抓长，以最严格的标准、最严厉的举措治理作风问题，决不能让“四风”问题反弹回潮。① 在党风廉政建设上“治”，就是要把纪律挺在前面，依纪监督、从严执纪，用最坚决的态度减少腐败存量，用最果断的措施遏制腐败增量，永葆党的先进性和纯洁性。在制度建设上“治”，就是要体现党规党纪严于国家法律，把权力关进制度的笼子里，制度制定要务实管用，制度执行没有例外，不留“暗门”、不开“天窗”，使制度成为刚性约束。总之要把全面从严治党贯穿到中国特色社会主义的各项事业中去。

（二）全面从严治党的新要求

全面从严治党的新起点、新要求，集中体现在十八届六中全会修订通

① 参见孙志勇、孟庆海：《深刻认识全面从严治党的丰富内涵》，载《中国纪检监察》2015年第8期。

过的《关于新形势下党内政治生活若干准则》和《中国共产党党内监督条例》这两个党内重要法规之中。这两个党内法规对党内政治生活和党内监督制度进行了多方面完善，对深入推进全面从严治党和反腐倡廉建设意义重大、影响深远。

第一，从准则、条例通过程序看，新旧准则、监督条例的不同，既体现在文本内容上，也反映在通过程序上。如原条例由中央政治局审议通过，新条例则由中央全会审议通过。习近平总书记在关于准则和条例的说明中指出，这次六中全会是以制定修订上述两个文件稿为重点专题研究全面从严治党。如此明确地将制定修订党内法规作为中央全会的重点，改革开放以来还是第一次。进一步说，党内法规多种多样，包括党章、准则、条例、规则、规定、办法、细则。通览改革开放以来由中央全会通过的管党治党专门法规，仅三部，除两部关于政治生活的准则外，就是此次的监督条例。换言之，监督条例是唯一由中央全会通过的属于“条例”的党内法规。这既彰显出党中央对强化党内监督的特殊重视，也反映出党内监督制度特别是党内监督条例在全面从严治党中的基础性与战略性。①

第二，从准则、条例内容看，反腐倡廉制度笼子扎得更实更紧更密。其表现在：其一，党内监督的范围更宽。监督条例规定：“党内监督没有禁区、没有例外。”这确立了监督全覆盖原则。其二，党内监督的刚性更足。监督条例不仅规定，“党内监督的重点对象是党的领导机关和领导干部特别是主要领导干部”，而且突破原监督条例，专门设置一章“党的中央组织的监督”，大篇幅剑指高级干部，直接对中央委员会成员、中央政治局委员等高级干部提出要求，彰显了党中央加强党内监督的坚定决心与鲜明态度。其三，党内监督的网络更全。监督条例规定：“建立健全党中央统一领导，党委（党组）全面监督，纪律检查机关专责监督，党的工作部门职能监督，党的基层组织日常监督，党员民主监督的党内监督体系。”原条例只是确立了党内监督的基本框架，“党内监督体系”系新监督条例

① 参见《党内监督条例：反腐制度建设的战略性安排》，载《检察日报》2016 年 11 月 15 日。

的创新之处，标志着党内监督工作进入了制度化、规范化的新阶段，新条例则是党内监督工作进一步系统化、立体化的标志。① 其四，党内监督的格局更大。原试行条例仅在第 5 条中以一句话规定："党内监督要与党外监督相结合。"新条例则特设专章规定"党内监督和外部监督相结合"，强调支持和接受党外监督。既强化党内监督，又注重党内监督和外部监督相结合，有利于更好地形成监督合力、释放监督威力。

第三，从条例用词看，管党治党的话语与范式在与时俱进。习近平总书记在十八届中纪委六次全会上指出："从党风廉政建设主体责任到全面从严治党主体责任，不只是字面上的变化，更是实践的发展、认识的深化。"② 监督条例也有类似的用词变化，折射出反腐倡廉的新气象与新动向。一方面，纪委在党内监督中的定位有新表述。原条例第 8 条规定："党的各级纪律检查委员会是党内监督的专门机关。"新条例第 26 条将其中的"专门"修改为"专责"。一字之差，凸显的是责任，即纪委的监督责任。党的十八大以来管党治党的一个重大创新，就是区分党委的主体责任与纪委的监督责任。从"专门"到"专责"，纪委的定位更加精准，释放出了纪委强化监督执纪问责的信号。另一方面，原条例中三次使用的"党风廉政建设"被新条例中四次使用的"党风廉政建设和反腐败工作"所取代。表述中增加"反腐败"，凸显的是问题意识，意味着党内监督敢于动真碰硬，更有刚性。同时，"斗争"从属于"工作"，是"工作"的一个方面，即方式比较激烈的一种工作，用"反腐败工作"而不是常见的"反腐败斗争"，意味着反腐败的内涵更丰富，即在坚持以零容忍态度惩治腐败、继续充分发挥"不敢腐"的震慑作用的基础上，更加注重抓早抓小、抓常抓细，加快形成"不能腐""不想腐"的体制机制。③ 另外，"廉洁"在一些表述中取代"廉政"。如，第 23 条与第 30 条分别规定："述责述廉报告应当载入廉洁档案""严把干部选拔任用'党风廉洁意见回复'

① 参见《党内监督条例：反腐制度建设的战略性安排》，载《检察日报》2016 年 11 月 15 日。

② 参见习近平：《坚持全面从严治党依规治党 创新体制机制强化党内监督》，载中央纪委网站，最后访问日期：2016 年 1 月 12 日。

③ 参见《党内监督条例：反腐制度建设的战略性安排》，载《检察日报》2016 年 11 月 15 日。

关。”之前司空见惯的“廉政档案”“党风廉政意见回复”，偏重廉洁从政，忽略了廉洁修身、廉洁齐家等要求。以“廉洁档案”“党风廉洁意见回复”替换它们，反映出反腐倡廉永远在路上，呈不断拓展和不断深化的态势。

（三）全面从严治党的新开局

1. 逻辑起点

立足于“四个全面”战略布局整体设计，以全面从严治党推进伟大工程和伟大事业，这是全面从严治党的新布局的逻辑起点。党的十八大以来，以习近平同志为核心的党中央注重把治党放在治国理政逻辑体系中，围绕治国来治党，通过治党来治国。这既体现在将全面从严治党纳入“四个全面”战略布局，还体现在习近平总书记的一系列重要论述中。习近平总书记强调：“党和人民事业发展到什么阶段，党的建设就要推进到什么阶段。这是加强党的建设必须把握的基本规律。”① 他还强调，要“把抓好党建作为最大的政绩”，“坚持党建工作和中心工作一起谋划、一起部署、一起考核”②。这些思想是对党的建设认识的拓展和升华，引导党的建设新的伟大工程与中国特色社会主义伟大事业更加紧密地融为一体。

协调推进“四个全面”战略布局是新的历史条件下的治国理政总方略。党的十八届三中、四中、五中全会相继就全面深化改革、全面依法治国、全面建成小康社会进行了专题研究部署。党的十八届六中全会专题研究全面从严治党，是落实“四个全面”战略布局整体设计的渐次展开和深度推进，必将为坚持和发展中国特色社会主义事业提供更加有力的政治保证。

2. 核心目标

加强中央集中统一领导，以上率下赢得伟大斗争是全面从严治党的新布局的核心目标。一个国家、一个政党，领导核心至关重要。马克思、恩格斯认为，每一个社会时代都需要有自己的伟大人物，领袖权威对无产阶

① 参见习近平：《在庆祝中国共产党成立95周年大会上的讲话》，载新华网，最后访问日期：2016年7月2日。

② 参见习近平：《在党的群众路线教育实践活动总结大会上的讲话》，载新华网，最后访问日期：2014年10月8日。

级政党建设具有特别重要的作用。在深刻总结历史经验的基础上，党的十四届四中全会通过的《中共中央关于加强党的建设几个重大问题的决定》指出："党的历史表明，必须有一个在实践中形成的坚强的中央领导集体，在这个领导集体中必须有一个核心。如果没有这样的领导集体和核心，党的事业就不能胜利。"从中国现实看，当今中国正在经历一场前所未有的深刻变革，复杂的国情世情需要责任担当，伟大的目标呼唤责任担当，要赢得具有许多新的历史特点的伟大斗争，全党必须有一个核心。十八届六中全会正式提出"以习近平同志为核心的党中央"，体现了党和国家的根本利益，是坚持和加强党的集中统一领导的根本保证。①

十八届六中全会突出强调重点抓好党的高级干部特别是中央委员会、中央政治局、中央政治局常务委员会的组成人员这个"关键少数"，这是加强党中央领导集体的又一个重大决策。条例中单设"党的中央组织的监督"一章，准则中提出要制定一个高级干部贯彻落实准则的实施意见，这充分体现了党中央"打铁还需自身硬"的高度自觉和责任担当。此外，六中全会以制度权威对全党提出了一系列加强党中央集中统一领导的新规定和新要求，强调全党尤其是高级干部要严守政治纪律和政治规矩，增强"四个意识"特别是核心意识和看齐意识，这些配套举措都聚焦在强化党中央集中统一领导这一目标上。②

3. 关键支点

以加强和规范党内政治生活、加强党内监督为抓手，从政治上推进，是全面从严治党的新布局的关键支点。习近平总书记指出："在长期实践中，党内政治生活状况总体是好的，但一个时期以来，也出现了一些亟待解决的突出矛盾和问题。""要解决党内存在的一些突出矛盾和问题，必须把党的思想政治建设摆在首位，营造风清气正的政治生态。"当前，我们党正处在一个关键历史节点上，党的队伍发生的重大变化和党群干群关系出现的新情况新问题，迫切需要我们从政治上把全面从严治党抓紧抓好。

党的政治建设是党为实现政治主张、确保党在政治上的先进性所进行

---

① 蔡常青:《构建全面从严治党新布局》，载《光明日报》2016 年 12 月 30 日。

② 蔡常青:《构建全面从严治党新布局》，载《光明日报》2016 年 12 月 30 日。

的一系列政治性工作，其主要内容就是制定和执行党的政治纲领和党的路线方针政策。我们党自成立以来特别注重政治建设，并将其贯穿于思想建设、组织建设、作风建设、反腐倡廉建设和制度建设各个方面。

从政治上推进全面从严治党，既要全方位用劲，也需要重点发力，而加强和规范党内政治生活、加强党内监督就是重点发力的抓手。这是因为，党内政治生活是以党章党规管理教育党组织和党员的主要平台，严肃党内政治生活是全面从严治党的基础；党内监督是保持党的先进性、纯洁性的基本途径，党的执政地位决定了党内监督在党和国家各种监督形式中是最基本的、第一位的。

十八届六中全会以加强和规范党内政治生活、加强党内监督为重点，通过制定准则，回答了党员干部在从严治党的过程中怎么做、如何自律的问题，明确了新形势下全面从严治党的主要任务；通过修订条例，回答了党员干部如何落实从严治党各项举措、如何接受外界监督的他律问题，为全面从严治党提供了监督保障。两者体现了思想建党和制度治党的有机结合，相辅相成地构建了从政治上推进全面从严治党的新布局。①

4．*落地要求*

坚持全面从严，开创全面从严治党的新局面，是全面从严治党的新布局的落地要求。全面从严是十八大以来管党治党的鲜明特色，也是十八届六中全会的一个基本着眼点。抓思想从严、抓管党从严、抓执纪从严、抓治吏从严、抓作风从严、抓反腐从严，既是对十八大以来全面从严治党基本经验的科学总结，也为今后全面从严治党提供了基本遵循。

全面从严治党基础是全面，关键是从严。全面从严是一个完整的概念。“全面”必须体现“从严”，抓而不严等于不抓。这方面我们有很多经验教训。十八大以来，党的建设之所以能够取得明显成效，解决了许多过去被认为解决不了的问题，就是因为坚持严字当头，始终把纪律挺在前面。同时，“全面”是“从严”的前提，“从严”只有建立在“全面”的基础上才能真正管好治好党。十八大以来，我们党正是在突出反“四风”、反腐败的过程中，坚持把思想政治建设放在首位，注重制度建设、组织建

---

① 蔡常青：《构建全面从严治党新布局》，载《光明日报》2016 年 12 月 30 日。

设，持续开展党的群众路线教育实践活动、“三严三实”专题教育、“两学一做”学习教育，才以治标为治本赢得了时间，全面从严治党步入标本兼治的新阶段。事实证明，只有始终坚持管党治党全面从严，才能克服顾此失彼或紧一阵松一阵的问题，提升党的建设科学化水平。

十八届六中全会通过的准则和条例充分体现了全面从严的要求。准则既是党章规定和要求的具体化，也是近年来全面从严治党实践形成的一系列规定和举措的系统化；条例围绕权力、责任、担当设计制度，围绕理论、思想、制度构建体系，织就了多主体、多形式、全方位、全过程、无例外的党内监督网。我们要把严的标准落实到党的思想建设、政治建设、组织建设、作风建设、反腐倡廉建设和制度建设各方面，实现从严治党全方位；把严的要求落实到每一个党组织和每一个党员身上，实现从严治党全覆盖；把严的措施落实到管党治党各个环节，实现从严治党全过程，以真管真严、敢管敢严、长管长严的精神，开创全面从严治党的新局面。

二、反腐新战略的实践特征

“明者因时而变，知者随世而制。”现阶段反腐败斗争的战略重心是以治标为主，“治标可为治本赢得时间、赢得主动”①，这一战略思想解决了“标本兼治”总体战略下现阶段反腐败斗争战略重心问题，强化了高压反腐的战略定力，指明了现阶段治标与治本的逻辑关系，适应了反腐败斗争的客观要求。

（一）对腐败现状的深刻体察

2013 年 1 月，在中央纪委委员学习贯彻党的十八大精神研讨班上，王岐山同志说：要深刻认识党风廉政建设和反腐败斗争的长期性、复杂性和艰巨性。坚持标本兼治，当前要以治标为主，为治本赢得时间。2013 年 12 月，中共中央印发的《建立健全惩治和预防腐败体系 2013—2017 年工作

① 参见《王岐山在十八届中央纪委第四次全体会议上的讲话》，载中央纪委国家监委网站，最后访问日期：2014 年 10 月 27 日。

规划》明确提出：把坚决遏制腐败蔓延势头作为全面推进惩治和预防腐败体系建设的重要任务，保持惩治腐败的高压态势。加大查办违纪违法案件力度，充分发挥惩治震慑作用。

党中央明确提出现阶段以治标为主，是由反腐斗争严峻形势和腐败现象蔓延势头所决定的。习近平总书记在听取2014年中央巡视组首轮巡视情况汇报时的讲话中指出：现在矿产资源、土地出让、房地产开发、工程项目、惠民资金、科研经费管理等方面腐败问题频发。领导干部插手工程项目、亲属子女经商办企业问题突出。有的地方扶贫、涉农、医保、低保资金都敢贪敢挪，而且拿这些钱来行贿买官，群众的“保命钱”成了干部的“买官钱”，发达地区通过工程项目搞权钱交易，贫困地区贪扶贫救济的钱，恶行令人发指！从2014年中央巡视组第二轮巡视反馈的情况来看，土地和城建领域腐败问题突出，领导干部插手工程项目、为亲友经商谋利现象普遍，国企经营和国资监管中问题频出，“小官巨腐”问题严重。[①] 一些领导干部官商勾结，权钱权色交易问题较为突出，有的贱卖国有资产、向关系人输送巨额利益，有的亲属子女在其管辖范围内经商办企业谋利，有的生活腐化、为情妇经商谋利提供方便，有的利用婚丧嫁娶和亲属生病收礼敛财。据此，习近平总书记强调，要把握一项重点即实现不敢腐，坚决遏制腐败现象滋生蔓延势头。惩治腐败这一手必须紧抓不放、利剑高悬，坚持无禁区、全覆盖、零容忍。[②]

（二）对人民期待的现实回应

腐败损害人民群众的利益，人民群众深恶痛绝，因此反腐败是民心所向。习近平总书记说：腐败问题对我们党的伤害最大，严惩腐败分子是党心民心所向，党内决不允许有腐败分子藏身之地。这是保持党同人民群众血肉联系的必然要求，也是巩固党的执政基础和执政地位的必然要求。[③]

---

① 参见习近平：《在中央政治局常委会听取中央巡视工作领导小组二〇一四年中央巡视组首轮巡视情况汇报时的讲话》，载新华网，最后访问日期：2014年6月26日。

② 参见习近平：《在中国共产党第十八届中央纪律检查委员会第六次全体会议上的讲话》，载新华网，最后访问日期：2016年1月12日。

③ 参见习近平：《在中国共产党第十八届中央纪律检查委员会第三次全体会议上的讲话》，载新华网，最后访问日期：2014年1月14日。

这就告诉我们，在当前腐败普遍存在而且危害严重的情况下，人民群众更为关注的是严惩既存的腐败行为，有效减少腐败的存量，关心的是打了多少祸国殃民的“老虎”，拍了多少吸食民脂民膏的“苍蝇”，如何有效遏制腐败蔓延的势头。

党的十八大以来，中央领导集体全面深入谋划反腐败的顶层设计，一系列“治标”的有力举措相继出台并实施，一些社会关注的大案要案得到坚决惩治，有的案件立案查处速度被誉为“秒杀”，人民群众拍手称快。人民群众高度关注对腐败的打击和处理，并积极主动地参与进来，自发举报腐败案件的数量不断增加，而且实名举报的比例也在上升。[①] 人民群众积极主动举报贪腐分子，是因为他们对党和政府反腐败有坚定的信心，对反腐败取得实效有殷切的期待。我国正处在全面建成小康社会的关键时期，随着经济社会的发展，人民群众对美好生活的向往和需求提高，群体利益诉求多元，民生建设问题日益凸显，这些都决定了党和政府要用更多精力和更大努力实现发展成果由人民共享。而解决好与群众息息相关的诸如医疗、养老、教育、就业、食药品安全等民生问题，让群众有更多获得感是反腐败最直接的关键所在。反腐治标既要在政治和全局意义上取得压倒性胜利，又要在高压反腐、破立并行成为新常态的形势下，实现反腐败斗争向基层延伸，让人民群众有更多的反腐败获得感，这是对群众期盼反腐、支持反腐、关心反腐的最好回应。

（三）反腐败战略的辩证思维

“惩治腐败的决心丝毫不能动摇，惩治这一手始终不能软。”“要持续强化不敢腐的氛围，使有问题的干部及早收手、收敛，遏制腐败现象蔓延势头。”习近平总书记的重要论述表明，惩治与预防是反腐败斗争的两个基本要素，反腐斗争是以惩治为主要特征的执纪执法活动，其内在机理是以“惩”促“防”，以“防”固“惩”。治标是“惩”，治本是“防”，只有充分发挥治标功能，分析案件犯罪成因，梳理监管漏洞，才能建立、健全和完善反腐制度，制定廉政措施；只有强化党纪国法的警示作用，才能

---

① 参见张永红：《我国反腐败的战略重心研究》，载《湖南社会科学》2016 年第 3 期。

使可能犯罪的人不敢伸手，止步不前，真正实现“办理一案、教育一片、治理一方”的目的。

反腐败的战略重心，是一个重大的实践问题，确定反腐败的战略重心，需要运用科学的思维方法。把“治标”确定为现阶段反腐败的战略重心，是辩证思维方法在反腐败问题上的具体运用。首先，它体现了事物之间相互联系的辩证思维。“标”与“本”固有不同，但绝非对立，二者密切相关。“治标”有助于治本，“治本”可促进“治标”。因此，现阶段的“治标为主”不是孤立的，不是与“治本”割裂的，而是要通过“治标”为“治本”赢得时间，赢得主动。其次，它体现了一种整体性的辩证思维。在反腐败的问题上，“治标”与“治本”是两种不同的方式，但它们都有利于反腐败最终目标的达成，因此反腐败既要“治标”也要“治本”，形成“标本兼治”的总体态势，而不是予以偏废。“治标”作为现阶段反腐败的战略重心，是在标本兼治的框架内展开的，绝不是只管“治标”而不管“治本”。最后，它体现了“矛盾论”的辩证思维。在分析和解决问题时，应该抓住主要矛盾及矛盾的主要方面，这是“矛盾论”的基本要求。“治标”这一反腐败战略重心的确定，抓住了反腐败这一主要矛盾，并抓住了反腐败中“治标”这一矛盾的主要方面。

反腐倡廉是一个复杂的系统工程，不可能毕其功于一役，甚至还会出现局部地方、部门腐败现象的反复性。反腐败要保持政治定力，保持严厉惩处的尺度不松。习近平总书记关于反腐败的政治定力表明，在查办腐败案件方面，没有特区、没有禁区，也不能有盲区，发现一起查处一起，发现多少查处多少，不定指标、上不封顶，对腐败分子务求除恶务尽①。针对有人认为反腐败影响了经济发展，习近平总书记指出：这个认识是错误的！如果我们靠腐败来推动经济发展，这叫什么经济？这叫腐败经济！这是畸形经济。烟花柳巷、灯红酒绿、纸醉金迷这样的“繁荣”，不但畸形，而且绝对不可持续②。反腐败是一场输不起的斗争，是巩固党的执政地位

---

① 参见习近平：《在中共第十八届四中全会第二次全体会议上的讲话》，载新华网，最后访问日期：2014 年 10 月 23 日。

② 参见习近平《在参加十二届全国人大三次会议江西代表团审议时的讲话》，载新华网，最后访问日期：2015 年 3 月 6 日。

和群众基础的必然要求。

“标本兼治”是反腐败斗争总体工作思路的重要内容，当腐败现象的“存量”超出社会承载，惩治腐败将处于反腐中心地位；反之，如果腐败高发态势得到基本控制，预防腐败就会成为反腐总体工作思路的战略重点。习近平总书记指出，“扬汤止沸，不如釜底抽薪”①，要从源头上有效防治腐败，“把权力关进制度的笼子里，形成不敢腐的惩戒机制、不能腐的防范机制、不易腐的保障机制”②。习近平总书记关于反腐战略重心调整的策略表明，加强预防，才能巩固反腐败斗争成果，使“前腐后继”无以持续。反腐重心调整的科学路径模式应是，以高压反腐（不敢腐）为重心的重点治标—以建制反腐（不能腐）为重心的标本兼治—以文化反腐（不愿腐）为重心的重点治本。无论处于哪一阶段，反腐惩治、反腐制度、反腐文化都是不可或缺的战略要素，只是重心不同而已。

三、反腐新战略的贯彻实施

以治标为主为治本赢得时间的反腐败战略部署，要求我们坚持全面从严治党、依规治党，忠诚履行党章赋予的职责，聚焦监督执纪问责，深化标本兼治，创新体制机制，健全法规制度，强化党内监督，把纪律挺在前面，持之以恒落实中央八项规定精神，依纪依法查办腐败案件，着力解决群众身边的不正之风和腐败问题，坚决遏制腐败蔓延势头，不断取得党风廉政建设和反腐败斗争新成效。

（一）坚持不懈抓好作风建设

作风就是形象，作风就是力量。习近平总书记指出：“作风问题本质上是党性问题。对我们共产党人来讲，能不能解决好作风问题，是衡量对马克思主义信仰、对社会主义和共产主义信念、对党和人民忠诚的一把十分重要的尺子。我们既要用铁的纪律整治各种面上的顶风违纪行为，更要

① 参见习近平：《在中国共产党第十八届中央纪律检查委员会第二次全体会议上的讲话》，载新华网，2013 年 1 月 22 日。

② 参见习近平：《在中国共产党第十八届中央纪律检查委员会第二次全体会议上的讲话》，载新华网，2013 年 1 月 22 日。

睁大火眼金睛，任凭不正之风‘七十二变’，也要把它们揪出来，有多少就处理多少。抓作风建设要返璞归真、固本培元。”“对那些盘根错节的复杂问题、年代久远的遗留问题、长期形成的惯性问题，要以燕子垒窝的恒劲、蚂蚁啃骨的韧劲、老牛爬坡的拼劲，坚持不懈，攻坚克难，善作善成。”① 只有这样我们党才能够做到在掌握权力的同时，继续不忘人民群众的要求和期盼，永保党与人民的血肉联系。

抓好作风建设，必须把纪律挺在前面，《中国共产党章程》开宗明义阐明：中国共产党是中国工人阶级的先锋队，同时是中国人民和中华民族的先锋队，是中国特色社会主义事业的领导核心，代表中国先进生产力的发展要求，代表中国先进文化的前进方向，代表中国最广大人民的根本利益。这个定位决定了中国共产党和其他政党的区别，决定了中共党员和中国公民的区别，由此可看出党纪严于国法。2015 年 10 月 18 日，中共中央印发的《中国共产党纪律处分条例》，将原条例中第 97 条与国法重复的内容删除，增加“拉帮结派”等第 42 条违纪条款，明确体现纪法分开、纪在法前、纪严于法。通过综合运用各种措施，抓早抓小，着力解决极少数党员干部要么是“好同志”，要么是“阶下囚”的问题。

在作风建设上，习近平总书记十分重视家风问题。他指出：从近年来查处的腐败案件看，家风败坏往往是领导干部走向严重违纪违法的重要原因。不少领导干部不仅在台前大搞权钱交易，还纵容家属在幕后收钱敛财，子女等也利用父母影响经商谋利、大发不义之财。有的将自己从政多年积累的“人脉”和“面子”，用在为子女非法牟利上，其危害不可低估。古人说：“将教天下，必定其家，必正其身。”“莫用三爷，废职亡家。”“心术不可得罪于天地，言行要留好样与儿孙。”干部子弟要遵纪守法，不要以为是干部子弟就谁都奈何不了了。触犯了党纪国法都要处理，而且要从严处理，做给老百姓看。②

---

① 参见习近平：《在第十八届中央纪律检查委员会第六次全体会议上的讲话》，载《人民日报》2016 年 5 月 3 日。

② 参见习近平：《在第十八届中央纪律检查委员会第六次全体会议上的讲话》，载《人民日报》2016 年 5 月 3 日。

（二）依纪依法查办腐败案件

习近平总书记指出：只要谁敢搞腐败，就必须付出代价。一棵参天大树，如任蛀虫繁衍啃咬，最终必会逐渐枯萎。惩治腐败这一手必须紧抓不放、利剑高悬，坚持无禁区、全覆盖、零容忍。要重点查处政治问题和腐败问题交织，不收敛不收手，问题线索反映集中、群众反映强烈、现在重要岗位且可能提拔使用的领导干部①。

用好巡视这把反腐利剑。巡视是党章赋予纪检机关的重要职责，是党内监督的战略性制度安排。巡视组要当好中央的“千里眼”，找出“老虎”“苍蝇”，抓住违纪违法问题线索。要落实监督责任，敢于碰硬，真正做到早发现、早报告，促进问题解决。巡视工作就是要发现和反映问题，要当好党中央的“千里眼”，要着力发现是否存在形式主义、官僚主义、享乐主义和奢靡之风等违反中央八项规定的问题，着力发现领导干部是否存在权钱交易、以权谋私、贪污贿赂、腐化堕落等违纪违法问题，着力发现领导干部是否公开发表违背中央决定的言论、散布违背党的理论和路线方针政策的意见、搞“上有政策、下有对策”等违反政治纪律的问题，着力发现是否存在买官卖官、拉票贿选、突击提拔干部等选人用人上的不正之风和腐败行为②。

坚持有腐必反，增强法律威慑力。2015 年 8 月 29 日通过、2015 年 11 月 1 日施行的《刑法修正案（九）》增加了贪污和受贿犯罪终身监禁的规定，即贪污、受贿数额特别巨大，并使国家和人民利益遭受特别重大损失而被判处死刑缓期二年执行的，人民法院根据犯罪情节等情况，可以决定在其死刑缓期二年执行期满依法减为无期徒刑后，终身监禁，不得减刑、假释，从立法上体现了重典惩腐刑事政策。执法实践中，要通过反腐执纪与反腐执法的有机衔接和有效实施，建立健全腐败违法犯罪案件发现、揭露、查处机制，增强惩处的及时性、确定性和严厉性。“加大国际追逃追

① 参见习近平：《在第十八届中央纪律检查委员会第六次全体会议上的讲话》，载《人民日报》2016 年 5 月 3 日。

② 参见习近平：《在中央政治局常委会审议〈关于中央巡视工作领导小组第一次会议研究部署巡视工作情况的报告〉时的讲话》，载新华网，最后访问日期：2013 年 4 月 25 日。

赃力度，推动二十国集团、亚太经合组织、《联合国反腐败公约》等多边框架下的国际合作，实施重大专项行动，把惩治腐败的天罗地网撒向全球，让已经潜逃的无处藏身，让企图外逃的丢掉幻想。”① 查办案件的同时，要深入剖析严重违纪违法干部的典型案例，发挥警示、震慑、教育作用。

（三）反腐败向基层延伸

我们党一直重视基层干部队伍建设，一直从提高党的执政能力、巩固党的执政地位、实现党的执政使命的战略高度来认识基层干部队伍建设的重要性。习近平总书记指出：当前，基层干部队伍主流是好的，但在一些地方、部门、单位，基层干部不正之风和腐败问题还易发多发、量大面广。有的搞雁过拔毛，挖空心思虚报冒领、克扣甚至侵占惠农专项资金、扶贫资金；有的在救济、补助上搞优亲厚友、吃拿卡要；有的高高在上，漠视群众疾苦，形式主义、官僚主义严重；有的执法不公，甚至成为家族势力、黑恶势力的代言人，横行乡里、欺压百姓。这告诫我们：相对于“远在天边”的“老虎”，群众对“近在眼前”嗡嗡乱飞的“蝇贪”感受更为真切。“微腐败”也可能成为“大祸害”，它损害的是老百姓切身利益，啃食的是群众获得感，挥霍的是基层群众对党的信任。对基层贪腐以及执法不公等问题，要认真纠正和严肃查处，维护群众切身利益，让群众更多感受到反腐倡廉的实际成果。②

在基层反腐的问题上，习近平总书记提示各级党委、政府“对基层干部中存在的问题，我们要高度重视，既要加强教育引导，又要强化监督管理，决不能姑息损害群众利益的事，决不能让一些害群之马损害基层干部的良好形象”③。为解决发生在群众身边的不正之风和腐败问题，必须抓好重点督办，把压力传导到县乡、责任落实到基层，坚决防止“不作为”，

① 参见习近平：《在第十八届中央纪律检查委员会第六次全体会议上的讲话》，载《人民日报》2016年5月3日。

② 参见习近平：《在第十八届中央纪律检查委员会第六次全体会议上的讲话》，载《人民日报》2016年5月3日。

③ 参见习近平：《之江新语》，浙江人民出版社2007年版，第90页。

强化执纪问责，激发党员、干部担当和创业精神。要坚持以抓好党建促脱贫攻坚，快查严处扶贫领域突出问题，对敢在群众“救命钱”上动心眼、下黑手的绝不放过。要加强基层组织和干部队伍建设，把基层党组织建设成坚强战斗堡垒，充分发挥广大基层党员、干部先锋模范作用。①

（四）标本兼治净化政治生态

习近平总书记指出：政治生态好，人心就顺、正气就足；政治生态不好，就会人心涣散、弊病丛生。当前，有的地方和部门正气不彰、邪气不祛；“明规矩”名存实亡，“潜规则”大行其道；求真务实、埋头苦干的受到排挤，好大喜功、急功近利的如鱼得水。这种风气不纠正、不扭转，对干部队伍杀伤力很大。“浇风易渐，淳化难归。”净化政治生态同修复自然生态一样，绝非一朝一夕之功，需要综合施策、协同推进。他要求：各级领导干部特别是高级干部要从自身做起，给下级带个好头。中华民族历来都有珍惜名节、注重操守、干净为官的传统，历来都讲“为政以德”“守土有责”，领导干部要秉公用权、廉洁用权，做遵纪守法的模范，同时要坚持原则、敢抓敢管。要坚持正确用人导向，把好干部选出来、用起来，促进能者上、庸者下、劣者汰。要抓住建章立制，立“明规矩”、破“潜规则”，围绕发生的腐败案例，查找漏洞，吸取教训，着重完善党内政治生活等各方面制度，压缩消极腐败现象生存空间和滋生土壤，通过体制机制改革和制度创新促进政治生态不断改善。②

---

① 参见习近平：《在十八届中央纪律检查委员会第六次全体会议上的讲话》，载《人民日报》2016 年 5 月 3 日。

② 参见习近平：《在十八届中央纪律检查委员会第六次全体会议上的讲话》，载《人民日报》2016 年 5 月 3 日。

第三章　反腐新战略的稳步推进

在庆祝全国人民代表大会成立60周年大会、会见美国《华尔街日报》记者等多种场合中，习近平总书记对标本兼治的反腐败战略作了进一步阐释说明。他指出，我们要着力形成不敢腐、不能腐、不想腐的体制机制，坚持用制度管权管事管人，让人民监督权力，让权力在阳光下运行，把权力关进制度的笼子里①。

一、以“不敢腐”推进“不能腐”

“不敢腐”就是通过对既存腐败的查处，减少腐败的存量，利用惩罚的威慑，降低腐败的增量，所以对于防治腐败具有十分重要的作用；特别是在腐败现象严峻的形势下，只能集中力量依法查办案件，形成反腐败高压态势，才能在一定时期内取得比较明显的遏制腐败效果，从而为构筑“不能腐”的制度之笼创造条件。十八大以来的实践表明，高压治标形成“不敢腐”的社会氛围，是加强“不能腐”的制度建设的重要前提，制度反腐必须以高压反腐为依托。同时高压反腐又必须结合制度反腐来开展，做好“破与立”两篇文章，以“不敢腐”推进“不能腐”。

“不敢腐”必须推进“不能腐”，是由高压治标功能的局限性决定的。一方面，“治标”的威慑效能受制于威慑对象的感受性。“治标”的内容主要是惩罚，惩罚的威慑效能不仅与惩罚本身（如其严厉性、及时性和确定

① 参见习近平：《在庆祝全国人民代表大会成立60周年大会上的讲话》，载人民网，最后访问日期：2014年9月6日。

性）相关，而且与威慑对象的感受性密不可分。威慑的形成机理是：威慑对象感受到惩罚的危险——判断受到惩罚可能性的大小及惩罚的轻重——与实施越轨行为可能得到的利益进行权衡——打消实施越轨行为的意念。因此，如果威慑对象没有感受到惩罚的危险、低估受到惩罚的可能性或者权衡之后认为实施越轨行为之利更大，那么他仍然会实施越轨行为，惩罚的威慑功能就会降低或丧失。同时，“治标”与腐败产生的原因不具有对应性。腐败产生的原因是复杂多样的，人们的认识并不统一，如有人认为，“公共权力运用缺乏规范是腐败产生的前提，公共权力的垄断性、稀缺性是腐败产生的客观原因，人性的不完善是腐败产生的主观原因”；也有人认为，“腐败现象滋生蔓延的原因，首先是新旧体制转轨、市场经济体制的不完善，其次是法律法规建设滞后及执法实践存在问题，最后是权力缺乏有效的监督和制约”。但是，“治标不力”不是腐败产生的原因，至少不是腐败产生的主要原因，应该是大家的共识。因此，单纯的“治标”之策并不能消除腐败滋生的原因，自然无法实现根除腐败的效果。[①]

“不敢腐”推进“不能腐”注重制度治本的必要性。制度治本与腐败的原因具有对应性，能够从源头上减少腐败的产生。同时，有效制度治本可以大大减少反腐治标的工作量，并能够通过制度意识的强化、制度体系的健全进一步调动人民群众反腐败的积极性，从而对反腐治标起到积极的推动作用。但是，单纯的“治本”对防治腐败的作用也是存在局限性的，因为制度治本之策涉及体制、机制及文化等因素，建设相对困难，发挥作用的周期较长，在腐败高发的态势下更加不易建构，且效能的发挥会受到制约。因此，对于腐败的治理，既要进行反腐治标也要进行制度治本，也即“标本兼治”，这是我们任何时候都要坚持的原则，仅“治标”不“治本”是错误的，反之亦然。

但是，“标本兼治”并不意味着在任何时候都将“治标”和“治本”等而视之，不分轻重，在不同的社会发展阶段，针对不同的反腐败斗争形势，应当确立不同的反腐败战略重心。现阶段以“治标”为重心有合理性，但是，随着“治标”任务的基本完成，我国反腐败的态势发生变化，

① 参见张永红：《我国反腐败的战略重心研究》，载《湖南社会科学》2016 年第 3 期。

“治本”的重要性将越来越突出，这就需要将“治本”作为反腐败战略的重心，实现由“治标”向“治本”的战略调整①。

二、从“不敢腐”走向“不能腐”

党的十八大以来，习近平总书记多次强调要健全权力运行制约和监督体系，把权力关进制度的笼子里，形成不敢腐的惩戒机制、不能腐的防范机制、不易腐的保障机制，该论述不仅深刻阐述了我国社会转型时期强化权力制约和监督的重要性和紧迫性，而且指明了反腐败战略的发展走向。我国现阶段反腐败的战略重心是以不敢腐为特征的高压治标与破立并行，当“不敢腐”成效显著，即腐败的存量大大减少，腐败的增量大幅降低，反腐败斗争取得压倒性胜利之后，反腐败战略重心就会从“不敢腐”走向“不能腐”，而走向“不能腐”的基本任务，就是筑牢制度反腐败的权力之笼。

从“不敢腐”走向“不能腐”就是从以惩治为战略重心走向以预防为战略重心。预防腐败从制度意义上说，是“筑牢权力之笼”的职能活动，也是强化权力制约和监督的重要环节。因而必须深刻领会“把权力关进制度的笼子里”的科学内涵，牢牢把握“不敢腐、不能腐、不想腐”内在联系，坚持源头治理，正确处理惩治腐败与预防腐败的关系，通过制度反腐，建立常态化、科学化的惩治和预防腐败体系。

（一）完善“不能腐”的管理机制

习近平总书记说，要把围绕为民务实清廉，建立健全工作制度、管理制度、考核制度作为重要内容。对已有相关制度进行梳理，经实践检验行之有效、群众认可的，要予以重申，继续坚持、抓好落实，严肃纪律，形成刚性约束；不适应新形势新任务要求的，该修改完善的就修改完善，该废止的就废止，该制定新的就制定新的。要总结新的实践经验，建立新的制度②。他明确指出，制度不在多，而在于精，在于务实管用，突出针对

① 参见张永红：《我国反腐败的战略重心研究》，载《湖南社会科学》2016 年第 3 期。

② 参见《习近平在河北省调研指导党的群众路线教育实践活动时的讲话》，载新华网，最后访问日期：2013 年 7 月 12 日。

性和指导性。如果空洞乏力，起不到应有的作用，再多的制度也会流于形式。牛栏关猫是不行的！要搞好配套衔接，做到彼此呼应，增强整体功能。要增强制度执行力，制度执行到人到事，做到用制度管权管事管人。制定制度要广泛听取党员、干部意见，从而增加对制度的认同。要坚持制度面前人人平等、执行制度没有例外，不留“暗门”、不开“天窗”，坚决维护制度的严肃性和权威性，坚决纠正有令不行、有禁不止的行为，使制度成为硬约束而不是“橡皮筋”①。他多次强调，没有健全的制度，权力没有被关进制度的笼子里，腐败现象就控制不住。在这次教育实践活动中，建章立制非常重要，要把笼子扎紧一点，牛栏关猫是关不住的，空隙太大，猫可以来去自如②。

（二）完善“不能腐”的监督机制

习近平总书记说，要加强对干部经常性的管理监督，形成对干部的严格约束。没有监督的权力必然导致腐败，这是一条铁律。组织上培养干部不容易，要管理好、监督好，让他们始终有如履薄冰、如临深渊的警觉。对干部经常开展同志式的谈心谈话，既指出缺点不足，又给予鞭策鼓励，这是个好传统，要注意保持和发扬③。他深刻地指出，只有让人民监督权力、让权力在阳光下运行，做到依法行政，才能更好地把政府职能转变过来。要推进法治政府建设，坚持用制度管权管事管人，完善政务公开制度，做到有权必有责、用权受监督、违法要追究④。他多次强调，要加强党内监督、人大监督、民主监督、司法监督、审计监督、社会监督、舆论监督，努力形成科学有效的权力运行和监督体系，增强监督合力和实效⑤。

---

① 参见习近平：《在党的群众路线教育实践活动总结大会上的讲话》，载《人民日报》2014年10月9日。

② 参见《习近平在河北省调研指导党的群众路线教育实践活动时的讲话》，载新华网，最后访问日期：2013年7月12日。

③ 参见习近平：《在全国组织工作会议上的讲话》（2013年6月28日），载《十八大以来重要文献选编》（上），中央文献出版社2014年版，第342页。

④ 参见习近平：《在十八届中央政治局第四次集体学习时的讲话》，载中国共产党新闻网，最后访问日期：2013年2月23日。

⑤ 参见习近平：《在中共十八届四中全会第二次全体会议上的讲话》，载中国共产党新闻网，最后访问日期：2014年10月23日。

完善“不能腐”的监督机制的一个重要方面，就是建立公职人员财产申报制度，这是被世界反腐败斗争证明的行之有效的重要立法，因而是世界各国公认的重要的反腐败“阳光立法”。我国应吸收国外先进有益的立法经验和技术，及早出台《财产公开申报》，在申报主体、申报范围、申报时间、相关责任等方面作出具体切实的规定。

（三）完善“不能腐”的问责机制

习近平总书记说，有权就有责，权责要对等。问责不能感情用事，不能有怜悯之心，要“较真”“叫板”，发挥震慑效应。任何地方、部门、单位，发生了党的领导作用不发挥、贯彻党的路线方针政策走样、管党治党不严不实、选人用人失察、发生严重“四风”和腐败现象、巡视整改不力等问题，就要抓住典型严肃追责。既追究主体责任、监督责任，又上查一级追究领导责任、党组织责任。要完善和规范责任追究工作，建立健全责任追究典型问题通报制度，把问责同其他监督方式结合起来，以问责常态化促进履职到位，促进党的纪律执行到位。[①] 他明确指出，中央纪委要抓紧完善并严格执行责任追究办法，对每一个具体问题都要分清党委负什么责任、有关部门负什么责任、纪委负什么责任，健全责任分解、检查监督、倒查追究的完整链条，有错必究，有责必问。对那些领导不力、不抓不管而导致不正之风长期滋长蔓延，或者屡屡出现大腐败问题而不制止、不查处、不报告的，无论是党委还是纪委，不管是谁，只要有责任，都要追究责任。[②] 2016 年 6 月，党中央制定的《中国共产党问责条例》出台，对现行各类规定中 10 多种问责方式进行整合规范，规定对党组织问责采取检查、通报、改组等方式；对党的领导干部问责采取通报、诫勉、组织调整或者组织处理、纪律处分等多种方式[③]。目前，我国追究国家公职人员责任的规范性文件很多，但原则性较强、操作性不足，应通过立法对有关

---

① 参见习近平：《在第十八届中央纪律检查委员会第六次全体会议上的讲话》，载中国共产党新闻网，最后访问日期：2016 年 1 月 12 日。

② 参见习近平：《在第十八届中央纪律检查委员会第三次全体会议上的讲话》，载中国共产党新闻网，最后访问日期：2014 年 1 月 14 日。

③ 参见王岐山：《用担当的行动诠释对党和人民的忠诚》，载新华网，最后访问日期：2016 年 7 月 19 日。

规定加以“整合”，形成一部全国统一的问责法律体系，着力解决国家公职人员权责不清、问责主体缺位、惩治措施不到位、问责范围狭小等问题，使问责机制覆盖公共权力运行的各个方面。

三、从“不敢”“不能”到“不想”

“不敢腐”的惩戒机制、“不能腐”的防范机制和“不想腐”的保障机制，既是反腐倡廉建设的有机整体，又是反腐败斗争发展的战略走向。从“反腐败斗争永远在路上”的战略判断看，“不敢”“不能”“不想”这三项机制在反腐败斗争中必须同时发力，以不同的功能实现防止腐败发生的价值。

“不敢腐”是“不能腐”“不想腐”的前提和基础。“不能腐”是“不敢腐”的巩固和发展。“不想腐”是“不敢腐”和“不能腐”的结果和保障。三者相互联系，相互促进，缺一不可。当反腐败已经取得压倒性胜利、反腐败制度建设进一步完善、腐败存量得以清除、腐败势头得到有效遏制的时候，反腐败的战略重心最终将定位于“不想腐”的廉政文化建设。之所以如此，并非因为“不想腐”较之于“不敢腐”和“不能腐”效果更佳，而是因为其层次更高。

应该看到，“不能腐”以制度约束行为，不及于人的内心；“不敢腐”的威慑虽然及于人的内心，但属于强制；“不想腐”则以文化浸润人的心灵，让人自愿、主动而非勉强、被动地远离腐败。如果说“高压反腐”所追求的“不敢腐”是“压服”，“建制反腐”所追求的“不能腐”是“制服”，那么“文化反腐”所追求的“不想腐”则是“折服”，理应将其作为反腐中最高层次的目标。因此，在反腐制度建设比较完备，执行能力较强、执行效果较好的情况下，反腐败的战略重心应由“制度反腐”转向“文化反腐”。[①] “文化反腐”就是通过坚持不懈地进行廉政教育，筑牢拒腐防变的思想道德防线。习近平总书记指出，思想纯洁是马克思主义政党保持纯洁性的根本，道德高尚是领导干部做到清正廉洁的基础。我们强调坚持德才兼备、以德为先，就是说要把思想道德建设放在十分突出的位

① 张永红：《我国反腐败的战略重心研究》，载《湖南社会科学》2016 年第 3 期。

置。我们要坚持从教育抓起，教育引导广大党员、干部坚定理想信念、坚守共产党人精神家园，不断夯实党员干部廉洁从政的思想道德基础，筑牢拒腐防变的思想道德防线①。习近平总书记在一系列关于党风廉政建设的讲话中对如何筑牢思想道德防线的问题提出了明确要求。

一是抓好思想理论建设。习近平总书记说，要教育引导广大党员、干部认真学习和实践马克思列宁主义、毛泽东思想、中国特色社会主义理论体系，做共产主义远大理想和中国特色社会主义共同理想的坚定信仰者和忠实践行者，以理论上的坚定保证行动上的坚定，以思想上的清醒保证用权上的清醒②。他强调，思想教育要突出重点，加强党性和道德教育，引导党员、干部坚定理想信念，坚守共产党人精神追求。党员、干部必须认真学习马克思列宁主义、毛泽东思想特别是中国特色社会主义理论体系，自觉用贯穿其中的立场、观点、方法武装头脑、指导实践、推动工作，始终不渝地为中国特色社会主义共同理想而奋斗。要加强警示教育，让广大党员、干部受警醒、明底线、知敬畏，主动在思想上划出红线、在行为上明确界限，真正敬法畏纪、遵规守矩③。

二是抓好党性教育和党性修养。习近平总书记说，要教育引导广大党员、干部牢固树立正确的世界观、权力观、事业观，始终站稳政治立场，不断增强宗旨意识，弘扬党的光荣传统和优良作风，真正经受住权力、金钱、美色的考验④。他强调，坚定理想信念，坚守共产党人精神追求，始终是共产党人安身立命的根本。对马克思主义的信仰，对社会主义和共产主义的信念，是共产党人的政治灵魂，是共产党人经受住任何考验的精神支柱。形象地说，理想信念就是共产党人精神上的“钙”，没有理想信念，理想信念不坚定，精神上就会“缺钙”，就会得“软骨病”。现实生活中，

---

① 参见习近平：《在十八届中央政治局第五次集体学习时的讲话》，载新华网，最后访问日期：2013年4月19日。

② 参见习近平：《在十八届中央政治局第五次集体学习时的讲话》，载新华网，最后访问日期：2013年4月19日。

③ 参见习近平：《在党的群众路线教育实践活动总结大会上的讲话》，载《人民日报》2014年10月9日。

④ 参见习近平：《领导干部要树立正确的世界观权力观事业观》，载《学习时报》2010年9月6日。

一些党员、干部出这样那样的问题，说到底是信仰迷茫、精神迷失。党员干部要讲党性、重品行、作表率，矢志不渝地为实现中国特色社会主义共同理想而奋斗①。

三是抓好道德教育和廉政文化建设。习近平总书记说，要教育引导广大党员、干部模范践行社会主义荣辱观，树立良好道德风尚，争做社会主义道德的示范者、诚信风尚的引领者、公平正义的维护者，始终保持共产党人的高尚品格和廉洁操守。并强调从历史文化中吸取营养，他说，历朝历代的统治者为了维护自己的统治地位，高度重视道德建设特别是为政者的道德建设。古人认为："才者，德之资也；德者，才之帅也。""为政以德，譬如北辰，居其所而众星拱之。"所以要"格物、致知、诚意、正心、修身、齐家、治国、平天下"。中国历史上形成和留下了大量优秀的道德廉洁高尚的思想遗产，虽然这里面有封建社会的糟粕，但很多观点至今仍然富有启发意义。比如，"政者，正也。子帅以正，孰敢不正""富贵不能淫，贫贱不能移，威武不能屈""克勤于邦，克俭于家""儆戒无虞，罔失法度。罔游于逸，罔淫于乐""直而温，简而廉""公生明，廉生威""无教逸，欲有邦，兢兢业业"，等等。对此，我们要坚持古为今用、推陈出新，使之成为新形势下加强反腐倡廉教育和廉政文化建设的重要资源。②

四是坚持依法治国和以德治国相结合。习近平总书记说，规范人们的行为，规范社会秩序，不仅要确立与之相适应的法律体系，而且要形成与之相适应的思想道德体系。儒法并用，是我国历史上常用的社会治理方式，只有思想教育手段和法制手段并用才能相得益彰。这是因为，法是他律，德是自律，自律和他律结合才能达到最佳效果。正所谓"道之以政，齐之以刑，民免而无耻；道之以德，齐之以礼，有耻且格"。反腐倡廉是一个复杂的系统工程，需要多管齐下、综合施策，但从思想道德抓起具有

---

① 参见习近平：《紧紧围绕坚持和发展中国特色社会主义学习宣传贯彻党的十八大精神》（2012年11月17日），载《十八大以来重要文献选编》（上），中央文献出版社2014年版，第80－81页。

② 参见习近平：《在十八届中央政治局第五次集体学习时的讲话》，载新华网，最后访问日期：2013年4月19日。

基础性作用。[①] 他强调，各级领导干部都要树立和发扬好的作风，既严以修身、严以用权、严以律己，又谋事要实、创业要实、做人要实。严以修身，就是要加强党性修养，坚定理想信念，提升道德境界，追求高尚情操，自觉远离低级趣味，自觉抵制歪风邪气。严以用权，就是要坚持用权为民，按规则、按制度行使权力，把权力关进制度的笼子里，任何时候都不搞特权、不以权谋私。严以律己，就是要心存敬畏、手握戒尺，慎独慎微、勤于自省，遵守党纪国法，做到为政清廉，为官清正。

---

① 参见习近平：《在十八届中央政治局第五次集体学习时的讲话》，载新华网，最后访问日期：2013 年 4 月 19 日。

第四编　反腐新动能

党的十八大以后，反腐败斗争形势呈现出“四个空前”的明显特征：一是腐败问题的严重程度在我们党的历史上是空前的；二是我们党和国家反腐败的决心和力度是空前的；三是广大人民群众对反腐败的信心、对我们党的信心和高度认同是空前的；四是反腐败面临的挑战和历史机遇也是空前的①。以习近平同志为核心的党中央从反腐败斗争新形势出发，强调各级党委承担主体责任，纪委承担监督责任，党委主要负责人是第一责任人，严格执行责任制，分解责任要明确，检查考核要严格，责任追究要到位，让责任制落到实处②。深化国家监察体制改革，坚持和完善反腐败领导体制和工作机制，发挥好纪检、监察、司法、审计等机关和部门的职能作用，共同推进党风廉政建设和反腐败斗争③。为新时期遏制腐败蔓延的势头奠定了坚实的组织基础，提供了新的反腐动能。

---

① 参见《反腐败斗争形势“四个空前”必须持续加大治标力度》，载新华网，最后访问日期：2014 年 11 月 3 日。

② 参见习近平：《在十八届中央纪律检查委员会第二次全体会议上的讲话》，载中央纪委国家监委网站，最后访问日期：2013 年 1 月 22 日。

③ 参见习近平：《在十八届中央纪律检查委员会第二次全会上发表的讲话》，载中央纪委国家监委网站，最后访问日期：2013 年 1 月 22 日。

第一章　夯实管党治党政治责任

全面从严治党是以习近平同志为核心的党中央，立足于对国内国际形势的准确洞察与研判，为实现“两个一百年”奋斗目标而作出的重大决策。习近平总书记指出：“党要管党，才能管好党；从严治党，才能治好党……如果管党不力、治党不严，那我们党迟早会失去执政资格，不可避免被历史淘汰。这绝不是危言耸听。”①

习近平总书记从严治党思想，着眼于党的前途命运，国家和民族的前途命运，把全面从严治党纳入战略布局，坚持标本兼治。加强和规范党内政治生活，着力净化党内政治生态；严明党内政治纪律和政治规矩，着力真管真严、敢管敢严、长管长严；严抓中央“八项规定”精神落实，着力从作风建设环节突破；全面强化党内监督，着力发挥巡视利剑作用；保持战略定力和政治定力，把党风廉政建设和反腐败斗争引向深入；坚持共产党人价值观，不断坚定和提高政治觉悟；依靠文化自信坚定理想信念等。其内涵极为丰富，既与党的优良传统一脉相承，又赋予了党的建设新的时代内涵，对于新的历史条件下管好党、治好党，把党建设成为带领人民实现中华民族伟大复兴中国梦的坚强领导核心，具有重大而深远的意义。正是全面从严治党的战略实施，为反腐败斗争提供了前所未有的巨大动能。

---

①　参见习近平：《在全国组织工作会议上的讲话》（2013 年 6 月 28 日），载《十八大的重要文献选编》（上），中央文献出版社 2014 年版，第 349 – 350 页。

一、全面从严治党首先尊崇党章

（一）党章是拒腐防变的总规矩

尊崇党章既是全面从严治党的第一要义，又是反腐败斗争的根本要求。习近平总书记指出："全面从严治党首先要尊崇党章。党章总纲明确提出坚持'党要管党、从严治党'，这是党的建设的根本方针。"① 党章是全面从严治党和反腐败的总规矩。党章规定了党的理想信念宗旨、组织保障、行为规范和纪律约束，汇聚了党的建设的成功经验和实践成果，是共产党人的总规矩，是全党必须遵循的根本行为规范。回顾历史，党取得的一切成绩，都离不开党章的规范和指引。协调推进"四个全面"战略布局，坚定不移推进全面从严治党和反腐败斗争，必须把党章高高举起来，全党一体遵循。要把党章作为加强思想政治建设的重要内容，建立健全党内制度体系的根本依据，判断各级党组织和党员、干部表现的重要标准，解决党内问题的基本规则，用党章引领方向，使全党同志在思想上、政治上和行动上始终同以习近平同志为核心的党中央保持高度一致，使我们党始终成为有理想、有信念的马克思主义政党，切实增强党的创造力、凝聚力、战斗力。②

党章凝结着对管党治党规律的不懈探索和深刻把握。党章集中体现了我们党在长期革命、建设、改革伟大实践中，形成的一整套有关管党治党建设党的思想、方针、原则、传统、方法，是管党治党的重要法宝。党的十八大以来，以习近平同志为核心的党中央坚持党要管党、从严治党方针，强调把思想建党和制度治党紧密结合起来，坚持以思想政治建设为根本，补足共产党人的精神之"钙"；从改进作风切入，以优良党风政风带动社风民风；坚持以零容忍态度惩治腐败，遏制腐败滋生蔓延势头；强调抓住关键少数，加强对领导干部行使权力的监督；把加强纪律建设作为治本之策，用铁的纪律落实全面从严治党要求；牵牢主体责任这个"牛鼻

---

① 参见习近平：《在第十八届中央纪律检查委员会第六次全体会议上的讲话》，载新华网，最后访问日期：2016 年 1 月 12 日。

② 参见《全面从严治党首先要尊崇党章》，载《中国纪检监察杂志》2016 年第 10 期。

子”，夯实各级党组织管党治党的政治责任。这一系列新思想、新理念、新实践，既体现了党章的精神和要求，也是着眼于对新形势的丰富和发展，必须牢牢把握、自觉践行。[①]

（二）尊崇党章是反腐败的“原动力”

党章处处体现从严治党和拒腐防变的纪律要求。党章53条，条条都是铁规。所有党规党纪，无一不源自党章、从属于党章，是党章要求的延伸和具体化。推进全面从严治党，必须以党章为依据和根本，加强党内法规制度建设，全方位扎紧制度的笼子，形成内容科学、程序严密、配套完备、运行有效的党内法规制度体系，把纪律和规矩真正立起来。要狠抓制度执行，不留“暗门”，不开“天窗”，把严明党的政治纪律和政治规矩放在首位，带动党的其他纪律严起来，让铁规发力、让禁令生威。要用纪律和规矩的尺子衡量每一个党员干部的言行，督促党员干部守纪律、讲规矩，知敬畏、存戒惧，在全党形成尊崇党章、遵规守纪的高度自觉。[②]

尊崇党章必须知行合一、勇于担当。党章的生命力在于执行，关键在于各级党组织和党员干部的责任担当。维护党章权威、捍卫党章尊严，必须唤醒全体党员的党章意识，把学习党章作为基本功，全面、准确、深刻掌握基本内容和精神实质，牢记自己的政治面貌，自觉履行党员的责任和义务，发挥先锋模范作用。党员领导干部要能干事、善作为、敢担当，加强日常监督管理，经常咬耳扯袖、红脸出汗，防止“好同志”变成“阶下囚”。各级党组织要扛起全面从严治党主体责任，运用“四种形态”把纪律挺在前面，敢管敢治、严管严治、长管长治，推动管党治党从宽松软走向严紧硬。各级纪委要切实履行党章赋予的职责，把维护党章和其他党内法规作为首要任务，加强监督执纪问责，做党章的坚定执行者和忠实捍卫者。[③]

全面从严治党和反腐败斗争永远在路上。自觉尊崇党章、切实维护党

---

① 参见《全面从严治党首先要尊崇党章》，载《中国纪检监察杂志》2016年第10期。

② 参见《全面从严治党首先要尊崇党章》，载《中国纪检监察杂志》2016年第10期。

③ 参见《全面从严治党首先要尊崇党章》，载《中国纪检监察杂志》2016年第10期。

章，把党员的党章意识激发出来，把党的观念、纪律和规矩意识树立起来，把党的优良传统和作风传承发扬下去，我们党就一定能打赢反腐败这场正义之战，带领人民实现伟大复兴的宏伟目标。

二、全面从严治党坚定反腐信念

全面从严治党的“全面”，就是管全党、治全党，面向9000多万党员、400多万个党组织，覆盖党的建设的各个领域、各个方面、各个部门。因此，反腐败与腐败不仅是价值观的较量，更是人心向背、生死存亡的较量。正如习近平总书记尖锐指出：“腐败是社会毒瘤。如果任凭腐败问题愈演愈烈，最终必然亡党亡国。”① 我们党的这种认识高度，这种对反腐败的自觉与自信，是从严治党语境下的历史考量和现实研判。

（一）政权更迭的历史考量

从古今中外政权更迭看，腐败导致人亡政息。2012年11月17日，习近平总书记在十八届中央政治局第一次集体学习时的讲话中指出：“‘物必先腐，而后虫生’。近年来，一些国家因长期积累的矛盾导致民怨载道、社会动荡、政权垮台，其中贪污腐败就是一个很重要的原因。”在中国历史上，统治者因腐败丧失民心而最终灭亡就是一条铁律。秦始皇好大喜功、横征暴敛，引起民怨沸腾，秦二世骄奢淫逸，江山社稷毁于一旦；唐玄宗沉溺于声色犬马，官员贪污贿赂成风，最终导致政权丧失；而李自成农民起义军推翻明王朝后出现政权得而复失、人亡政息的悲剧，也是因为起义军领袖骄傲自满、权欲膨胀、奢侈腐化导致军纪废弛、民怨日甚。正如毛泽东同志所说：“小胜即骄傲，大胜更骄傲，一次又一次吃亏，如何避免此种毛病，实在值得注意。”在世界历史上，古罗马帝国曾经盛极一时，后来却迅速衰败，毁灭它的不是强大的外敌入侵，而是统治集团内部的腐败奢靡。更为典型的是印度尼西亚总统苏哈托，执政32年曾一度创造经济发展奇迹，但终因社会贪污腐败成风、家族成员和亲信聚敛财富而引

① 参见《习近平关于党风廉政建设和反腐败斗争论述摘编》，中央文献出版社、中国方正出版社2015年版，第5页。

起民愤。由此可见，政之所兴在于顺民心，政之所废则在于逆民心。民心是最大的政治。这些历史教训必须引以为戒，以避免重蹈历史的覆辙。[①]

（二）兴衰成败的现实研判

从执政党兴衰成败经验教训来看，反腐败是必然选择。腐败是政治之癌，是世界各国面临的共同难题，无论何种社会制度、何种性质的执政党都无法摆脱其侵蚀。2013 年 1 月 13 日，习近平总书记在十八届中纪委二次全会上的讲话中指出：当今世界上由于执政党腐化堕落、严重脱离群众导致失去政权的例子不胜枚举。在世纪之交，世界上一批长期执政的大党老党纷纷失去执政地位，其中一个重要的原因就是党内出现严重的腐败问题。从苏共的历史教训看，很重要的原因是自身腐化变质，党内形成的官僚特权阶层严重影响党和人民群众的关系，损害党在人民心目中的形象和威望，削弱了人民群众对苏共的信任和对社会主义的信仰，动摇了党的执政根基，最终导致苏共大厦垮塌、苏共政权被颠覆。而曾经连续执政 71 年并创造“经济发展奇迹”和“政治稳定奇迹”的墨西哥革命制度党，在 2000 年大选中失去执政地位，重要根源也是长期忽视自身建设，党内特权现象盛行，高官腐败严重，贪污之风甚至遍布中下级官员。[②] 墨西哥革命制度党内一位参议员分析指出：“腐败成为革命制度党司空见惯、习以为常的现象，革命制度党几乎成为惯偷和窃贼，是腐败导致党的失败。”从我们党的执政经验来看，我们党始终注重自身建设，强力反腐肃贪，这是长期执政的关键所在。中华人民共和国成立之初，严厉打击贪污腐败分子，严肃查处刘青山、张子善等腐败案件，纯洁了党员队伍，保持了党的先进性和肌体健康，赢得了广大人民群众的拥护和支持；改革开放以来，党中央始终把党风廉政建设和反腐败斗争作为重大任务来抓，旗帜鲜明、一以贯之地坚决反对腐败，为党领导改革开放和社会主义现代化建设提供了有力的保证。这些历史经验及教训是极为深刻的，我们必须认真汲取。

---

① 参见麻秀荣：《全面从严治党新常态下的反腐败新思考》，载《学习与探索》2015 年第 12 期。

② 参见麻秀荣：《全面从严治党新常态下的反腐败新思考》，载《学习与探索》2015 年第 12 期。

（三）严重危害的深刻洞察

从党内腐败问题的严重危害看，反腐是输不起的战争。2012 年 11 月 15 日，习近平总书记在十八届中共中央政治局常委同中外记者见面会上的讲话中明确指出："新形势下，党内存在着许多亟待解决的问题。尤其是一些党员干部中发生的贪污腐败、脱离群众、形式主义、官僚主义等问题，必须下大气力解决。"之后他又在多次讲话中强调，近年来我们党内发生的严重违纪违法案件，性质非常恶劣，政治影响极坏，令人触目惊心。这实际上阐述了党内腐败问题的严重性及其危害。改革开放以来，我们面临国内外各种复杂因素的影响，拜金主义、享乐主义、个人主义大肆盛行，党的健康肌体也感染了不少病菌，党内的消极腐败现象有所滋长，以权谋私、贪污腐化、贪图享乐等问题突出。尤其在发展社会主义市场经济的条件下，商品交换原则渗透到党内，社会上各种各样的诱惑侵蚀了某些党员、干部。特别是现实社会生活中形形色色的关系网、方方面面的潜规则日益盛行，并逐渐在党内流行起来，有人甚至深谙其道并以此为荣，诸如信奉马列主义对人、自由主义对己，两个嘴巴说话，两张面孔做人；信奉自我批评摆情况，相互批评提希望；信奉遇到黄灯跑过去、遇到红灯绕过去，不求百姓拍手，只求领导点头；信奉不跑不送、降级使用，只跑不送、原地不动，又跑又送、提拔重用；信奉章子不如条子，条子不如面子，有关系走遍天下，没关系寸步难行。这些都成为腐蚀党员和干部、败坏党的风气的沉疴毒瘤，严重危害党的政治纪律和组织原则，甚至使党的规矩成了摆设和"橡皮泥"，给党的事业和自身建设带来了严重的损害。由此可见，党要管党、从严治党的任务十分紧迫，不能有丝毫懈怠。全党必须牢记：廉政建设是共产党人的历史使命，如果我们不能承担起这种历史使命，我们就会失去民心，最终就会导致失败。①

三、全面从严治党坚持纪在法前

全面从严治党，关键在严，要害在治。在全面依法治国条件下，管党

---

① 参见麻秀荣：《全面从严治党新常态下的反腐败新思考》，载《学习与探索》2015 年第 12 期。

治党要靠党规党纪，坚持纪严于法、纪在法前，实现纪法分开，用严明的纪律管住全体党员。大量案例表明，党员“破法”，无不始于“破纪”。只有把纪律挺在前面，用纪律这把尺子管党治党，衡量党员的日常行为，才能使每一个党组织、每一名党员都受到纪律的约束，使管党治党从主要盯住少数人向管住大多数人转变，使管党治党真正从“宽松软”走向“严紧硬”。

（一）党的纪律是刚性约束

习近平总书记指出：“我们这么大一个政党，靠什么来管好自己的队伍？靠什么来战胜风险挑战？除了正确理论和路线方针政策外，必须靠严明规范和纪律。我们提出那么多要求，要多管齐下、标本兼治来落实，光靠觉悟不够，必须有刚性约束、强制推动，这就是纪律。”① 只有把纪律挺在法律前面，管到位、严到位，才能从源头上堵住腐败滋生蔓延的通道。十八大以来，党中央出台并完善了一系列党规党纪，党内法规制度的笼子越扎越密。通过更加细化、更加严格的纪律执行，增强纪律的权威性和威慑力，有助于促使党员干部增强纪律意识，促使各单位及时发现和重视问题并健全制度、优化流程、完善机制，不给违纪行为发生的机会，从而实现不敢腐、不能腐、不想腐，达到标本兼治的目的。

（二）纪律保障作风建设

党的作风关系党的形象，关系人心向背，关系党的生死存亡。抓好作风建设必须持之以恒、锲而不舍，善始善终、善作善成。习近平总书记指出：“坚持坚持再坚持，把作风建设抓到底。要用铁的纪律整治各种面上的顶风违纪行为，有多少就处理多少。抓作风建设要返璞归真、固本培元，在加强党性修养的同时，弘扬中华优秀传统文化。领导干部要把家风建设摆在重要位置，廉洁修身、廉洁齐家。”② 作风建设要加强党性修养，

---

① 参见《习近平关于严明党的纪律和规矩论述摘编》，中央文献出版社、中国方正出版社2016年版，第5页。

② 参见习近平：《在中国共产党第十八届中央纪律检查委员会第六次全体会议上的讲话》，载新华网，最后访问日期：2016年1月15日。

党性纯则作风正。加强作风建设，最根本的要从提高党员干部的党性修养抓起。习近平总书记指出：作风问题根本上是党性问题。改进作风要举一反三，透过作风看党性，在解决作风问题的基础上解决好党性问题①。2013 年 9 月 23 日至 25 日在河北省委常委班子专题民主生活会上，习近平总书记强调：在作风问题上，起决定作用的是党性。衡量党性强弱的根本尺子是公、私二字。作为党的干部，就是要全心全意为人民服务，就是要诚心诚意为党和人民事业奋斗，就是要讲大公无私、公私分明、先公后私、公而忘私。

抓好作风建设要弘扬中华优秀传统文化。习近平总书记指出："中华优秀传统文化是中华民族的精神命脉，是涵养社会主义核心价值观的重要源泉，也是我们在世界文化激荡中站稳脚跟的坚实根基。"他反复强调："这是我们民族的'根'和'魂'，丢了'根'和'魂'，就没有根基了。"抓作风建设要固本培元，从"根"抓起，从"魂"抓起。中华优秀传统文化仍然是今天中国共产党人进行文化治理的重要资源。2013 年 4 月 19 日中央政治局第五次集体学习时，习近平总书记指出："我国古代反腐倡廉的许多思想和实践，体现了我国古代思想家、政治家对廉政问题的缜密思考，体现了我国古代政治文明的卓越智慧。研究我国反腐倡廉历史，了解我国古代廉政文化，考察我国历史上反腐倡廉的成败得失，可以给人以深刻启迪，有利于我们运用历史智慧推进反腐倡廉建设。"②

抓好作风建设要重视领导干部的家风建设。习近平总书记指出："家庭是社会的基本细胞，是人生的第一所学校。不论时代发生多大变化，不论生活格局发生多大变化，我们都要重视家庭建设，注重家庭、注重家教、注重家风。"③ 他强调："领导干部要把家风建设摆在重要位置，廉洁

---

① 参见习近平：《在河北省委常委班子专题民主生活会上的讲话》，载新华网，最后访问日期：2013 年 9 月 25 日。

② 参见习近平：《在十八届中央政治局第五次集体学习时的讲话》，载人民网，最后访问日期：2013 年 4 月 19 日。

③ 参见习近平：《不论时代发生多大变化都要重视家庭建设》，载新华网，最后访问日期：2015 年 2 月 17 日。

修身、廉洁齐家。[1]”国如车，家是轮。传承好的家风，必然能影响、促进和形成好的政风和社会风气。有良好家风的干部必定有良好的政风，必定是一个清廉的好干部；有良好家风的社会，必定是一个健康向上、文明进步的社会。[2]

（三）巡视制度形成震慑

2015 年颁布的《中国共产党巡视工作条例》，标志着巡视工作制度的完善。作为全面从严治党的重要举措，巡视工作是中央发现问题、形成震慑的“千里眼”，是反腐败打虎灭蝇的前提和先导。2013 年 4 月 25 日，在中央政治局常委会审议《关于中央巡视工作领导小组第一次会议研究部署巡视工作情况的报告》时，习近平总书记进一步明确了巡视工作的职责定位。他指出：“巡视工作就是要发现和反映问题。”但巡视工作并不是泛泛地发现和反映一般性问题，而是直指党风廉政建设中的突出问题。习近平总书记强调：“巡视工作要明确职责定位，巡视内容不要太宽泛，要围绕党风廉政建设和反腐败斗争这个中心进行。”中央巡视组作为中央直接派的“钦差大臣”，拿着尚方宝剑，就要尽职履责，“要当好中央的千里眼，找出‘老虎’和‘苍蝇’，抓住违纪违法问题线索”[3]。

党风廉政建设和反腐败问题涉及方方面面，巡视工作不可能面面俱到，更不能平均用力，习近平总书记明确提出要把发现问题、形成震慑作为巡视工作重点，主要体现“四个着力”，即：一是“着力发现是否存在形式主义、官僚主义、享乐主义和奢靡之风等违反中央八项规定的问题”；二是“着力发现领导干部是否存在权钱交易、以权谋私、贪污贿赂和腐化堕落等违纪违法问题”；三是“着力发现领导干部是否公开发表违背中央决定的言论、散布违背党的理论和路线方针政策的意见、搞上有政策、下有对策等违反政治纪律的问题”；四是“着力发现是否存在买官卖官、拉

---

① 引自习近平：《在第十八届中央纪律检查委员会第六次全体会议上的讲话》，新华网，最后访问日期：2016 年 1 月 14 日。

② 参见习近平：《在中国共产党第十八届中央纪律检查委员会第六次全体会议上的讲话》，载新华网，最后访问日期：2016 年 1 月 14 日。

③ 参见习近平：《在中央政治局常委会审议〈关于中央巡视工作领导小组第一次会议研究部署巡视工作情况的报告〉时的讲话》，载新华网，最后访问日期：2013 年 4 月 25 日。

票贿选、突击提拔干部等选人用人上的不正之风和腐败行为”。这“四个着力”的对象，涉及“四风”、贪腐、政治纪律和用人选人等问题，可以说都是当前党风廉政建设方面存在的突出问题，也是人民群众反映强烈的突出问题，当然也是巡视要着重发现和反映的问题。特别是“对群众反映强烈的党员领导干部，党的十八大以后不收手，为所欲为、自鸣得意的”，对“现在重要岗位、可能进一步提拔重用的年轻干部等干部问题线索”，要重点查处。习近平总书记对巡视工作职责定位的这些重要论述，适应了当前党风廉政建设和反腐败斗争形势的迫切需要，进一步明确了巡视工作的着力点和主攻方向。

四、全面从严治党明确反腐责任

反腐败作为全面从严治党的重要方面，是协调推进“四个全面”战略布局的重要保障。“坚决反对腐败，防止党在长期执政条件下腐化变质，是我们必须抓好的重大政治任务。”① 肩负这一重大政治任务，必须增强政治定力，坚定信心决心，认清“在实现不敢腐、不能腐、不想腐上还没有取得压倒性胜利，腐败活动减少了但并没有绝迹，反腐败体制机制建立了但还不够完善，思想教育加强了但思想防线还没有筑牢”② 这一现实背景。全党必须勇于承担起打赢反腐攻坚战持久战的历史使命和政治责任。

（一）反腐败的历史责任

反腐败是从严治党的历史责任。2014 年 6 月 26 日，习近平总书记在中央政治局常委会听取中央巡视工作领导小组汇报工作时指出：“一年多来，比较一下，已处理了几十个部级干部，比过去多了不少，但不要算这个账，有贪必反，有腐必惩！既然党和国家前途命运交给了我们，就要担当起这个责任。”③ 反对腐败是党心民心所向，惩治腐败是为了赢得党心民

① 参见《习近平关于党风廉政建设和反腐败斗争论述摘编》，中央文献出版社、中国方正出版社 2015 年版，第 7 页。

② 参见习近平：《在中国共产党第十八届中央纪律检查委员会第五次全体会议上的讲话》，载新华网，最后访问日期：2015 年 1 月 14 日。

③ 参见《习近平关于党风廉政建设和反腐败斗争论述摘编》，中央文献出版社、中国方正出版社 2015 年版，第 100 页。

心，这是一场严肃而重大的政治斗争。我们党横下一条心来反腐败，绝非一时兴起，也不是和谁过不去，而是要承担起历史和人民赋予的责任。不得罪成百上千的腐败分子，就要得罪人民。这是一笔再明白不过的政治账，是人心向背的账。中央横下心坚决反对腐败，就是要承担起历史和人民赋予的责任。腐败问题对我们党的伤害最大，党面临的最大风险和挑战是来自党内的腐败和不正之风，坚定不移惩治腐败，坚决查处腐败分子，是我们党的重大政治责任，能不能打赢反腐败这场斗争，关系事业成败和人心向背。腐败对党同人民群众的血肉联系最具杀伤力。人民群众最痛恨各种消极腐败现象，最痛恨特权现象和特权思想，人民群众是党执政最牢固的根基。执政党要获得人民群众的拥护和支持，就必须旗帜鲜明地反对腐败。为政清廉才能取信于民，秉公用权才能赢得人心，治国必先治党，治党务必从严，有这样的责任意识和勇气担当就一定能够打赢反腐败这场斗争。①

（二）反腐败的长期责任

反腐败是从严治党的长期责任。2013 年 6 月 28 日，习近平总书记在全国组织工作会议上的讲话中指出："党要管党，才能管好党；从严治党，才能治好党。管党治党一刻不能松懈。如果管党不力、治党不严，人民群众反映强烈的党内突出问题得不到解决，那我们党迟早会失去执政资格，不可避免被历史淘汰。这绝不是危言耸听。"当前腐败问题和政治问题相互渗透，相互影响，严重危害党的领导和团结统一。在党内有的人搞官商勾结、上下勾连，搞权钱交易、权色交易，已经到了利令智昏、胆大包天的地步！有人大搞上有政策、下有对策、有令不行、有禁不止，对中央的政策进行变通、选择，甚至打折扣等。党内和社会上对反腐败存在着模糊或错误的观点，有的人盲目认为反腐败已大功告成；有的人认为反腐败是刮一阵风，搞一段时间就会过去；有的人认为反腐败查下去会打击面过大，影响经济发展，导致消费需求萎缩，甚至把当前经济下行压力增大与

① 参见麻秀荣：《全面从严治党新常态下的反腐败新思考》，载《学习与探索》2015 年第 12 期。

反腐败力度加大扯在一起；有的人认为反腐败会让干部变得缩手缩脚、明哲保身，不愿意干事了；还有的人态度暧昧，不敢亮剑，对存在的问题总想捂着盖着，甚至保护错误的力量大过伸张正义的力量。[①] 为此，要充分认识反腐败斗争不可能一劳永逸，也不可能一蹴而就。反腐败斗争越是深入，其涉及的矛盾和问题就越复杂，遇到的各方面阻力就越大，牵涉的利益关系就越盘根错节，因此必须坚持反腐败决心不动摇、意志不松懈，锲而不舍、驰而不息地把反腐败斗争进行到底，抓出成效。

（三）反腐败的统筹责任

反腐败是全面从严治党的统筹责任。2014 年 10 月 23 日，习近平总书记在中共十八届四中全会第二次全体会议上的讲话中指出："全党同志特别是高级干部，一定要把思想和行动统一到党中央的决策部署上来，坚定不移把反腐败斗争进行到底。"抓好党风廉政建设和反腐败斗争，必须坚持在党中央统一领导下，全党全社会一起抓，党中央已经在中共十八届三中全会《中共中央关于全面深化改革若干重大问题的决定》《建立健全惩治和预防腐败体系 2013—2017 年工作规划》中制订了顶层设计方案。2014 年 1 月 14 日，习近平总书记在十八届中纪委三次全会讲话中强调各项改革举措要体现惩治和预防腐败要求，同防范腐败同步考虑、同步部署、同步实施，堵塞一切可能出现的腐败漏洞，保障改革健康顺利进行[②]。这是党中央首次提出全面深化改革与防范腐败之间"三个同步"关系的思想，找准了两者相互协调促进的突破口和切入点，体现了两者之间的有机统一，充分反映了党中央对新形势下反腐败内在规律的科学认识，表明反腐败斗争不能孤立进行，必须服务于党和国家的核心战略和中心任务。在党风廉政建设和反腐败斗争工作中要务求实效，扎扎实实地加以推进。为此党中央部署了一系列反腐"组合拳"，在反腐败工作中坚持踏石留印、抓铁有痕的劲头，采取零容忍的高压态势，打虎拍蝇猎狐，严惩腐败分子；在深

① 参见习近平：《在十八届四中全会第二次全体会议上的讲话》，载新华网，最后访问日期：2014 年 10 月 23 日。

② 参见习近平：《在中国共产党十八届中央纪律检查委员会第三次全体会议上的讲话》，载新华网，最后访问日期：2014 年 1 月 14 日。

化改革方面，冲破利益固化藩篱，斩断权力寻租链条，向“共腐利益圈”开刀；在纠正党内“四风”上，治病树、拔烂根，净化社会风气，革除陈规陋习和顽瘴痼疾；在推进监督执纪问责方面，强化主体责任和监督责任，扎实推进纪检体制改革，高举巡视利剑实现全覆盖，真正做到让铁规发力、让禁令生威，使聚焦党风廉政建设和反腐败斗争的各项举措初见成效。总之，党风廉政建设和反腐败斗争是全党的重大政治任务，须臾不能动摇，是必须打赢的、输不起的战争。只有全党全民齐心协力，各方面共同行动，铲除腐败滋生蔓延的土壤，我们才能在这场较量中获得全胜。

第二章　推进纪检体制机制创新

我国反腐败领导体制的党内架构就是中国共产党的各级纪律检查委员会。这是我国反腐败领导体制最重要的组织载体，它不仅肩负着全面从严治党，确保党的先进性、纯洁性的执纪问责监督职责，而且承担着党风廉政建设和反腐败斗争组织协调职能。党的纪检体制作为党的重要政治控制体系，不同的历史时期有不同的功能取向。总的来说，党的纪检体制不断发展和完善，各级纪检机关监督权的相对独立性和权威性不断增强，反腐败的绩效不断提升。但是在全面依法治国和全面从严治党的当下，纪律检查制度也面临着挑战和困境，不仅要立足于反腐败，更需要从党的建设和国家政治发展的高度予以全面检视。从反腐败、党建和国家政治发展的三维视野看，提升体制的自主性，平衡好严明党纪与反腐败间的内在张力，处理好维护党的集中与保障党内民主的关系，理顺党纪与法律以及党的纪检与其他国家权力监督主体间的关系，实现党的领导、人民当家作主和依法治国三者的有机统一，是改革完善纪纪律检查体制的路径选择。

一、党的纪检体制的演变发展

纵观中华人民共和国成立以来，特别是改革开放以来纪检体制改革与完善的历程，可以发现，纪检体制的不断变革，纪检机关的体制独立性与权力影响力的不断提升，构成了其改革与完善的基本脉络和路径设定。

（一）纪检体制的确立和受挫

中华人民共和国成立伊始，中央政治局就决定成立中央及各级党的纪委。中央纪委在中央政治局领导之下工作，中央以下的各级纪委，由各该级党委提出名单，经上两级党委批准后，在各该党委会指导之下进行工作。这就确立了纪检机关从属于同级党委的制度安排，纪委只是各级党委的一个工作部门，犹如宣传部门和组织部门一样，直接在各级党委的统一领导下展开工作。

“高饶事件”后，党的主要领导意识到这种附属性的纪检体制难以对同级党委及其主要领导干部形成有效的监督，是纪检功能难以实现的主要原因。1955 年 3 月，党的全国代表会议决定成立中央和地方各级党的监察委员会，代替原有的纪律检查委员会。党的监察委员会与纪律检查委员会的区别，并不在于名称，而在于体制安排。其一，监察委员会由党的代表大会或代表会议选举产生；其二，一切党员违反党章、党纪和国家法律、法令的案件，除同级党委委员和按照党章应由党的区委和支部处理外，均应交由中央和地方各级党的监察委员会统一办理；其三，党的上级监察委员会有权检查下级监察委员会的工作，并有权审查、批准和改变下级监察委员会对案件所作的决定；其四，各级监察委员会可以在同级国家机关设立监察组，中央监察委员会还在各中央局设常驻监察组。从以上规定可以看出：监察委员会时期，体制独立性与自主性有了明显的提升，在党内的地位实际上已经由党委工作机构升格为党的领导机构之一。①

“文革”期间，中央监察委员会受到冲击，机构瘫痪，工作停顿。1967 年 1 月 25 日，中央监委被全面夺权，中央监委常务委员、处级领导干部全部被解除职务。1969 年中央组织部“业务组”向中共中央提出《关于撤销中央监察委员会机关的建议》和《关于中组部中监委机关人员下放劳动的报告》，同年中共九大党章正式取消了党的监察机关。②

（二）纪检机构的重建与合署

有鉴于“文革”的教训，党深刻地认识到一个专门化的独立自主的纪

① 参见《中国共产党组织史资料》（第 5 卷），中共党史出版社 2000 年版。1949 年 11 月至 1955 年 3 月的纪律检查委员会为中共中央工作机构，而 1955 年 4 月成立的中央监察委员会则列居中共中央领导机构。

② 参见《中国共产党组织史资料》（第 6 卷），中共党史出版社 2000 年版，第 63－64 页。

检机构存在之必要。中共十一届三中全会决定恢复纪检机关。1982 年，中共十二大通过的党章正式确立了纪检双重领导体制，即中央纪委在党的中央委员会领导下进行工作，地方各级纪委在同级党的委员会和上级纪委双重领导下进行工作。相对于附属性纪检体制，双重领导体制无疑是一种改进。地方各级纪检机关，如果对同级党委处理案件的决定有不同意见，可以请求上一级纪检机关予以复查；如果发现同级党委或它的成员有违犯党的纪律和国家法律法令的情况，在同级党委不给予解决或不给予正确解决的时候，有权向上级纪检机关提出申诉，请求协助处理。体制的独立性与自主性的提升不仅表现在双重领导体制，还表现在组织人事安排上。中共十二大通过的党章明确规定，党的中央纪委的第一书记必须从中央政治局常委中产生。中央纪委在中共十二大上的工作报告中也建议“地方各级党委，由一位党委书记或常委担任同级纪委书记，主管纪律检查工作”。中央纪委在中共十三大上的工作报告中提出“各级纪委书记应当参加同级党委常委会议”。中央纪委在中共十四大上的工作报告中再次强调“地方各级纪委书记应由同级党委副书记一级干部担任，并参加同级党委常委”。

20 世纪 80 年代后期，党意识到党风廉政建设过程中也存在党政关系问题，表现在对纪检机关与国家监察部门关系的处理上。1987 年国家监察部成立后，纪检机关开始主要负责监督、检查党员和党组织的违纪行为，维护党规党法，搞好党风；而行政监察部门则负责检查、调查和受理国家行政机关及其公务员、国家行政机关任命的其他人员遵守和执行法律、法规、政府决定、命令情况，以及违反行政纪律的行为，纪检边界在一定程度上有所收缩。两者的职能定位似乎是清晰的，然而在实践中，两者间的权力与功能边界又具有模糊性，党风与廉政实际上难以区隔，这也不利于党风廉政建设和反腐败的有效推进。是故，1993 年 1 月 7 日中央决定中央纪委和国务院监察部合署办公，实行一套工作机构，履行党的纪律检查和行政监察两项职能的体制。纪检机关与行政监察部门的合署办公，“这种工作机制的出现充分显现了政党在反腐败中的中心地位”[①]。

---

① 参见林尚立：《建构民主——中国的理论、战略与议程》，复旦大学出版社 2012 年版，第 400 页。

（三）纪检体制的创新和巩固

随着改革开放的深入推进，为了进一步提升纪检机关对同级党委的监督效能，中共十五届六中全会决定，纪律检查机关对派出机构实行统一管理。中共十六大也提出，加强对权力的制约和监督，改革和完善党的纪律检查体制。在这种情境下，2002 年 10 月 28 日，中央纪委、监察部召开派出机构统一管理试点工作会议，宣布对驻卫生部、国家药品监督管理局和国家工商行政管理总局的纪检监察机构实行统一管理试点。2004 年 4 月 8 日，中央纪委、监察部全面实行对派驻机构（中央纪委监察部派驻机构）统一管理，即将派驻机构由中央纪委监察部和驻在部门双重领导改为由中央纪委监察部直接领导。统一管理后，派驻机构实施监督和查办案件工作直接受中央纪委监察部领导，重要情况和问题直接向中央纪委监察部请示、报告，从而强化对驻在部门党组和行政领导班子及其成员的监督。派驻机构的统一管理，充分展现了反腐败形势下纪检体制独立性与自主性的提升。

二、党的纪检体制的基本功能

改革开放以来，反腐败构成了纪检体制改革与完善的重要依据。但纪检体制存在之意义并不仅限于反腐败，从长时段来看，并不从来就以反腐败为基本功能定位。它实际上是党的重要政治控制机制，无论是在党的建设，还是在国家政治发展中，都发挥着重要的影响力。

（一）中华人民共和国成立前党的纪检功能

从历史发展来看，纪检体制的功能在不同时期有着不同的取向，这与党在特定时期的历史方位、时代环境以及基本任务是紧密联系的。党在不同时期遇到的问题总有其时代特征，所面临的挑战也因时而变，纪检体制的功能取向自然也会不断变迁，但致力于加强和改进党的自身建设，坚持和维护党的领导，则是功能的本质定位。①

① 参见徐理响：《试论中国共产党纪检制度的改革和完善》，载《政治学研究》2014 年第 1 期。

1921 至 1949 年间，对于身处革命环境中的中国共产党来说，增强党的感召力，提升党的革命力（竞争力），完成“立党建国”之伟任是基本使命。在革命情境中，党的感召力、内聚力、革命力，源于党的组织纯洁性，党的思想、组织与行动的统一。因此，通过党纪检查，维护党的思想、组织与行动的统一，就成为这一时期纪检工作的重心。因此，陈云曾经认为，共产党为什么高度重视纪律，原因就在于“革命胜利基本的条件之一，就是要使无产阶级的党成为有组织的统一的部队”。革命是一个长期的艰苦事业，如果没有意志行动的统一，没有百折不回的坚持性和铁的纪律，不可能取得胜利。因此，“破坏党纪，实质上就是破坏革命，我们必须与任何破坏纪律的倾向作斗争。”① 1941 年，《中央关于增强党性的决定》也指出，“二十年的革命锻炼”启示，要求我们的党“更进一步地成为思想上、政治上、组织上完全巩固的布尔塞维克的党，要求全党党员和党的各个组成部分都在统一意志、统一行动和统一纪律下面，团结起来，成为组织的整体。没有这样坚强统一的、集中的党，便不能应付革命过程中长期残酷复杂的斗争，便不能实现我们所担负的伟大历史任务”②。革命时代的纪检体制，虽然不具备高制度化与高效运转的条件，但其功能性的存在，对当时的中国共产党，对中华人民共和国的建立，都具有重大的意义。

（二）中华人民共和国成立初党的纪检功能

中华人民共和国成立后，中国共产党面临的环境和风险与革命时代迥异。一方面，一些党员干部开始出现骄傲自满情绪，官僚主义、脱离群众、贪污腐化的现象与日俱增；另一方面，中华人民共和国成立之初党所面临的最大的风险还在于面对复杂的国内外政治环境，如何巩固党的执政地位，巩固新生的人民政权。这两者实际上又是紧密结合在一起的。在当时党的领导人看来，党员干部的蜕化变质与国内外的阶级斗争，与资本主义的渗透，与阶级敌人、异己分子的破坏有着直接的关联。因而，必须要

① 参见《陈云文选》（第 1 卷），人民出版社 1995 年版，第 127 页。

② 参见《中共中央文件选集》（第 13 册），中共中央党校出版社 1991 年版，第 144 页。

学会向帝国主义者、国民党、资产阶级作政治、经济和文化斗争，绝不可轻视那些不拿枪的敌人[①]。在“高饶事件”后召开的中国共产党第七届中央委员会第四次全体会议上，刘少奇也指出，在现时执政情境中，我们党还处在资产阶级和小资产阶级的包围中，他们的思想不可避免地会在我们党内生活中有所反映，并会在我们党的薄弱部分传布开来[②]。周恩来在会上同样强调：当前党正处于一个过渡时期，阶级斗争形势非常复杂，这种复杂的阶级斗争形势也将不可避免地反映到党内思想斗争之中[③]。是故，时任中纪委书记的朱德就认为：“当我们党处在同资产阶级分裂的时候，党员干部就容易犯‘左’倾冒险的错误；相反，当我们党处在同资产阶级合作的时候，党员干部就容易犯右倾麻痹的错误[④]。”因此，纪检工作必须要紧紧围绕党的总路线，否则就将不可避免地犯右倾或“左”倾的错误[⑤]。正是基于这一认知，反对阶级敌人，维护党的执政地位，巩固新生的人民政权，就成为这一时期纪检体制的主要功能。

（三）拨乱反正中党的纪检功能

“文革”时期党和国家政治生活陷于失序状态。党的民主集中制的组织原则遭到破坏，党的部分组织和党员出现思想混乱、党风不正和纪律废弛的现象，损害着党的执政力，威胁着党的执政地位。在这种情况下，“拨乱反正”，恢复党的优良传统和作风，重塑党的组织与纪律，就成为党建的中心任务。在党看来，“全体党员和党的干部，人人遵守党的纪律，是恢复党和国家正常政治生活的起码要求[⑥]”。中央纪委在中共十二大上作的工作报告中明确提出，“必须把维护四项基本原则，加强政治纪律，促进全党在政治上同中央保持一致，放在自己工作的首位”，“要把检查思想政治领域中的问题，维护四项基本原则，作为纪律检查工作的重点，以保

① 参见《毛泽东选集》（第4卷），人民出版社1991年版，第1427页。

② 参见《刘少奇选集》（下卷），人民出版社1985年版，第126页。

③ 参见《周恩来选集》（下卷），人民出版社1984年版，第122页。

④ 参见《朱德选集》，人民出版社1983年版，第315－316页，第313页。

⑤ 参见《朱德选集》，人民出版社1983年版，第315－316页，第313页。

⑥ 参见《十一届三中全会以来党和国家重要文献选编》，中共中央党校出版社1998年版，第10－11页。

证全党在政治上同中央保持一致”。也正是在这个意义上，1983 年下半年开始的“整党”的主要任务之一为统一全党的思想，纠正一切违反四项基本原则、违反中共十一届三中全会以来党的路线的“左”的和右的错误倾向。可见，这一时期纪检体制的重要功能就是“拨乱反正”，彻底摆脱“文革”所带来的种种危机，重塑党的思想、组织与行动的统一，恢复党和国家正常政治生活之秩序。

（四）改革发展中党的纪检功能

在以经济建设为中心的市场化改革大潮中，党员干部以权谋私、消极腐败现象的滋生、蔓延，使得纪检体制的反腐败功能日益凸显。中共十三大报告指出：现在广大群众议论多、意见大的，是少数党员特别是某些领导干部以权谋私，损害群众利益，干扰改革开放的顺利进行，败坏党的声誉。这是特别需要高度重视和认真解决的严重问题。中共十四大报告则要求在整个改革开放过程中都要将反腐败、党风廉政建设作为一件大事来抓。中共十五大报告更是直接警醒全党，反腐败是关系党和国家生死存亡的严重政治斗争，如果腐败得不到有效惩治，党就会丧失人民群众的信任和支持。中共十六大报告重申了反腐败是全党重大的政治任务。中共十七大报告指出党的性质和宗旨决定了党同各种消极腐败现象水火不相容。中共十八大报告更是从前所未有的高度强调腐败问题解决不好，“就会对党造成致命伤害，甚至亡党亡国”。正是在这种形势下，纪检体制反腐败功能日益凸显，并构成了当下纪检体制改革与完善的核心内容。

梳理纪检体制的发展历程，可以发现，在不同时期，面对不同的环境，针对不同的问题，纪检体制的着力点是不断变化的。纪检体制并不从来就是以反腐败为功能定位的，或者说反腐败是在改革开放过程中，针对日益严峻的腐败态势所作出的功能性回应。换言之，反腐败是纪检体制的功能之一。一方面纪检体制并不总是以反腐败为功能定位，另一方面反腐败也不构成纪检体制的全部甚或最为本质的功能。从党的纪检对象来看，违反党的纪律的行为是多元的，并不仅仅特指腐败行为，如在党的纪律体系中，政治纪律就一直处于首要的地位，确保党的路线方针政策和重大决策部署的贯彻落实亦构成党的纪律检查的重要内容。

因此，纪检体制存在的意义，不仅在于反腐败，其制度产出的影响力远远超越了反腐败本身。这种超越即在于对党的建设、对整个国家政治发展的意义。党的纪检体制事实上呈现了三维景观：一是反腐败中的纪检体制，二是党建中的纪检体制，三是国家政治发展中的纪检体制。三者既有交集，也有区隔。这三维景观决定了纪检体制在当代中国政治发展中存在的意义和基本的功能定位，同时也影响着纪检制度未来的发展方向与改革路径的选择。

三、纪检体制面临的困境与挑战

虽然党的纪检体制在党风廉政建设和反腐败斗争中发挥着越来越重要的作用，但是纪检体制也面临着一系列的困境与挑战。首先，在实践中纪检体制的独立性、体制自主性低于制度设计者及社会对它的预期，也正因为此，中共十八届三中全会明确强调要“改革党的纪律检查体制，健全反腐败领导体制和工作机制”；其次，纪检权力边界拓展，纪检体制不仅是党内的权力监督机制，也已成为国家政治生活中主导性的权力监督与反腐败机制，其职责面向的扩大与实效的显现似乎不成比例；最后，纪检体制成为党和国家政治生活中主导性的权力监督机制，也使得党的纪律与国家法律间，党的纪检与人大监督、司法监督、行政监察等国家权力监督机制间的关系模糊不清。这些问题的化解，显然不仅需要立足于反腐败的视角，更需要从整个执政党建设和国家政治发展的高度予以全面审视。从反腐败的视角来看，反腐有效性构成纪检体制的基本评判标准；从执政党建设的视角来看，是否有助于维护党的民主集中制组织原则，提升党建水平，是其基本的衡量指标；而倘若从国家政治发展的视角来看，纪检体制在其改革与完善中，能否将党的领导、人民当家作主与依法治国三者有机结合和统一起来，又是毫无疑义的当然评价标准。

（一）反腐败中的现实困境

改革开放以来，基于反腐败的形势需要，纪检体制的独立性、体制自主性明显增强，权力威慑力也得到了显现。不过，从实践来看，严明党纪与反腐败间存在内在的张力，以及体制自主性的限度，依然是制约纪检体制反腐败功能充分发挥的主要障碍所在。

第一，严明党纪与反腐败间的内在统一与张力。显然，从形式逻辑来看，严明党纪与反腐败之间是有机统一的，反腐败是严明党纪的应然内涵之一，然而从实践过程来看，两者又并非完全相同。在当下，反腐败几乎成了社会舆论评价纪检体制功效的全部内容。纪检体制作为反腐败的制度安排，当以肃清腐败为基本目标。全面地来看，反腐败是当下纪检体制的重要功能表现形式，但又并非纪检体制的唯一功能，甚或最为本质的功能。在党的纪律体系中，政治纪律始终是第一位的，这也是纪检体制本质功能定位的必然要求。习近平总书记在十八届中纪委二次全会上的讲话中明确指出："严明党的纪律，首要的就是要严明政治纪律。"王岐山在十八届中纪委二次全会上的工作报告同样强调："政治纪律是我们党最重要的纪律。"同时，对于纪检工作来说，"围绕中心、服务大局"是推进党风廉政建设和反腐败工作的重要原则。纪检机关"必须把反腐倡廉工作放到经济社会发展全局和党的建设总体布局中来思考、谋划和推进"，"把加强对党的路线方针政策和重大决策部署执行情况的监督检查"作为首要职责。[①]从中可见：一方面，反腐败是纪检体制的重要功能，是严明党纪的应然内涵，二者是相一致的，因为正是少数党员干部的腐败行为严重损害党的执政形象，破坏党的团结统一，削弱党的执政能力，威胁党的执政地位。另一方面，又并非完全同一，二者的聚集点和目标并不相同。这就为一些地方和部门首长以遵守党的政治纪律、以大局考虑为由，干扰纪检机关反腐败工作正常开展提供说辞，人为地割裂二者间的同一性，损害反腐败工作应有的权威性与零容忍性。因此，从权力监督与反腐败的视角来看，如何进一步提升纪检体制在反腐败中的制度独立性，减少外围因素，特别是政治性因素的干扰，是其改革与完善的重要内容。

第二，体制自主性困境。纪检体制的体制自主性困境，主要反映在纪委与同级党委之间的关系上。从权力制约的理论来看，以权力来制约权力是基本定律，这就要求弱化权力隶属的可能性。从世界各国反腐败实践来

---

① 参见《中共中央纪律检查委员会向党的第十八次全国代表大会的工作报告》，载《人民日报》2012年11月20日。

看，独立性、自主性，以及拥有与之相匹配的权力，是任何一个国家权力监督与反腐败机构的共性特征。美国建国者们所谓的“防御规定必须与攻击的危险相称”① 的观点就是这样一个道理。正因为此，通过纪检体制改革，提升纪检机关的体制自主性，一直是纪检体制变革的聚焦点所在。从党委工作机构到党的领导机构，从附属性纪检体制到双重领导体制和派驻机构统一管理，无不是明显的表征。然而，这并不表明纪检机关在体制上业已独立、自主，实际上其体制上的限制依然明显，纪委受制于同级党委依然难以逾越。党委的领导不仅仅表现在对纪委工作方向、工作规划的总体把关方面，还表现在纪委立案、调查、处分等具体办案过程中的批准权和决定权方面。除此之外，纪检机关的编制，干部的调动、配备、提拔、任命，要由同级党委决定；在生活福利上，纪检人员的住房、医疗等实际问题，也都需要在同级党委和政府的领导下统筹安排。这实际上导致纪委对同级党委及其成员难以监督。监督真空区的存在，使得党内监督的重点对象并未得到有效监督，反腐败的有效性也就大打折扣。因此，如何进一步优化和完善纪检体制与机制，增强纪检机关的体制自主性，依然是纪检体制未来改革与完善的重要内容。

（二）党建视野中的现实困境

作为党内纠偏机制，纪检体制显然服务于党的建设。而从纪检体制改革与完善的历程来看，维护党的集中统一，无疑是其核心使命所在。

为什么需要党的纪律？为什么需要党的纪检工作？其中最重要的原因之一在于要维护党的思想、组织与行动的统一。对于中国共产党来说，艰险的革命环境、复杂的执政条件、肩负的历史伟任，无论是在革命时期还是社会主义建设时期，通过纪律检查，维护党的集中统一，都尤为重要。革命时期，毛泽东就认为，党内一部分同志“不懂得党的民主集中制，他们不知道共产党不但要民主，尤其要集中。他们忘记了少数服从多数，下级服从上级，局部服从全体，全党服从中央的民主集中制”②。中华人民共

① 参见汉密尔顿、杰伊、麦迪逊：《联邦党人文集》，商务印书馆2004年版，第264页。

② 参见《毛泽东选集》（第3卷），人民出版社1991年版，第821页。

和国成立后，第一届中纪委书记朱德强调，我们党已经确立了统一的思想路线，“继续在党内坚持铁的纪律，进一步加强党的纪律性，以保证全党的统一与集中，就成为十分必要的事情”①。“高饶事件”后，更是强调“党的团结是党的生命，是马克思列宁主义的基本原则，破坏党的团结就是违反马克思列宁主义的基本原则，就是帮助敌人来危害党的生命”②。改革开放后，邓小平同样强调，各级党组织，每个党员，都要按照党章规定，一切行动服从上级组织的决定，尤其是必须同党中央保持政治上的一致。谁违反这一点，谁就要受到党的纪律的处分。并要求纪检工作要把这一点作为重点。③ 进入21世纪以来，严明党的政治纪律，维护党的集中统一，依然是纪检工作的重心所在。中央纪委在中共十八大的工作报告中就明确强调，坚持把严格执行和维护党的纪律特别是政治纪律放在首位，坚决维护党的集中统一④。

显然，不论是从历史还是现实来看，纪检体制在维护民主集中制组织原则上都更趋向于维护党的集中制，这实际上也是对党所面临的残酷革命环境和复杂执政条件所作出的合乎逻辑的理性选择。纪检体制对党的集中制的维护，强化了党的思想、组织与行动统一，是党强大革命力与执政力的重要组织保障。正源于此，党才得以在异常艰险的革命环境中脱颖而出，才得以完成“立党建国”的伟大历史使命，也才得以在中华人民共和国成立后，继续肩负中华民族伟大复兴的历史重任，并在改革开放后，取得了举世瞩目的伟大成就。

同时，我们应看到纪检体制也是党内民主制度设计的重要组成部分。以纪检权力监督制约党内的其他权力，是党内民主的重要内容。因此，如果纪检体制过于把重心置之于维护党的集中制，则不利于党内民主的成长，不利于其党内权力制约功能的实现，也无助于当下反腐败工作的深入开展。实际上，过于集中的组织控制形式，也曾经给党带来过巨大的伤

---

① 参见《朱德选集》，人民出版社1983年版，第280页。

② 参见《建国以来重要文献选编》（第5册），中央文献出版社1993年版，第118页。

③ 参见《邓小平文选》（第2卷），人民出版社1994年版，第366页。

④ 参见《中共中央纪律检查委员会向党的第十八次全国代表大会的工作报告》，载《人民日报》2012年11月20日。

害。土地革命时期李立三和王明的“左”倾路线，1957年的反右扩大化，十年“文革”，无一不是惨痛的教训。

对于纪检体制来说，维护党的集中制是其基本功能，但保障党内民主，亦是其重要使命。尤其是在经济全球化与网络化叠加的当下，党中央反复强调，“党内民主是党的生命”。如何从以集中为优先的纪检运作逻辑中摆脱出来，从更注重维护党的高度集中，到将维护党的集中与维护党内民主有机结合和统一起来，既关系到党建功能的充分发挥，也关系到反腐败功能的进一步开拓。

（三）国家政治发展中的现实困境

政党存在的目的在于试图影响和控制国家政治生活。在这个意义上，纪检体制存在的意义，就不仅在于对反腐败的成效和党的建设的作用，还在于对国家政治发展的影响。改革开放之初，纪检体制之“拨乱反正”的功能，有助于恢复国家政治生活的应然秩序，其“纠正不正之风”的功能，有助于国家政治经济社会生活的清明化。而随着改革开放的深入进行，纪检体制确立了反腐败的基本功能取向，以解决腐败问题，有利于现代国家的廉政建设，有利于国家政治经济与社会生活的健康有序发展。从中国特色社会主义政治发展的视野来看，纪检体制的改革与完善还面临着一些需要解决的问题。

第一，党的纪律与国家法律的衔接。从法治国家建设的要求来看，在我国社会主义法律体系逐步建立和健全的情境下，党纪如何与国法相衔接，如何与依法治国的基本治国方略相协调，不仅是一个重大的理论，更是一个迫切需要面对的现实问题。实践中，正是由于两者间的关系存在模糊化的一面，以至于一些地方和部门出现以党纪处分代替法律惩罚、将违法问题只作为违纪问题来处理的现象，这不仅损害了司法的公平与正义，还削弱了刑事法律产生的惩戒作用与权威性。因此，如何从依法治国的视角解决党纪与国法间的衔接问题，将纪检体制的改革与完善与依法治国的基本治国方略统一起来，已到了由“坐而言”转到“起而行”的时间节点。

第二，纪检体制的权力边界。在反腐败的情势下，纪检体制已经不仅是党内的监督机制，事实上也已经成为国家政治生活中重要的权力监督机制。这虽然反映了党反腐败的决心，但也可能模糊了党与国家间的应然关系边界。从政党政治的逻辑来看，党可以领导国家政治生活，影响和控制国家政治生活，但却不宜于直接干预国家政治生活，也不能“以党代政”。这就使得当下党的纪检体制的发展和国家政治发展间形成了一种复杂的关系：一方面，纪检体制所致力于对腐败问题的治理和党风廉政建设，有助于国家建设的健康、有序发展；另一方面，纪检权力的渗透和空间拓展，又与民主与法治建设存在一定程度的衔接性困境。虽然党的纪检机关与国家监察部门的合署办公有助于化解这一困境，但一定程度上又会出现“党政不分”的问题。同时，纪检体制成为国家主导性的权力监督机制，也会对诸如人大监督、司法监督、行政监察等国家监督权力形成一定的功能挤压效应，造成各监督主体的权威失衡，这不利于国家权力监督机制的有序运行。①

四、改革和完善党的纪检体制

从反腐败的视角来看，在现有的监督权配置格局下，需要通过制度、体制的变革，提升纪检体制的独立性、体制自主性，增进权力监督与反腐败的效能；从党的建设的视野来分析，则要充分开拓纪检体制之党建，特别是党内民主建设的功能，维护党的民主集中制组织原则；而从国家政治发展的维度，纪检体制的改革与完善必须要将党的领导、人民当家作主和依法治国三者有机结合和统一起来。正是这三个维度，决定着纪检体制优化与完善的方向和改革的路径选择。

（一）充分发挥纪检体制的功能绩效

提升权力监督功能与反腐败的绩效，是当下纪检体制改革与完善的重要方向。而纪检体制绩效提升的关键在于如何解决纪委对同级党委的可监督性问题。事实上，自 1949 年纪检体制正式建立以来，党一直在探索这一

---

① 参见徐理响：《试论中国共产党纪检制度的改革和完善》，载《政治学研究》2014 年第 1 期。

问题，并形成了改革的基本路径方向。如何沿着这一路径，继续深化改革，是当下完善纪检体制急需探索的问题。

第一，优化和完善双重领导体制，强化上级纪委对下级纪委的领导。纪委与同级党委的关系，一直是纪检体制改革与完善的核心问题。在党的历史上，对此曾有过积极的探索。中共五大通过的党章甚至规定，中央及省监察委员会，不得以中央委员及省委员兼任；中央及省委员会，无权取消中央及省监察委员会之决议；遇双方意见不同时，则移交双方联席会议，如联席会议再不能解决时，则移交省及全国代表大会或移交高级监察委员会解决①。遗憾的是，出于当时险恶的革命环境，中共五大成立的监察委员会并没有有效地运转起来。其后，出于复杂的革命与执政环境，以及艰巨的革命与执政任务，这种事实上的党内权力分立体制并不适应党的革命与执政要求，故而没有再出现。双重领导体制实际上既是对附属性纪检体制的合理化改进，也是对这种权力分立体制在一定程度上的经验借鉴。

然而，双重领导体制客观上又造成地方层次上纪委身处双重权力关系网络中，而实践中基于权力距离和实际关系联结，同级党委的影响力往往又要大于上级纪委，这就使得纪委实际上依然难以监督同级党委，党内监督重点对象依然难。优化双重领导体制，提升纪委对同级党委的可监督性，是当下纪检体制改革与完善的关键。为此，中共十八届三中全会提出：其一，要推动党的纪检工作双重领导体制的具体化、程序化、制度化，明确查办腐败案件以上级纪委领导为主，线索处置和案件查办在向同级党委报告的同时必须向上级纪委报告；其二，要强化上级纪委对下级纪委的领导，对各级纪委书记、副书记的提名和考察，以上级纪委会同组织部门为主。这实际上提出了双重领导体制优化和完善的基本方向。

因此，通过双重领导体制的具体化、制度化与程序化，厘清纪委在权力隶属、人事任免、职责权限、日常管理、后勤保障等方面与同级党委和上级纪委的关系，减少对同级党委的依附性，强化上级纪委的领导，无疑是纪检体制改革的重要路径选择。

---

① 参见《中共中央文件选集》（第3册），中共中央党校出版社1989年版，第142页。

第二，优化和完善派驻机构统一管理，化解监督真空与监督距离的困境。在双重领导体制下，纪委的监督面临着“上级监督太远，同级监督太软”的监督真空与监督距离困境。而派驻机构的优势在于可以化解这一困境。一方面，派驻机构派驻于党和国家机关部门，全程参与驻在部门的决策及执行全过程，实现监督的“内嵌化”“全程化”，有助于化解监督距离之困境；另一方面，派驻机构实行统一管理，派驻机构在权力赋予和利益连结上又具有明显的独立性优势，有助于化解“不能监督”“不愿监督”“不敢监督”的监督真空困境。正因为此，中共十八届三中全会强调，要“全面落实中央纪委向中央一级党和国家机关派驻纪检机构”①。但派驻机构目前也存在一些仍需解决的问题。派驻机构虽然权力直接来源于派出机关，体制独立于驻在部门，但在日常管理、业务处理、权力利益等各方面实际上与驻在部门也有着千丝万缕的关联，这在一定程度上又消解着其体制上的独立性。因此，通过体制机制、组织制度创新，针对不同地区的情况，不同部门的规模、性质、特点，分门别类，探索派驻的有效形式和方法，强化派出机关对派驻机构的直接领导，强化派驻机构的党风廉政建设和反腐败功能，推进派驻机构工作的具体化、程序化和制度化建设，是进一步优化和完善党的纪检体制的重要突破口。②

（二）优化纪检体制的党建免疫功能

优化纪检体制的党建免疫功能，是健全党内监督体制的基本要求。建党 90 多年的经验表明，捍卫党的民主集中制组织原则是党的建设的核心内容。作为党建的重要机制，纪检体制对于维护党的民主集中制组织原则，特别是维护党的集中和统一，提升党的革命能力与执政能力，发挥了重要作用。纪检体制既是党内的自我纠偏机制，确保党的思想、路线、方针和政策的贯彻执行，维护党的思想、组织与行动的统一；同时又是党内的权力平衡机制，保障和推进党内民主的实现。

---

① 参见《中共中央关于全面深化改革若干重大问题的决定》，载《人民日报》2013 年 11 月 16 日。

② 参见徐理响：《试论中国共产党纪检制度的改革和完善》，载《政治学研究》2014 年第 1 期。

总体来看，纪检体制很好地发挥了维护党的集中制的功能，但保障与推进党内民主之功能发挥不够充分。实际上，党的集中制与民主制之间并非天然相斥，二者间具有高度的契合性。党的团结与统一，既可以通过自上而下的强有力的纪律检查来实现，也可以通过自下而上，发扬党内民主，凝聚全党共识来实现，唯其如此，才将党内民主提升到“党的生命”的高度。同时党内民主对于纪检体制的监督功能实质上也能起到互补互益的作用。面对世情、国情、党情的变化，进一步开拓纪检体制的党内民主保障与推进功能，切实维护党的民主集中制组织原则，是纪检体制功能本质的必然要求，也是构成纪检体制改革与完善的重要方向。

第一，强化对各级领导机关和领导干部，特别是对各级领导班子主要负责人的监督，防范过于集中的权力对党内正常民主生活秩序的侵犯，发挥党内民主的维护功能。从历史经验和现实实践来看，权力过于集中的领导体制不利于党内民主政治生活秩序的构建，不受制约的权力是党内民主制度难以运转的主要障碍所在。《中国共产党党内监督条例（试行）》明确指出党内监督的重点对象是“党的各级领导机关和领导干部，特别是各级领导班子主要负责人”，中共中央《建立健全惩治和预防腐败体系 2013—2017 年工作规划》也强调要“加强和改进对主要领导干部行使权力的制约和监督”[①]。作为党内监督的专门机关，“组织开展对党内监督工作的督促检查”“对党员领导干部履行职责和行使权力情况进行监督”“检查和处理党的组织和党员违犯党的章程和其他党内法规的比较重要或复杂的案件”“受理对党组织和党员违反党纪行为的检举和党员的控告、申诉，保障党员的权利”等是各级纪检机关的基本职责。进一步落实和强化纪检机关的党内权力监督与制约的功能，防范过于集中的权力对党内民主生活秩序的侵犯，维护党内民主的正常运转，无疑是纪检体制改革与完善的重要内容之一。

第二，检查党内民主制度的贯彻落实情况，维护党内民主监督机制，确保党内民主的正常开展，发挥党内民主的保障功能。集体领导和分工负

① 参见《中共中央印发〈建立健全惩治和预防腐败体系 2013—2017 年工作规划〉》，载《人民日报》2013 年 12 月 26 日。

责、重要情况通报和报告、述职述廉、民主生活会、信访处理、询问和质询等是党内民主的基本制度安排，也是党内民主监督的主要制度载体，强化对这些制度与机制贯彻落实情况的检查监督，直接关系到党内民主的实现程度。因此，各级纪检机关应当充分发挥党内专门监督机关的职责，把检查党内民主制度的贯彻落实情况，维护党内民主监督机制，作为重要职责，以充分发挥其党内民主的保障功能。

第三，搭建党内民主监督平台，发挥党的基层组织、普通党员干部的民主监督作用，发挥党内民主的推进功能。党的纪检本质上是党内一种自上而下的监督机制，而党内民主则能够发挥自下而上的监督功能。按照《中国共产党党内监督条例（试行）》的规定，纪检机关、党的各级委员会、党内的其他机构、普通党员等都是党内监督的重要主体，下级组织对上级组织、党员对组织、普通党员对党的领导干部都可以行使监督权。然而，长期以来，党内监督平台相对不足，监督渠道相对有限，实际上存在着“下级监督太难”的问题。如何进一步丰富党内民主监督形式，畅通党内民主监督渠道，积极发挥党的基层组织和普通党员干部的民主监督作用，亦为纪检体制优化与完善的主要内容之一，这既关系到其权力监督与反腐败效能的提升，也关系到党内民主的发展。

总而言之，纪检体制对党内民主的维护、保障与推进功能的开拓，不仅有助于党的民主集中制组织原则的实现，有助于党的团结和统一，同时也有助于增强纪检体制权力监督与反腐败的效能①。

（三）合理界定纪检机构的职能边界

在当代中国的权力监督体系中，执政党内部有专门的党的纪律检查，在国家权力机关有人大监督，在国家行政机关有行政监察，司法监督更是现代法治国家基本的权力监督。显然这几者无论从性质、权力来源和权限范围上都有着明显的区隔。纪检权力来源于党章和党内的各项规章制度，而人大监督、行政监察、司法监督等国家监督权力则来源于宪法和其他法

---

① 参见徐理响：《试论中国共产党纪检制度的改革和完善》，载《政治学研究》2014 年第 1 期。

律的规定。这也就使得在权力监督与反腐败实践中必须要解决两个根本性的问题，一是党的纪律与国家法律间的有机衔接问题，二是党的纪检与人大监督、行政监察、司法监督等国家权力监督机制间的关系问题。这两大问题既关系到党的纪检体制的改革与完善，又关系到整个监督权配置体系的变革与优化，更关系到党和国家的政治体制改革。

第一，构建纪检体制与其他权力监督机制间的衔接平台，各司其职、协调配合、形成合力。根据"党委统一领导，党政齐抓共管，纪委组织协调，部门各负其责，依靠群众支持与参与"的反腐败领导体制和工作机制精神，在权力监督与反腐败实践中，可以考虑由党委牵头，建立党的纪检、人大监督、行政监察、司法监督等权力监督机制间的制度化协调与合作机制，增强党风廉政建设和反腐败工作综合效果。如建立联席例会机制，相互通报权力监督与反腐败实践中的新情况、新问题，研究对策，解决遇到的需要协调的法律、政策问题等；建立信息共享机制，交流各自掌握的信息，解决多元监督所带来的信息分割问题，防止出现监督盲点；建立规范化的案件移送制度，根据所查处案件的不同性质，移送相应部门处理，如纪检机关发现有违法犯罪行为的，就应将案件移交检察机关审查处理，检察机关在案件侦查中，发现有些共产党员虽然不构成犯罪，但确有严重错误和问题的，应将案件移送党的纪检机关处理等；建立介入支持机制，对于实践中出现的党纪、政纪与涉嫌刑事犯罪相互交织在一起的具有多维性质的案件，需要各部门相互配合、相互支持的，相关部门就可以按照相关规定和程序要求，提前介入，发挥合力作用。

第二，准确界定纪检体制的功能方位，厘清与其他权力监督机制间的关系。虽然纪检体制在当下反腐败中发挥着无可替代的作用，但必须要认识到，"党的纪委的监督不具有法律的约束力，对被监督者的处置方式只能是党纪处分"①。纪检部门对违反党纪的党组织和党员的监督与查处，根据的是党章的有关规定，它的最高处分为开除党籍。而对于违反了政纪和国法的，应当视其具体情况分别由政府的行政监察部门、司法机关、人大

① 参见曾恒：《地方人大常委对同级党委应有监督权》，载《探索》1986年第5期。

及其常委会来处理，不能简单地用党纪监督取代其他的监督形式。[①] 事实上，早在1986年邓小平就提出："纠正不正之风、打击犯罪活动中属于法律范围的问题，要用法制来解决，由党直接管不合适。党要管党内纪律的问题，法律范围的问题应该由国家和政府管。"[②] 中共中央《建立健全惩治和预防腐败体系2013—2017年工作规划》也明确强调："加强法律监督，支持人大及其常委会依法加强对'一府两院'的监督和对法律实施情况的监督，保证审判机关依法独立公正开展行政审判活动，强化检察机关对立案侦查活动、审判和执行活动的监督。加强行政监督，强化对政府职能部门履行监管职责情况的监督，加强行政监察和审计监督，加大行政问责力度。"[③]

当然，纪检体制功能边界的界定，并非要削弱其权力影响力。实际上，纪检体制只能加强，不能削弱。无论从党的建设、国家政治发展，还是从权力监督与反腐败的视角来看，纪检体制都具有重要的意义。"理论和实践都充分表明，在中国的政治体系中，党内权力监督是实现国家层面权力监督的重要前提。换句话说，党内权力不能受到监督，国家层面的权力监督也就无法实现；同样，党内权力不受监督，党内就无法实现制度化运行，执政党做不到制度化运行，其所领导的国家也就无法走向全面的法治化和制度化。"[④] 只不过，纪检体制在行使其权力时，应当重视党的纪律与国家法律、党的纪检与其他国家权力监督机制间的有机衔接，避免出现职能"越位"与"错位"，将党的领导、人民当家作主和依法治国有机统一起来。

第三，明确各级纪委的职能定位，突出主业主责。各级纪委要聚焦党风廉政建设和反腐败斗争中心任务，明确职能定位、突出主业主责，改变纪检监察机关涉足一般行政部门的事务，混同一线业务部门工作，"种了别人的田，荒了自己的地"的状况，纪委书记（纪检组长）不再分管其他

---

① 参见刘政、程湘清：《人大监督探索》，中国民主法制出版社2002年版，第7页。

② 参见《邓小平文选》（第3卷），人民出版社1993年版，第163页。

③ 参见《中共中央印发〈建立健全惩治和预防腐败体系2013—2017年工作规划〉》，载《人民日报》2013年12月26日。

④ 参见林尚立：《中国共产党与国家建设》，天津人民出版社2009年版，第286页。

业务，切实履行好“监督、执纪、问责”三项主要职责。要强化责任意识。以现有的编制和人员，只要抓住重点，深入下去，干出成绩，切实履行监督责任，就一定能强化工作的权威。强化纪委的监督职能应当创新监督方式，牢固树立“监督就是最好关爱”的理念，让监督与权力如影随形。立足抓早抓小，做到预防针常打、警示钟常敲，防止小问题演变成大问题。梳理组织协调、信访举报、线索管理、案件查办等各项工作环节和步骤，科学设定流程控制，确保监督过程的每一个步骤都要有必要的规则加以约束。拓宽纪检监察机关获取信息的途径和渠道，保障纪检监察机关调查和取证权的有效行使，建立灵敏的廉情预警机制。① 强化纪委的监督职能必须着眼于坚决遏制住腐败蔓延势头，持续保持高压态势，以零容忍的态度惩治腐败，对违纪违法分子坚决“利剑出鞘”，让目无党纪国法，敢于以身试法，敢于践踏“红线”、触摸“高压线”的人心惊胆战。当前，要坚决查处那些在高压态势下仍然不收敛、不收手，群众反映强烈、问题线索反映集中、现在在重要岗位且可能还要提拔使用的干部，治病树、拔烂树，强化“不敢”的氛围。

从反腐败、党建和国家政治发展的视野看，纪检体制反腐败功能的充分发挥显然无论对于执政党建设，还是对于国家政治发展都具有重大意义，三者紧密关联。但需要注意，这三者也存在一定的区隔和张力。反腐败要求纪检体制的高度独立，而这如何与党委领导相协调，是否会影响党的集中统一，值得我们探讨；反腐败要求纪检权力的拓展与强化，而这如何与民主和法治建设相衔接，都需要进行更为深入的探索。正是在这个意义上，对党的纪检体制改革、完善方向的把握与路径的选择，不仅需要立足于反腐败的视角，还应当从执政党建设和整个国家政治发展的高度，予以全面检视和设计。②

---

① 参见王希鹏：《认识党风廉政建设党委主体责任的三重维度》，载《中央社会主义学院学报》2015 年第 1 期。

② 参见徐理响：《试论中国共产党纪检制度的改革和完善》，载《政治学研究》2014 年第 1 期。

第三章 深化国家监察体制改革

在十八届六中全会上，习近平总书记指出："要坚持党对党风廉政建设和反腐败工作的统一领导，扩大监察范围，整合监察力量，健全国家监察组织架构，形成全面覆盖国家机关及其公务员的国家监察体系"，并强调"要做好监督体系顶层设计，既加强党的自我监督，又加强对国家机器的监督"。这一论述深刻阐明了构建中国特色社会主义国家监察制度的基本思路，指明了法治框架下反腐败体制机制改革的方向。

2016 年 11 月，中共中央办公厅《关于在北京市、山西省、浙江省开展国家监察体制改革试点方案》发布，标志着国家监察体制改革开始启动。这是以习近平同志为核心的党中央着眼于"反腐败永远在路上"的战略研判，着眼于加强党对反腐败斗争的统一领导，建设高效权威的国家监察体系而作出的重大决策。这一重大改革是新的历史条件下中国共产党执政的人民主权国家"限制权力、保障权利"的重大法治举措，承载着中国特色社会主义法治建设的立场、观点和方法。国家监察体制改革的实施，对提高反腐败斗争的法治化水平，推进国家治理体系和治理能力现代化，有着重要的现实意义和战略意义。2018 年 3 月，十三届全国人大一次会议通过《中华人民共和国宪法修正案》和《中华人民共和国监察法》，用根本大法和基本法的形式将监察体制改革的成果固定下来，形成了具有中国特色的社会主义国家监察制度，标志着国家监察体制改革和反腐败斗争站在了新的起点上。

一、监察体制改革的理论基础

国家监察体制改革的理论基础是马克思主义的人民主权思想。马克思、恩格斯在总结1848年欧洲革命的经验，特别是总结了巴黎公社的革命经验以后，在吸收资产阶级的人民主权学说的基础上，创造性地提出了马克思主义的人民主权思想。这一思想成为苏联和我国等社会主义宪政体制的理论基石。其在与中国实际相结合的过程中，形成的人民代表大会制度理论，中国特色的反腐倡廉理论，分别从权源、组织、职能等方面，较好地解决了监察体制改革制度建设与理论的自足性协调发展问题。

（一）马克思人民主权学说

马克思人民主权学说是国家监察体制改革的权源基础。马克思人民主权学说认为，以卢梭为代表的资产阶级的人民主权学说虽然在反封建专制主义中起到了进步作用，但其局限性也是很明显的：一是人民主权的“民”范围较小，仅属于资产阶级；二是立论基础自然状态说和社会契约的理论，是无法证实的。国家的一切权力应该属于人民，人民是国家主权的唯一享有者，国家权力是统一而不可分割的。无产阶级在建立无产阶级政权后，应当将一切国家权力统一集中在人民手中，由人民选出的代表来掌握国家最高权力。马克思曾在批判黑格尔的君主主权说时指出：“人民的主权不是从国王的主权中派生出来的，相反的，国王的主权却是以人民的主权为基础的。”其又在《黑格尔法哲学批判》中明确指出：“人民是否有权来为自己建立新的国家制度呢?”“对这个问题的回答应该是绝对肯定的，因为国家制度如果不再真正表现人民的意志，那就变成有名无实的东西了。”① 人民主权究竟是什么样的政治形态呢? 在马克思主义经典作家那里，人民主权并不是抽象空洞的概念，而是现实的民主政治。“‘民主的’这个词在德文里意思是‘人民主权’的。②”

作为马克思主义人民主权学说的重要原则，议行合一是我国监察体制

① 参见《马克思恩格斯集》（第1卷），人民出版社2006年版，第316页。

② 参见《马克思恩格斯集》（第1卷），人民出版社2006年版，第279页。

改革的政治基础。议行合一原则与三权分立相对立，议行合一原则是指决定和执行国家重大事务的权力由最高国家权力机关统一行使的政治理念与实践，是马克思主义在总结巴黎公社经验时创立的政治原则。列宁高度赞扬议行合一制。他认为，公社成为工作机关，是摆脱资产阶级议会制的出路。列宁按照“把立法的职能和执行法律的职能在选出的人民代表身上结合起来”的总体构思，在实践中对巴黎公社所首创的议行合一原则加以发展①。议行合一与三权分立作为国家权力的两种截然不同的分配体制，反映了中西方集体主义和个人自由的不同的价值追求，对政治体制两种截然不同的文化认知。近代意义的三权分立理论是由法国思想家孟德斯鸠提出的。他继承和发展了洛克的分权思想，其在1748年出版的法学名著《论法的精神》中，将三权分立说进一步完善。孟德斯鸠认为：“一切有权力的人都容易滥用权力，这是万古不易的一条经验。”“防止滥用权力，就必须以权力约束权力。”他将国家权力划分为立法、行政、司法三种权力。主张议会行使立法权，政府行使行政权，司法权则由独立的审判机关行使。孟德斯鸠认为：“如果司法权不同立法权和行政权分立，自由也就不存在了。如果司法权同立法权合二为一，则将对公民的生命和自由施行专断的权力，因为法官就是立法者。如果司法权同行政权合二为一，法官便拥有了压迫者的力量。”“如果同一个人或是由重要人物、贵族和平民组成的同一个机关行使这三种权力，即制定法律权，执行公共决议权和裁判私人犯罪或争诉权，则一切便完了。”这一学说为资产阶级革命后建立的政治制度提供了模式和奠定了基本原则。这一学说的诞生、发展乃至实践，是基于西方文化对人性恶的强调，对政府不信任的心理和对自由的极度保障等认知为基础的。美国政治学家潘恩曾认为：“政府即使在其最好的情况下，也不过是一件免不了的祸害，在其最坏的情况下，就成了不可容忍的祸害。”② 而在我国，传统文化中占主流的始终是人性善的认识，始终宣扬社会至上、集体至上的价值，对人民主权下的人民政府是一种信任的心

---

① 1918年苏俄宪法规定：全俄苏维埃代表大会及其常设机关——中央执行委员会是最高国家权力机关，人民委员会是行使行政权的最高行政机关，中央执行委员会委员在人民委员会所属各部（各人民委员会）中工作，并执行中央执行委员会的各项特别委托。

② 参见［美］潘恩：《潘恩选集》，商务印书馆1989年版，第22页。

态，所以三权分立所主张的通过权力分立来保障个人自由的基础自然就不存在。近代中国的发展历程告诉我们，西方三权分立的政治体制并不适合中国，议行合一体制下的人民代表大会制度是我国人民的历史选择，是我国政治体制的政治优势所在。王岐山同志说的“只有党政分工，没有党政分开”的理论逻辑就是议行合一，也就是说，执政党与国家政权是不可分开的。党作为国家政权的创立者、领导者，必须对国家政权的人民性负责，党政分工是指不能以党的领导代替政府管理，这是党科学执政的体现。从这个意义上说，党中央关于深化国家监察体制改革的重大决策，党的纪检和国家监察合署办公，蕴含着马克思主义人民主权学说和议行合一原则的内在逻辑。

（二）人民代表大会制度理论

人民代表大会制度理论是马克思主义人民代表机关理论在中国的体现。它是监察体制改革的组织理论基础。人民代表机关理论的内涵，是社会主义共和国的最高权力机关，必须是通过选举产生的国家统一基础之上的人民代表机关，才能体现人民主权。我国人民代表大会制度理论，就是把人民代表大会制度作为我国的根本政治制度和政权组织形式。在人民代表大会制度下，人民是国家一切权力的主人，人民代表大会代表人民统一行使国家权力。人民代表大会的组织形式和活动方式必须反映和集中人民的意愿来作出决策，并监督决策的贯彻实施。它组织起行政机关并要求其依法行使各项行政管理职权，组织起军事机关来维护国家的安全和利益，组织起审判机关依法对社会纠纷作出裁判，组织起检察机关依法开展法律监督，维护司法公正。这些国家机关的组建，并不是依据某种理论的人为设置，而是社会文明发展进步的客观需要。也就是说，现行体制下的“一府一委两院”格局并不是一成不变的，因势而谋、应势而动、顺势而为是政权建设的发展规律。

集中统一的人民主权国家，没有集中统一的国家监察权，不能不说是政权建设上的一个缺陷。我国人民代表大会制度下一元分工权力结构与西方三权分立的权力结构的重要区别，就是在人民主权不可分割的前提下，立法权、行政权、司法权是分工合作、配合制约的关系。它具有配合优位的天然秉性，其决策的高效率隐含着制约的不足。而恰恰相反，在三权分立的权力结构下，决策效率不高的背后是权力之间的制约优位。值得思考的是，即使在三权分立的现代法治国家和地区，依靠制约保障权力规范运行的制度模式早已被打破，权力运行中行政权的膨胀催生了第四种权力，它在不少国家是隶属总统的监督权，如美国直属白宫的联邦调查局、新加坡贪污调查局、我国香港廉政公署等。这些机构在三权分立政体下或归属议会，或归属行政，或归属司法管理，但其性质既不是立法权，也不是行政权和司法权，而是独立于三权之外的监督权。我国实行人民代表大会下的权力分工，在配合优位的制度特性条件下，组建国家监察委员会，是补强制约短板、强化对国家机器权力监督的必然选择。

（三）党的反腐倡廉理论

中国共产党成立90多年来，在领导社会主义革命、建设和改革的历史进程中，始终高度重视保持党的先进性和廉洁性，并在长期实践中形成了独具特色的反腐倡廉理论，它是党的建设理论与政权建设理论的有机结合，是马克思主义反腐倡廉理论在我国实践中的具体运用。

反腐倡廉理论的逻辑起点，是执政党“为人民服务”的根本宗旨。“全心全意为人民服务”，在政权建设上体现为“执政为民”。“执政为民”起源于马克思、恩格斯的“社会公仆”思想，这一思想是对旧社会“官吏”与新社会“公务员”之本质区别的深刻揭示。在新的社会，掌权者再也不是高居于社会和人民之上的作威作福的主人，而是“社会公仆”和“人民勤务员”。90多年来，中国共产党始终倡导和践行“社会公仆”和“人民勤务员”思想，并不断对其进行新的阐释。毛泽东同志明确提出：“共产党人的一切言论行动，必须以合乎最广大人民群众的最大利益，为最广大人民群众所拥护为最高标准。”他反复告诫各级干部不要滋长官僚主义作风，不要形成一个脱离人民的贵族阶层，要永葆人民公仆的本色。改革开放以来，从邓小平、江泽民、胡锦涛，到习近平，都反复强调，党的干部，无论职务高低，都要始终保持同人民群众的血肉联系，努力当好人民公仆。在新的历史时期，我们党提出以人为本、执政为民，这是在实践中贯彻党的宗旨的根本体现，是对马克思主义关于“社会公仆”思想的重要继承和发展。以人为本、执政为民是反腐倡廉的出发点和归宿，它深刻揭示了一个基本的道理：不是为了反腐败而反腐败，不是为了查案子而反腐败，不是为了惩治人而反腐败，更重要的，是为了促使广大领导干部保持“人民公仆”的本色，防止由“社会公仆”变成“官僚阶级”，真正全心全意为人民服务。只有从这个意义上去理解，我们才能真正领会以人为本、执政为民是马克思主义政党的生命根基和本质要求。

反腐倡廉理论的时代特色，是“零容忍”的鲜明理念。长期以来，我们党坚持把反对腐败、建设廉洁政治作为一项重大政治任务来抓。但是，由于在反腐败认识上的不一致、不统一，现实反腐实践中存在法律制度执行失之于宽、失之于软的问题，比如“抓大放小”，对重大腐败案件比较重视，对轻微腐败现象却见怪不怪。习近平总书记指出：“贪似火，无制则燎原；欲如水，不遏必滔天”，“反腐败高压态势必须继续保持，坚持以零容忍态度惩治腐败。对腐败分子，发现一个就要坚决查处一个。要抓早抓小，有病就马上治，发现问题就及时处理，不能养痈遗患。要让每一个干部牢记‘手莫伸，伸手必被捉’的道理”。习近平总书记关于“零容忍”的反腐理念，是新的历史条件下我们党和国家对腐败现象蔓延机理及其演化规律的理性认识，表明了中国共产党人与腐败现象水火不容的鲜明政治立场和对任何腐败行为、腐败分子都必须依纪依法坚决惩处的法治原则①。同时，对改革现行反腐败体制提出了新的要求，要落实“零容忍”的反腐理念，就要改革监督机构力量分散、惩防不力的问题，就要改变监督机构隶属地方和部门独立性不强的问题，就要改变行政监察功能萎缩、非党公务员纪律约束不力等问题。实现党内监督与党外监督相结合，党纪检查与国家监察相结合，刑事手段与非刑事手段相结合，增强不敢腐的威慑力，不能腐的防范力，不想腐的自律力。

反腐倡廉理论突出特色，是执政党对权力运行的全方位监督。在中国共产党长期执政条件下，如何直面腐败问题，不断提升自我净化、自我修复能力，强化党内监督始终是一项重大课题。习近平总书记指出：党要管

① 参见邱学强：《新时期反腐败理论与实践的重大创新》，载《学习时报》2015 年 7 月 16 日。

党、从严治党，“管”和“治”都包含监督。党委要任命干部，更要监督干部。因此，党内监督在党和国家各种监督形式中是最基本、第一位的。十八届六中全会制定《中国共产党党内监督条例》，明确了党中央统一领导、党委党组负责全面监督、纪律检查机关负责专责监督，同时，规定党的工作部门的职能监督、党的基层组织的日常监督和党员的民主监督。但是，仅仅构建党内监督体系是不够的。“我们党的执政是全面执政，从立法、执法到司法，从中央部委到地方、基层，都在党的统一领导之下。我国公务员队伍中党员比例超过80%，县处级以上领导干部中党员比例超过95%。因此，监督国家公务员正确用权、廉洁用权是党内监督的题中应有之义，既要加强党的自我监督，又要加强对国家机器的监督。”① 为此，“要坚持党对党风廉政建设和反腐败工作的统一领导，扩大监察范围，整合监察力量，健全国家监察组织架构，形成全面覆盖国家机关及其公务员的国家监察体系”。构建监察体系，把中国共产党反腐败的意志和主张，转化为国家的意志、决策和行动，实现对国家机关和全体工作人员专门监督的全覆盖。

（四）中国特色社会主义法治思想

党的十八大以来，习近平总书记就法治问题多次发表重要讲话，要求以宪法为统帅，坚持依法治国、依法执政、依法行政共同推进，坚持法治国家、法治政府、法治社会一体建设。提出了要“善于运用法治思维和法治方式反对腐败”的重要思想，从而使新时期的反腐败斗争从既往的运动反腐、权力反腐向依法反腐的路径模式转变，反腐败斗争的法治化水平大幅提升。

法治反腐强调管住权力的控权思维。现代意义上的法治是以民主为前提，以制约权力和保障权利为核心内容，依法办事是国家社会活动的方式和状态。绝对的权力导致绝对的腐败。法治具有监督性和自我约束的属性。法治首先通过国家根本法对国家权力作出合理的架构，极大地限制了

---

① 习近平：《在第十八届中央纪律检查委员会第六次全体会议上的讲话》，载人民网，最后访问日期：2016年1月12日。

权力的恣意性。习近平总书记关于“把权力关进制度的笼子里”的思想，是对我们历史和现实的深刻教训的总结，体现了限制权力恣意的法治精神。要实现把“权力关进制度的笼子里”，关键在党，主动权也在党。党已经意识到必须把权力关进制度的笼子里，这是巨大的进步。但要兑现承诺，就得下大力气建设好制度、落实好制度。现在我们的制度之所以关不住权力，不是因为“网开一面”，而是太多受非制度因素制约。而且权力不会自己往笼子里钻；权力更不会老老实实地待在笼子里。面对管不住权力的难题，执政党及其领导核心需要有革新政治、重建权力结构的勇气和智慧，需要克服既得利益集团的阻挠，大胆而稳妥地推进政治改革，探索适合中国国情的依法执政之路。深化国家监察体制改革，实现对国家机关和公务人员监督的全覆盖，就是把权力关进制度笼子政治改革的重大举措。

法治反腐强调惩治腐败的规范性。反腐败斗争不能搞选择性执法、象征性执法或宽容性执法，反腐败斗争也要遵守规矩，要有规矩意识。习近平总书记指出，“治理一个国家、一个社会，关键是要立规矩、讲规矩、守规矩”，我们要坚持运用法治思维和法治方式反腐败，做到有案必查、有腐必惩，“要严格依纪依法查处各类腐败案件，坚持‘老虎’、‘苍蝇’一起打”，既坚决查处大案要案，又要着力解决发生在群众身边的腐败问题，坚持党纪国法面前没有例外。习近平总书记关于惩治腐败的规范性理念表明，新时期反腐败斗争更加注重法治的“顶层设计”，更加注重从法律制度、法治方式和法治机制入手，为公权力创设公正、透明的运作机制，规范公权力行使的范围、方式、条件和程序，更加充分发挥法治对公权力的引导和规范作用，使公权力执掌者不能腐败、不敢腐败①。深化国家监察体制改革，就要从改变长期以来反腐败斗争存在的职能机构重叠、执纪纪法边界不清、法律执行标准不一、党纪手段和执法手段混用等不规范问题，堵塞反腐执纪执法的漏洞，推进反腐败斗争规范化、程序化、法制化，增强法治反腐威慑力和公信力。

---

① 参见邱学强：《新时期反腐败理论与实践的重大创新》，载《学习时报》2015 年 7 月 16 日。

法治反腐强调法律制度的严谨性。没有健全的制度，不把权力关进制度的笼子里，腐败现象就遏制不住。如何依靠制度规范更加有效地防治腐败，仍然是我们党和国家面临的一个重大课题。习近平总书记指出，“制度问题更带有根本性、全局性、稳定性、长期性”，“牛栏关猫”是肯定不行的，制定制度“要搞好配套衔接，做到彼此呼应，增强整体功能”。反腐败国家立法不仅限于对构成犯罪的腐败行为的严厉惩治，而且要体现对违纪违规等涉腐问题的早防早治。习近平总书记对反腐制度规范科学性的强调意味着，必须加强党纪与国法的一体建设，解决好党纪与国法之间的缝隙问题、贪腐行为的法律漏洞和刚性不足问题等，坚持法律制度面前人人平等，不开“天窗”、不留“暗门”，坚决维护党纪国法的法治权威。深化国家监察体制改革，把《行政监察法》修改为《国家监察法》，这是推进反腐败立法的实质性举措，反腐败立法从监察主体、监察对象、监察内容、基本职责、职权配置、职能运行、自身监督和责任追究等方面为监察委员会的构建提供法律依据，充分体现监察实体与监察程序结合，刑事手段与非刑事手段并举，违规违法处置与刑事诉讼并行，惩治与预防腐败一体的反腐败客观规律和要求，做到实现用法治思维和法治方式开展国家监察、惩治腐败。

二、监察体制改革的价值基础

中共中央办公厅《关于在北京市、山西省、浙江省开展国家监察体制改革试点方案》的出台，预示着“扩大监察范围，整合监察力量，健全国家监察组织架构，形成全面覆盖国家机关及其公务员的国家监察体系”的反腐败体制重大改革将要启动。这是以习近平同志为核心的党中央深刻总结治国理政、管党治党的经验教训，准确研判新时期反腐败斗争发展规律而作出的重大决策。选择京浙晋作为试点，就是要通过实践探索，总结经验，将党中央关于健全国家监察体制的重大决策上升为法律，为修订《宪法》《行政监察法》等相关法律创造条件，为监察体制改革的全面铺开提供了法律资源。深刻认识国家监察体制改革的价值基础，准确把握国家监察制度创设的基本内涵，对于统一思想、凝聚共识，增强推进这一改革的坚定性和自觉性，具有重要的现实意义。

（一）首要价值

构建高效权威的反腐败国家监察体系，是政治制度的发展与建构。而政治制度的发展与构建，只有充分利用本国已有的政治资源，才可能持续稳定地以较低的成本，实现较高的政治绩效。在我国，对国家机关和公务员监督的机构和制度是多样的，“还处于一种未经整合的状态”①。反腐败监督职能分散于各级纪检监察机关、政府的预防腐败机构和审计机构、各级检察机关查办和预防职务犯罪机构之中，这些机构领导机关不一，不仅职能重叠、边界不清，难以形成合力，且执行法律不一、执行标准不一，分散了反腐力量，很难形成稳定、规范而高效的反腐合力。据对2008—2012年的数据分析，5年间全国纪检监察机关每年立案查处约13万件，移送司法机关处理的有4000余件，不到立案总数的4%。这期间，检察机关每年查处职务犯罪案件约5万件，属纪检监察移送的不到10%。② 这与腐败存量积聚和腐败增量加剧的客观事实形成强烈的反差，说明体制上的障碍削减了对腐败查处的概率与效能。检察机关作为国家司法机关，主要职能是参与诉讼和监督诉讼。检察机关是反腐败的重要职能机构，但实际上职务犯罪侦查部门只是检察机关的内设机构，执法办案人员仅占司法办案人员的10%左右，反腐方面的办案力量严重不足。目前全国检察机关侦查办案人员约6万人，每年查办案件约5万件，大批职务犯罪线索无法得到及时初查，大量腐败犯罪黑数③的存在，严重影响了中央确定的减少存量遏制增量的反腐败目标要求。

整合国家监督资源，适应发现、揭露、查证、处罚腐败行为的基本规律，可实现制度效益最大化。国家监察机构集中行使部分审计权、违法调查权和犯罪侦查权，构成了发现腐败、查证腐败、处置和预防腐败环环相扣的法治链条，具有不敢腐的威慑力、不能腐的防范力、不愿腐的自律

---

① 参见喻中：《权力制约的中国语境》，山东人民出版社2007年版，第189页。

② 资料来源：中纪委十七届二、三、四、五、六次全会工作报告及其相关资料，新华网新华时政专栏。

③ 参见王牧：《新犯罪学》，高等教育出版社2005年版，第189页。犯罪黑数，从犯罪学的范畴上看，又称“犯罪暗数”或“隐案”，是指已经发生但由于种种原因未予发现和未被纳入官方犯罪统计之中的那部分犯罪案件数。

力。特别是在党内监督制度、体制逐步完善的背景下，要实现党纪与国法的无缝衔接，国家治理腐败的体制改革必须进行，尤其是纪委执纪权力边界已经明确，与监察合署办公的工作方式和一些行之有效的工作措施受到挑战，形成了改革的“倒逼”态势。建立集中统一的国家反腐败机构，使地方和部门的同体监督转化为国家层面的异体监督，不仅可以增强对权力制约的刚性，而且能极大地提高反腐败抗干扰能力；行政监察权和检察侦查权转化为国家监督权，突破行政与检察的部门壁垒，可实现行政违法和职务犯罪查处的有机统一，增强反腐败整体合力；克服以党代政、侦诉同体的机制掣肘，激活被压抑的监察、侦查权能，可催生行政违法监督和腐败犯罪查处的内在动力。制度效益最大化的首要价值，就是通过将行政监察和检察侦查等职能整合为集中统一的国家监察职能，突出党的领导的权威和国家法律的权威，增强反腐败斗争法治效能，为构建权威高效的反腐败国家监察体系提供坚强的制度保障。

（二）基本价值

优化国家机关的权力配置和职权关系。任何一项法律制度的创设，都是社会文明进步的需要。从国际上看，现代法治国家都确立了监督权，只是由于制度不同，监督权的属性定位不够清晰。“三权分立”强调立法权、行政权、司法权三权相互制约。随着社会发展和行政权的膨胀，我们需要强化外部监督，因此监督权应运而生。如美国联邦调查局、新加坡贪污调查局、韩国反腐败委员会、我国香港廉政公署等，都是直接对国家元首或最高领导人负责、自上而下垂直管辖的反腐机构法律制度。这些机构的权力属性，既不能归属行政，也不能归属立法和司法，而是独立于立法权、行政权、司法权的第四种权力——监督权。监督权的产生是一种客观存在，成为公权运行不可或缺的保障，这一权力的出现，是三权分立创始人始料未及的。我国实行人民代表大会制度下的权力分工政治体制。人民通过人民代表大会享有国家主权。在“主权不可分割”的原则下，人民代表大会作为最高权力机关，代表国家组建行政机关并要求其依法行使职权，组建审判机关并要求其依法作出公正裁判，组建检察机关并要求其维护司法公正等。

行政权之下的监察权，其监督对象只能是行政机关及其公务员、国家行政机关任命的其他人员，且运行中缺乏应有的独立性。虽然《行政监察法》赋予监察机关检查权、调查权、建议权和行政处分权等，但由于归属同级政府领导，实践中难以落实。如《行政监察法》对“本级人民政府所属部门和下级人民政府作出的决定、命令、指示违反法律、法规或者国家政策，应当予以纠正或者撤销的”，可以提出监察建议的规定，在实践中基本没有得到有效执行。检察权之下的侦查权，实质上是法律赋予的强制性监察权。由于检察权的核心职能是维护司法公正，履行客观公正义务[①]，检察机关既自行侦查，又自行审查起诉，有违侦、诉、审各负其责、相互制约的法治原则，饱受既当“运动员”，又当“裁判员”的质疑。现行政府监察权和检察侦查权的固有缺陷，不仅导致国家监督权能的严重不足，而且使司法反腐公信力隐性流失。

由全国人民代表大会组建集中统一的反腐机构，形成与行政权、审判权、检察权平行的监督权，有利于国家权力制约体制的进一步完善。人大对国家监督权的监督，由过去的间接监督变成了直接监督，形成权力行使与权力来源的关系、监督与被监督的关系，集中体现了国家监督权的人民性。检察侦查归属国家监察，使监察权、检察权、审判权形成各司其职、相互制约和相互配合的格局。检察院、法院接受监察委员会监督，确保检察院、审判人员依法履职。监察委员会接受检察院、法院的制约，确保监督活动程序规范、实体公正。具体表现为：查处腐败犯罪案件需移送检察院审查起诉；监察委员会对腐败违法案件作出的非刑事处罚，当事人可向法院申诉，由法院依法裁判。通过这样的监督制约，让人民群众从每一起反腐个案中感受到公平正义。

---

① 参见吴建雄：《检察官客观义务的错案预防价值》，载《法学评论》2011年第1期。客观公正义务又称检察官客观义务。这是国际检察官制度的一个重要概念，是指检察官在刑事诉讼中，必须站在客观的立场上，追求案件的事实真相，不偏不倚地全面收集证据、审查案件和进行诉讼的思想、规范和行为。它既是一个诉讼的理念，宏观司法上的要求，也是一种法定的职权和义务。由于腐败问题不仅仅是刑事诉讼问题，因而对客观义务的强调与对腐败问题的查处在价值取向上存在差异。

（三）目标价值

推进国家治理体系和治理能力的现代化是监察体制改革的目标价值。腐败治理是国家治理的基础和前提。反腐败既是执政党的自我净化、自我完善、自我革新、自我提高，又是维护公共权力廉洁高效运转的国家治理工程，是维护人民当家作主、实现人民监督权力的国家行为。腐败行为是公共管理活动中的权力滥用，是国家治理中的一种病变，只有防止公共权力滥用，遏制国家治理中的病变，才能保障国家治理的有效性。因此，要推进国家治理体系与治理能力的现代化，就必须实现腐败治理体系和治理能力的现代化。按照这一治理逻辑，中国共产党主导的腐败治理的两个基本点，就是党内监督与国家监察，二者在价值取向、制度安排和行动方向上的“无缝隙对接”，是两个体系的共同发力。但在现行体制结构下，两个体系很难做到共同发力。比如，从机构设置看，纪检监察机关的内设业务机构为若干个纪检监察室，这样的机构设置决定了它的主要职责，只能是党内的执纪问责监督，对国家机关和公务员的监察难以摆上议事日程。监察职能萎缩的危害是毋庸置疑的，它不仅导致政府内部监督薄弱，而且使非党公务人员纪律约束出现空白地带。从被查处的省部级官员分析不难发现，他们的涉腐犯罪“非一日之寒”，都与长期以来对国家机关和公务人员监察的虚置和缺失有关。这也是系统性腐败、区域性腐败、塌方式腐败、家族式腐败出现的重要原因。

实现腐败治理体系与治理能力的现代化，要求党委在承担起反腐败主体责任的同时，既强化党内监督，又加强国家监察。党内监督按照执纪、监督、问责的职权配置要求，负责党内纪律检查，围绕全体党员是否遵守党的纪律也即对违反党纪行为进行监督。国家监察按照执法、监督、问责的职权配置要求，负责廉政法规监察，围绕公共权力运行中国家工作人员是否遵守法律法规进行监督，依法对不构成犯罪的腐败行为实施非刑事处罚，对触犯刑法的腐败行为实施刑事犯罪调查，并移送检察机关审查起诉。从而呈现出党纪检查、违法调查和犯罪侦查相互独立、相互衔接和相互配合的崭新格局。国家监察与党内监督相辅相成，共同发力，巩固党的执政地位，厚植党的执政基础；它与人大监督、司法监督、审计监督相结合，保证国家机关依法履职、秉公用权；它与民主监督、社会监督相结合，保证权力来自人民、服务人民，确保人民赋予的权力为人民谋利益。党内监督和国家监察职能的强化，为腐败治理体系和治理能力的现代化创造了条件，有利于以制度化的方式科学分解人大、政府、司法及其他公共权力机构的反腐败职责，推进国家腐败治理体系制度化、科学化、规范化和程序化，形成与社会治安治理体系相对应的公共权力治理体系，促进国家治理两大体系中，各个治理主体彼此之间相互协调、共同发生作用，把中国特色社会主义各方面的制度优势，转化为推进国家治理体系和治理能力现代化的整体效能。

三、监察体制改革的基本原则

（一）党对权力运行的全方位监督

监督是权力正确运行的根本保证①。中国共产党作为执政党，对权力运行的监督是全方位的。习近平总书记指出：党要管党、从严治党，“管”和“治”都包含监督。党委要任命干部，更要监督干部。他强调说，我们党的执政是全面执政，从立法、执法到司法，从中央部委到地方、基层，都在党的统一领导之下。我国公务员队伍中党员比例超过80%，县处级以上领导干部中党员比例超过95%。因此，监督国家公务员正确用权、廉洁用权是党内监督的题中应有之义，既要加强党的自我监督，又要加强对国家机器的监督②。但是，党对国家机器的监督，不能像党内监督那样直接实行，而必须通过法定载体来实现。这个载体就是国家监察体系，通过这个载体，把党风廉政建设和反腐败的意志和主张，转化为国家的意志、决策和行动，实现对国家机关和全体工作人员专门监督的全覆盖。

党对权力监督的全方位监督，要求党内监督与国家监督双管齐下。在

① 参见习近平：《在中国共产党第十八届中央纪律检查委员会第六次全体会议上的讲话》，载新华网，最后访问日期：2016年1月14日。

② 参见习近平：《在中国共产党第十八届中央纪律检查委员会第六次全体会议上的讲话》，载新华网，最后访问日期：2016年1月14日。

我国反腐败监督体系中，党的纪检机关是党内执纪的专门反腐败机关，国家监察机关是反腐败执行法律的专门机关，其执纪执法活动是以党纪国法的强制力为后盾的。纪委要坚持纪在法前，充分运用批评教育、组织处理、纪律处分、立案审查“四种形态”，既抓早抓小、防微杜渐，又坚决处理“少数”和“极极少数”，切实肩负起“党纪严于国法”职能责任。监察机关依法检查国家机关和公务人员在遵守和执行法律、法规中的问题；依法受理对涉腐违纪违法行为的控告、检举和调查处理；依法受理涉嫌贪污贿赂、渎职等职务犯罪的案件线索，通过调查侦查等法定手段揭露和证实其违法犯罪事实；结合查办案件，帮助发案单位堵塞漏洞，整章建制，发挥“亡羊补牢”的执法预防功能，实现对国家机关及公权力部门工作人员是否勤政廉政监督的全覆盖。充分发挥党纪与国法的反腐监督功能，把党对权力监督全面领导的主体责任落到实处。

（二）权力属于人民、人民监督权力

我国宪法规定，中华人民共和国的一切权力属于人民，人民行使国家权力的机关是全国人民代表大会和地方各级人民代表大会。简单地解释就是：人民把主权让渡给选举的代表，由代表机关选举、监督或罢免国家机关及工作人员，由人民选举出来的国家机关工作人员对人民负责，并接受人民监督。

人民对国家机关及其工作人员的监督，一方面表现为间接监督。间接监督就是通过人民代表大会及其常委会对国家机关及其工作人员进行立法监督和工作监督；通过人民政府对所属公共机构进行行政管理监督；通过人民法院、人民检察院的刑事诉讼、行政诉讼对国家机关及其工作人员进行司法监督；通过审计机关对国家资金运行和资源分配进行审查稽核和经济管控监督等。由于这些监督，都属于人民政府和检察机关的职权范畴，行政管理监控和维护司法公正的核心价值取向，难以充分体现人民群众对权力监督的意愿。健全国家监察体系，将监察权从政府职权内剥离、将侦查权从检察职权内剥离，组成与行政权、检察权平行的监察权，就能使人大及其常委会对权力的监督落实到执法的程序上；使人民法院、人民检察院的司法监督更加公平公正；使政府的行政监管、审计机关的经济管控更

加规范高效，从而最大限度地体现人民对国家机关及其工作人员监督的反腐期待。

人民对国家机关及其工作人员的监督，另一方面表现为直接监督。我国是人民民主专政的社会主义国家，人民民主专政的实质是以国家强制力保障人民当家作主，而保障人民当家作主的基本内涵是保障人民的生存权、自由权和各种合法权益不受侵害。这就要求国家强化对公共权力的监督和制约，确保人民赋予的权力不被异化，甚至沦为谋取小集团或私人利益的工具。因此，要巩固人民民主专政的国体，就必须保障人民群众对公共权力实行监督的知情权、参与权，保障人民群众通过法定程序监督国家机关及其工作人员廉政勤政。在现行监察体制下，党的纪检机关，政府监察机关、审计机关，检察机关等都建立了举报制度，开通了举报电话，设立了举报网站，受理公民的检举和控告。但由于受监督职能部门的局限，对受理的群众举报案件，需要在各部门间传递、转办之后，才能进入本部门职权范围。这就使得举报人很难及时得到情况反馈，执纪执法效率也在“文来文往”中流失，举报人身份泄密遭到打击报复的情况时有发生。建立集中统一的国家监察机构，可以整合发现、受理、证实腐败行为的执纪执法资源，去除公民举报上信息反馈不畅、查证效率和保密程度不高等弊端，保障人民群众积极、有序地参与反腐败斗争，更好地体现人民监督权力的社会主义国体和政体的本质特征。

（三）改革于法有据、立法逐步完善

习近平总书记指出：“凡属重大改革都要于法有据。在整个改革过程中，都要高度重视运用法治思维和法治方式，发挥法治的引领和推动作用，加强对相关立法工作的协调，确保在法治轨道上推进改革。”① 第十二届全国人民代表大会常务委员会第二十五次会议作出了《关于在北京市、山西省、浙江省开展国家监察体制改革试点工作的决定》，标志着相关试点地区改革开展获得人大授权。全国人大常委会对试点地区的机构整合等

① 参见《习近平总书记在中央全面深化改革领导小组第二次会议上的重要讲话》，载新华网，最后访问日期：2014 年 2 月 28 日。

体制性问题作出的决定，就是试点工作的法律依据。但是，国家监察体制改革要在全国范围内全面铺开，必须在《国家监察法》的基础上实施。中央关于监察委员会是反腐败专责机构的职能定位决定了《国家监察法》实质上就是国家反腐败专门法律，充分体现了监察实体与监察程序结合，刑事手段与非刑事手段相并举，违规违法处置与刑事诉讼并行，惩治与预防腐败一体的反腐败客观规律和要求。由于监察体制改革符合我国宪法精神和原则，是在中国特色社会主义国体政体框架内的制度创新，不存在所谓“违宪”问题，因而《国家监察法》就是国家监察体制改革全面推行的法律依据。

随着国家监察体制改革的全面推进，健全立法是题中之义。按照现行宪法的规定，我国的权力架构是“一统四分”的格局。即：在全国人大之下，设立行政机关（国务院）、审判机关（法院）、法律监督机关（检察院）和军事机关（中央军委）。而监察体制改革则形成与“一府两院”平行并立的“国家监察机关”。在国家层面，设立“国家监察委员会”，负责对中央所有国家机关和公务人员进行监察监督。“国家监察委员会”由全国人民代表大会选举产生，接受全国人民代表大会及其常委会的监督。这就需要修订《宪法》，在《宪法》中明确国家监察机构的法律地位。同时，制定《监察委员会组织法》，对监察机关的组织体制、机构设置、监察权限、活动原则等予以细化。应修订《人民检察院组织法》《检察官法》，体现反贪反渎和预防部门的转隶。修订《刑事诉讼法》，体现国家监察体制改革后，检察机关和监察机关在案件管辖等方面发生的变化。监察体制改革后，监察机关脱离政府序列，相应对生产安全事故的调查和处理，需要通过修订安全生产法，明确授权由国务院和国家监察委员会联合制定生产安全事故调查和处理的具体办法；并相应修订国务院《生产安全事故报告和调查处理条例》。通过法律法规的逐步完善，为监察委员会及相关职能机构的规范高效运转，提供强有力的法律依据，确保国家监察机构真正成为巩固党的执政基础、强化人民民主监督、维护国家政权安全的上下贯通的战略支点。

（四）有权必有责、用权受监督

国家监察权的运行，旨在强化对国家机器的监督，实现对国家公务人员的全覆盖。这是因为权力作为一种集中起来的控制力和社会影响力，不仅代表着对社会的责任和义务，同时也标志着权力行使者不同于一般人的特殊地位、身份。这种以强制力为后盾的权力，不论受支配一方是否情愿，都必须强迫服从。这就使得权力的拥有者具有凌驾于他人之上、滥用权力的可能。法国杰出的思想家孟德斯鸠指出，一切有权力的人都容易滥用权力，这是万古不易的一条经验。因此有权必有责，用权受监督是权力运行的基本法则。也就是说，要使公共权力沿着国家、社会和群众的整体意志和利益的正确轨道运行，就必须强化对权力的监督和制约。健全国家监察体系，就是通过对国家机关和执掌公共权力的人员的执法问责、依法监督，防止公共权力异化和滥用，把权力关进制度的笼子里。

有权必有责，用权受监督同样适用于国家监察机关。国家监察委员会作为反腐败的专责机关，肩负着党的信任和人民的期盼，承担着监督公职人员勤政廉政、维护国家权力廉洁高效运转的重要职责，其自身素质更要过硬。实践证明，信任不能代替监督，在反腐败斗争形势依然严峻复杂的情况下，纪检监察系统也非净土，同样面临严峻复杂的形势。少数纪检监察干部没能经受住腐蚀与反腐蚀的考验，由执纪监督者蜕变为腐败分子。为保证国家监察权力的正确行使，防止擅权现象发生，应当加强对国家监察权力行使的监督和制约。要加强党中央和地方党委对国家监察权力及运行的领导和监督，坚持党内请示报告等行之有效的制度；建立完善监察权力的合理分工制约和程序制约机制，加强对国家监察权力的分工、制约和监督；充分发挥人大监督和民主监督作用，进一步健全监督的途径和方法；完善检察机关、审判机关的监督制约，严格遵守刑事诉讼和行政诉讼法律规定，不断提高监察机关执纪执法的法治化水平。为加强对国家监察人员的监督，除在《国家监察法》中确立按照法定职责必须为、法无授权不可为的基本原则，明确监察委员会的职责权限、运转程序和具体措施外，修订《刑法》，增加规制国家监察人员滥用职权、刑讯逼供、收受贿赂、徇私枉法罪等行为的定罪处罚，切实加强对监察委员会及其监察人员自身的监督。

四、监察体制改革的制度设计

（一）国家监察体制的总体设计

第一，明确党对国家监察工作的领导。中国共产党的领导是中国特色社会主义最本质的特征。我们推进各领域改革，都是为了完善和发展中国特色社会主义，巩固党的执政基础，提高党的执政能力。以零容忍态度惩治腐败是中国共产党鲜明的政治立场，是党心民心所向，必须在党中央统一领导下推进。根据党中央的决策部署，拟组建的监察委员会就是反腐败工作机构，与党的纪律检查机关合署办公，目的是加强党对反腐败工作的集中统一领导，完善党和国家的自我监督。而监察法就是反腐败国家立法，制定监察法，为监察委员会履行职责、开展工作提供法治保障，在反腐败工作领域体现了坚持党的领导、人民当家作主、依法治国的有机统一规定，坚持中国共产党对国家监察工作的领导，构建具有中国特色的国家监察体系，建立集中统一、权威高效的反腐败体制，强化党和国家的自我监督，推进国家治理体系和治理能力现代化。

第二，创新和完善国家监察体制。为健全反腐败体制机制，提升国家监察权威性和有效性，应规定中华人民共和国监察委员会由全国人民代表大会产生，负责全国监察工作，对全国人民代表大会及其常务委员会负责，并接受监督。县级以上地方各级监察委员会由本级人民代表大会产生，负责本行政区域内的监察工作，对本级人民代表大会及其常务委员会和上一级监察委员会负责，并接受监督。中华人民共和国监察委员会领导地方各级监察委员会的工作，上级监察委员会领导下级监察委员会的工作。同时，为了增强监察工作的机动性、实效性，规定上级监察机关可以将其所管辖的监察事项指定下级监察机关管辖，也可以将下级监察机关有管辖权的监察事项指定给其他监察机关管辖。

第三，实现对公职人员监察全覆盖。按照对所有行使公权力的公职人员进行监督的改革要求，草案将中国共产党的机关、人大机关、行政机关、政协机关、监察机关、审判机关、检察机关、民主党派和工商联机关的公务员及参照公务员法管理的人员，法律、法规授权或者受国家机关依法委托管理公共事务的组织中从事公务的人员，国有企业管理人员，公办的教育、科研、文化、医疗卫生、体育等单位中从事管理的人员，基层群众性自治组织中从事集体事务管理的人员以及其他依法履行公职的人员，统一纳入监察范围，由监察机关按照管理权限进行监察。

第四，明确监察机关主要职能和监督、调查、处置职责。根据国家监察体制改革方案，聚焦反腐败职能定位，应规定监察机关主要职能：维护宪法和法律法规；依法监察公职人员行使公权力的情况，调查职务违法和职务犯罪；开展廉政建设和反腐败工作。监察机关履行监督、调查、处置职责：一是对公职人员依法履职、秉公用权、廉洁从政从业以及道德操守情况进行监督检查。二是对涉嫌贪污贿赂、滥用职权、玩忽职守、权力寻租、利益输送、徇私舞弊以及浪费国家资财等职务违法和职务犯罪进行调查。三是依据相关法律对违法的公职人员作出政务处分决定；对在行使职权中存在的问题提出监察建议并对履行职责不力、失职失责的领导人员进行问责；对涉嫌职务犯罪的，将调查结果移送检察机关依法直接提起公诉。

第五，赋予监察机关必要的权限。应将目前监察机关实际使用的调查措施以国家立法形式固定下来。一是将现行行政监察法规定的查询、复制、冻结、扣留、封存等措施，完善为查询、冻结、搜查、调取、查封、扣押、勘验检查、鉴定等。二是将实践中运用的谈话、讯问、询问等措施确定为法定权限。三是监察机关在调查涉嫌贪污贿赂、失职渎职等严重职务违法和职务犯罪中，对已掌握其部分违法犯罪事实及证据，仍有重要问题需要进一步调查的被调查人，经依法审批可以将其留置在特定场所进行调查。这样可以有效防范逃跑、自杀，防止串供或者伪造、销毁、转移、隐匿证据等问题，促使被调查人如实说明问题，也有利于保护被调查人的安全。四是对需要采取技术调查、限制出境等措施的，经过严格的批准手续，交有关机关执行。

第六，严格规范监察程序。为保证监察机关正确行使权力，应对监督、调查、处置工作程序作出严格规定，包括问题线索的管理和处置方式，搜查、查封、扣押等程序；应对讯问和重要取证工作全程录音录像，严格涉案款物处理方式。应对采取留置调查措施的，规定严格的程序和期限：省级监察机关决定采取留置措施，应当报中华人民共和国监察委员会备案，省级以下监察机关采取留置措施，应当报上一级监察机关批准，留置时间不得超过三个月，特殊情况下经批准可延长一次，延长时间不得超过三个月；应明确规定，采取留置措施后，除有碍调查的，应当在二十四小时以内，通知被留置人所在单位或家属；同时，应当保障被留置人员的饮食、休息，并对其提供医疗服务。

第七，加强对监察机关和监察人员的监督。一是加强人大监督，草案规定，监察机关接受本级人大及其常委会的监督；各级人大常委会可以听取和审议本级监察机关的专项工作报告，并组织执法检查；监察机关应当接受询问或者质询。二是强化自我监督，草案占党的纪律检查机关监督执纪工作规则相衔接，将实践中行之有效的做法上升为法律规范。草案规定了对打听案情、过问案件、说情干预的报告和登记备案；监察人员的回避；脱密期管理和对监察人员辞职、退休后从业限制等制度。同时规定了对监察机关及其工作人员不当行为的申诉和责任追究制度。三是明确监察机关与检察机关之间相互制约，对于监察机关移送的案件，检察机关经审查后，认为需要补充核实的，应当退回监察机关补充调查，必要时可以自行补充侦查；对于证据不足、犯罪行为较轻，或者没有犯罪事实的，应当征求监察机关意见并报经上一级检察机关批准，依法作出不起诉的决定。此外，草案还明确规定，监察机关应当依法公开监察工作信息，接受民主监督、社会监督、舆论监督。

（二）健全监察体制的运行机制

一是完善合署办公程序机制。现有的行政监察职能与检察侦查职能整合后，原有的违纪调查与刑事侦查紧密衔接，反腐败执纪执法的威慑、强制功能加大，在这种情况下，更需要强调法治思维和法治方式。规范执纪执法，完善纪检监察机制。在办案程序上，把严格依纪依法作为行为准则，坚持纪律法律面前人人平等，依规依法全面收集证据，切实改变“口供至上”的观念和做法；完善人权司法保障制度，依法保障辩护律师的执业权利。在事实认定上，坚持客观公正地查办案件，准确掌握违纪违法事实，严格区分工作失误与违纪违法的界限。在定性处理上，坚持以事实为依据，以纪律法律为准绳，违纪者受党政纪处分，违法者受法律制裁；坚决防止以党政纪处分代替刑事处罚，以刑事处罚代替党政纪处分的问题发生。让人民群众从我们办理的每一起腐败案件中感受到公平正义。

二是建立执纪执法活动程序规范。纪检监督执纪问责职能与监察监督调查处置职能在一体运行时，应界定日常监督、执法调查与处置问责的活动规范。对党员和公务员的监督总体上处于“四种形态”中的前三种状态，因而只能采取非强制性调查手段。只有发现被监督者具有明显违纪违法行为时，才能进入第四种形态即立案审查。而立案审查也有违纪违法之分，对违反党纪的立案审查，一般只能采取非强制性调查措施。对违法行为的立案审查，才可采取强制性调查措施。这是监察执法与纪检执纪在性质、手段上的重要区别。只有实现执法与执纪的分离和衔接，才能充分发挥把纪律挺在前面的腐败防控优势，防止出现违法违规办案甚至冤假错案，保证办案的质量和效果，维护党的执政形象和国家法治形象。

三是健全监察权监督机制。应加强党中央和地方党委对国家监察权力及运行的领导和监督，坚持党内请示报告等行之有效的制度。应建立完善监察权力的合理分工制约和程序制约机制，比如依托中央纪委案件监督管理室等机构、机制，加强对国家监察权力的分工、制约和监督。应建立人大监督和民主监督机制，积极探索接受监督的途径和方法。应完善检察机关、审判机关的监督制约，比如监察机关查处腐败犯罪案件，就需移送检察院审查起诉；对腐败违法案件的非刑事处罚，当事人可向法院申诉，由法院依法裁判。应建立人大监督、民主监督、社会监督机制，确保人大及其常委会专项调研、执法检查、听取报告、工作测评等监督的落实，确保政协对监察工作提案办理的受理和反馈，自觉接受广大人民群众对监察工作的意见和建议。

四是建立与检察机关衔接的机制。包括：（1）建立案件移送工作机制。监察机关查处的需要追究刑事责任的案件，应及时将有关材料（复制件）送达相应的检察机关；检察机关对监察机关移送的案件应及时进行审查，决定提起公诉的，应将审查情况及结果反馈监察机关，决定不予起诉的，应将不起诉的决定及理由通报监察机关。（2）建立联席会议机制。为加强办案工作衔接，针对面临的新问题和阶段性工作，双方负责同志定期或不定期召开工作会议，通报办案情况，进行工作经验交流，研究、协调有关政策和法律问题，研究重大案件起诉中需要协调解决的问题。(3) 建立信息共享机制。如数据平台共享。监察机关与检察机关有着各自的执法和司法流程，需大量的法律、法规、规章、制度，数据共享平台的搭建，为执法司法依据的迅速查询提供了便利，消除了信息孤岛现象；又如技术资源共享。司法会计、司法鉴定等专业技术资源共享有利于监察机关和检察机关就执纪执法与司法衔接工作中的专业性结论达成共识，避免重复工作，节约了时间和资金。(4) 探索介入支持工作机制。介入支持是反腐执法实践的一条经验。监察机关、检察机关在查处案件时，根据对方的提请，经常会提前介入支持，预先熟悉案件或帮助分析案件，便于侦查证据的收集和起诉证据的审查工作开展。介入支持的主要方式是：监察机关在查处违纪违法案件时，发现可能涉嫌犯罪的，可以邀请检察机关派员提前介入，共同研讨是否达到刑事追诉的标准，检察机关认为涉嫌犯罪的，可以视情况提前介入，就证据的收集、固定和保全等问题提供指导意见。

(三) 加强专业化队伍建设

纪检监察机关是政治领域执纪执法的专责机关，纪检监察队伍是保障公共权力规范运行的专门力量。纪检监察是政治性很强的专业工作，又是专业性很强的政治工作。在深化监察体制改革、执纪与执法一体运行、监察与司法法法衔接的背景下，必须加强专业化建设，把政治建设和业务建设统一于监察机关自身建设实践，在反腐败斗争中打造好政治机关的法治产品，规范和正确行使国家监察权。

1. 明确纪检监察专业化建设内涵

纪检监察应具备优秀的职业操守、深厚的专业知识、娴熟的专业技能。专业知识既包括党章和党内法规，又包括宪法和监察法及相关法律。专业技能既包括依纪依法开展日常监督的能力，又包括依纪依法进行党内违纪、职务违法和职务犯罪的调查和定性处置能力。特别是职务犯罪调查工作直接对接司法，要实现职务犯罪调查工作的法治化，必须用法律认可的证据证明案件事实，在审查起诉阶段用证据说服检察官，在审判阶段用证据说服法官。因而必须做到调查行为合法、规范；调查程序合法、规范；调查方法合法、规范；调查标准合法、规范。

2. 加强对纪检监察专业化培训

有针对性地提升纪检监察干部的专业知识、专业能力、专业作风和专业精神。应当从改革和工作需要出发，开设针对性和指导性强的专题培训班，提升纪检监察干部专业能力。根据新形势、新任务、新情况的需要，加强轮训，提升纪检监察干部政治水平、理论水平、专业素养，全面提升履职能力。应当以党章党规党纪和宪法法律、特别是监察法的相关配套规定和创新制度为培训重点，更好满足履职要求。应在综合考量本地区实际情况的基础上，强化纪检监察工作人才队伍的梯队建设，采取老人老办法、新人新办法的工作方针，在招录新入职工作人员时强化对专业背景和职业素养的要求，对于已经在职的工作人员，克服各种工作困难，采取分期分批集中轮流培训的方式提升其法律职业素养。同时鼓励在职工作人员自学法律知识，考取相关法律职业资格证书。通过单位和工作人员个人的努力，使监察工作人员整体职业素养迈上一个新台阶。

3. 加强纪检监察干部的选拔任用和考核

纪委监察委在党和国家机构体系中是唯一的专责机关，“专责机关不仅强调监察委的专业化特征、专门性职责，更加突出强调了监察委的责任，行使监察权不仅仅是监察委的职权，更重要的是职责和使命担当”。因此，对于纪检监察人员，应当建立一套与专责机关的工作职责相匹配的人事制度。既要探索建立纪检监察干部资格准入制度，确保新进人员具备基本的专业素养和专业能力，又要严肃试用期考察的初衷，在实际工作中检验纪检监察干部工作能力，还要加强对纪检、监察、法律等方面专业知识的考试，完善公平竞争、择优录取的选拔机制。对纪检监察干部专业能力的考察，应严格按照选用标准和程序，注重遴选具有纪律、法律等专业知识储备的人员，完善纪检监察干部队伍的年龄结构、专业结构、知识结构。通过遴选、培训、实战，逐步形成一批执纪执法监督和职务犯罪调查的专家。通过推进反腐败专业人才建设，造就政治坚定、纪律严明、作风过硬、监督有力、执法公正的反腐败专门力量，把纪检监察机关建设成机构设置科学、人员配备合理、装备手段先进，具有强大战斗力、威慑力和公信力的反腐败执法机关。

第五编　反腐新法度

法律制度具有根本性、全局性、稳定性和长期性的特点，党规党纪和法律法规是防腐、治腐的利器。党的十八大以来，习近平总书记关于“善于用法治思维和法治方式反对腐败，加强反腐败国家立法，加强反腐倡廉党内法规制度建设，让法律制度刚性运行”的重要思想得到较好贯彻，让依法治国方略在反腐败工作领域得到重要体现。我们党把党内法规制度建设作为完善和发展中国特色社会主义制度、推进国家治理体系和治理能力现代化的重要组成部分，明确提出“制度治党”“依规治党”的新要求，加快构建内容科学、程序严密、配套完备、有效管用的反腐败制度体系，加强反腐败国家立法，使党内法规与国家法律协调衔接、依规治党与依法治国相互促进，让党内法规和法律制度刚性运行，开启了制度治党、依规治党的新时代。

第一章　反腐败法规体系检视

反腐败法律制度与一个国家的腐败治理模式密切相关。腐败治理是各国普遍面临的实践课题，在不同国家反腐败实践中形成了各具特色的反腐模式。从既有的反腐模式来看，大致可以分为“人治反腐”与“制度反腐”两种方式。中国共产党历来重视反腐倡廉建设，并逐步形成了独具特色的反腐败模式。这种模式集中体现为作为执政党的中国共产党直接领导反腐败工作，掌控反腐败的方向和规划，党在多元的反腐败体系中处于领导与协调的核心位置，并通过党内立法和设立专门的纪检机构直接介入反腐败工作①。从实际情况看，我国的反腐模式既有制度反腐的因素，也有人治反腐的因素。从当前治理腐败的诉求与成效看，人治反腐有其现实合理性，但也必须认识到人治反腐并非治本之策，也非长久之计。从根源上治理腐败，最终还是要依靠法治。法治反腐的关键是要建立和完善治理腐败的规范化制度体系。从动态的角度看，腐败治理制度体系必须通过执法、司法实践才能真正实现其价值目标，而反腐的执法、司法实践也会促进腐败治理制度体系的完善。法治反腐通过法律的制定和实施，规范和限制公权力的行使，保证公权力公开、公正、透明运行，使掌握公权力者不能腐、不敢腐，从而减少乃至消除腐败。有学者指出：“腐败治理体系的逻辑起点是维护国家治理的有效性，腐败治理体系的目标定位是推动国家治理权威、秩序与活力的有机统一。”② 目前我国已初步形成了包括党内立

---

① 参见徐理响：《从阶级斗争到制度化构建：1949 年以来中国共产党的反腐认知及其实践》，载《江西社会科学》2013 年第 6 期。

② 参见王希鹏：《腐败治理体系和治理能力现代化研究》，载《求实》2014 第 8 期。

法和国家立法在内的法治反腐治理体系，为进一步完善法律程序机制，逐步建立起用权利制约权力、靠正当法律程序制约权力的常规反腐机制奠定了基础。

一、法规体系中的党内立法

执政党的党内立法在我国腐败治理制度体系中具有重要地位，党内反腐败立法经历了一个逐步完善的过程。党内立法作为腐败治理制度体系中的重要组成部分，在内容上更多地涉及廉政规范性立法。2004 年中共中央颁发了《中国共产党党内监督条例（试行）》《中国共产党纪律处分条例》《中国共产党党员权利保障条例》三个文件，规范了党内的监督和处罚机制；2005 年中共中央颁布《建立健全教育、制度、监督并重的惩治和预防腐败体系实施纲要》，充分发挥制度在惩治和预防腐败中的保障作用；2006 年中央纪委重新起草的《关于领导干部报告个人重大事项的规定》和 2009 年中共中央审议通过的《中国共产党党员领导干部廉洁从政若干准则》，规范了党员领导干部的廉洁从政行为。党的十八大系统分析了党风廉政建设和反腐败实践所面临的新形势，基本建构了中国现阶段新的反腐倡廉政策体系，体现了执政党的反腐倡廉政策向科学化、民主化和体系化方向发展的趋势，反腐倡廉的顶层设计进入新节点①。十八大之后，中央又建立和完善了多项反腐倡廉的制度规范，颁布实施《关于改进工作作风密切联系群众的八项规定》《建立健全惩治和预防腐败体系 2013—2017 年工作规划》《党政机关厉行节约反对浪费条例》《党政机关国内公务接待管理规定》等多项规章制度；审议通过了《中国共产党党内监督条例》，修订了《中国共产党纪律处分条例》等多项条例。这些规定更具操作性、实践性，体现了腐败治理工作的治本之道，呈现出反腐败制度建设的三个特征：

一是依规治党和以德治党的有机统一。中华民族传统文化历来讲究德法相依、德治礼序，其中的“规矩”、崇德重礼的德治思想，也是党规党纪的重要渊源。法治从来离不开德治。依法治国，公民不能都踩在法律的

---

① 参见李斌雄、姜向红：《中共十八大对反腐倡廉政策的新发展》，载《廉政文化研究》2013 年第 1 期。

底线上；依规治党，党员也不能全站在纪律的边缘。全面从严治党，必然要求依规治党和以德治党相统一。道德使人向善，是纪律的必要前提和基础；纪律用来纠错，是道德的坚强后盾和保障。遵循这样的理念，十八大以来，我们党继承和弘扬中华民族优秀传统文化，让崇德向善和遵规守纪相辅而行，在实践中逐步深化了对管党治党规律的认识，即确立高标准毫不动摇，守住纪律底线一寸不让，使自律与他律结合，既发挥道德感召力，又强化纪律约束力。① 党内立法中认真贯彻习近平总书记关于“依规治党，首先是把纪律和规矩立起来、严起来、执行起来”的重要指示，着眼于党的纪律是党员行为的底线，法律是公民的底线。突出党的先锋队性质和执政地位所要求的党纪严于国法。充分认识如果纪法不分，把法律等同于纪律，党的各级组织、党员都退到法律底线上，就降低了党员标准，弱化了党的先进性。特别注重从腐败案例中分析和把握党员干部“破法”必先“破纪”，不正之风和腐败问题实质都是组织涣散、纪律松弛等腐败衍生的机理性问题。②

二是实践探索和经验总结的提炼和升华。先从提出工作要求入手，探索实践、不断总结，成熟后再上升为制度，是十八大以来党内法规制度建设的一大特色。2015 年印发了《中国共产党廉洁自律准则》和修订了《中国共产党纪律处分条例》。两部党内法规重点针对党内存在的突出问题，党员和党员领导干部在廉洁自律和遵守纪律方面存在的主要问题，将十八大以来严明政治纪律和政治规矩、组织纪律以及落实中央八项规定精神，纠正“四风”等实践成果上升固化为纪律条文，实现了坚持高标准与守住底线的统一。正风反腐实践中，党中央紧紧抓住落实主体责任这个“牛鼻子”，严肃责任追究，先后对湖南衡阳破坏选举案、四川南充拉票贿选案等进行问责。截至 2016 年 5 月底，全国共对 4.5 万余名党员领导干部进行了问责。各级党委、纪委还运用通报曝光、调整领导班子、组织处理、纪律处分等多种方式，创造了问责工作的新经验。2016 年 7 月，《中

---

① 参见白广磊：《党的十八大以来加强党内法规制度建设述评》，载中国共产党新闻网，最后访问日期：2016 年 10 月 9 日。

② 参见白广磊：《党的十八大以来加强党内法规制度建设述评》，载中国共产党新闻网，最后访问日期：2016 年 10 月 9 日。

国共产党问责条例》正式出台，标志着问责工作迈出制度化、规范化、常态化的关键一步。制度创新无止境，立规修规再出发。2016 年 10 月，党的十八届六中全会制定新形势下党内政治生活若干准则，审议通过了《中国共产党党内监督条例》。这必将进一步扎紧制度笼子，夯实依规治党的制度基础。[①] 2018 年 10 月 1 日，中央对《中国共产党纪律处分条例》再次进行修订。新修订的条例施行一年以来，纪检监察机关认真履行党章赋予的职责，严格按照条例要求强化监督执纪问责，让制度“长牙”、纪律“带电”，推动纪律建设标本兼治的利器作用得到更好发挥。2019 年 10 月，中共中央修订了《中国共产党问责条例》，进一步强化上级党组织对问责工作的领导和监督。

三是突出强调制度的贯彻落实和执行。2015 年，《中国共产党廉洁自律准则》和《中国共产党纪律处分条例》两个党内法规修订出台后，中央纪委监察部领导同志带头分赴 109 家单位开展宣讲，包括 950 余名省部级以上干部、1. 9 万余名厅局级干部和近 40 万名党员干部听取了宣讲。一些地方紧紧跟上，采取多种方式，加大学习宣传力度。江西、广西等地派出多个宣讲团，分赴各地开展宣讲；浙江、新疆等地通过微博、微信公众号等，建立法规学习和测试系统，方便党员学习。各级纪检机关积极转变工作理念和方式方法，将“六项纪律”作为开展监督问责和执纪审查的标准和依据，重点查处违反政治纪律和政治规矩、组织纪律及违反中央八项规定精神的问题，彰显执纪特色。《中国共产党问责条例》聚焦全面从严治党，旨在激发各级党组织和党的领导干部管党治党的责任担当，要求必须与实践相结合，才能落地生根。从各地公布的问责案例通报看，各地按照中央要求，紧密联系实际，抓紧制定实施细则和办法措施，进一步细化问责内容、对象、事项、主体、程序、方式，将全面从严治党的整体部署转化为各级党组织的具体责任。例如，甘肃省委印发了《甘肃省实施〈中国共产党问责条例〉办法（试行）》，明确将“推进精准扶贫、精准脱贫等重大政策和决策部署不坚决不到位”等作为“党的领导弱化”的问责情形

---

① 参见白广磊：《党的十八大以来加强党内法规制度建设述评》，载中国共产党新闻网，2016 年 10 月 9 日。

之一。西藏则根据实际，将《中国共产党问责条例》中规定的问责情形再细化成九种，层层传导管党治党的压力，从严从实促执行，让制度的约束作用充分发挥，让制度的刚性力量全面释放。[①]

党的十九大报告提出，全面从严治党永远在路上，推动全面从严治党向纵深发展。这就要求更加注重发挥党内法规制度管根本管长远的作用。为适应这一现实要求，2018 年党中央印发了《中国共产党纪律检查机关监督执纪工作规则》，将党的纪律建设的理论实践和制度创新成果以党规党纪形式固定下来，着力提高纪律建设的政治性、时代性、针对性，扎紧管党治党制度笼子。2018 年，中办还印发了《关于深化中央纪委国家监委派驻机构改革的意见》，在巩固党的十八大以来派驻监督取得的明显成效基础上，进一步深化中央纪委国家监委派驻机构改革，完善派驻监督体制机制，为推动全面从严治党和反腐败斗争向纵深发展提供有力保证。中办还印发了《关于统筹规范督查检查考核工作的通知》，进一步增强督查检查考核工作的科学性、针对性、实效性，克服形式主义、官僚主义，减轻基层负担，激发干部崇尚实干、攻坚克难的责任担当。

二、法规体系中的监察立法[②]

反腐败法规体系中的监察立法就是十三届全国人大一次会议通过的《中华人民共和国监察法》（以下简称《监察法》）。《监察法》把党内监督和国家监督统一起来，确立了具有鲜明中国特色的社会主义监察制度。这种监察制度体现了中华民族传统制度文化，既是对中国历史上监察制度的一种借鉴，也是对当今权力制约形式的一个新探索。正如有学者言："由于新颖，必然生疏，以至于在对监察制度的理解上，一开始是不深入、甚至是有几分陌生的。"[③] 只有切实领悟这部唯一将党的领导写进法律的基本法、第一部组织法与程序法相结合的"特别法"的政治与法治意蕴，才能

---

① 参见白广磊：《党的十八大以来加强党内法规制度建设述评》，载中国共产党新闻网，最后访问日期：2016 年 10 月 9 日。

② 参见吴建雄：《监督、调查、处置法律规范研究》，人民出版社 2018 年版，第 1－5 页。

③ 引自彭伶：《在浙江省法学会监察法学研究会成立大会上的讲话》，载中国法学会网，最后访问日期：2018 年 6 月 6 日。

把握《监察法》的中国特色和基本要义，认清其在反腐败法规体系中的重要地位。

（一）《监察法》的政治性

《监察法》第 2 条规定了“坚持中国共产党对国家监察工作的领导”，第 3 条将《宪法》规定的“中华人民共和国各级监察委员会是国家专门监察机关”细化为“各级监察委员会是行使国家监察职能的专责机关”。清晰地表明了监察委员会不同于行政机关、司法机关的性质和定位，从立法上实现了党内监督和国家监督的高度统一，彰显了“党规转向国法的重要变化”①。特别是“行使国家监察职能的专责机关”的定位，与纪委作为“党内监督专职机关”的定位相匹配，表明了监察委员会实质上就是与纪委合署办公的反腐败工作机构，代表党和国家行使监督权。监察委员会作为政治机关，本质上是党的工作机构的属性定位，是《监察法》最鲜明的政治性特色。

监察机关是政治机关而不是行政机关和司法机关，学术界和实务界还存在不同的认识。有的认为，监察委员会所行使的权力具有强烈的行政权特征，监察机关大体上属于一种负责特别刑事侦查的司法机关；有的认为监察机关并非政治机关，而是兼具监督属性、行政属性和司法属性的机关等。总的来看，这些观点或以现代代议民主宪制为参照，或用西方三权分立学说来考量，虽然能够在理论上实现逻辑自洽，但难以切合实际。我国不实行三权分立体制，而实行人民代表大会制度，即人民代表大会统一行使国家权力，下设政府、监察委、法院和检察院，分别行使行政权、监察权、审判权和检察权，这就决定了我们不能用西方三权即立法权、行政权、司法权为标准来评价监察机关的性质。研习监察委员会的性质定位，解读其核心价值、基本逻辑、结构功能等，不能照搬照抄西方政治学概念、政党政治学说和政治理论模式。而是要从中国特色社会主义政治理论与政治实践相结合的角度，回答《监察法》“为何制定、谁来执行、怎样

① 引自陈光中：《〈监察法〉是党规转向国法的重要变化》，载《中国新闻周刊》2018 年第 11 期。

实施”等问题，得出立足中国国情，体现中国特色，符合中国政治实际的科学结论。

《监察法》立法上的原创性和政治上的先进性集中体现了习近平新时代中国特色社会主义的立场、观点和方法。其一，《监察法》突出了坚持党的领导的政治立场。强调立法目的是加强党对反腐败的集中统一领导，实现对所有行使公权力的公职人员的依法监察，健全党和国家监督体系，厚植党的执政基础，探索出一条自我革命、自我净化的有效路径，防止权力受到腐蚀，防止脱离人民群众，为建设廉洁政治提供制度保障。其二，《监察法》赋予了执法机构极强的政治属性。“反腐败是关系到党和国家生死存亡的重大政治任务”①，这就决定了必须有与之相适应的组织载体。作为这一载体的监察委员会，不是行政监察、反贪反渎、预防腐败职能的简单叠加，而是在党的直接领导下，代表党和国家对所有行使公权力的公职人员进行监督，既调查职务违法行为，又调查职务犯罪行为，通过“依托纪检、拓展监察、衔接司法”，实现“一加一大于二”的效果，这是中国特色的党和国家自我监督路径，是中国人民所独有的“知识产权”②。其三，《监察法》制定的工作方针体现“纪法合力”的政治特色。如《监察法》总则中的“以事实为根据、以法律为准绳”等规定具有普适性、通约性，与《刑事诉讼法》《行政诉讼法》等规定相一致，但“从严监督、惩教结合、宽严相济”等内容，特别是根据新时代正风反腐的历史性变化③，强调“着力构建不敢腐、不能腐、不想腐”的长效机制，明显借鉴了党规党纪的制度创新，是对政治话语的法律表述。

《监察法》作为政治（公权）领域的治理规范，就监察对象而言，特指所有行使公权力的公职人员。公职人员因行使国家权力而成为“特别义务人”，既要接受相对一般公民更高更严的监督与尽职要求，又要让渡部分权利，履行接受监察、配合调查的法定（特定）义务。这就决定了我们不能用普通公民的权利保障理念看待《监察法》对公职人员的义务规定，

---

① 《习近平在十八届中央纪委三次全会上发表重要讲话》，载人民网，最后访问日期：2014年1月19日。

② 贺夏蓉：《准确把握监察机关的政治属性》，载《中国纪检监察报》2018年6月14日。

③ 高波：《实现中国特色政治话语“入法”》，载《中国纪检监察》2018年第6期。

不能用《刑事诉讼法》的既定制度来套用《监察法》相关程序。要认清监察调查与刑事侦查的本质区别，不能因为监察调查的强制性而与刑事侦查划等号。从执法主体看，调查者是与党的纪检机关合署办公的监察机关；从执法对象看，监察对象是行使公权力的公职人员，而不是普通的刑事犯罪嫌疑人；从执法内容看，监察机关调查的是职务违法行为和职务犯罪行为，不是一般刑事犯罪行为；从执法过程看，监察机关的调查既要严格依法收集证据，也要用党章党规党纪、理想信念宗旨做被调查人的思想政治工作，而不仅仅是收集证据，查明犯罪事实①；从执法特征看，普通刑事犯罪一般以事立案，一旦案发，即进入刑事侦查诉讼程序，而职务犯罪案件一般以人立案，需要通过线索排查、证据收集、调查终结，移送检察机关后，才进入刑事诉讼环节。被调查人在未移送检察机关之前，还不是法定意义上的犯罪嫌疑人。② 监察机关对公职人员职务违法和职务犯罪的调查工作，除了还原、核查相关违法或犯罪事实外，还要剖析违法犯罪人员的思想根源，开展严肃认真的思想政治工作，所体现的“惩前毖后、治病救人”的方针也有很强的政治性和政策性。对比分析可以看出，监察调查权是政治领域的执法权，而不是诉讼领域的侦查权，监察委员会是行使国家监察职能的专责机关。

（二）《监察法》的正当性

《监察法》总结了中华人民共和国成立以来反腐倡廉建设的基本经验，吸收了古今中外法治反腐文明成果。在职权配置与程序设置上适应了惩治和预防腐败的客观要求，揭示了腐败衍生的机理和规律。监察机关对所有行使公权力的公职人员进行监察，具有权力监督的彻底性；主要职能是调查职务违法和职务犯罪，开展廉政建设和反腐败工作，维护宪法和法律尊严，具有致高的维宪性；主要职责是监督、调查、处置，具有标本兼治、监察反腐的可期待性；主要权限包括谈话、讯问、询问、查询、冻结、调取、查封、扣押、搜查、勘验检查、鉴定、留置等，具有反腐手段的严整

---

① 贺夏蓉：《准确把握监察机关的政治属性》，载《中国纪检监察报》2018 年 4 月 16 日。

② 吴建雄：《对国家监察立法的认识与思考》，载《武汉科技大学学报》2018 年第 2 期。

性。特别是用留置代替“两规”，适应了腐败问题违规与违法交织的规律，破解了刑事强制措施难以突破职务犯罪的困局。

在监察职权配置与监察程序设置上，学术界和实务界也存在不同看法，认为《宪法》和《监察法》之下的监察机关是一个职权广泛的权力机关，应该有权力边界，应该遵循正当法律程序行使职权，以防止因制度缝隙太大而导致出现结构性的风险。这种担忧虽有一定道理，但现实根据不足。其实，《监察法》在职权配置和程序设计上，充分吸收了我国古代和现代法治国家的经验教训，高度重视权力配置的适格性和有限性。当代有关国家和地区都赋予了反腐败机构较大的监察权。瑞典议会监察专员有权对法律法规提出修改建议，还有权针对贪污腐败、玩忽职守的官员向法院起诉。我国香港廉政公署调查对象不仅针对公共机构以及公务员的贪污，也针对私营机构，调查权限包括逮捕、扣留和批准保释的权力，必要时亦可使用枪支和手铐等武力。与之相比，我国监委的监察权可称得上“保守”了。① 在一般监察权限使用上，都设置了严格的程序规范。关于备受关注的留置措施，《监察法》规定仅适用于涉及案情重大、复杂的，可能逃跑、自杀等法定情形，需报上一级监委审批或备案，留置期限、场所等都严格限定，还明确作出符合相关人权保障要求的配套规定。从试点地区的情况看，由于留置措施的适用条件的程序规范比原职务犯罪侦查逮捕的规定更加严格，适用留置措施的比重比既往适用逮捕的比重明显下降。②

在监察范围上，也有学者作出扩大化理解，认为监察的对象除了行使国家公权力的公职人员外，实际包括了所有公民甚至外国人。理由是在查处职务犯罪案件中，涉案人员和知情人员都必须接受调查等。应当指出，以零容忍态度惩治腐败是中国共产党鲜明的政治立场。《监察法》将所有行使公权力的公职人员纳入监察对象，体现了权力属于人民、人民监督权力的宪法原则。其确定的监察对象，符合我国的政治体制和文化特征，体现制度的针对性和操作性。对监察的对象的理解，关键看他是不是在行使

① 姚文胜：《监察权是符合党和人民意志的宪定权》，载《中国纪检监察报》2018 年 4 月 26 日。

② 中国反腐败司法研究中心：《国家监察体制改革试点工作调查》，载《求是》2017 年第 23 期。

公权力、履行公务，而不是看他是否有公职。没有行使公权力、履行公务的任何一个公民或者自然人，都不是监察的对象。所谓监察，是对公职人员的监督、调查和处置。而接受和配合执法机关调查，是每个公民的法定义务，不能作为监察范围扩大化理解的依据。

关于《监察法》的一系列规定，体现了党内监督与国家监察的内在一致和高度互补。党的十八大以来，党中央坚持全面从严治党，在加大反腐败力度的同时，完善党章党规，实现依规治党，取得历史性成就。完善我国监督体系，既要加强党内监督，又要加强国家监察。深化国家监察体制改革，成立监察委员会，并与党的纪律检查机关合署办公，代表党和国家行使监督权和监察权，履行纪检、监察两项职责，加强对所有行使公权力的公职人员的监督，从而在我们党和国家形成巡视、派驻、监察三个全覆盖的统一的权力监督格局，形成发现问题、纠正偏差、惩治腐败的有效机制，为实现党和国家长治久安走出了一条中国特色监察道路。制度监察法，就是通过立法方式保证依规治党与依法治国、党内监督与国家监察有机统一，将党内监督同国家机关监督、民主监督、司法监督、群众监督、舆论监督贯通起来，不断提高党和国家的监督效能。①

（三）《监察法》的源头性

《监察法》是我国第一部反腐败国家立法，也是一部体现党和国家自我监督的基本法律。在我国宪法之下的整个法律体系中，《监察法》处于源头性、引领性的重要地位。这就决定了在修改和调整相关法律的实践中，必须强调相关法律与《监察法》相衔接、相补充，修改的相关法律不能与《监察法》的规定相冲突。《监察法》出台后，涉及对有关国家机关职权的划分的法律法规需要作出相应的修改和调整。如《刑事诉讼法》《人民检察院组织法》《检察官法》等法律中关于检察机关侦查职务、机构设置、职权的有关规定已进行修改。《宪法》和《监察法》对监察委员会的设立和与同级人大的关系都作了规定，需要相应在《全国人民代表大会

① 李建国：《关于〈中华人民共和国监察法（草案）的说明〉》，载新华网，最后访问日期：2018 年 3 月 14 日。

组织法》《全国人民代表大会议事规则》、地方组织法、监督法等法律中作出相应规定。改革后各级行政监察部门已并入国家监察委员会，目前还有若干法律中涉及行政监察机关名称、职能等内容，需要作出一揽子修改。通过立、改、废，形成科学有效、健全完备的反腐败法律法规体系，为夺取反腐败斗争压倒性胜利提供有力法治保证。

在《监察法》与《刑事诉讼法》相衔接的问题上，有学者从强化对监察委监督制约的角度，提出了以修改《刑事诉讼法》来“校正”《监察法》的主张。认为修改《刑事诉讼法》应将监察人员在监察活动中的违法犯罪问题纳入检察机关查处范围，这一观点固然具有一定的合理性，但是，显然忽视了《监察法》在法律体系中的源头性地位。构建集中统一、权威高效的反腐败体系，全线打通纪法、法法衔接各环节，推进监察机关与司法执法机关有机衔接的制度创新，实现监察执法与刑事司法的流程贯通，是推进新时代监察体制改革、把监察制度优势转化为反腐败治理效能的必然选择。全国人大常委会讨论的《刑事诉讼法修正案（草案）》，根据诉讼领域司法行为和司法者不可分开的特殊性，保留检察机关查办诉讼活动中司法人员涉嫌暴力取证、刑讯逼供、枉法裁判等职务犯罪侦查权，就是《刑事诉讼法》与《监察法》紧密衔接、实现“无禁区、全覆盖、零容忍”的具体体现。正如监察委员会调查活动难以直接进入诉讼领域实施监察一样，检察机关的诉讼法律监督也不能介入监察活动查办监察人员违法犯罪。“侦查所具有的专属性、强制性、独立性和公开性特点同样也是调查所具备的”，“由于监察（调查）案件尚未进入诉讼程序，检察（侦查）监督不能对监察案件适用”①，因而监察活动中监察人员的违法犯罪问题只能依照《监察法》规定，由监察机关查处，这是利弊权衡后比例原则②的内在逻辑。

有学者从保障案件当事人人权出发，认为监察委员会采用留置措施期间，限制了被调查人的自由，应该在修改《刑事诉讼法》时，允许律师介

---

① 陈卫东：《国家监察法与刑事诉讼法的关系》，载东南大学法学院网，最后访问日期：2018 年 5 月 28 日。

② 比例原则要求执法主体对执法行为作出一定的权衡，考虑执法行为的适当性、必要性，不要矫枉过正。

入监察留置案件。对于这个问题，只要从执法实践和立法价值两个方面来考量，就会发现律师不能介入监察案件的合理性与必然性。从执法实践看，《监察法》之所以没有规定律师介入，是因为留置期间，调查工作正处在证据尚未确定阶段，律师的提前介入虽有利于被调查人的人权保障，但存在极大的证据风险，这种风险可能导致应该查证的腐败分子逍遥法外。因而保障被留置人的人权，可以通过其他方式加强监督，《监察法》除设置严格的程序规范外，还对采取全程录音录像实施监控、留置时间不得超过三个月，保障被留置人员的饮食、休息和安全，提供医疗服务等作了规定。从立法价值看，制定《监察法》的目的，就是要解决《刑事诉讼法》不能适应反腐败客观需要的问题。长期以来，我国反腐执法依据主要是《刑事诉讼法》。而《刑事诉讼法》无论从价值取向和程序设置上，都无法体现反腐败斗争的客观规律，因而出现查办腐败案件必须借用"两规"的党内措施的现象。这种法律资源的严重不足，成为制约反腐败斗争的重要瓶颈。制定《监察法》，就是要通过立法赋予监察委员会的职责权限和法定手段，破解反腐执法必须依赖党内"法规"的弊端。

（四）《监察法》的人民性

从《监察法》的精神实质看，深化国家监察体制改革代表了最广大人民群众的根本利益和整体意志，恪守了一切权力来自人民、属于人民且为了人民的宪法原则，切实坚持并保证以人民为中心的主体地位。它通过加强和改进国家政权建设，弥补在国家权力结构中，监察体系不够完善的短板，构筑起防止党在长期执政条件下权力异化和权力寻租的屏障。昭示了党和国家确保公共权力的人民性、确保人民赋予的权力永远为人民谋利益的价值追求和坚定决心。

《监察法》的人民性集中体现在"制约权力、保障权利"的价值取向上。通过对执掌公权力公职人员的严格约束，以至让渡部分应该享有的公民权利，"防止国家和国家机关由社会公仆变为社会主人"。纵观当下学界对监察机关调查权限特别是留置措施的种种质疑，无不出于对人权保障原则的尊崇。有学者用程序自然法理论考量《监察法》设置的留置措施，提出留置措施隐含着规则矛盾，即对适用留置后不构成犯罪作政务处分的严重违法人员，既不能获得赔偿，也不能享有“留置一日折抵管制两日，折抵有期徒刑一日”的法律利益[1]。这一观点虽然符合刑事诉讼中打击犯罪、保障人权的法治原则，但却忽视了《监察法》所秉持的“制约权力、保障权利”法治精神。公职人员从执掌公权力的那一天起，就具有支配他人的强制性力量，是公民中的特殊群体。这种支配他人的强制性决定了公职人员从宣誓就职的第一天起，就必须让渡部分一般公民享有的个人权利，这种“个人以公民的资格作为完善的国家一分子，必须放弃自己的特殊利益而完全服从公共意志”的情形，正是社会契约精神[2]的重要体现，是“制约权力”的需要，也是永葆公职人员“人民公仆”政治本色的必然选择。从这个意义看待《监察法》关于留置措施“隐含的规则矛盾”，就是顺理成章的了。当然，这种公职人员个人权利的让渡，也是严格控制在法定范围之内的。

《监察法》的人民性决定了《监察法》既是一部授权法，也是一部控权法。绝对的权力导致绝对的腐败。为防范监察权的风险，《监察法》坚持权力分解、相互制约、防控关键原则，针对监察权行使的不同环节，都提出了严格的控权要求，专门在第七章用九个条文，就如何对监察机关和监察人员进行监督作出明确规定。首先是对关键环节的监督制约。《监察法》要求监察机关建立问题线索处置、调查、审理各部门相互协调、相互制约机制，加强对调查、处置工作全过程的监督管理；对重要取证工作全过程录音录像，留存备查等。其次是接受上级监委的监督。上级监委通过落实“两个为主”进行监督，也就是监察工作以上级监委领导为主、干部提名考察以上级监委会同组织部门为主。再次是加强内部监督机构建设。通过设立内部专门的监督机构进行专门监督，确保建立忠诚干净担当的监察队伍。最后是建立相关内部监督制度。《监察法》第61、65条规定，对监察人员出现工作重大失误、严重违法与9类违反规定的行为，追究负有责任的领导人员和直接责任人员的责任，构成犯罪的，依法追究刑事责任。

为确保监察权牢牢掌握在人民手中，《监察法》对监察权的外部监督

---

① 刘艳红：《程序自然法作为规则自洽的必要条件——〈监察法〉留置权运作的法治化路径》，载《华东政法大学学报》2018年第3期。

② 卢梭：《社会契约论》，人民出版社1976年版，第16－23页。

进行了严密规制。一是党的领导与监督。监委与纪委合署办公，始终在党中央领导下开展工作，自觉接受党中央的监督。通过党委书记定期主持研判问题线索、分析反腐败形势、听取重大案件情况报告，对初核、立案、采取留置措施、作出处置决定等审核把关，党对监察工作关键环节、重大问题的监督实现了制度化和常态化。党委工作部门的相关职能也涵括了对监委的监督与制约。二是人大、政协监督。《监察法》规定监委由同级人大产生，对其负责，受其监督。人大通过听取和审议专项工作报告，组织执法检查、提出询问或者质询等对监委开展监督。人民政协也可对监委进行监督。三是司法监督。检察院、法院对监委业务流程的监督，体现了司法机关对监察机关的监督。《监察法》规定人民检察院退回补充调查的权力及必要时可自行补充侦查。法院在审理案件时，通过对案件性质进行认定、对证据进行审查判断、对量刑建议进行考虑等，从而实现对监委权力的监督。四是民主监督、社会监督、舆论监督。《监察法》规定监察机关应当依法公开监察工作信息，接受民主监督、社会监督、舆论监督。五是相关协作配合机关的监督。如公安机关、反腐败国际合作方等对监察权的行使也有相应监督制约。六是监察对象的监督。监察对象及其家属等可通过提起申诉、复查及国家赔偿等进行监督。监察权通过强有力的内外监督，确保人民赋予的监察权永不蒙尘。

三、法规体系中的相关立法

在我国腐败治理制度体系中，作为其中重要组成部分的国家立法，主要集中在《行政法》《行政诉讼法》《刑法》《刑事诉讼法》等部门法。《行政许可法》对涉及国家安全、有限资源开发等六类公共利益事项规定了许可权，制约行政权力的滥用。《公务员法》有力推进了公务员管理的法制化进程，确立了公务员的权益保障和监督约束机制。2010 年修订的《行政监察法》在加强行政监督，促进法治政府和廉洁政府建设，保持政令畅通，提高政府工作效率等方面发挥了重要作用。[①] 2014 年新修订《行

① 参见李志强、何忠国：《法治反腐的制度体系及其建构》，载《中共中央党校学报》2015 年第 4 期。

政诉讼法》大体遵循了经验主义为主、制度设计为辅的路径，靶标行政诉讼立案难、审理难和执行难，对相应的制度进行了修正或者增补，并且注重与外部救济制度的协调①。此外，基于我国反腐败法律的现状和反腐新形势，需要制定新的法律，尤其要加快制定有关规范决策行为的法律法规，如《重大行政决策程序暂行条例》《政务处分法》《行政组织法》等，从根源上预防和控制腐败。我国《刑法》《刑事诉讼法》也都专门规定了腐败的罪名及相对应的侦查手段和诉讼程序，使反腐的手段更加全面。《刑法》第八章的贪污贿赂罪构建了较为完备的腐败犯罪罪名体系，针对不同的违法情形，设置了贿赂类、挪用类等类型的腐败犯罪。“同时量刑设定也采取科学的思路，由于腐败犯罪主要涉及的是财产和职务问题，因此刑罚的设置上主要是根据犯罪涉及的财物数额的大小确定腐败行为是否入刑以及刑罚的轻重，并在部分犯罪中适当参考了其他情节。”② 2012 年新修改的《刑事诉讼法》从证据制度、侦查措施、执行规定等七个方面强化了反腐措施，并借鉴了《联合国反腐败公约》和国外相关立法经验。修改后《刑事诉讼法》的新增条款更好地与《联合国反腐败公约》相衔接。为推进反腐败国家立法，实现《监察法》与相关法律的衔接，2018 年 10 月，十三届全国人大常委会六次会议通过了关于修改《刑事诉讼法》的决定，制定了《国际刑事司法协助法》，完善了刑事诉讼与监察执法的衔接机制，为深化国家监察体制改革的顺利进行提供保障；建立刑事确切审判制度，为加强境外追逃工作提供了有力手段。《国际刑事司法协助法》规范和完善了我国刑事司法协助体制，填补了刑事司法协助国际合作的法律空白，完善了反腐败追逃追赃法律制度，为监察程序规范和监察司法衔接机制的构建提供了法律依据和方向指引，促进了我国当前的反腐败立法体系的完善。

最高人民法院、最高人民检察院于 2016 年 4 月 18 日公布《关于办理贪污贿赂刑事案件适用法律若干问题的解释》（以下简称《解释》），该《解释》对贪污受贿罪的定罪量刑标准、终身监禁适用原则、贿赂犯

① 参见湛中乐：《〈行政诉讼法〉的“变革”与“踌躇”》，载《法学杂志》2015 年第 3 期。

② 参见赵秉志：《论我国反腐败刑事法治的完善》，载《当代法学》2013 年第 3 期。

罪中的“财物”、行贿犯罪等都作了明确规定。将贪污罪、受贿罪的定罪量刑标准由1997年《刑法》确定的五千元调整至三万元；同时规定贪污、受贿一万元以上不满三万元，具有其他较重情节的亦追究刑事责任。此前，《刑法修正案（九）》取消了贪污罪、受贿罪的定罪量刑的数额标准，代之以“数额较大”“数额巨大”“数额特别巨大”，以及“较重情节”“严重情节”“特别严重情节”，此次《解释》对具体的金额进行了明确。这一司法解释的出台，为反腐败斗争提供了重要的法律资源，在一定程度上解决了司法实践中的一系列法律问题。

时任最高院刑二庭庭长裴显鼎在司法解释新闻发布会上阐述了“八个明确”：一是明确了具体的入罪量刑标准。随着经济社会的发展变化，1997年《刑法》所确定的定罪量刑标准已不适应这种发展变化。同时受地域差距等因素的影响，各地对贪污受贿移送追究刑事责任和定罪量刑的标准不尽统一，需要统一规范。此次对定罪量刑数额的确定，还考虑了“惩治腐败在刑罚之前还有党纪、行政处分”的问题，要为党纪、政纪发挥作用留有空间，体现“把党纪挺在前面”的精神。二是明确了终身监禁的定罪量刑标准。《刑法修正案（九）》新增加了贪污罪、受贿罪判处死缓减为无期徒刑后终身监禁的规定。裴显鼎说，“终身监禁”是介于死刑立即执行与一般死缓之间的一种执行措施，但又比一般死缓更为严厉。《解释》对于“终身监禁”的具体适用从实体和程序两个方面予以了明确：首先是明确终身监禁适用的情形，即主要针对那些判处死刑立即执行过重，判处一般死缓又偏轻的重大贪污受贿罪犯，可以决定终身监禁；其次明确凡决定终身监禁的，在一、二审作出死缓裁判的同时应当一并作出终身监禁的决定，而不能等到死缓执行期间届满再视情而定，以此强调终身监禁一旦决定，不受执行期间服刑表现的影响。三是明确了“感情投资”的处理意见。此次《解释》对一些所谓的“感情投资”提出了明确的处理意见，即国家工作人员索取、收受具有上下级关系的下属或者具有行政管理关系的被管理人员的财物，价值三万元以上，可能影响职权行使的，视为承诺为他人谋取利益，应当以受贿犯罪定罪处罚。裴显鼎解释说，规定“价值三万元以上”的限定，主要是出于区分违纪行为等方面的考虑。四是明确了受贿罪不需要实际为他人谋利益。在实践中，在“为他人谋取利益”要件的理解上存在分歧，此次《解释》一一予以了明确。《解释》中明确，承诺为他人谋取利益，明知他人有具体请托事项，以及履职时未被请托但事后基于该履职事由收受他人财物等情形，都属于“为他人谋取利益”具体表现形式。裴显鼎表示，“据此，不论是否实际为他人谋取了利益，不论事前收受还是事后收受，均不影响受贿犯罪的认定”。五是明确了对行贿罪处罚的要求。此前在实践中，存在“重打击受贿轻打击行贿”的突出问题，为进一步加大对行贿罪的处罚力度，从源头上惩治和预防腐败犯罪，《刑法修正案（九）》对行贿罪从宽处罚的条件和幅度作了重要调整，对行贿罪减轻或者免除处罚设定了更为严格的适用条件，明确行贿人在被追诉前主动交代行贿行为，只有在“犯罪较轻的，对侦破重大案件起关键作用的，或者有重大立功表现的”三种情况下才可以减轻或者免除处罚。六是明确了赃款赃物用于公务支出或社会捐赠，不影响贪污受贿罪的认定。在司法实践中，不少贪官称赃款用于社会捐赠，试图减轻处罚。此次《解释》中明确了赃款赃物去向与贪污、受贿故意的认定关系问题。《解释》明确，只要是非法获取财物的贪污、受贿行为，不管事后赃款赃物的去向如何，即便用于公务支出或者社会捐赠，也不影响贪污、受贿罪的认定，力图堵住贪污、受贿犯罪分子试图逃避刑事追究的后门。七是明确了“身边人”收钱行为的刑事定罪问题。此次《解释》明确，国家工作人员利用职务便利为他人谋利，“身边人”收钱行为的刑事定罪问题。裴显鼎说，“本着主客观相一致的定罪原则，该行为能否认定国家工作人员构成受贿犯罪，关键看其对收钱一事是否知情及知情后的态度”。为此，《解释》中明确，特定关系人索取、收受他人财物，国家工作人员知道后未退还或者上交的，应当认定国家工作人员具有受贿故意。对于这里的“特定关系人”，根据《最高人民法院、最高人民检察院关于办理受贿刑事案件适用法律若干问题的意见》规定，指的是“与国家工作人员有近亲属、情妇（夫）以及其他共同利益关系的人”。八是明确了追缴赃款赃物不设时限，永不清零。《刑法》第 64 条规定犯罪分子违法所得的一切财物，应当予以追缴或者责令退赔；被害人的合法财产，应当及时返还。《解释》中强调，贪污贿赂犯罪分子违法所得的一切财物，应当依法予以追缴或者责令退赔；尚未追缴到案或者尚未足额退赔的违法所得，应当继续追缴或者责令退赔。裴显鼎说：“据此，追缴赃款赃物不设时限，一追到底、永不清零，随时发现将随时追缴。”

第二章　反腐败法规体系的完善

在腐败治理制度体系中，反腐败立法是基础、源头，加快反腐败立法将为进一步推进反腐工作法治化打下坚实的基础。腐败治理体系的立法建构，涵盖专门立法与配套立法、中央立法与地方立法、国内立法与国际合作立法、整体立法与特殊立法、程序立法与实体立法、预防立法与惩治立法等多个层次的内容。通过制定统一的反腐败法，完善配套法规，将各方面的诉求整合为制度规则，更好地实现法治反腐系统的整体衔接和有序运行。①

一、健全完善国家监察制度

（一）坚持问题导向

健全完善国家监察制度，就是将行政监察上升为国家监察，并以问题为导向，从职能定位到体制机制上进行全方位改革。既往的行政监察与党风廉政建设和反腐败斗争的要求相比，存在一系列不适应的问题。一是监察范围过窄。十八大以后，党内监督已经实现全覆盖，而行政监察对象主要是行政机关及其工作人员，还没有做到对行使公权力的公职人员全面覆盖。二是反腐败力量分散。检察机关查处职务犯罪，党的纪律检查机关、行政监察机关职能既分别行使，又交叉重叠，没有形成合力。同时，检察

① 参见李志强、何忠国：《法治反腐的制度体系及其建构》，载《中共中央党校学报》2015年第4期。

机关作为法律监督机关，对职务犯罪案件既行使侦查权，又行使批捕、起诉等权力，也缺乏有效监督制约。因此，需要整合反腐败工作力量，推进国家监察理念思路、体制机制、方式方法的与时俱进。

坚持问题导向旨在突出中国特色社会主义制度优势。在我国，80% 的公务员、95% 以上的领导干部是共产党员，党内监督和国家监督具有高度内在一致性。国家监察本质上属于党和国家的自我监督，不同于其他形式的外部监督。国家监察机关既不是行政机关也不是司法机关，而是代表党和国家行使监察权的专责机关。《监察法》区别于《刑事诉讼法》，监察机关行使的调查权不同于刑事侦查权，监察机关调查职务违法和职务犯罪适用《监察法》，案件移送检察机关后适用《刑事诉讼法》。这次监察体制改革确立的监察制度，体现了中华民族传统制度文化，是对中国历史上监察制度的一种借鉴，是从我国国情和实际出发、对当今时代权力制约形式的一个新探索。

坚持问题导向是推进国家治理体系和治理能力现代化的必然要求。通过做好监督体系顶层设计，既要加强党的自我监督，又要加强对国家机器的监督。党内监督和国家监察是中国特色国家治理体系的重要组成部分。包括两个方面：一是依规治党，实行纪法分开，以党章党规为尺子，靠严明的纪律管党治党；二是依法治国，依据宪法和法律治国理政。在我国，党的机关、人大机关、行政机关、政协机关以及审判机关、检察机关等，都在党中央统一领导下行使国家公权力，为人民用权，对人民负责，受人民监督。制定《监察法》，就是通过制度设计实现对所有行使公权力的公职人员监察全覆盖，体现依规治党与依法治国、党内监督与国家监察的有机统一，不断提高党和国家的监督效能，促进国家治理体系和治理能力现代化。

（二）吸收文明成果

我国作为最早建立监察制度的国家之一，自秦朝就形成了监察御史制度，代表国家行使监察权。唐朝以后，监察官都由皇帝直接任命，元明清时期，中央最高监察机关都是由皇帝直接领导。从汉代的《监御史九条》《刺史六条》到清代的《钦定台规》《都察院则例》《十察法》等，监察法规十分完善。监察范围覆盖财政、军事、人事管理、司法、教育以及民风民情等诸多方面。域外监察制度表明，无论采取议会监察专员制，还是在行政系统内设监察机关，均通过立法保障监察权独立行使，明确监察对象的广覆盖。如1810年瑞典制定的《监察专员法》规定监察的对象包括法官、检察官、公立学校老师、公立医院医生、护士及委托从事公务的人员。监察手段也比较多样，如埃及的行政监督署拥有公开或秘密调查、调档、侦查、搜查、逮捕、建议、越级报告等权力，瑞士赋予监察机关拘捕权、搜查权直至公诉权①。从多数国家行之有效的做法看，有几点经验可资借鉴：一是通过立法保障监察机关行使监察权的独立性和权威性；二是对国家权力运行实施全面监察，监察对象和监察范围十分广泛；三是赋予监察机关与其地位和作用相匹配的多元、有效的监察手段。

我国现代监督制度体系形成于土地革命时期，在借鉴苏联党和政府建设经验的基础上，逐步形成了在共产党领导下的中华苏维埃共和国监督制度体系。1949年9月27日，中国人民政治协商会议第一届全体会议通过《中华人民共和国中央人民政府组织法》，其中规定在政务院之下，各部委之上设立人民监察委员会，其职能是负责监察政府机关和政府公务人员是否履行其职责，人民监察委员会在中央直属各机关、各大型国营企业、人民团体及新闻机构设置监察通讯员，在各级地方政府设置各级人民监察委员会。

党的十八大以来，以习近平同志为核心的党中央坚定不移推进全面从严治党，坚持不懈推进党风廉政建设和反腐败斗争，反腐败压倒性态势已经形成。根据党中央决策部署，党的纪律检查机关坚守职责定位，转职能、转方式、转作风；同时，加强对纪检监察干部的管理监督，规范审查程序和工作流程，健全内控机制，对违纪违法、失职失责者严肃处理，取得了一系列创新成果。如党风廉政建设主体责任和监督责任“两个责任”，聚焦监督执纪问责、主责主业监督理念的“三转”，全面派驻、监察、巡视全覆盖的“两个覆盖”，纪检监察干部选拔任用及案件查办以上级纪检监察机关领导为主的“两为主”，把纪律和规矩挺在前面、增强预防腐败

① 参见马怀德：《让党内监督和国家监督与时俱进》，载《紫光阁》2017年第2期。

工作力度、抓早抓小、把握运用监督执纪的“四种形态”等。北京市、山西省、浙江省开展国家监察体制改革试点工作，也取得了积极进展。所有这些，都为改革全面铺开和制定监察法提供了实践基础。改革的本质是组织和制度创新，把党的十八大以来在推进党风廉政建设和反腐败斗争中形成的新理念新举措新体验通过国家法律固定下来，有利于巩固不敢腐、促进不能腐、强化不想腐。

党的十九大作出“制定国家监察法，依法赋予监察委员会职责权限和调查手段，用留置取代‘两规’措施”的重要部署。十三届全国人大一次会议审议通过《中华人民共和国宪法修正案》，对国家机构作出重要调整和完善，即在原来人大下的“一府两院”（人民政府、人民法院、人民检察院）基础上，增加“一委”（监察委员会），同时专门增加“监察委员会”一节，确立监察委员会作为国家机构的法律地位，这是对监察委员会权力运行体制机制等重要问题的原则性、纲领性规定，为深化国家监察体制改革、保证监察委员会履职尽责提供了根本遵循。

依据《中华人民共和国宪法修正案》，十三届全国人大一次会议审议通过了《中华人民共和国监察法》。该法确立了监察委员会的性质和地位，明确监察委员会作为行使国家监察职能的专责机关，与党的纪律检查委员会合署办公，实现党性和人民性的高度统一。明确监察委员会的组织架构和职能职责，规定国家和地方各级监察委员会由本级人民代表大会选举产生，主要职能是调查职务违法和职务犯罪，开展廉政建设和反腐败工作，维护宪法和法律的尊严；主要职责是监督、调查、处置；主要权限包括谈话、讯问、询问、查询、冻结、调取、查封、扣押、搜查、勘验检查、鉴定、留置等；规定了监察委员会的领导体制和工作机制，明确了监察委员会与其他机关的配合制约关系。《中华人民共和国宪法修正案》和《中华人民共和国监察法》的颁布实施，标志着中国特色社会主义的监察制度正式确立，反腐败国家立法从无到有，腐败治理体系现代化的基石已经奠定。

二、健全完善法治反腐制度

改革开放以来反腐败斗争的经验证明，保持反腐败高压态势必须在坚持我国反腐败领导体制和工作机制的基础上，以反腐败党内执纪与国家监察为主导，以反腐败刑事司法为保障，实行纪检监察与刑事司法的有机衔接和协同作战。在当下党的执纪建设走向制度化、科学化的同时，大力加强反腐败法律制度建设，以实现反腐败纪检监察制度建设与刑事司法制度建设的协调发展。①

（一）确立法治反腐理念

构建反腐败法律制度，要突破普通刑事诉讼司法观念。普通刑事诉讼司法观念认为职务犯罪与非职务犯罪都是犯罪，其刑事评价和司法处置具有一致性和不可分性，忽视了职务犯罪主体身份的特殊性和犯罪手段的隐蔽性。这是导致反腐败刑事司法指导思想偏差的症结所在。只有构建以监督公共权力、维护国家政治清明为目的的反腐败法律制度，才能从法律上确认职务犯罪刑事司法与普通犯罪刑事司法是发生在两个不同场域的诉讼活动。前者是对国家权力进行制约和监督的行为，后者是维护社会秩序的国家管理行为。作为国家管理行为的刑事司法，必须坚持公检法相互配合和制约的宪法原则；而职务犯罪刑事司法则是由检察机关法律监督性质衍生的特定程序。只有将国家工作人员与非国家工作人员两类责任义务不同的案件分别交由不同的执法机关办理，并适用不同的程序规范，才具有实质上的正当性和平等性。②

反腐败法律制度建设，在执法理念上，要秉承从重从严方针，坚持“一要坚决，二要慎重，三要务必搞准”的原则。在执法目标上，要确立反腐败执法的三重价值：一是直接价值目标，即打击犯罪；二是核心价值目标，即反腐倡廉；三是根本价值目标，即保障人权（人民主权）。在执法运行上，应实行监察、检察、法院三机关各负其责、相互制约、相互配合的工作机制。在强制措施、证据采信、律师会见、辩诉交易等程序设计上，可考虑职务犯罪主体身份的特殊性和高智能、高隐秘特点，作出不同于普通刑事犯罪的特殊规定。③

---

① 参见吴建雄：《如何建立反腐败单行刑事法律制度》，载《学习时报》2015年1月4日。

② 参见吴建雄：《如何建立反腐败单行刑事法律制度》，载《学习时报》2015年1月4日。

③ 参见吴建雄：《如何建立反腐败单行刑事法律制度》，载《学习时报》2015年1月4日。

确立法治反腐理念要适应反腐倡廉建设深入发展。一方面，立足于反腐败全球战略，实现与国际反腐败公约的有效衔接。切实解决好与国际反腐败公约相衔接的一些关键性、瓶颈性问题。如腐败犯罪的证明标准问题、建立污点证人与辩诉交易制度问题、特殊调查手段的执法主体问题、境外腐败资产追回问题、反腐败执法司法国际协作问题等。另一方面，加强反腐立法的理论体系建设。党的十八大以来，惩治职务犯罪执法司法力度加大，领域拓展，质量水平不断提高，但这方面的理论与实践严重脱节。除职务犯罪侦查、预防理论研究在检察系统有所开展外，起诉、审判、执行等司法活动均建立在一般刑事诉讼理论基础之上，职务犯罪执法司法的概念、内涵、范畴、原则等均处于“空白地带”。同时，随着经济全球化深入发展，腐败犯罪日益呈现出有组织、跨区域的特点，反腐败执法司法面临一系列新情况新问题。如正确区分改革探索中工作失误与违法犯罪，合法劳动、投资收入与违法所得等罪与非罪的界限等，都有赖于反腐败刑事司法理论支撑和法理学、政治学、经济学、侦查学和国际司法等多学科的智力支持，从而形成新的法律资源。①

（二）完善相关配套法规

反腐败国家立法是一个系统工程，反腐法治的配套法规包括行政反腐与刑事反腐两个系统。在行政反腐法治方面，当前我国立法机关应加快制定包括公职人员财产申报法、政务公开法、行政组织法、行政程序法等的单行法规，以配合国家反腐败法规的实施。公职人员财产申报法是有效预防腐败的制度措施，我国财产申报法虽历经多年立法规划但仍然举步维艰。因而公职人员财产申报法需要在当前的制度基础上，对公职人员财产公示的范围、形式、程序和法律责任作出统一的立法规定。将现行《政府信息公开条例》上升为更高立法层级的政务公开法，其宗旨为实现公权力行使全过程的公开，从而进一步推动立法公开、司法公开和政务公开，保证国家各项权力受到制约和监督。行政组织法主要规定中央与地方政府行政机构的设置和编制，以明确的制度规范行政机构职能配置和人员编制，

① 参见吴建雄：《如何建立反腐败单行刑事法律制度》，载《学习时报》2015 年 1 月 4 日。

通过行政组织法来约束行政权力滥用现象。制定统一的行政程序法，行政程序的建立能够改变以往行政活动的暗箱操作，使行政过程的每个阶段都能接受公众监督，从程序上有效抑制腐败现象的蔓延滋长。①

在反腐的刑事法治建设方面，需要进一步健全完善。十三届全国人大常委会第六次会议表决通过了《刑事诉讼法》的修正案及《国际刑事司法协助法》，实现了与《监察法》的衔接。其中，保留人民检察院部分侦查权，确立认罪认罚从宽制度、缺席审判制度和国际刑事司法协助，标志着反腐败的刑事法治程序建设取得重大进展。在实体法的建设上，《联合国反腐败公约》较之《刑法》规定的腐败范围更为广泛，需要在目前《刑法》罪名基础上增加洗钱、窝藏、妨碍司法等罪名，更好地与《联合国反腐败公约》衔接。贿赂作为最主要的腐败犯罪形式，必须加大对贿赂犯罪的打击惩罚力度、扩大《刑法》规制贿赂的范围。目前我国《刑法》仅将贿赂罪的对象限定为财物，并没有区分财产利益和非财产利益。然而现实中贿赂形式日趋复杂化，出现了性贿赂、信息贿赂等新型的贿赂方式，造成司法认定和适用上的分歧。因此需要修改有关贿赂罪的条文规定，将其他财产利益和非财产利益纳入贿赂罪的规制范围，从而有效惩治和预防新型的贿赂犯罪。在反腐刑事法治程序方面，需要注重腐败犯罪的特殊侦查措施。当前腐败案件的犯罪手段愈加多样化、智能化和隐蔽化，出现了"家族腐败""情妇腐败"等新型的腐败现象，这给腐败犯罪的侦查工作提出了更高的要求。根据《刑事诉讼法》规定的侦查、逮捕措施以及国外反腐工作的技术经验，我国反腐败机构应当扩大技术侦查措施在腐败犯罪中的适用范围。整体上，反腐刑事法治的改进必须注重刑事一体化。"刑事一体化的引入有利于打破学科藩篱，真正达到从刑事实体法、程序法、犯罪学、监督机制和国际合作等方面系统地、全方位地治理腐败。"②

（三）反腐败地方立法与国际立法合作

反腐败立法涵盖了国家与地方两个层次的体系。地方立法在诸多方面

① 参见李志强、何忠国：《法治反腐的制度体系及其建构》，载《中共中央党校学报》2015年第4期。

② 参见郭世杰：《反腐败的刑事法规制论》，载《深圳大学学报（人文社会科学版）》2013年第2期。

都呈蓬勃发展之势，这源于地方性事务的复杂性、差异性，因此反腐败立法地方先行具有重要理论和实践依据。在国家层面反腐败法尚未出台的情况下，反腐立法地方先行，既为地方治理腐败实现了有法可依，也为国家反腐立法提供了经验。反腐立法地方先行，首先必须坚持法制统一原则。目前我国反腐败地方立法的创新空间仍然很大，必须注重实施性立法、自主性立法的创新。“我国目前主要是把立法事项的重要程度作为中央与地方立法权限的划分标准，从立法实践来看，应合理引进影响范围的标准和方法。”[①] 这种划分的理念改进，应适当运用到地方反腐立法中，从而保证法制统一。另外，我国公众参与地方立法日趋广泛化、制度化，公众参与制度能够提高地方立法的科学性和有效性。地方反腐立法必须注重对这一制度的运用，也从根本上保证了立法的民众基础。

从国际看，反腐败立法涵盖了国内立法与国际合作立法两个维度的内容。国际法对国家交往具有深远的影响，国际立法奠定了国际秩序的基础，而国际法的实施则是国际秩序的实现阶段。反腐的国际法治需要这两个系统的密切合作，必须重视反腐败立法的国际合作。在立法上就必须善于吸收和借鉴国外立法和国际立法的成功经验，努力使我国立法与国际立法接轨，为积极参与国际上的法律协调化和统一化活动创造良好的法律环境。[②] 对于腐败问题的治理，同样需要坚持这种立法策略。经济全球化致使腐败问题成为世界性的难题，海外反腐涉及诸多因素，加强各国间的反腐合作，谋求反腐败的法治化框架，成为当下破除海外追逃障碍的有效路径。因而必须将反腐败的国际合作立法提上日程，深化反腐败国际司法合作机制，积极开展联合反腐执法行动。反腐败的国际合作立法应坚持两个前提：一是必须在国家主权原则下进行国际合作立法，二是必须提高反腐立法最终的可操作性、可执行性。

（四）网络反腐的立法规制

网络反腐作为一种新型反腐方式越来越受到广泛关注，一些腐败分子

---

① 参见封丽霞：《中央与地方立法权限的划分标准：“重要程度”还是“影响范围”》，载《法制与社会发展》2008 年第 5 期。

② 参见郭玉军：《经济全球化与法律协调化、统一化》，载《武汉大学学报（社会科学版）》2001 年第 2 期。

正是在网络反腐的浪潮中倒下，这也凸显了网络反腐相对于传统反腐方式的巨大优势。互联网等新媒体具有开放性、迅捷性、低成本和低风险等特征，日益成为公共舆论产生和传播的重要平台。借助网络平台，在传统的检举、揭发等方式下不敢或不愿发声的人能够将其掌握的与腐败相关的信息进行披露，而且信息一旦披露其传播就会脱离控制，使得腐败信息能够真正地威慑涉事者，因此网络反腐为公众参与腐败治理提供了一条新渠道。然而网络反腐要产生实质的效力还必须实现反腐话语从民间向官方的转换，而现实中网络反腐的民间话语因为面临合法性的危机往往难以实现向官方话语的转换。而这些不能被官方话语所吸纳的网络话语便隐藏着侵害涉事者隐私权、个人信息权、名誉权等合法权利的危机。诚如学者所言："缺乏法律规制的网络反腐很难长久持续，同时网络反腐中的过度侵权从根本上影响到了网络反腐的公信力。"① 因此必须强调通过顶层设计与立法规制，将网络反腐纳入法治化、制度化的常规机制。例如，微博反腐作为网络反腐的新形式，借助具有较强公共性的微博平台，展现常规反腐形式所不具有的反腐优势。认真对待微博反腐以便充分发挥其反腐正能量，需要法律调适公民监督权与官员隐私权间的权利冲突，从而正确看待和把握批评官员的尺度。② 具体而言，就是要平衡公众知情权与个人隐私权、名誉权以及其他合法权利之间的冲突，兼顾反腐与人权保障。一方面，要将网络反腐作为公众参与腐败治理的重要渠道，对于网上暴露的腐败信息，有关机构应当将其作为重要的案件线索予以重视。另一方面，要防止借反腐之名侵害他人的合法权利，不仅包括故意捏造事实对他人的名誉进行中伤的行为，而且还包括肆意扩大信息波及范围的侵权行为。当然对于善意的监督行为，只要不涉及恶意中伤和其他隐私信息，即便最终查证不存在腐败问题，也不应当追究信息披露者的责任。网络反腐等新型反腐实践启示我们，要通过加强立法规制推进我国反腐败权力反腐与权利反腐的有机结合和良性互动。

---

① 参见张新宝、任彦：《网络反腐中的隐私权保护》，载《法学研究》2013 年第 6 期。

② 参见蔡宝刚：《迈向权利反腐：认真对待微博反腐的法理言说》，载《法学》2013 年第 5 期。

三、健全完善预防治本制度①

健全完善预防治本制度相对于法治反腐制度而言，更具有源头性、基础性、前置性的意义。党的十八大以来，随着全面深化改革和全面依法治国的推进，预防治本制度建设从预防权力寻租的本位出发，在事前预防、事中预防、事后监督特别是行权公开和审计监督过程中进一步强化。

（一）事前预防制度

一是以权力清单约束设租寻租。长期以来，为了行使经济调节、市场监管、社会管理和公共服务等职能，政府拥有大量的决策权、执法权、审批权、处罚权等权力。仅各级政府掌握的行政审批权就有数千项之多，而且很多权力其实是由地方或部门自行制造，本身并无法律依据。一方面，各级政府掌握庞大的权力资源，另一方面，国家对这些权力的监督制约整体偏弱。公共权力面广量大，由于制度变迁、机构改革、人事变动等原因，某些权力有可能被忽略甚至遗忘，而实际由小集体甚至官员个人自行掌握。事实证明，这些处于监督盲区的公共权力，最易沦为腐败的“温床”。而借助这些权力进行寻租和设租历来就是官僚体系权力变现和交易的主要实现形式，与腐败只有一墙之隔。所以无论是站在从源头上防治腐败的角度，还是从提高执政能力建设的角度上考虑，都应该探索权力公开透明运行机制，加大权力公开的力度。近年来国家推行的权力清单制度就是推动权力公开运行、强化权力运行制约和监督的重要举措。目前的权力清单主要包含了权力名称、权力依据和行使规则等前端信息，今后还应继续向权力运行的后端延伸，即公开权力过程和权力结果。唯有完整地公开才能使公众不仅知其然，更能知其所以然，真正发挥对公共权力的监督制约作用。

二是以“负面清单”约束权力肆意。广义上讲“负面清单管理模式”是指政府规定哪些领域不开放，明确列出禁止和限制投资经营的行业、领域和业务。除了清单上的禁区，其他行业、领域和经济活动，各类主体均

---

① 本节参见周瑞金：《终结腐败》，载澎湃新闻网，最后访问日期：2014 年 10 月 9 日。

可自由平等进入。政府管理模式从以前容易滋生寻租设租腐败风险的“正面清单”（例如几乎全军覆没的国家能源局案例）转向“负面清单”，这就是政府的自我革命，是从0到1的重大且不可逆的变化。这将从根本上重塑政府的行为，并真正理清政府与市场的合理边界。改革的方向就是大幅度取消或简化前置性审批，充分落实企业投资自主权，推进投资创业便利化。确实需设置的行政审批事项，就根据前面的权力清单制度，一律向社会全程公开。最终的目标是实现市场主体“法无禁止即可为”，公权机关“法无授权不可为”。

可以确信，这两项关键制度的建立和配套实施，将终结历史上一再出现的“收权放权”循环怪圈，彻底治理和最终牢牢约束住各级政府闲不住和常常乱摸的有形之手，抑制住权力寻租和审批腐败。同时打破民间资本和政府官员的复杂利益纠葛，治愈所谓的“斯德哥尔摩综合征”（对政府的极度依赖）。

（二）事中预防制度

集中表现为对公共财政法案实行过程监督。财政是现代化国家治理的基础和重要支柱。财政民主是借鉴英国百年“光荣革命”和美国“进步时代”改革的最重要成果。世界上许多国家从传统国家建构完成向现代国家建构的转型，都是从财政税收领域起始的，中国应该也不会例外。

如果要约束政府的行为，就从财政预算上进行约束，财政收入“取之于民、用之于民”，怎么让群众能看懂、社会能监督？提高透明度是最有效的途径之一。财务一旦公开，权力的运行就暴露在阳光下了。预算公开本质上是让政府的行为透明，是建设阳光政府、责任政府的需要，也是依法行政、防范财政风险的需要。不透明的政府，是无法监督的政府，无法监督的政府是不负责任的政府。现代化的治理就要求逐步将各级政府财政运行从黑箱中逼出来，使其有形之手暴露于阳光之下。

应围绕建立透明预算制度，增强预算的完整性，完善全口径预算（常规预算、国有资本、基金收入、社保基金）；除涉密信息外，进一步细化政府预决算公开内容、扩大部门预决算公开范围，以及公布具体明细科目等细节。还要通过立法要求政府建立权责发生制的政府综合财务报告制度，便于对政府财政预算执行行为进行动态跟踪。而这也就要求充分发挥各级人大的财政预算审查职能，将预算支出作为人大批准预算的主要目标，确实强化立法机关对政府的约束和监督，加强对预算程序的监督，合理、充分行使对预算的修改权和否决权。特别是重大事项要进行听证，重大情况要让老百姓知道，重大问题要让老百姓参与讨论。这将把每一次重大项目的决策从暗箱放到台面上。这样很多的形象工程就不会仅仅凭主要领导的“一支笔”就可以开工，一旦上网公开，相信谁也不敢轻易签这个字。

《预算法》准确地说就是政府支出法，是约束政府花钱的规矩。《预算法》不仅是上级政府管理下级政府的工具，更是人民对政府支出的约束。它是约束和监督政府行政行为的制度规则，更是构建和塑造现代国家治理体系的法律依据。毫不夸张地说，《预算法》是当下中国经济体制和政治体制改革的核心交汇点，关涉经济发展方式转变和运行效率、关涉民生改善、关涉中央和地方政府关系的调整梳理。2014 年 8 月通过的《预算法》修正案显示出了更多的进步主义姿态，开始真正具有现代化的公共财政法案的某些雏形和要素。可以预见，包括预算法案在内的系列公共财政法案的修改通过，将昭示着中国公共财政改革的大步迈进，它会有效地扬弃 GDP 锦标赛，使得政府真正看得见，可以监督，可以问责，并转向为服务型、民生型和发挥更好作用的政府。推进民主理财，全面规范、公开透明的预算管理制度将标志着中国经济和政治改革在关键环节上的双重启动。它提供的全过程监督必将使得工程腐败、建设腐败受到最强力的抑制。

（三）阳光行权制度

十八届三中全会通过的决定中明确提出的“推行新提任领导干部有关事项公开制度试点”，这本质上是一个以增量带存量的中国式阳光法案的雏形。常识告诉我们，“阳光是最好的杀虫剂”，反腐不如防腐，而防腐的最主要手段就是阳光化。实践证明，与其在一步到位的民众愿望和阻力如山的现实中间停滞不前，不如退一步从各方面都能有基本共识的地方做起。与其在过高的标准上难于起步，不如看准大方向后，先开枪再瞄准。与其继续坐而论道、争论不休，不如现在就实行各方都能接受的方案。所以现实的态度就是从增量做起，这也是中国改革的一个普遍经验，也就是“推行新提任领导干部有关事项公开制度试点”。

随着新提任领导干部有关事项公开制度的实行，新的约束条件也就能建立起来，也就意味着20~30年以后，当他们成为高级官员甚至决策者时大都应该是干干净净、清清白白的。这样一种制度安排放弃了一日建成罗马的目标，改成在若干年内循序渐进地有序实现，既消解了既得利益，又避免了疾风暴雨，做到了润物无声。一旦成形，就会形成结果控制（刑法有巨额财产来源不明罪），成为对腐败的最大制约。它同时也是无声处的惊雷，切勿低估它的严肃性和作用力，回想下前面提到的那个“替代率”，虽然无法精确测算，但这个法案净化官僚体系的速度一定比期望中要快得多。

（四）审计监督制度

在国家治理中，审计实质上是依法用权力监督制约权力的行为，是国家治理中的一个内生的具有预防、揭示和抵御功能的“免疫系统”。在《世界审计组织2011—2016年战略规划》中，明确要求各国最高审计机关在坚定反腐、加强问责、促进透明、强化良治方面不断努力，以展示各国最高审计机关在国家治理中的重要作用。

审计机构的主要任务就是提供财务数据上的可疑线索。刘志军案就是由审计署发现的线索“牵”出来的。2013年，全国各级审计机关共审计15万多个单位和政府部门，促进增收节支和挽回经济损失4500多亿元，移送2400多件违法违纪案件线索至相关部门进一步调查处理。如2015年6月16日到25日，审计署连发17份公告，移送至2014年5月已办结的35起经济案件和事项、中国烟草总公司等11家国有企业2012年度财务收支审计结果公告、国家发改委等37个中央部门单位2013年度预算执行情况和其他财政收支情况审计结果。仅11家央企2012年财务收支审计，就对190名相关责任人进行了严肃处理，其中厅局级干部32人。

第三章　反腐败监督体系的制度完善

健全党和国家监督体系制度，完善权力运行制约和监督机制，形成有权必有责、用权必担责、滥权必追责的制度安排，是“把权力关进制度的笼子里”重要理念的制度体现，是对公民权利的有效保障。习近平总书记在党的十九大报告中指出：“构建党统一指挥、全面覆盖、权威高效的监督体系，把党内监督同国家机关监督、民主监督、司法监督、群众监督、舆论监督贯通起来，增强监督合力。”① 这为健全新时代党和国家监督体系提供了理念遵循和路径指引。

一、健全完善党内监督制度

构建监督体系制度，意味着各种监督方式相互联系、有机运转。党的十九大报告所强调的监督体系，最为突出的特点是“党统一指挥”，可见，党的统一领导是监督体系的核心。这是中国共产党领导是中国特色社会主义最本质的特征和中国特色社会主义制度的最大优势的明确彰显。坚持党的集中统一领导，最根本的是坚持以习近平同志为核心的党中央的统一领导和指挥。从历史经验看，中国共产党自成立以来，党风廉政建设和反腐败斗争都是由党统一领导的，并被不同时代赋予新的不同要求。党的执政水平直接决定着监督工作的运行情况，什么时候党能够统一领导，什么时候监督工作就能有效运行，党的统一领导一旦弱化，整个监督体系就会陷

① 参见《习近平在中国共产党第十九次全国代表大会上的报告》，载人民网，最后访问日期：2017 年 10 月 28 日。

入困境。只有以党内监督带动其他监督、完善监督体系，才能为全面从严治党提供有力制度保障。党的十八大以来，习近平总书记旗帜鲜明、立场坚定，把维护党中央集中统一领导，牢固树立政治意识、大局意识、核心意识、看齐意识，贯彻落实党的理论和路线方针政策，确保将全党令行禁止等列为党内监督的主要内容，积极探索党在长期执政条件下自我监督的有效途径。

《中国共产党章程》规定，“党的各级纪律检查委员会是党内监督专责机关”，并将“维护党的章程和其他党内法规，检查党的路线、方针、政策和决议的执行情况，协助党的委员会推进全面从严治党、加强党风建设和组织协调反腐败工作”规定为其主要任务。加强党内监督的一个重要方式，就是各级纪委认真履行职责，充分发挥党内监督在整个监督体系中的导向引领作用。纪委要在党委领导下，组织制定、实施有关党风廉政建设和反腐败工作的计划、措施、制度、规定等，并进行督促检查，保证计划和措施的顺利实施，保证制度和规定的贯彻落实；把党风廉政建设和反腐败各项任务分解、细化，落实工作责任制，使有关部门互相配合、协同动作。同时，应通过健全完善相关机制平台发挥组织协调作用，使党内执纪监督问责与其他各种监督方式实现信息畅通、机制衔接。比如，党内监督和司法监督之间，在制度上不能有冲突，不能相互抵消；民主监督、群众监督和舆论监督实质上是人民群众对党和政府的监督，实现党的自我监督和群众监督的贯通，需要建立相对独立的举报平台。纪委在监督体系中的协调作用就是上下贯通、形成合力，助力党统一指挥、全面覆盖、权威高效的监督体系的构建。

二、健全完善国家机关监督制度

国家机关监督是党和国家监督体系的重要一环。《监察法》规定，各级监察委员会是行使国家监察职能的专责机关，职责是对所有行使公权力的公职人员进行监察，调查职务违法和职务犯罪，开展廉政建设和反腐败工作，维护宪法和法律的尊严，这就通过国家立法把党对反腐败工作集中统一领导的体制机制固定下来，把制度优势转化为治理效能。监察监督在实施中需要同党内监督结合起来。监察机关要依法对公职人员依法履职、秉公用权、廉洁从政从业以及道德操守情况进行监督检查；对涉嫌贪污贿赂、滥用职权、玩忽职守、权力寻租、利益输送、徇私舞弊以及浪费国家资财等职务违法和职务犯罪进行调查；对履行职责不力、失职失责的领导人员进行问责等，以实现对所有行使公权力的公职人员是否勤政廉政监督的全覆盖。

国家机关监督必须突出人大监督。人大监督的实质就是从制度上确保宪法和法律得到正确实施，确保公民、法人和其他组织的合法权益得到尊重和维护。人大机关监督与检察机关的法律监督的最大区别是，前者主要是对行政机关、监察机关、检察机关和审判机关是否依法履行职能实施的监督，后者主要是对诉讼领域的执法活动是否公正合法实施的监督。人大及其常委会行使监督权的实质，就是按照宪法和法律所赋予的职权，通过听取审议工作报告、组织执法检查、提出询问或质询等方式，对行政、监察、审判、检察机关的权力运行情况进行有效的监督，以防止其权力滥用，保证国家机器按照人民的意志依法运行。十三届全国人大一次会议设立的宪法和法律委员会、监察和司法委员会，就是强化人大监督的重要体现。

三、健全完善民主监督制度

民主监督主要指人民政协和民主党派的监督。应把对社会发展重大问题的关注和对百姓最关心的日常生活问题的关注结合起来，使人民政协和民主党派既参与国家重大政治问题，又面向基层、贴近民众。坚持宏观问题监督与微观问题监督结合、重点监督问题和日常监督工作结合、民主监督的已有形式与新形式结合等。完善民主监督的主要途径包括：建立信息沟通、资源共享制度，加强政协与党委、政府、人大和社会各界的互相沟通，及时了解各方面的信息；建立各级政协与各级党委、政府、人大固定的对口联系制度和工作制度，互相通报监督工作的进展情况；建立重大决策的征求意见制度，在有关经济建设、社会发展和人民群众关心的重大问题决策之前，各级党组织、政府、人大、政协应主动邀请社会各界知名专家、学者帮助咨询、论证、调研，充分听取各方面意见；建立健全民主监督员和监督小组机制，各级政协定期向各部门各单位派出民主监督员和监督小组，在主席会议和常委会领导下开展民主监督工作。

四、健全完善司法监督制度

司法监督是党和国家监督体系的刚性支撑，肩负着惩治腐败犯罪、保障公共权力正当运行的法定职责。在司法实践中，职务犯罪的刑事司法和普通犯罪的刑事司法虽然都是对犯罪行为的法律评价和刑罚处罚，但有着不同的本质特征。职务犯罪刑事诉讼有三重价值目标：打击犯罪、反腐倡廉、维护人民主权。司法监督是反腐败政治任务的重要组成部分，是对监察机关腐败治理成果的确认和巩固，旨在维护国家公共权力的廉洁性、公正性和人民性。实践中，应建立健全司法机关与监察机关的配合制约机制，加强与监察委员会在查办案件中的配合协作，不断完善案件移送、证据审查、程序把关等机制，有效整合办案资源；积极推进司法体制改革，构建符合反腐败司法规律的体制模式，提高职务犯罪审查逮捕、审查起诉和刑事审判的整体效能；健全行政执法与司法衔接机制，畅通执法司法信息交流机制，完善司法机关提前介入、联席会议等机制制度，提升共同打击腐败的能力。

五、健全完善群众和舆论监督制度

群众监督和舆论监督在党风廉政建设和反腐败斗争中发挥着不可或缺的作用。从本质上讲，舆论监督是人民群众行使监督权利的一种直接方式，国家机关和国家工作人员都应当自觉接受群众监督和舆论监督，并创造条件、拓宽渠道，切实保障人民群众的知情权、参与权、表达权、监督权。在信息技术快速发展的今天，互联网日益成为人民群众传递信息、参与社会事务的重要渠道，应高度重视运用和规范网络监督，建立健全网络舆情收集、研判、处置机制和引导、反馈、应对机制，对反映领导干部违纪违法问题的要及时调查处理，对反映失实的要及时澄清，对诬告陷害的要追究责任。同时，加快网络监督的法治建设进程，制定舆论监督、网络管理等相关法规，对舆论监督主体的权利与义务等加以明确而具体的规定。

此外，还要建立舆论监督的良性互动机制。任何监督形式都有自身难以超越的局限性，舆论监督也不例外。舆论监督是以公民权利为基础的由下而上的监督形式，对具体问题的解决和公共权力的运行不具有强制性和刚性影响。因此，需要充分利用其他监督形式的优势，形成内外结合、纵横交错的网络化监督格局。切实发挥舆论监督在和谐社会构建中的作用，积极借助群众监督、民主党派监督等监督形式，建立全方位、立体化的党和国家监督体系，确保权力行使的合法性和有效性。

第六编　反腐新成效

十八大以来，全面从严治党和反腐败斗争取得历史性、开放性成就。中央八项规定得到严格贯彻，形式主义、官僚主义、享乐主义和奢靡之风得到严厉整治。巡视利剑作用彰显，反腐败无禁区、全覆盖、零容忍，“打虎”“拍蝇”“猎狐”，不敢腐的目标初步实现，不能腐的笼子越扎越牢，不想腐的堤坝正在构筑，反腐败斗争压倒性态势已经形成并巩固发展[①]。党的纪检体制和国家监察体制得到改革与完善，反腐败法律法规制度建设空前加强，反腐败斗争的广度、深度和强度以前所未有的态势向前推进，腐败治理从量的积累迈向质的转变，取得了压倒性胜利，“保证了党和国家取得历史性成就，发生历史性变革”[②]。反腐败斗争取得举世瞩目的成效，赢得了广大人民群众的一致拥护与信赖。

---

① 参见《习近平在中国共产党第十九次全国代表大会上的报告》，载人民网，2017 年 10 月 28 日。

② 引自江金权：《新中国成立 70 年来反腐败斗争的经验与启示》，载《中国纪检监察报》2019 年 9 月 26 日。

第一章　执纪在前正党风

党的十八大以来，以习近平同志为核心的中央领导集体着眼于从严治党、从严治标，坚持问题意识、问题导向，作出了一系列带有开创性、实体性的重大改革部署，开始从纪检体制“破冰”“破题”，使把纪律挺在前面的反腐败斗争，成为书写人心的政治。

一、纪检改革的聚变效应

根据党章规定，党的地方各级纪委和基层纪委在同级党委和上级纪委双重领导下进行工作，这是党的纪律检查体制的“钢筋龙骨”。但由于诸多深层次掣肘因素的存在，使其在执行过程中不同程度地表现出运转不畅、实效不佳等问题。比较典型的情况是，一些地区和部门党委凌驾于纪委之上，纪委唯同级党委主要负责人马首是瞻，造成党内监督“上级太远，同级太难，下级太软”的弊端。这也成为党内外有广泛共识的体制性“病灶”和一把手监督难的“病根”。因此，通过全面深化改革发挥纪检体制应有效能的呼声此起彼伏。①

（一）“四种形态”的反腐威力

实行批评教育、组织处理、纪律处分和立案审查“四种形态”，是纪委监督机制改革的重大举措，既是纪委监督执纪方式的重大转变，也是管

① 参见高波：《让上级纪委对下级纪委的领导“落地”》，载《中国纪检监察报》2014 年 8 月 13 日。

党治党从只盯少数人向管住大多数人的转变。它改变了过去干部要么是“好同志”、要么是“阶下囚”的现象，体现了惩前毖后、治病救人的一贯方针。2016 年中央纪委把运用“四种形态”作为推进全面从严治党的重要抓手，各级纪委纪检组深入研究、不断探索，取得明显成效。①

通过谈话提醒的方式对干部“咬咬耳朵、扯扯袖子”，已成为各级纪检监察机关监督执纪的常态。如 2016 年 5 月建设银行广东省某支行行长张某默许与该行合作的证券公司人员提出的变相返点提议。派驻该支行的纪检监察特派员发现这一情况后，立即向派驻分行纪委报告。中国建设银行纪委、监察部副总经理赵翀介绍，发现问题以后，立即对此支行行长进行提醒谈话，指出证券公司通过变相返点方式推动有关业务，属于变相的商业贿赂行为，应及时制止证券公司采用此方案。据有关执法人员介绍，很多违纪党员领导干部在忏悔录中多次提到，最初涉及小问题小错误时如果有人及时提醒或许能避免犯更大错误。②

四种形态囊括了从违纪之前到涉嫌破法不同程度的问题，贯通了批评教育、组织处理、纪律处分等多种形式，目的是抓早抓小，防微杜渐。让咬耳朵、扯袖子，红红脸、出出汗成为常态；党纪轻处分、组织调整成为大多数；重处分、重大职务调整的是少数；而严重违纪涉嫌违法立案审查的只能是极极少数。对监督执纪“四种形态”的探索实践，使领导干部受到警醒、警示、警戒。对严重违纪的重处分对应的是监督执纪“四种形态”的第三种。从“要么是好同志，要么是阶下囚”，到实践监督执纪“四种形态”，既彰显了铁腕反腐、惩前毖后的坚决态度，也体现了严管厚爱、治病救人的良苦用心，是纪检体制的重大创新。

据统计，仅 2018 年，全国纪检监察机关共接受信访举报 344 万件次，处置问题线索 166.7 万件，谈话函询 34.1 万件次，立案 63.8 万件，处分 62.1 万人（其中党纪处分 52.6 万人）。处分省部级及以上干部 51 人，厅局级干部 3500 余人，县处级干部 2.6 万人，乡科级干部 9.1 万人，一般干

① 参见《各级纪委运用“四种形态”推进全面从严治党取得明显成效》，载央广网，最后访问日期：2017 年 1 月 5 日。

② 参见《各级纪委运用“四种形态”推进全面从严治党取得明显成效》，载央广网，最后访问日期：2017 年 1 月 5 日。

部11.1万人，农村、企业等其他人员39万人。全国纪检监察机关运用监督执纪“四种形态”处理173.7万人次。其中，第一种形态110.4万人次，占“四种形态”处理总人次的63.6%；第二种形态49.5万人次，占28.5%；第三种形态8.2万人次，占4.7%，比2017年下降0.6个百分点；第四种形态5.5万人次，占3.2%，比2017年下降0.5个百分点。说明在总案件数量没有大变化的情况下，出现这种结构性的变化，反映出在中管干部违纪案件处理中落实四种形态的要求。①

“四种形态”实践以来，各级纪检监察机关在执纪尺度的考量上，注重考虑综合因素，坚持“惩前毖后、治病救人”的方针。对犯错误的党员干部不能一棍子打死，而是综合考虑违纪问题性质、严重程度、造成后果和影响、认错悔错态度等各方面情况分类处置，宽严相济，对主动向组织坦白或交代，如实说明问题的给机会、给政策，从轻或减轻处理；对少说不如实说明，对抗组织审查或十八大后不收敛、不收手的绝不放过，从重或加重处理。

“四种形态”既是思想观念的创新成果，也是执纪监督的深刻变革。“四种形态”被写入党章，这是监督执纪工作的一个重要创新。在执纪实践中，把“四种形态”有机地运用到线索处置、执纪审查、执纪审理等各个环节，将“惩前毖后、治病救人”方针贯彻到纪律审查全过程，努力实现从“管少数”向“管全体”、由“被动查”向“主动防”的转变，使纪律建设的治本作用日益显现，以严明纪律推动全面从严治党向纵深发展。②

（二）八项规定落地生根

党的十八大以来，各级纪检监察机关持续发力，采取多种措施强化监督，对包括“四风”问题在内的违反中央八项规定精神的行为露头就打，形成了使之“不敢”的氛围。据2017年11月30日中央纪委监察部网站发布的数据显示，2013年至2017年10月五年间，全国已累计查处违反八项

① 参见《中央纪委国家监委通报2018年全国纪检监察机关监督检查、审查调查情况》，载新华网，最后访问日期：2019年1月9日。

② 参见《各级纪委运用“四种形态”推进全面从严治党取得明显成效》，载央广网，最后访问日期：2017年1月5日。

规定精神问题193168起，处理262594人，给予党政纪处分145059人。省部级被处理24人，其中给予党政纪处分的22人；地厅级被处理的人数为2329人，给予党政纪处分的1555人；县处级被处理的人数为19619人，给予党政纪处分的11882人；乡科级被处理的人数为240622人，给予党政纪处分的131600人。

1. 抓住节点，依靠群众

各级纪检监察机关认真履行监督责任，抓住各个节点，盯紧“四风”问题，严肃执纪问责，打好纠“四风”这场主动仗。面对即将到来的不同节日，各级纪检监察机关坚守监督责任，发信号、出重拳、用狠劲，依靠群众用千万双眼睛来监督，扒掉“四风”隐身衣。如有人通过网络赠送电子礼品卡。提前在网上购买好礼品，只需向收礼者提供电子账号和密码，足不出户就可送礼千里。又如手机话费充值已成为一种“实用”的送礼途径。为收礼人充上数百元话费，再短信说明，双方不用见面，简便易行。再如月饼促销活动已悄然在微信朋友圈里红红火火搞起来了，有的承诺可上门送卡或异地提取，有的则说可开各类发票，等等。这些有违八项规定的情形，都被及时揭露和处理。值得关注的是，中央纪委监察部网站2015年8月发布《严防公款送月饼节礼等“四风”反弹 请您来当监督员》，邀请广大网友监督揭露遇到的“四风”新问题，网友留言就达19页之多。

动员群众力量，汇聚群众智慧，已成为中央纪委纠正“四风”的有益做法。各级纪检监察机关也积极畅通监督举报渠道，用好“全民参与”这一纠正“四风”的利器。天津市纪委组织了1000名纠风志愿者，包括医生、教师、个体户、公务员、农民和大学生等。在中秋节期间，他们将实地查访一些大型商场、酒店、单位食堂、会所、月饼生产企业，若发现疑似公款购买预付卡、公款购买月饼节礼等问题，在第一时间将线索提供给纪检监察机关。湖南省长沙市纪委在长沙廉政网开通了“公款送月饼等‘四风’问题举报窗”，接受群众对公款送月饼等节礼、公款大吃大喝、公款旅游娱乐等违反中央八项规定精神问题的举报。对于有关线索，纪检监察机关将认真核实，快查快办。新疆阿克苏地区纪委建立了廉政微信平台，定期推送反腐倡廉工作信息，同时，受理群众有关党员干部廉洁自律、作风问题的举报。[①] 畅通监督渠道，公开举报信息，借助群众的火眼金睛和媒体的平台支撑，形成监督合力，为纠正四风提供了有力支持，使八项规定落地生根。

2. 创新方式，力求实效

创新监督方式方法，纠正“四风”力求实效。如果将月饼禁令、贺卡禁令、年货节礼禁令等串联起来，便不难发现：每逢关键节点抓早抓小，给党员干部早打招呼早提醒，已成为各级纪检监察机关纠“四风”工作的重要内容。福建省古田县1000多名副科级及以上领导干部收到了一份特别的中秋“礼包”，“礼包”内既不含月饼，更没有红包。所谓的“礼包”，其实是包括参加廉政专题讲座、观看警示教育片、签订廉政承诺书、发送廉政短信等活动的“廉政礼包”。据该县纪委宣教室主任钟敏介绍，每逢重要时间节点，县纪委都会通过各种方式给党员干部敲警钟，以防发生公款送礼、奢侈浪费等“节日病”。[②]

同样肇始于中央纪委，并作为创新经验已在全国各级纪检监察机关推行的，还有约谈制度。据2016年7、8两个月的统计，重庆市纪委约谈38个区县（自治县）党委书记、区县长和纪委书记，对节日期间作风建设提出要求；江西省纪委对各市和省直单位纪委负责人进行约谈，着重了解落实“两个责任”、作风建设等情况；云南省昆明市纪委建立了纪委与下级党委、纪委负责人约谈制度，目前，已约谈26名区县及市级部门主要领导和纪委书记。[③]

各地纪检监察机关也结合本地实际，不断创新监督方式方法。为从源头上斩断不良作风的“资金链”，安徽省于近日启动严肃财经纪律和“小金库”专项治理工作，整治内容包括预算收入管理、预算支出管理、政府采购管理、资产管理、财务会计管理、财政票据管理、设立“小金库”七方面。海南省纪检监察机关与财政、审计、税务等部门加强协作配合，形成了查纠“四风”的工作合力。各有关部门将结合各自工作职责，加强对

---

① 参见《各级纪检监察机关盯紧“四风”问题严肃执纪问责》，载《中国纪检监察报》2014年8月28日。

② 参见《打好纠“四风”这场主动仗》，载《中国纪检监察报》2014年8月28日。

③ 参见《打好纠“四风”这场主动仗》，载《中国纪检监察报》2014年8月28日。

发票开票环节、公款报销环节、公务支出和公款消费的监管，着力核查各类违纪问题。

3. 执纪问责，形成威慑

执纪问责决不手软，持续形成震慑氛围。各地纪检监察机关周密部署，在各个节点来临之际，对于那些不收敛、不收手，变换花样请客送礼等问题，露头就打，绝不姑息，决不让歪风邪气重新抬头。如2017年3月到4月，十八届中央的最后一轮巡视，对中央网信办等四家单位开展巡视，发现中央网信办存在“四个意识”不强，贯彻落实习近平总书记重要指示和工作要求不够坚决、不够及时；政治责任感不强，落实中央网信工作重大决策部署不够到位；政治担当缺失，不正确使用权力问题时有发生，维护政治安全不够有力；政治生态不良，存在“小圈子”；廉洁意识淡薄，管党治党不严等问题。中央网信办主任鲁炜在受到执纪问责的同时，揭露出其存在严重背离党性原则，对党毫无忠诚，对政治纪律和政治规矩、中央八项规定精神、组织纪律、廉洁纪律、群众纪律、工作纪律、生活纪律样样违反的严重问题，鲁炜受到开除党籍和开除公职处分，涉及犯罪问题移送司法机关处理。

各级纪检监察机关将以“零容忍”态度惩治顶风违纪行为，对检查中发现的违规违纪行为快查快办，并严肃追究直接责任人和有关领导的责任，对案件点名道姓通报曝光；贵州省各级纪检监察机关将集中力量查处公款大吃大喝、公款收送节礼、违规公款旅游、大办婚丧喜庆等问题，发现一起，查处一起；杭州市要求各级纪检监察机关认真履行监督责任，在防止收送实物的同时，还要盯住以提货卡、预付卡及异地提取等形式用公款送节礼的行为，坚决刹风整纪，保持高压态势。[①] 国家税务总局财产和行为税司原巡视员杨遂周公款旅游、违规收受礼金；水利部黄河水利委员会山东黄河河务局原党组副书记、局长张俊峰超标准配备办公用房。中央纪委又公开曝光违反中央八项规定精神问题的典型案例，点名道姓，直指问题。最新公布的数据显示，2019年6月，全国查处违反中央八项规定精神问题6060起，处理8506人，其中给予党纪政务处分5944人。从月度数

① 参见《打好纠“四风”这场主动仗》，载《中国纪检监察报》2014年8月28日。

据来看，2019 年 1 至 6 月，全国查处违反中央八项规定精神问题数分别为 5001 起、3107 起、3711 起、4090 起、4372 起、6060 起，处理人数分别为 7303 人、4304 人、5143 人、5767 人、6184 人、8506 人。实践表明，为避免改进作风沦为“一阵风”，最直接有效的方式，莫过于严肃执纪，铁面问责，形成震慑，使之“不敢”。随着八项规定精神的深入贯彻，广大党员干部已能明显感觉到，“一顿饭丢了乌纱帽”不是没有可能，只有敢动真格、公开曝光，才能让心存侥幸者没有胆量触碰“高压线”。正是通过一个节点一个节点的坚守，强化监督执纪问责，推动中央八项规定精神落地生根。

二、巡视派驻全面覆盖

（一）巡视“利剑”威慑常在

党的十八大以后，中央巡视工作的理念思路与时俱进、方式方法不断创新：在外延上，向着全覆盖目标迈进。仅据 2015 年统计，中央巡视组就完成了 8 轮巡视，共巡视 149 个地方、部门和单位党组织，实现了对 31 个省（区、市）和新疆生产建设兵团、中管国有重要骨干企业和中管金融单位的全覆盖。在党的十九大前，中央巡视将实现对地方、部门、央企、金融、事业单位五个板块的全覆盖。

监督定位日益清晰。从聚焦党风廉政建设和反腐败斗争这个中心，围绕作风、纪律、腐败和选人用人等方面情况，发现问题，形成震慑；到把检查政治纪律和政治规矩、组织纪律执行情况，“两个责任”落实情况等纳入巡视重点；再到提出巡视是对党组织和党员领导干部的巡视，是政治巡视不是业务巡视，巡视监督定位更加准确，指向更加聚焦。

监督手段机动灵活。党的十八大后首轮中央巡视就开始探索“三个不固定”——组长不固定、巡视对象不固定、巡视组和巡视对象的关系不固定。从第三轮起，在常规巡视同时又着手开展专项巡视，精准发现，定点突破。从第六轮起，实行每轮一个巡视组巡视两个或三个单位，增强其针对性。第九轮巡视则首次开展“回头看”。

监督重点更加突出。十八大以来，中央纪委立案审查的中管干部案件，超过一半的线索来自巡视。2015年，中央巡视组就发现反映领导干部问题线索3000余件、“四风”问题400余件，督促查处450余名中管干部违纪违法问题，巡视制度不断创新，“利剑”作用日益凸显。2018年，中央巡视组共开展1轮常规巡视、1轮脱贫攻坚专项巡视，共巡视27个省区市、18个中央部门、8家中管企业和2家中管金融企业党组织，首次将10个副省级城市四套班子主要负责人纳入巡视范围。中央巡视组共受理群众信访举报49万件次，中央纪委国家监委根据巡视移交线索查处了蒲波、曾志权、吴浈等案件。巡视中，把整改落实情况作为监督检查重要内容，对拒不整改、应付交差、虚假整改等问题严肃追责问责。

（二）派驻机构，全面覆盖

派驻监督，作为党内监督的重要形式，在党的十八大后向着对中央一级党和国家机关全覆盖加快迈进。2014年12月，中央出台意见，为实现中央一级党和国家机关派驻全覆盖确定了时间表和路线图。2015年1月，中央纪委在中办、中组部、中宣部等中央和国家机关首次设立7家派驻机构。同年11月，中办印发方案，明确中央纪委设置47家派驻纪检组，实现对139家中央一级党和国家机关的派驻机构全覆盖。实现全覆盖后，派驻监督单位增加了87个，派驻机构却减少了5家，副部级和司局级职数没有增加一个。速度与效率的背后，是创新的理念和方式，“方案一大亮点就是加大了综合派驻力度。在47家派驻机构中，27家为综合派驻，负责监督119家单位，”时任中央纪委副书记杨晓渡说。只要方向正确，迈出一步就是胜利，坚持下去就一定能充分显现出改革效应。2018年，中央纪委国家监察委调整派驻机构设置，统一设立46家派驻纪检监察组，监督中央一级党和国家机关129家单位。全国31个省、区、市完成县级纪委派驻全覆盖，监察权延伸覆盖各乡镇（街道）。

第二章 打虎拍蝇扬法威

党的十八大以来的五年，“全面从严治党”拓展了既往“从严治党”的内涵，反腐败斗争进入新的发展阶段。其主要表现在：经过全党共同努力，党的各级组织管党治党主体责任明显增强，中央八项规定精神得到坚决落实，党的纪律建设全面加强，腐败蔓延势头得到有效遏制，反腐败斗争压倒性态势已经形成，不敢腐的目标初步实现，不能腐的制度日益完善，不想腐的堤坝正在构筑，党内政治生活呈现新的气象。

一、有案必查没有例外

习近平总书记指出：“对腐败分子，发现一个就要坚决查处一个。”[①] 据对2013年至2016年8月的统计，全国纪检监察机关共立案98.5万件，给予党纪政纪处分97.6万人，涉嫌犯罪移送司法机关处理4.3万人[②]。仅2015年下半年，中央纪委监察部网站每月集中通报群众身边腐败的一批典型案例，至今已累计集中通报860起，对于一些大办婚丧事宜等一些小贪小腐的问题，对于截留农村低保户“养命钱”、骗取农业保险“救灾钱”、冒领已故五保户老人“五保金”、克扣贫困家庭“扶贫款”等民生领域的腐败问题也被大量通报。2018年，全国纪检监察机关共立案63.8万件，处分62.1万人，同比增长20.9%和17.8%。检察机关受理各级监委移送

① 参见习近平：《在十八届中央纪委三次全会上的讲话》，载新华网，最后访问日期：2014年1月27日。

② 参见毛翔：《把纪律立起来严起来执行到位——以严明的纪律管全党治全党之一》，载《中国纪检监察报》2016年8月16日。

职务犯罪 16092 人。不起诉率、退查率同比分别下降 9.5% 和 37%。职务犯罪调查处置准确率大幅提高。[①] 2013 年至 2017 年 8 月，中央决定立案查处的中管干部有 280 多人。坚决查处了周永康、徐才厚、令计划、苏荣等人，向党内外证明我们党从严治党、从严治吏的决心，敢于直面问题进行自我革新的非凡勇气。刹住了大家认为不可能刹住的各种歪风，充分表明不论涉案金额大小、官位高低，只要涉及腐败绝不姑息的坚定决心。所谓“反腐转段”“一阵风”等言论不攻自破。反腐力度不断深入，正风执纪越来越严。2018 年，中央纪委国家监委立案审查调查中管干部 77 人，给予党纪政务处分 64 人，涉嫌犯罪移送司法机关 15 人。[②]

二、查办案件，及时高效

加大对腐败分子的惩治力度，是高压反腐的重要体现。“迟到的正义是非正义”，反腐败斗争是否成功，实际也体现在对腐败分子是否进行及时有效的打击方面。事实上，惩治腐败分子越快，对腐败分子的震慑力度就越大。因此，一旦发现腐败行为和腐败现象，就要采取露头就打，快速处理，及时纠正的方式。对于一些已经发现和查处的腐败行为，则要严格按照法律规定，通过给予法律、行政、经济等处罚措施，加大惩治腐败的力度：特别对于严重损害公众利益滥用职权的腐败行为，要切实加大处罚力度，不仅对犯罪分子人身自由予以依法剥夺，而且在经济上依法给予强有力的处罚。

在职务犯罪的查处上，2016 年全国检察机关立案侦查职务犯罪 47650 人，其中原县处级干部 2882 人、原厅局级干部 446 人。依法对王珉等 21 名原省部级干部立案侦查，对令计划、苏荣、白恩培等 48 名原省部级以上干部提起公诉。在征地拆迁、社会保障、涉农资金管理等民生领域查办“蝇贪” 17410 人。查办受贿犯罪 10472 人、行贿犯罪 7375 人。查办玩忽职守、滥用职权等渎职侵权犯罪 11916 人，推动治理为官不为、为官乱为问题。依法查办辽宁拉票贿选案涉及的职务犯罪。深挖执法司法不公背后

① 吴建雄：《法治反腐新论》，中共中央党校出版社 2019 年版，第 250 – 253 页。

② 吴建雄：《法治反腐新论》，中共中央党校出版社 2019 年版，第 250 – 253 页。

的腐败犯罪，查办涉嫌职务犯罪的行政执法人员 8703 人、司法工作人员 2183 人。从 37 个国家和地区遣返、劝返外逃职务犯罪嫌疑人 164 人，其中包括杨秀珠等“百名红通人员”27 人。江西、辽宁、河南等地检察机关对归案的李华波、王国强、黄玉荣等人依法侦查、提起公诉。对 27 件职务犯罪嫌疑人逃匿、死亡案件，向人民法院提出没收违法所得申请。加强职务犯罪源头治理。针对办案发现的突出问题，提出检察建议 11172 件。[①] 在职务犯罪案件的审判上，2016 年依法审理郭伯雄、令计划、苏荣等重大职务犯罪案件，在审判白恩培受贿、巨额财产来源不明案中首次适用终身监禁。各级法院审结贪污贿赂等案件 4.5 万件，6.3 万人，其中，被告人原为省部级以上干部 35 人，厅局级干部 240 人，判处罪犯 2862 人。为脱贫攻坚提供司法服务，坚决惩处贪污、挪用扶贫资金等犯罪，审结相关案件 1.5 万件。依法审理“红色通缉令”人员李华波贪污、闫永明职务侵占等案件，对外逃腐败分子虽远必惩，让其难逃法网。对 769 名履职不力的法院领导干部进行问责，查处违反中央八项规定精神干警 220 人。最高人民法院查处本院违纪违法干警 13 人，各级法院查处利用审判执行权违纪违法干警 656 人，其中移送司法机关处理 86 人。[②] 据统计分析，2016 年，全国审判机关审理的职务犯罪案件，从立案到审理、从审理到判决、从判决到执行的办案时限均控制在法定标准之内，其中有不少群众关注的犯罪案件在法定时限之前依法公开审判，彰显了党和国家从严惩治腐败的坚强决心。

2013—2017 年的五年间，中央纪委共立案查处中管干部 280 多人，全国纪检监察机关给予纪律处分 140.9 万人。在党风建设中，全国共查处违反中央八项规定精神问题 17.61 万起，处理党员干部 23.9 万人。[③] 其中 200 多名中管领导干部因腐败问题被查处，充分显示制度绝不是摆设，作为党员和公民，在制度面前都应人人平等；无论官位多高，权力多大，只

---

① 参见《2017 年最高人民检察院工作报告》，最高人民检察院网站，最后访问日期：2017 年 3 月 12 日。

② 参见《2017 年最高人民法院工作报告》，载最高人民法院网站，最后访问日期：2017 年 3 月 12 日。

③ 参见《“始终同人民想在一起、干在一起”——中国共产党率领亿万人民实现中国梦的政治本色与力量源泉》，载中国共产党新闻网，最后访问日期：2017 年 10 月 11 日。

要触犯制度和刑律，都应受到应有的惩罚；在法律与制度的制约下，任何人都没有“丹书铁券”，也没有“铁帽子王”。100多万人因违纪违规受到组织处理，表明反腐不能留死角，不能留有缝隙，也不能时紧时松，忽严忽快。在强有力的震慑下，仅2016年有5.7万名党员干部主动交代违纪问题。[①] 抓常抓细抓实，持之以恒纠正“四风”。把监督执纪“四种形态”体现在作风建设全过程中，坚持经常抓、抓经常，看住重要节点，聚焦“关键少数”，紧盯享乐奢靡和隐形变异的不正之风。对巡视、信访和执纪审查中发现的“四风”问题线索专项处置，及时约谈函询，令其在民主生活会上作出深刻检查；对规避组织监督、顶风违纪的，不论职务高低一律从严查处、通报曝光。对巡视发现的落实党的路线方针政策走样，以会议贯彻会议、以文件落实文件的形式主义、官僚主义问题，严肃反馈、督促整改。2016年，中央纪委通报曝光典型案例44起，涉及中管干部11人；全国共查处违反中央八项规定精神问题4.1万起，处理党员干部5.8万人，给予纪律处分4.3万人。[②]

三、基层惩腐，取信于民

“以群众为中心”发展理念要求反腐败锋芒向基层延伸。“要重点解决好损害群众权益的突出问题，决不允许对群众的报警求助置之不理，决不允许让普通群众打不起官司，决不允许滥用权力侵犯群众合法权益，决不允许执法犯法造成冤假错案。”[③] “我们说‘老虎’‘苍蝇’一起打，有的群众说‘老虎’离得太远，但‘苍蝇’每天扑面。这就告诉我们，必须着力解决发生在群众身边的腐败问题，认真解决损害群众利益的各类问题”[④]，让老百姓有更多的获得感。

---

① 参见《新华网评：全面从严治党刷新党风政风》，载新华网，最后访问日期：2017年8月16日。

② 参见周根山：《小切口带来大变局——锲而不舍落实中央八项规定精神、改进作风之一》，载《中国纪检监察报》2017年8月8日第1版。

③ 参见习近平：《建立制度追究干部干预司法》，载中新网，最后访问日期：2014年1月9日。

④ 参见习近平：《在党的群众路线教育实践活动第一批总结暨第二批部署会议上的讲话》，载新华网，最后访问日期：2014年1月21日。

一个不容回避的事实是，随着城镇化的推进，村级集体经济的发展壮大，基层乡镇干部拥有对集体资金、资产和资源的管理权、处置权不断扩大，基层腐败问题也随之突出，特别是村民小组一级的腐败问题，呈高发态势，他们有的目无法纪，滥用职权，如在预留地开发过程中秘密与开发商谈判开发事宜，暗箱操作，中饱私囊；有的欺上瞒下，群体受贿，贪贿涉及村社干部中的支部书记、议事小组成员、群众代表、妇女代表等班子成员及相关人员；有的前赴后继，非法侵占，前任和继任分别采取虚假列支、虚开发票、与开发商同谋等手段大肆敛财，少则数万余，多则百万元；有的卖光分光，假公济私，以牺牲村社集体经济利益为代价，换得自己及相关人的一夜暴富。这些老百姓身边的腐败，不仅直接侵害群众的利益，而且严重削弱党和政府的威信，造成社会思想混乱，直接危及社会基层政权稳定。

十八大以来，为惩治群众身边的不正之风和腐败问题，打通反腐“最后一公里”，中央纪委作出专项部署，对信访举报中涉及扶贫的问题建立移送查处工作机制。省区市党委和纪委集中约谈市县党委书记和纪委书记，把压力传导到县乡。重点整治贪污挪用救济物资，截留私分扶贫款、优亲厚友，虚报冒领扶贫资金等突出问题；严肃查处在“三资”管理、民生惠民、土地征收等领域搞“雁过拔毛”、吃拿卡要、强占掠夺的基层干部，密切了党群、干群关系。[①] 仅2015年，中央纪委对问题反映集中的21个县市旗、164个扶贫领域腐败问题重点督办，对40起典型案例通报曝光。[②] 省区市纪委对122个县市区重点督查，限期办结。市县纪委建立工作台账，开展专项巡察，对违反纪律、失职失责，不作为、乱作为的基层党员干部严肃查处和问责。2016年，全国共处分乡科级及以下干部39.4万人，增长24%，其中处分村党支部书记、村委会主任7.4万人，增长12%。[③] 这不仅提升了人民群众的信任感，而且改善了党群关系。反腐增

① 参见王岐山：《在第十八届中央纪律检查委员会第七次全体会议上的工作报告》，载新华网，最后访问日期：2017年1月19日。

② 参见李志勇：《严查“微腐败”让好政策落到实处》，载《中国纪检监察报》2017年3月16日第3版。

③ 参见王岐山：《在第十八届中央纪律检查委员会第七次全体会议上的工作报告》，载新华网，最后访问日期：2017年1月19日。

进公共利益，保障老百姓的切身权益，将使百姓更加拥党护党，党的执政也将更加牢固。

第三章　国际猎狐布天网

中央反腐败协调小组认真贯彻习近平总书记关于加强国际追逃追赃工作的一系列重要指示，先后启动“猎狐”“天网”等行动，促进国内法律与国际反腐败法律的对接，签署反腐败国际合作协议，以更加严密的合围部署为反腐败国际追逃追赃谋篇定策。

一、深入推进追逃追赃

深入推进反腐败国际追逃追赃工作，是党中央对反腐败斗争历史经验深刻分析后作出的重要决定。自20世纪80年代开始，“贪官携款外逃”成为经济犯罪与腐败问题的新动向。2001年广东开平支行前后3任行长仓皇出逃美国，2003年浙江省建设厅原副厅长杨秀珠涉案外逃等都是典型案例。腐败分子在犯罪后外逃案件的接连发生，让一些腐败分子心存侥幸，甚至有一些“老虎”“苍蝇”始终怀揣躲进国外“避罪天堂”，逃避法律制裁的美梦。只有切断腐败分子的外逃之路，才能实现反腐败“零容忍”“全覆盖”“无盲区”。反腐败国际追逃追赃工作的深入开展，提升了反腐败工作的整体水平，完善了反腐败战场的格局，形成内外夹击的两个反腐败阵地，从根本上压缩了腐败生存的空间。①

通过引渡、遣返外逃的腐败分子，切断腐败分子的后路，这既能保证在查处腐败分子上的公正性，又能保证对腐败分子刑罚执行上的公平性，从而对腐败分子形成震慑力，把反腐败斗争不断引向深入。加强反腐败国

---

① 参见滕抒：《追逃追赃，一刻不放松》，载《中国纪检监察》2016年第9期。

际追逃追赃工作是党和国家向那些腐败分子发出了断其后路的强烈信号，能够有效遏制当前腐败现象蔓延的势头。从近期查处的一些腐败案件看，很多腐败分子都是以外逃他国作为后路，虽然最后未遂，但事前都抱有这样的一个打算。以“零容忍”态度惩治腐败，就是不管腐败分子跑到天涯海角，也要把他们追回并绳之以法，决不能让腐败分子躲进“避罪天堂”、逍遥法外。全国各地都要把追逃追赃工作纳入党风廉政建设和反腐败斗争的总体部署中。在中纪委网站推出的系列视频专访中，据中纪委国际合作局副局长蔡为介绍，2014 年追回外逃人员 500 多人、追回赃款 30 多亿元，2015 年首次取得追回人数超过外逃人数的历史性反转。2018 年我国共从 110 多个国家和地区追回外逃人员 1335 人，其中党员和国家工作人员 307 人，包括“百名红通人员” 5 人，2018 年共追回赃款 35. 41 亿元人民币，追回外逃人员和追赃金额分别比 2017 年增长 3% 和 261% 。辉煌战绩昭示了党中央推进党风廉政建设和反腐败斗争的坚强决心，赢得了党心民心和国际社会的尊重。

二、有力促进法规对接

多年以来，贪官外逃一直是反腐败斗争中备受关注的重点和焦点。但是我国现行反腐败法律与国际反腐刑事法律的对接性和协调性不够，导致打击腐败犯罪不力。当前在国际反腐败中，世界各国不仅存在实体法律适用、诉讼程序适用以及法律分类等法律机制方面的不同，而且也存对腐败犯罪主体认定和腐败案件量刑方式的不同。因此，推进以法治方式反对腐败，就要不断加强反腐败国际合作，同时促进国内法律与国际反腐败法律的对接。同时调整修改完善国内法律实现与国际反腐败法律的有效对接。《北京反腐宣言》在 APEC 会议上签订、《2015—2016 年 G20 反腐败行动计划》在二十国集团峰会上得到核准支持和亚太经合组织反腐执法合作网络落户北京；G20 杭州峰会制定了 20 国集团反腐败追逃追赃的高级原则，并在华设立反腐败追逃追赃研究中心，制定了《二十国集团 2017—2018 年反腐败行动计划》，均反映了我国反腐败国际合作的积极主动态度，实现了国内反腐法律制度与国际刑事司法协助的协调配合，显示出了法治反腐的强有力效果。2015 年党和国家领导人多次在重要的国际场合呼吁要强化反腐败国际合作，为中国与各国的反腐合作注入极大动力。2015 年 5 月，习近平总书记与俄罗斯总统普京签署深化全面战略协作伙伴关系、倡导合作共赢的联合声明，其中明确要加强反腐败合作，这是中共十八大以来首次将加强反腐败合作写入与外国签署的联合声明中。同年 9 月，习近平总书记访美后发布的“成果清单”表明：中美将采取切实措施推进双方共同确定的重大腐败案件的办理，并还将通过包机的方式遣返逃犯和非法移民。而在海外追赃问题上，中美首次明确将通过商谈互认和执行没收的判决。习近平总书记在访美时所说：“一段时间以来，我们大力查处腐败案件，坚持‘老虎’、‘苍蝇’一起打，就是要顺应人民要求。这其中没有什么权力斗争，没有什么‘纸牌屋’。中国愿同国际社会积极开展反腐追逃合作。中国人民希望在这方面得到美国支持和配合，让腐败分子在海外永无‘避罪天堂’。”①

三、开辟海外反腐战场

公布外逃人员信息。对于外逃贪官，习近平总书记指出：“中央媒体要及时发声，揭露外逃腐败分子违纪违法、逃避惩罚的真面目。对一些证据确凿、定性清晰的外逃腐败分子，可以考虑向全世界公布，点名道姓公开曝光，使之在世界任何一个角落都成为过街老鼠、人人喊打。这样威慑力就会更强。”2015 年海外“猎狐”行动成效显著。4 月 22 日，对涉嫌犯罪的外逃国家工作人员、重要腐败案件涉案人员，我国首次向全球公布百份追逃“红色通缉令”，包括杨秀珠、李华波等一批长期潜逃国外的贪官上榜，以此加大对腐败分子的全球追缉力度。当年反腐败国际追逃追赃工作成绩斐然，首次实现了外逃人员库存的反转，一大批长期潜逃国外的腐败分子落网，我国在国际反腐败领域话语权不断增强，显示了党中央对于腐败分子哪怕逃到天涯海角也要追回来的坚强决心。

开辟反腐败海外战场，让我们占据道义制高点，牢牢掌握了反腐败的主动权。反腐败国际合作，意味着我们必须面对不同的文化、法律以及政

① 参见习近平：《在华盛顿州当地政府和美国友好团体联合欢迎宴会上的演讲》，载人民网，最后访问日期：2015 年 9 月 23 日。

治制度等难题，这检验着我们党在新时期反腐败斗争的能力和智慧。面对纷繁复杂的国际情势，党中央表现出善于化危为机的政治智慧和坚定不移的战略定力。腐败是对所有法治国家的威胁。站在维护人类共同利益的基点上，中国共产党不断放大反腐败的正义声音，占领国际道义高地。习近平总书记多次在外交活动中明确指出中国共产党坚持全面从严治党，积极推动国际反腐败和追逃追赃合作，越来越得到国际社会的支持。[1] 启动“天网”行动、集中曝光“百名红通人员”等果敢有效举措，让那些“贪了就跑”的腐败分子彻底结束了“一跑就了”的美梦。以前在海外招摇过市的“企业家”“商界强人”一夜之间变成家喻户晓的逃犯、人人喊打的过街老鼠。开辟反腐败海外战场，使我们在国际舞台发出响亮的“中国声音”。十八大以来，追逃追赃从启动，到提速换挡，再到全面推进和攻坚克难，我国持续坚决的反腐败行动赢得了国际社会的支持和尊重，中国的反腐败经验也被许多国家所借鉴。随着国际影响力的提升，中国更加有力地肩负起大国责任，积极推动国际反腐败合作向务实方向发展。在亚太经合组织、二十国集团、金砖国家等多边框架下，我们主动提出一系列反腐败国际合作倡议，“拒绝避风港”“通过更加灵活的手段追回腐败所得”“推进双边反腐败执法合作”，被纳入越来越多的多边合作框架。中国的反腐败战略以及追逃追赃实践，为拓展反腐败国际合作的路径与方法起到了示范作用，对推动构建国际反腐败新秩序意义深远。[2]

十八大以后，我国全面推进反腐败国际追逃追赃工作，并取得了重大成展。2016 年 5 月，监察部部长黄树贤在国际反腐败峰会上透露，中国与 89 个国家和地区建立反腐败合作关系，对外缔结 44 项引渡条约和 57 项刑事司法协助条约，与 35 个国家和地区签署金融情报交换合作协议，构建了追逃追赃的国际合作网络。在 G20 杭州峰会中，二十国集团合力推进追逃追赃工作成为一大亮点，并达成重要反腐成果。据对 2014 年 1 月至 2016 年 11 月的统计，中国从 70 余个国家和地区追回外逃人员

---

① 参见张磊：《道义与信任：新时代反腐败追逃追赃的精神意蕴》，载《法学杂志》2019 年第 4 期。

② 参见滕抒：《追逃追赃，一刻不放松》，载《中国纪检监察》2016 年第 9 期。

2442 人，追回赃款 85.4 亿元人民币。随着红色通缉令通缉的头号嫌疑犯杨秀珠的投案自首，“百名红通人员”已有 37 人到案。推进反腐败国际追逃追赃工作，不仅使腐败官员无处遁形，而且增强了国际合作，树立起中国的良好国际形象。

第四章　社会向善新变化

香港《东方日报》报道称，反腐一直是中国共产党极其关注的问题。从中华人民共和国成立后不久开展的“三反”“五反”运动，枪毙刘青山、张子善，到改革开放后连续揪出政治局委员级别的贪官陈希同、陈良宇、薄熙来等；从改革开放之前的运动反腐，到走进新时代后健全党纪国法，依纪依法反腐，不断查出贪腐官员和打倒高高飘扬的反腐大旗，这些一直在为中国共产党赢得民心。反腐败改变了长久以来的一些官场积习，推进了社会风气的向好向善。

一、促进官场积习的改变

令人瞩目的反腐行动改变了长久以来的一些几乎根深蒂固、约定俗成的“潜意识”和“潜规则”。查办贪官雷厉风行，发布信息及时高效，官员落马毫无征兆，这些反腐行动的新特点给公众留下了深刻印象。而对纪检干部自身“涉嫌严重违纪违法”不护短，查办涉嫌贪腐行为一视同仁，也令舆论感叹。从中央纪委副局级原纪律检查员、原监察专员曹立新到中央纪委第四纪检监察室原主任魏健，更有同时任中纪委原委员的中国科协党组原书记、原常务副主席申维辰，还有曾经在纪委长期工作的山西省纪委原书记、山西省人大常委会原副主任金道铭。这些纪检官员的落马，令人感慨。过去，一个干部调往纪委任职，常常被同僚私下恭贺，调侃为“进了保险箱”，意思就是纪委是查办别人的，既然进入了这样的组织，就成为“内部人”，谁能对组织的“内部人”下手呢？所以，不管过去是否有贪腐方面的“冒险”和“高危”行为，一旦进入纪委，就意味着此后的从政生涯可以“高枕无忧”。并且，在确保自身安全的同时，还能照顾一下昔日有交情的“好朋友”和“小兄弟”。公开资料显示，1956 年出生的杨森林，在进入纪委系统前的职务是山西省晋城市委副书记，2006 年 4 月调任山西省纪委副书记。如今，已无法猜测杨森林调任纪委之时的心态，但从官员的普遍心理而言，他可能不会想到会在纪委的岗位上“出事”。

同样不会想到“出事”的，还有已经或即将退休的官员们。根据干部管理制度，退休意味着“无官一身轻”，就像童话故事里的结尾一样，“从此过上了快乐、幸福的生活”。因为退休，昔日的辉煌、失落都成为过往云烟。以往的恩怨纠葛也一了百了，了无痕迹。正是这种心态，带来了一些“主要领导”的焦虑、紧迫感，既然掌握干部升迁大权，何不赶紧拿其做交易，提拔一些亲信，等到自己退休以后，还可以利用这些人“感恩”“报恩”心理继续获得利益。同时，收受贿赂，权钱交易，试图退休前“最后捞一把”。因此，一些涉嫌贪腐的官员往往会陷入“59 岁现象”。在“有权不使，过期作废”的思维趋势下，一些官员很在意“抓紧时间为自己找后路”，而从后来受到法纪追究的结果来看，这种做法恰恰断了自己的后路，身陷囹圄，在高墙中度日，不知这些官员怎样书写自己的“忏悔录”。据媒体报道，落马的高官中，倪发科、郭永祥、陈安众、陈柏槐等都是在退休后受到法纪追究的。而且，有舆论分析认为“退休后被牵出的概率更大”。

二、促进官商关系的转型

有媒体在报道一名山西官员落马的消息时说，他“结识培养了一批富可敌国的煤老板，但也为自己以后的落马埋下了伏笔”。煤老板之富，似乎无须解释，但一批煤老板是由这名官员“培养”的说法，迅速引起舆论的广泛关注和热议。

作出这一判断的依据是这名官员主政煤炭大市的时候，正赶上煤炭的“黄金十年”，一些有意与其结交的煤老板获得了重要支持。曾几何时，煤老板成为舆论符号上一夜暴富的代名词，媒体上，散落着煤老板们“抛售北京 99 套房”“7000 万豪华嫁女”“远赴海外豪赌”的消息。在很多人眼里，煤老板们大多没什么文化，素质不高，挥金如土。近年来，在舆论批评的“炮火”之下，煤老板饱受诟病。有的山西煤老板在外人面前，羞于承认自己是“搞煤的”，原因是“名声不好”。这样的地域特色，注定了一些官员的落马与煤有关。在山西，官员落马意味着“倒霉”，可以进一步解释为“倒在了煤上”。并且，在矿难频发的背景下，舆论给这种现象起了个专有名词：官煤勾结。

在山西2008年掀起了“煤改”浪潮，煤矿迅速兼并重组，小煤矿被淘汰，国有大煤矿控股经营，很多煤老板变成股东，有人感叹，煤老板从那时起逐渐退出历史舞台，他们需要脱胎换骨，成为“守廉知耻”的新晋商。经济结构调整，煤老板也在艰难转型。而在狂飙突进的反腐浪潮中，随着一些官员贪腐内幕揭开，煤老板再次走到了舆论的聚光灯下。按照媒体描述，有的官员跑官买官需要钱，煤老板就充当了幕后金主，而平时，这些官员则需要通过具体而实在的“关照”进行回报。庇护其违法生产、改制时将国有资产贱卖、官员本人或家人持有煤矿股份、煤老板出资帮助官员跑官等，这就是媒体披露的“官煤勾结”的重要细节。

因为权钱交易，就认定煤老板是官员“培养”的，这种说法也许并不准确。但从不断查处的腐败案件来看，一些官员交往很深的“朋友圈”中，确实有不少慷慨解囊的企业家。他们互称朋友，惺惺相惜，官员外出，常常有企业家朋友相伴左右，安排行程、接待、宴请、礼品等事宜，颇为妥帖周到。因为没花一分钱公款，不会违反规定，也难以被发现，所以，煤老板殷勤有加，官员心安理得，泰然受之。有人戏称这样的企业家为“钱包”。

当反腐风暴刮向煤炭领域时，已经在这一黑色的领域发出了红色的警告，当官就不能想着发财。净化自己的“朋友圈”，从拒绝和远离“钱包”开始，划清洁身自好的从政底线，保持对所从事工作的敬畏，确保在行使权力时不出轨，提高对礼尚往来、人情交往、朋友等面纱遮挡的权钱交易的警惕。[①]

---

① 参见刘畅：《媒体：煤老板由官员“培养”说法不准确》，载人民网，最后访问日期：2014年8月28日。

三、促进官员家族的自警

前所未有的反腐风暴，也提示了过去被广泛忽视的官员腐败的“家族风险”。过去，有人用“一人得道，鸡犬升天”来形容一些官员得势后带给家族的荣耀。很多官员职位晋升，给他们的家属带来了广受尊重的生活氛围。出门，更多人投来欣羡的目光；办事，变得越来越便利。腐败的阴影，逐渐笼罩在官员配偶、子女、亲属的头上。为了表达感谢，行贿人将股票、股份、房产、现金直接交给官员的配偶和子女，插手工程项目、人事调动，好处直接由亲属获得。如此形式的“家族腐败”，带来了“一人腐败，全家被抓”的反腐结果。

举家进监狱，亲朋陷囹圄，此情此景，算得上令人叹息的亲情悲剧。造成这一结果的原因，与家人难以抑制的生活欲求、不知收敛的利益追逐、缺少自律的道德意识等因素有关，而某些官员自身的权力观扭曲起到了“决定性作用”。

一位身在狱中的官员曾经反思自己，掌握权力之后，“时时想着如何利用手中的权力为自己谋利”。一些官员在处理棘手问题上，显得很有魄力，但内心，却始终闪动着“小我”。认为既然当官，就得发财，权力属于自己，就应该利用起来，为家人创造良好的生活条件。还有人说，“身边人难管”，配偶、子女、亲属有自己的生活，在工作、事业的选择上，有充分的个人自由。不能仅仅因为自己掌握了权力，就限制了他们的选择。甚至，有的官员私下表示，廉政理论上，话可以这样说，但在现实生活中却很难实现。

来自媒体的消息说，一位区委书记到任后，整个家族都在其管辖地搞工程，土建、招标、绿化、消防等均有涉足，哪怕一个很小的工程，这位书记都打电话过问，亲自插手“为家族谋利益”，直到这位书记因腐败问题落马。这种情形，在反贪案例中已较为常见。一位官员落马，与其沾边的亲属悉数被抓，以血缘、亲情为纽带的家庭成员，从共同捞取利益到同赴铁窗生活，这样的悲剧不得不令人警醒。由此看来，不管“打老虎”还是“灭苍蝇”，“家族腐败”都成为一个不容忽视的重要问题。

四、带动社风民风的好转①

党风政风带动社风民风。中央政治局以上率下，带头执行改进工作作风、密切联系群众的八项规定，各地各部门着眼点滴、规范细节，狠抓落实。十八大以来，中华大地掀起了一场深刻的作风巨变，透过一个个发生在身边的故事，人们可以清晰地感受到新时代的中国风。

故事一：办公室小了，干部作风实了。山东省蒙阴县林业局副局长公茂胜、刘纪增由每人占用一间 18 平方米的办公室，变成两人共用一间 18 平方米的办公室。两年过去了，公茂胜坦言："那次办公用房清理，一开始确实有点不情愿，习惯了独立办公，担心合起来不方便。现在看，和老刘在一个办公室，工作中相互支个招、提个醒，感觉更方便了。"

这是蒙阴县清理办公用房的例子，像这样的例子还有很多。县司法局党组书记、局长王友安办公室按照标准超标 1.4 平方米，他在接到通知当天就进行了整改。在王友安看来，清理办公用房，绝不是腾出一两个平方米那么简单的事，而是直接关系到党和政府的公信力，关系到上级决策部署能否真正落地。在他的带动影响下，该局清理办公用房工作两天之内全面完成。

目前，全县 129 个党政机关、事业单位和上级垂直管理单位的办公用房已全部整改到位，40 名县处级领导干部全部按照规定安排办公用房，全县腾退和闲置的国有房产近两万平方米。

"办公室小了，机关干部作风却更实了。过去，干部整天坐办公室，偶尔下去转一圈，也是蜻蜓点水，到不了地头。"县委常委、纪委书记徐志刚说，中央八项规定出台后，特别是党的群众路线教育实践活动开展以来，县委以"联系点永做示范点"的标准自我加压，干部们走村串户、调查研究，面对面与老乡拉拉呱，说说心里话，及时解决他们的实际困难，群众看在眼里，记在心里，提批评意见的少了，赞扬声多了，群众对党员干部作风满意度明显提升。

---

① 本节引自张晓明、殷兴斌：《办公室小了 干部作风实了》，载《中国纪检监察》2015 年第 23 期。

故事二：少了攀比，多了情谊。河南省兰考县宋庄村村民胡登云的母亲去世，办理丧事时，待客的菜是6个盘加大锅熬菜，烟酒的单价均不超过15元，办下来一共花了两千多元。“在过去，办红白事一桌要20多盘菜，每桌摆上五六盒烟，最便宜的也要20多元，酒的价格在150元左右，办一次事得摆20多桌，不花上万元根本办不下来，”胡登云说。现在好了，办理红白事村里有明文规定，用烟每桌不超过两包，每包不超过10元，用酒每桌2瓶，每瓶不超过30元，一桌总价位不超过160元，花费不到3000元就能把事情办下来，这样既让群众省了大量钱财，又消除了攀比风气，还使邻里之间情分更足了。提起这一变化，村民十分拥护中央出台的八项规定，“村里向全体村民发出的《红白喜事俭办倡议书》我们都签了字，总算从变味的人情中解脱出来了。”胡登云感到一身轻松。

节俭办事的风气大大减少了人情支出。村民张国盛说，过去每年随份子少则一两千，多则六七千甚至上万元，一听说村里谁家办事儿心里就犯怵，又怕花钱，又怕得罪人。现在政府和村委发出倡议，还对党员干部进行监督，干部带头，村民们随礼也不用跟风了。宋庄村村支书宋德响说，以前大操大办形成了风气，谁家办酒席不够规模，谁就没面子，实际上大家心里也都很反感，但是单家单户又很难改变一些旧习俗。现在风气变好了，村民们没有心理负担了，勤俭办事也逐渐形成了风气。

故事三：“西湖会”变成“开心茶馆”。初冬的杭州西湖，烟雨蒙蒙，残荷倒影，别有一番韵味。11月26日，刚刚和摄影发烧友们结束一场拍摄活动，张文斌再次来到湖畔居茶楼略作小憩。

“以前这附近有保安站岗，消费价格让人咋舌，普通老百姓根本别想进去。”说起湖畔居茶楼，张文斌打开了话匣子，忍不住点赞称好，“现在这边喝一杯龙井茶18元，这价格一般普通老百姓都能接受。”

原为“西湖会”的湖畔居茶楼，是西湖景区内众多高档经营场所中的一家，曾因消费价格高，普通市民消费不起。2014年初，杭州市启动整治“会所中的歪风”专项行动，西湖景区内30家高档经营场所全面关停。

作为首个转型的高档经营场所，“西湖会”变成了“开心茶馆”，主打平价茶点和餐饮。仅仅作为大众消费的茶楼，还不能发挥它位于西湖景区的最大效应。今年1月，湖畔居茶楼在“开心茶馆”的基础上再次转型经营方式，成立西湖第一家专业影社——湖畔影社。湖畔居总经理楼明说："无论怎么转型，就是坚决不能走回头路，西湖美景属于大众，使公共服务场所让更多老百姓走得进、坐得下、留得住，才是最重要的。"

以茶楼为依托的湖畔影社，至今已举办 7 次摄影展览，主办 3 次摄影作品征集比赛，组织 20 多场摄影培训讲座等，吸引了杭州 50 余家专业摄影组织及艺术团体慕名前来举办活动，创造良好社会效益的同时，带来了 10. 5 万元营业收入。

故事四：家常的升学宴。辽宁省庄河市桂云花乡横道河村姜群的女儿接到大学录取通知书，姜群的老母亲乐得合不拢嘴，逢人便夸自己的孙女有出息，并催促儿子和儿媳选择吉日，准备大摆筵席庆祝一番。

姜群在森林消防工作，妻子在学校教书，夫妻俩都是党员，早就决定不搞这种既铺张浪费又增加人际负担的宴请。因此，姜群夫妇知道老母亲的想法后，一边口头应允，一边盘算着如何说服母亲不办升学宴。

正在姜群夫妇为做母亲的思想工作发愁时，恰巧堂哥的孩子也收到了大学录取通知书，他们也决定不办酒席宴请亲朋。姜群把这件事情告诉了母亲。母亲听后态度有些松动，姜群便趁热打铁说："俭省节约，是当下最流行的!"最终，老人打开了"心结"。在孩子入学的前几天，一家人欢聚在一起吃了顿家常饭，其乐融融。

前几年，庄河市"人情风"盛行，攀比风气愈演愈烈。祝寿、满月、乔迁、升职、入伍等，都要大办宴席，以示庆贺。尤其到了每年 8 月学生即将升学的时间段，各酒店生意兴隆，几乎家家门前都竖起拱门，飘起彩球。

"中央八项规定出台后，我们注重发挥党员干部的模范带头作用，破除陋习，树立新风。"庄河市委常委、市纪委书记裘孝锁说，市纪委以严禁国家公职人员大操大办婚宴、升学宴为切入点，驰而不息纠"四风"，通过两年多的集中整治，如今，庄河城乡大操大办之风改变了，婚丧喜事也都低调不张扬了。从党员干部到普通群众的思想观念也在悄然改变。

据国家统计局 2015 年问卷调查结果显示，91. 5% 的群众对党风廉政建设和反腐败工作成效表示很满意或比较满意。另据中国社科院一个问卷调查显示，93.7%的领导干部、92.8%的普通干部、87.9%的企业人员、86.9%的城乡居民对中国反腐败表示有信心或比较有信心。[①] 2016年，国家统计局问卷调查结果显示，92.9%的群众对全面从严治党、反腐败工作成效表示很满意或比较满意，比2012年提高17.9个百分点。中国社科院问卷调查显示，97.3%的领导干部、98%的普通干部、94.4%的企业人员、84.2%的城乡居民对反腐败表示有信心或比较有信心，均比2012年有明显提高。充分印证了党风廉政建设和反腐败斗争顺党心、合民意。[②]

① 参见习近平：《在第十八届中央纪律检查委员会第六次全体会议上的讲话》，载新华网，最后访问日期：2016年1月12日。

② 参见习近平：《在第十八届中央纪律检查委员会第七次全体会议上的讲话》，载新华网，最后访问日期：2017年1月8日。

第五章　改革创新展新局

一、监察体制改革试点成功探路

自2016年11月中央办公厅印发《关于在北京市、山西省、浙江省开展国家监察体制改革试点方案》以来，试点地区认真贯彻落实党中央的部署要求，积极坚定，稳妥审慎，大胆改革，勇于实践，圆满完成省市各级监察委组建及职能运行、机制建设等改革任务，为监察体制改革在全国的推开积累了可复制的经验。

（一）转隶工作顺利到位

在全国人大常委会作出试点工作决定后，北京市、山西省和浙江省的监察体制改革试点工作依法启动。三地在改革试点中突出“转隶”[①] 这个工作重点，强调转隶部门及人员必须是检察机关反贪污贿赂、反渎职侵权和预防职务犯罪部门及人员；逐个审核拟划转人员的干部档案，并通过组织部门、驻检察院纪检组等多渠道了解情况，把好入口关，特别是政治关、廉洁关。

据统计，浙江省、市、县三级检察机关反贪污贿赂等部门共转隶干部1645名，山西转隶干部1884人，北京转隶干部765人（参见表1）。[②] 考虑到监察委与党的纪检合署办公体制和对监察人员的高素质要求，非党检察人员和受过纪律处分的人员一般不在转隶之列，转隶后检察人员的工资待遇

---

① 即人民检察院查处贪污和失职渎职及预防部门成建制转变隶属关系，归属监察委员会。

② 《关于北京、浙江、山西深化国家监察体制改革工作纪实》，载中央纪委国家监委网，最后访问日期：2017年6月10日。

一律不变。同时，三个试点地区均开展了建立监察官制度的立法探索。

表 1　监察体制改革试点人员转隶情况

	检察机关人员总数	检察机关人员转隶数			转隶后检察机关人数
		总计	省市级	地县级	
北京	3825	765	227	538	3060
浙江	8225	1645	64	1581	6580
山西	9420	1884	62	1822	7536

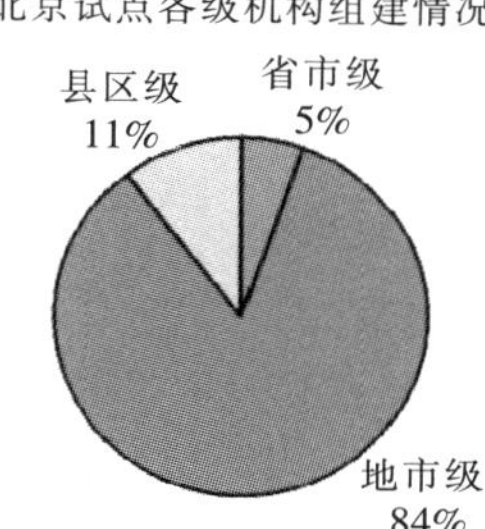

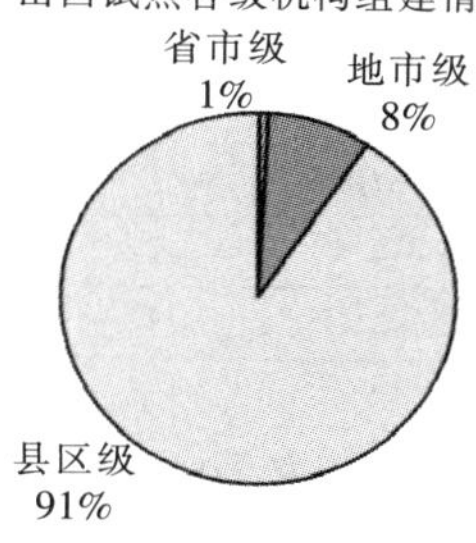

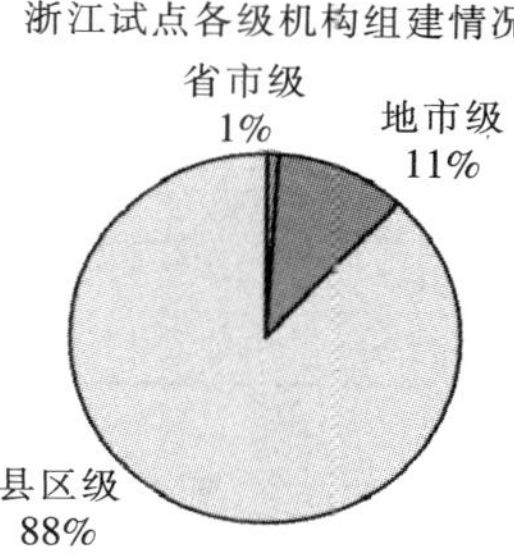

图 1　三个试点地区各级机构组建情况

监察委组建如期完成。在转隶、整合的基础上，北京市、浙江省和山西省分别以 2017 年四月、五月为期限，规定省、地、县三级监察委员会组建工作的时间表和路线图，确保按照中央要求提前完成各级监察委员会的组建工作。

2017 年 1 月至 5 月，北京市及其所辖 16 个地级市，浙江省及其所辖 11 个地级市、90 个县市区，山西省及其所辖 11 个地级市、119 个县市区监察委员会全部宣告成立（参见图 1）。① 从三地监察委员会领导构成看，主任由本级人民代表大会选举产生，副主任、委员由监察委员会主任提请本级人民代表大会任命。主任由纪委书记担任，副主任由副纪委书记担任，转隶的反贪局局长转任监察委员会会员。

（二）内设机构全面调整

三个试点地区坚持“全融合”理念，围绕机构设置，监委与纪委共同

① 参见《关于北京、浙江、山西深化国家监察体制改革工作纪实》，载中央纪委国家监委网，最后访问日期：2017 年 6 月 10 日。

设立综合部门、信访部门、案件监督管理部门、案件审理部门、执纪监督部门和执纪审查部门，履行纪检监察两项职能。通过统筹安排、整体谋划，做到机构不增加、人员不扩编、级别不提升，机构编制和人员配置向主责主业集中。重点加强案件监督管理部门、执纪审查部门和案件审理部门人员力量，把熟悉纪律审查和职务犯罪调查的业务骨干充实到执纪审查部门，把熟悉法律知识和诉讼业务的干部充实到案件审理室。

表 2 监察体制改革试点内设机构调整情况

	待调机构			撤并	重组	调整后机构
	共计	原有	划转			
北京	33	23	10	1	22	29
浙江	17	13	4	1	6	13
山西	14	10	4	1	7	10

北京市纪委机关原有 23 个内设机构，在市级检察院划转 10 个机构后，市纪委、市监委机关撤并重组为 29 个内设机构，机构总数比改革前减少 4 个（参见表 2）。[①] 试点地区立足于实现监督执纪问责和监督调查处置的有机融合，着力抓好党章党规党纪、宪法法律法规多层次、全方位的学习，推动形成执纪执法既分离又衔接、监督监察既独立又统一的全新格局。

（三）依法履行监察职责

监察委员会完成组建后，按照管理权限对党的机关、人大机关、行政机关、政协机关、审判机关、检察机关、人民团体和民主党派、工商联机关工作人员，国有企事业管理人员以及其他履行公职的人员依法实施监察。浙江省监委成立后一个月内就主动出击，查找问题线索，开具查询措施文书 259 份，询问措施文书 266 份，留置令 2 份，谈话措施文书 2 份，讯问措施文书 4 份，查封措施文书 2 份，扣押措施文书 9 份，搜查措施文书 7 份，鉴定措施文书 1 份。山西省各级监委成立后两个月内，全省共处置问题线索 6535 件，立案 2156 件，结案 1905 件，处分 1887 人，组织处

① 参见《关于北京、浙江、山西深化国家监察体制改革工作纪实》，载中央纪委国家监委网，最后访问日期：2017 年 6 月 10 日。

理 1191 人，移送司法机关 5 人。其中，省监委共处置问题线索 68 件，立案 19 件，结案 12 件，处分 9 人，组织处理 41 人。北京市、区两级监委自成立以来，积极稳妥适用相关措施，除勘验检查外，12 项措施中的 11 项均已付诸实践。截至目前，已对 9 个案件的 9 名涉嫌严重违纪的公职人员采取了留置措施。其中 1 名涉嫌挪用公款罪的涉案人员已被移送检察机关依法提起公诉，衔接顺畅并进入审判程序。①

二、监察体制改革取得可复制经验

（一）以党的集中统一领导为保障

北京市委、山西省委、浙江省委分别对试点工作负总责，各级党委担负主体责任。北京市委成立了由中央政治局委员、市委书记郭金龙任组长的北京市深化监察体制改革试点工作小组，将市人大、市纪委、市委组织部、市委政法委、市检察院、市编办、市财政局等部门纳入成员单位，强化对试点工作的领导、统筹与服务。浙江省、山西省均成立了由省委书记任组长，省委副书记、省纪委书记任副组长，省人大常委会、省检察院等相关部门负责同志任成员的改革试点工作领导小组，确保试点的各项工作有序推进。

三个试点地区从监察委员会组建方案，到转隶人员的思想政治工作；从内设机构的调整，到职权运行规范的制定；从监察官队伍建设，到内外监督机制的建立；从职务犯罪的立案，到留置等调查措施的采用等，均由党委主要领导担纲、组织或批准。从三地监察委员会领导构成来看，主任由纪委书记担任，副主任由纪委副书记担任，转隶的反贪局长转任监察委员会会员，监察委员会受上级监委和同级党委双重领导，从组织体制上保障党对监察权运行的领导管理和监督。

（二）以人民代表大会制度为依托

监察体制改革试点是人民代表大会制度下反腐败体制的改革探索。在

---

① 参见《关于北京、浙江、山西深化国家监察体制改革工作纪实》，载中央纪委国家监委网，最后访问日期：2017 年 6 月 10 日。

试点地区的监察委员会组建之前，反腐败工作不能直接纳入人大及其常委会的直接监督之下。因为履行反腐败职责的反贪侦查和行政监察等，隶属于检察机关和行政机关。人大及其常委会对反腐败工作的监督，被其他检察、行政工作所遮蔽。监察委员会的组建，从根本上改变了这一状况。监察委由本级人大产生，监察委主任由本级人大选举产生；监察委副主任、委员，由监察委主任提请本级人大常务委员会任免。监察委对本级人大及其常务委员会和上一级监察委员会负责，并接受监督。①

试点地区探索表明，人大监督监察委员会的方式不局限于人民代表大会会议期间对其工作报告的审议，监察委员会应主动及时地将全年监察工作中的重大问题，履行监督、调查、处置职责的情况向人大常委会报告，使监察工作自觉置于人大的监督之下。对于人大及其常委会所提出的合理建议，监察委员会必须负责任地听取并及时采取改进工作的措施。同时，人大还可以对监察委员会的工作提出质询案，依照法定程序成立特定问题的调查委员会，对特定问题开展调查，这是国家权力机关实施监督的一种重要形式，在调查中发现任何违法违纪情况的可进行个别追究，从而形成滥权必追责的制度安排。

（三）以监察工作机制创新为重点

中央选择在北京市、山西省、浙江省开展国家监察体制改革试点，是为了使顶层设计与基层实践更好结合，以创造可复制的经验。三个试点地区均把制度创新作为重中之重，创制了涵盖监察范围、监察职责、监察权限、监察程序、监督管理等内容的监察业务运行工作规程，细化了全国人大常委会授权的12项调查权和中央试点方案明确的技术调查、限制出境2项监察措施使用程序和办法。浙江省还重新设计了纪检和监察措施的使用审批程序，确保各项措施规范有序：对同级党委管理的干部采取措施，必须经监委领导人员集体研究决定，监委主任批准；对普通对象采取监察措施的，则按措施的重要性，设置不同层次的审批程序。对于后者，如采取

① 参见张晶：《加强国家监察体制改革试点的整体推进》，载《学习时报》2017年6月19日第3版。

谈话、询问、查询等不涉及人身、财产权利的措施时，授予监委分管领导审批的权限；采取查封、扣押、冻结等涉及财产权利的措施时，授予监委分管副主任审批的权限；采取搜查、技术调查、限制出境等涉及人身权利的措施，必须经监委主任批准，请公安机关协助执行。①

留置措施是一项崭新的制度设计，既是一件反腐的利器，又是一把双刃剑，使用不当，则会伤及无辜，侵犯人权。为此，试点地区相继制定了严格的规范程序。规定采取留置措施的，需监委领导人员集体研究、主任同意后报上一级监委批准，涉及同级党委管理对象的，还需报同级党委书记签批，期限为三个月；使用、延长、解除留置措施，市县两级监察机关都需报省级监察机关备案，而省监委则需报中央纪委备案。留置措施的细化和规范，为揭露、证实、惩治腐败违法犯罪提供了有力的法律武器，适应了腐败问题违规与违法交织的特点和规律，破解了刑事强制措施难以突破职务犯罪案件的困局。同时也为废除实际需要但又饱受诟病的“双规”措施创造了条件。

（四）以依法控权和监督制约为主线

依法控权、监督制约是社会主义法治的本质要求。从试点地区的监察范围看：监察委员会完成组建后，按照管理权限，对中国共产党的机关、人大机关、行政机关、政协机关、监察机关、审判机关、检察机关、民主党派和工商联机关的公务员及参照《公务员法》管理的人员，法律、法规授权或者受国家机关依法委托管理公共事务的组织中从事公务的人员，国有企业管理人员，公办的教育、科研、文化、医疗卫生、体育等单位中从事管理的人员，基层群众性自治组织中从事集体事务管理的人员以及其他依法履行公职的人员，统一纳入监察范围，体现了对所有公务人员的全覆盖、无例外。

从试点地区监察权的运行看，一是监委内部监督制约，实行执纪监督和执纪审查部门分设，建立起执纪监督、执纪审查、案件审理相互协调、

① 参见《改革，不止于挂牌——浙江开展国家监察体制改革试点工作纪实（下）》，载人民网，最后访问日期：2017年6月14日。

相互制约的工作机制。二是监察决定与监察执行的适度分离，明确监委在查办职务犯罪案件中承担查询、查封、扣押、搜查、勘验检查以及采取技术调查、限制出境等工作，由公安机关支持配合或具体执行。三是建立监察委员会与司法机关的协调衔接机制，明确监察委对职务犯罪案件调查终结移送后，由各级检察机关案管中心受理分流案件，侦监部门审查决定是否采取强制措施，公诉部门审查起诉和提起公诉。对监委移送的案件，如果检察机关认为案件事实不清、证据不足的，可以退回监委补充调查，并拥有决定不起诉的权力，监委对检察机关的不起诉决定，也有相关的复议程序。[①] 在查办职务犯罪案件中，监委与检察机关是互相配合、互相制约的关系。山西省高院专门制定《职务犯罪案件证据收集指引（试行）》，规范了每一类证据收集、固定、运用、保存的方式和标准，并对非法证据庭前会议排除、留置期限折抵刑期等问题进行了明确，为监委调查权的正确行使提供了参照。

三、监察改革试点的实践启示

（一）统一思想，凝聚共识

三个试点地区的经验告诉我们，深化国家监察体制改革涉及各级政府和各级检察机关的职能分割和人员调整，涉及国家法律的修订与完善。因此，统一思想认识，是监察体制改革试点工作稳步推进的重要前提。认真贯彻党中央监察体制改革的决策部署，就要深刻认识深化国家监察体制改革，是构建不敢腐、不能腐、不想腐的有效机制，推进国家治理体系和治理能力现代化的重大举措。在基本思路上深刻理解坚持党的统一领导、扩大监察范围、整合监察力量，形成全面覆盖国家机关及其公务员的国家监察体系的必要性；在基本内涵上深刻理解改变监督权的配置模式，将监察、侦查等执法权能从行政权和检察权中分离出来，提升整合为集中统一的国家监督权的合理性；在基本要求上深刻理解监察机构必须坚持在党的

---

① 参见《做好深度融合大文章——山西开展国家监察体制改革试点工作纪实（下）》，载人民网，最后访问日期：2017 年 6 月 8 日。

绝对领导和纪委负责的框架下开展，坚持人民代表大会制度、由人民代表大会选举产生的正当性；在职能定位上深刻理解国家监察机关是国家反腐败专门机构，是党的主张转化为国家意志的重要载体，通过监督国家机关和公务员秉公用权、廉政勤政，确保人民赋予的权力永远为人民谋利益的目的性。从内心激发出充满无穷动力的责任担当，为建立集中统一、权威高效的监察体系，深入推进党风廉政建设和反腐败斗争尽职尽责。

（二）加强立法，保障改革

深化国家监察体制改革要在全国推开，有赖于在试点工作取得经验的基础上，将《行政监察法》修改为《国家监察法》。根据全国人大常委会立法安排，《中华人民共和国监察法（草案）》于 2017 年 6 月 24 日初次审议。2018 年 3 月，十三届全国人大一次会议通过《中华人民共和国宪法修正案》和《中华人民共和国监察法》，将国家监察体制改革的成果用根本大法和基本法固定下来。作为我国第一部反腐败国家立法，监察法不仅为反腐败斗争提供强大法律武器，而且为新起点纪律监察体制提供法律依据。第一，监察法突出党对反腐败工作的集中统一领导。通过对公权力和公务人员的全方位监督，掌握和控制公共权力依法规范运行的主动权，实现党内监督和国家监察功能的最大化，以不断提升党和国家自我净化和自我修复能力。第二，监察法体现了中国特色的社会主义监察制度创新。由各级人大选举产生各级监察委员会，既是社会主义政治制度的内在要求，也是解决机构分散、打击不力等问题的对策选择，是实现国家腐败治理体系和治理能力现代化的组织保障。第三，监察法总结了党的十八大以来反腐败斗争的新鲜经验和京浙晋三地市的试点经验。科学定位监察主体的产生、监察范围的全覆盖、监察权的职责与边界、监察运行的程序规范等，以适应反腐败斗争的客观规律和现实需要。第四，监察法应坚持信任不能代替监督的法治原则，强化对监察机关的监察人员的内外监督。如对采取留置调查措施的，应规定严格的期限和审批程序，以及被留置人员的基本人权保障。从而充分体现新形势下深化改革，加强法治和全面从严治党的客观要求。

（三）未雨绸缪，打好基础

根据中央关于监察体制改革的时间表和路线图，2018 年 3 月全国人大十三届一次会议通过《中华人民共和国监察法》，监察体制改革依法在试点的基础上全面推开，而且改革的效率必然是其中应有之义，这是减少改革过渡期对反腐败工作的影响的客观要求。作为重大政治体制改革的监察体制改革要在全国推开，各省级党委都与试点地区党委一样，扛起主体责任，主要领导亲自抓。按照王岐山同志在贵州讲话的要求，非试点地区现在已经可以考虑着手做好试点推开前的准备工作，关注和借鉴试点地区监察体制改革成果，做到未雨绸缪，打好基础。三个试点地区的实践证明，深化监察体制改革的首要问题，是检察机关反贪、反渎和预防部门的稳妥转隶和平稳过渡，实现检察转隶人员与纪检监察人员的深度融合。北京市检察院和纪委、担负转隶任务的检察机关和接受转隶的纪检监察机关相互理解、相互配合、相互支持，站在党和国家利益的全局高度做好该做的工作。各级检察机关在反腐败斗争中，栉风沐雨，砥砺前行，成为国家监督公务人员廉洁履职、秉公用权的重要执法力量。各级检察机关特别是反贪、反渎、预防部门的同志高度关注试点地区的检察转隶的成效和经验，不断强化政治意识、大局意识、核心意识和看齐意识，以政治上的坚定笃行做好充分准备，随时听从党和国家的召唤。

王岐山同志 2017 年 6 月 20 日至 22 日在贵州省调研时，对国家监察体制改革的全面推进提出了要求，他指出："党中央作出深化国家监察体制改革的决定，省区市党委纪委要未雨绸缪，关注试点地区改革进展，统一思想认识，做好基础工作，探索执纪监督与执纪审查部门分设，谋划组织和制度创新，为构建党集中统一领导的反腐败工作体系做好准备。"①

四、监察改革试点在全国推开

"深化国家监察体制改革，将试点工作在全国推开，组建国家、省、

---

① 《王岐山：当好党内政治生态"护林员"以新面貌新气象迎接十九大》，载新华网，最后访问日期：2017 年 6 月 22 日。

市、县监察委员会。”党的十九大作出深化国家监察体制改革试点工作在全国推开的重要部署。各地试点地区和有关单位坚持以党的十九大精神为统领，以习近平新时代中国特色社会主义思想为指导，牢固树立“四个意识”，坚定“四个自信”，把全面推开监察体制改革试点工作作为贯彻落实十九大精神的重大举措，以强烈政治责任感和历史使命感，推动监察体制改革试点工作按照中央部署稳步推进。

（一）提高政治站位，强化政治担当

党的十九大后，中央办公厅于2017年10月24日印发《关于在全国各地推开国家监察体制改革试点方案》的通知。随后，十二届全国人大常委会第三十次会议审议通过关于在全国各地推开国家监察体制改革试点工作的决定，为试点工作提供法治保障。

中共中央政治局常委、中央纪委书记赵乐际同志先后到山西省晋中、祁县，福建省漳州、宁德等地调研，深入了解监察体制改革试点工作情况。自担任中央深化国家监察体制改革试点工作领导小组组长以来，赵乐际同志亲自部署推动，多次进行专题研究，提出明确要求。中共中央政治局委员、中央纪委副书记、中央深化国家监察体制改革试点工作领导小组副组长兼办公室主任杨晓渡直接抓改革试点工作，主持召开领导小组办公室会议，出席试点省（区、市）实施方案会审会，专程到宁夏、四川进行调研，了解改革试点工作进展情况，给予具体指导。中央纪委发挥牵头抓总作用，按照党中央要求和领导小组部署，聚焦关键环节，突出工作重点，抓好改革试点组织实施和任务落实。

加强工作指导，确保改革方向正确。及时汇编习近平总书记关于国家监察体制改革的重要论述，作为推进改革试点工作的政治教材。组织对改革试点推开省（区、市）实施方案进行集中会审，面对面指导各地修改完善实施方案，确保符合中央精神要求，不漏项、不走偏。聚焦转隶组建这个关键环节，加强对改革试点中重大问题进行研究指导，确保过渡时期各项工作有机衔接。

深入调研检查，总结典型经验。中央纪委有关领导同志分赴联系省（区、市），采取实地调研、检查基础台账、召开座谈会等多种形式，深入

了解改革试点进展情况，现场提出有针对性的指导意见，推动落实党委主责和纪委专责。为推动解决问题，中央纪委派人到辽宁省丹东市蹲点调研，现场解剖“麻雀”，总结提炼县级监委组建有益经验，为其他试点地区提供参考。[①]

（二）强化组织谋划，形成改革合力

全国推开国家监察体制改革试点动员部署电视电话会议召开后，各省区市深入领会中央精神，以强烈的政治责任感、历史使命感和只争朝夕、时不我待的精神状态，全力以赴、蹄疾步稳推进改革试点工作。2017 年 11 月 23 日，江西省委时任书记鹿心社与来自省市县三级检察院的检察官代表们交流，听取他们对改革试点工作的意见建议。明确表示“有什么困难和问题，大家尽管说，我这个‘施工队长’了解清楚情况，下一步才能更好地‘施工’”。各省区市党委书记均表示带头当好“施工队长”，站在改革第一线靠前指挥，保证落实党中央决策部署不走样、不跑偏。与北京等 3 个先行试点地区一样，全国 28 个省区市均按照党中央要求成立党委书记担任组长的深化监察体制改革试点工作小组。通过“书记抓”“抓书记”，把责任层层压给市县两级党委书记。将改革试点作为重要政治任务，列入党委常委会重要议事日程，是各省区市推进改革试点工作的共同特征。各级纪委在党委领导下，充分发挥牵头抓总作用，认真抓好试点工作的组织实施。纪委书记主动到相关单位对接协调，研究职能划转、机构设置、人员编制、办公场所等问题，深入县市实地调研。[②] 试点地区党委一方面抓好省级层面的总体设计，一方面抓好对市县的督促指导，形成上下“一盘棋”格局。多数省区市实行改革试点工作情况“日报制”，做到今日事今日毕。有的明确省纪委领导班子成员分别挂点联系 1 个市（州），作为改革试点第一专责人，在被督导市州驻点，听取汇报、当面指导、及时督办。各有关单位认真贯彻落实党中央要求，既各司其职、各负其责，

① 参见《按图施工 积极稳妥——2017 年国家监察体制改革试点工作综述》，载《人民日报》2018 年 1 月 9 日第 1 版。

② 参见《按图施工 积极稳妥——2017 年国家监察体制改革试点工作综述》，载《人民日报》2018 年 1 月 9 日第 1 版。

又服务大局、紧密配合，凝聚改革共识，形成改革合力，推动做好相关工作。

全国人大将地方换届与监察委员会组建工作紧密结合强化指导，密切关注并及时整理监察法草案网上公开征求意见情况，做好监察法草案二审涉及的相关工作。中央组织部协调各省区市党委在人大、政府、政协人事方案中一并报送省级监委主任、副主任、委员，配合中央纪委做好监委主任、副主任提名等工作。中央政法委统筹司法执法机关积极配合改革试点，认真梳理总结北京、山西、浙江三地执法司法机关与监察机关协作配合机制以及留置场所、看护力量保障方面的经验，加强对试点地区的指导，确保工作有序衔接。中央编办深入了解各地在转隶过程中涉及的机构编制方面重点难点问题，积极指导试点地区做好涉改单位人员编制和机构转隶工作，拟订好监察委员会机关“三定”规定。最高人民检察院多次召开党组会议传达习近平总书记重要指示和中央改革精神，专题研究配合改革试点相关工作；加强对全国检察机关配合改革试点工作的指导，要求坚决落实党中央重大部署，切实担负起支持改革、服务改革、配合改革的政治责任；研究配合做好转隶工作的相关具体问题和有效衔接机制，加强思想教育和政策阐释，引导干部队伍正确面对改革、积极参与改革，自觉服从组织安排。试点地区的组织、政法、编制、人大、检察等部门也结合自身实际，齐心协力抓好改革试点任务的落实。

（三）聚焦关键环节，突出问题导向

国家监察体制改革能否顺利推进、取得实效，转隶是关键环节。各地牢牢抓住这个第一阶段的“牛鼻子”，迈好第一步、站稳第一台阶。为把好转隶关口，把符合要求的同志选进来。武汉市采用“一区一组”方式，抽调 13 名市纪委干部，联合各区区委组织部组建 13 个考核组，对全市 13 个区开展委员人选考察。为使转隶数据清晰明确，各地强化前期调研摸底，将机构编制底数、转隶人员底数、思想动态底数切实弄清，做到了人员编制必清、机构设置必清、问题线索必清。新疆维吾尔自治区纪委执纪审查工作点，专案组组长正在给几位准备与涉案人谈话的工作人员做具体指导。老事老办法、新事新办法。和新疆一样，各地扎实做好问题线索移

交，稳妥做好新老业务衔接，强化工作流程磨合和人员融合，做到了工作不空档、不断线。此外，各地普遍建立组织、职能、人员编制、查办案件、问题线索、法规政策、资产设备、转隶问题、工作流程等“清单”，为转隶工作理清了脉络、做足了准备，确保过渡期衔接平稳顺畅。各地坚持思想工作先行，最广泛地凝聚改革共识，形成改革合力。为做深做实思想政治工作，各地注重思想建设，强化教育引导，严明政治纪律，及时掌握干部的思想动态，确保思想不乱、队伍不散、工作不断。各地还把“全融合”理念贯穿改革试点工作始终，组织开展对转隶人员和纪检监察干部的业务培训，既加强政治学习和纪律检查工作的学习，又加强相关法律的学习，使干部政治上忠诚干净担当，业务上既精通党章党规党纪，又熟悉宪法法律法规。

2017 年 12 月至 2018 年 2 月，全国各省市县三级监察委员会相继成立。3 月，十三届全国人大一次会议召开。会议通过《中华人民共和国宪法修正案》和《中华人民共和国监察法》，选举产生了国家监察委员会，标志着覆盖所有行使公权力的公职人员的监察大网，整合了行政监察、预防腐败和检察机关查处贪污贿赂、失职渎职及预防职务犯罪等的强大反腐败力量，在中国这片土地上布局完成。一个机构设置科学，人员配备精干，装备手段先进，具有强大战斗力、威慑力和公信力的权威高效的反腐败监察体系应运而生。

有智者言，如果说载人航天是一项尖端的自然科学工程，那么国家监察制度改革就是一项重大的社会科学工程。当贪官们以为反腐只是“一阵风过去了就没事了”的时候，却发现反腐机构已经牢牢地坐在那里，永远都不会离开，并且 24 小时地用一双监视的眼睛盯着自己。由此可以预见，随着国家监察体系的健全与完善，我国政治上的青山绿水必将加快营造，海清河晏的那一天已经指日可待。

展望篇　新起点上的时代命题

习近平总书记在党的十九大报告中强调："中国共产党人的初心和使命，就是为中国人民谋幸福，为中华民族谋复兴。这个初心和使命是激励中国共产党人不断前进的根本动力。①"十三届全国人大一次会议通过的《中华人民共和国宪法修正案》和《中华人民共和国监察法》，是习近平新时代中国特色社会主义思想指导下形成的重大法治成果，是十八大以来反腐败斗争经验的科学总结，标志着反腐败工作站在了新的历史起点上：反腐败国家立法从无到有，新的历史方位的反腐败斗争，迈向全面法治反腐败新征程②。

站在两个一百年的历史交汇点上，回望中华人民共和国建立70年特别是党的十八大以来反腐败斗争的历史进程，我们有理由坚信，不忘初心牢记使命的中国共产党一定能破解永远在路上的时代命题，努力续写人民满意的反腐败历史新篇章。

---

① 参见习近平：《在中国共产党第十九次全国代表大会上的报告》，载人民网，2017年10月28日。

② 参见邱学强：《迈向法治反腐新征程》，载《学习时报》2018年6月13日 第A1版。

“经过长期努力，中国特色社会主义进入了新时代，这是我国发展新的历史方位。”习近平总书记在党的十九大报告中强调：“中国共产党人的初心和使命，就是为中国人民谋幸福，为中华民族谋复兴。这个初心和使命是激励中国共产党人不断前进的根本动力。”① 十三届全国人大一次会议通过的《中华人民共和国宪法修正案》和《中华人民共和国监察法》，是习近平新时代中国特色社会主义思想指导下形成的重大法治成果，是党的十八大以来腐败治理经验的科学总结，标志着反腐败斗争站在了新的历史起点上：反腐败国家立法从无到有，新的历史方位的反腐败斗争，迈向全面法治反腐新征程②。

一、新起点反腐的时代标识

（一）显著特征：依宪依法反腐

党的十八大以来，反腐败斗争的规范性和法律制度的严谨性不断强化，一些地方客观存在的选择性执法、象征性执法、宽容性执法等问题得到纠正，有案必查、有腐必惩，“老虎”“苍蝇”一起打成为常态；党纪与国法一体建设，法律纪律面前人人平等，不开天窗、不留暗门，反腐败斗争迈向了法治反腐模式。

宪法是国家的根本法，是治国安邦的总章程，是党和人民意志的体现。在宪法中明确中国共产党领导是中国特色社会主义最本质的特征，确

---

① 参见习近平：《在中国共产党第十九次全国代表大会上的报告》，载人民网，最后访问日期：2017 年 10 月 28 日。

② 参见邱学强：《迈向法治反腐新征程》，载《学习时报》2018 年 6 月 13 日 第 A1 版。

立监察委员会作为国家监察机关的性质和地位，以宪法为依据制定监察法，使反腐败斗争的性质任务、专门力量、职责权限等具有鲜明的宪法意义。反腐败职能机构入宪和反腐败组织体系、职权配置和程序规范立法，使依宪依法成为新时代反腐败斗争的显著的标志。

依宪依法反腐就是要依照宪法法律明确的中国特色社会主义最本质的特征要求，把坚持党中央集中统一领导落实到反腐败职权活动中。就是要恪守一切权力来自人民、属于人民且为了人民的宪法原则，树立起人民至上和以人民为中心的价值取向。自觉做到人民群众反对什么、痛恨什么，就要坚决防范和纠正什么。坚持把人民拥护不拥护、赞成不赞成、高兴不高兴、答应不答应作为衡量反腐败工作职能的根本标准，始终把认真对待群众反映强烈的问题、纠正损害群众利益的行为作为重要任务持续推动，切实增强正风肃纪、反腐惩恶的精准性和实效性。

依宪依法反腐就是依据宪法和监察法对所有行使公权力的公职人员进行监察，调查职务违法和职务犯罪，开展廉政建设和反腐败工作，维护宪法法律的尊严。就是坚持标本兼治、综合治理，强化监督问责，严厉惩治腐败；深化改革、健全法治，有效制约和监督权力。就是要坚持把国家监察同党内监督结合起来，依规依法检查国家机关和公务人员在遵守和执行法律法规中的问题；依规依法受理和查处涉腐违纪违法行为的控告、举报信息；依规依法受理查办涉嫌贪污贿赂、渎职等职务犯罪的案件，通过监督、执法、问责，实现对国家机关及所有公务人员是否勤政廉政监督的全覆盖。就是要积极探索监察职能向基层、村居延伸的有效途径，强化对基层组织中履行公职人员的监督，消除监督空白和死角，确保所有公权力的行使都在严密监督之下。从而形成党纪与国法紧密衔接、强制性手段与非强制性手段双管齐下、依规治党和依法治权有机结合的法治链条，把权力关进制度的笼子里。①

（二）核心要义：党的集中统一领导

十三届全国人大一次会议通过的《中华人民共和国宪法修正案》和

---

① 参见邱学强：《迈向法治反腐新征程》，载《学习时报》2018 年 6 月 13 日第 A1 版。

《中华人民共和国监察法》，对坚持党对监察工作的领导作出了明确规定，把党对反腐败集中统一领导和领导反腐败的政治成果转化为国家法律，以根本法的形式体现广大人民的意志和愿望，旗帜鲜明地昭示党对反腐败斗争领导的法定性，有利于党中央和地方各级党委更加理直气壮、名正言顺地依法领导开展反腐败工作，扛起全面从严治党和依法治国理政的政治责任。

坚持党对反腐败集中统一领导，最根本的是坚持以习近平同志为核心的党中央对反腐败监督体系的统一领导和指挥。中国共产党自成立以来，党风廉政建设和反腐败斗争都是由党统一领导的，并根据时代任务赋予新的要求。在新的历史起点上坚持党的领导，就要把维护习近平总书记的核心地位、维护党中央的权威和集中统一领导作为反腐败斗争的首要职责，把党的意志和主张落实到反腐败斗争的职能活动中，坚决清除政治上的两面人、两面派，在思想上政治上行动上同以习近平同志为核心的党中央保持高度一致；要坚决贯彻党的十九大关于全面从严治党、党风廉政建设和反腐败斗争战略部署，结合实际落实落地，立足职责积极作为。在体制机制上，认真履行党章规定的地方各级纪委在同级党委和上级纪委双重领导下进行工作的要求，认真履行宪法规定的上级监察委员会领导下级监察委员会的工作要求，同时合署办公的纪委监委共同接受同级党委领导，确保党中央始终牢牢掌握反腐败工作的绝对领导权。

坚持党对反腐败集中统一领导，就是要坚持习近平新时代中国特色社会主义思想的指导。习近平新时代中国特色社会主义思想内涵丰富、体系完整、意境高远，其中所蕴含的反腐败战略思想尤为瞩目。坚持从实际出发，立足对世情国情党情的正确判断，蕴含着唯物论的基本观点；运用全面的、历史的、发展的思维方式，科学认识各种腐败本质与社会经济政治间的有机联系，蕴含着辩证法的基本观点；科学总结建党以来我们党同腐败现象作斗争的经验教训，并进行规律性概括，蕴含着认识论的基本观点；高度聚焦我们党建设廉洁政治、真挚为民的执政思想和理念，蕴含着价值论的基本观点，正是这些充满马克思主义思想光辉的科学内核，回答了新时代反腐败斗争为什么、是什么、怎么为等一系列重大理论和实践问题，为法治反腐新征程提供了前所未有的巨大动能和思想指南。

（三）必然要求：以良法保障善治

“以良法促进发展、保障善治”，是党的十九大报告中的重要论断，既是深化依法治国实践的客观要求，又是法治反腐新征程的必然要求。《中华人民共和国宪法修正案》从指导思想、领导体制和机构设置上为反腐败斗争提供了最高的法律保障。新制定的《中华人民共和国监察法》取代了《中华人民共和国行政监察法》，通过将监察对象扩大到所有公共权力机关及其公务人员，实现监察对象全覆盖。扩大监察范围，明确监察职责，赋予监察机关更加有效的监督方式，从而汇集和表达人民群众的反腐意志和期待，形成与惩治、预防腐败相适应的强有力的法律利器。以良法保障善治，就是要提高立法的针对性、及时性、系统性和可操作性，发挥立法引领和推动作用，形成完备的反腐败法律规范体系和党内法规体系，高效的法治反腐实施体系，严密的法治反腐监督体系，有力的法治反腐保障体系。监察法作为我国反腐败基本法出台后，涉及原有法律中对有关国家机关职权的划分需要作出相应的修改和调整。改革后各级行政监察部门已并入监察委员会，《中华人民共和国监察法》通过后同时废止《中华人民共和国行政监察法》，目前还有若干法律中涉及行政监察机关名称、职能等内容，需要作出一揽子修改。通过立、改、废，形成科学有效、健全完备的反腐败法律法规体系，为夺取反腐败斗争压倒性胜利提供有力法治保证。

在“善治”的意义上，就是要根据夺取反腐败斗争压倒性胜利的实践要求，做到维护党中央权威主题不变，建设廉洁政治的目标不变，不敢腐、不能腐、不想腐的战略不变，减存量、遏增量的任务不变，严字当头、高压反腐的尺度不变。坚持无禁区、全覆盖、零容忍，坚持重遏制、强高压、长震慑，坚持受贿行贿一起查，坚决防止党内形成利益集团。要针对监察法实施后国家监察体制改革进入新阶段的实际情况，着眼于解决深层次矛盾和问题，统筹安排、精准施策，切实把制度优势转化为治理效能。要坚持抓早抓小、动辄则咎，强化对各类监察对象的日常监督，用好各项监察调查措施，坚决查处职务违法和职务犯罪行为，确保监察权依法高效顺畅运行，把净化党内政治生态和净化社会政治生态有机结合起来。

要深化运用监督执纪“四种形态”，又严把事实关、程序关和法律适用关，不断提高反腐败工作规范化法治化水平。

（四）基本方式：纪法贯通、法法衔接

中国特色社会主义法治是党纪国法的共同之治。党纪是防腐的戒尺，国法是惩腐的利器，法治反腐必须把党内执纪与国家执法有机贯通起来，形成党纪与国法相辅相成、相互促进、相互保障的格局。监察委员会依法行使的监察权，不是行政监察、反贪反渎、预防腐败职能的简单叠加，而是在党的领导下，代表党和国家对所有行使公权力的公职人员进行监督，既调查职务违法行为，又调查职务犯罪行为，可以说是依托纪检、拓展监察、衔接司法，最大限度地发挥党纪国法的腐败治理效能。

法治反腐的基本原则是有法必依、执法必严、强化监督、保障人权。反腐败斗争的严峻现实告诉我们，权力的腐败是对法治的最大破坏，是对人权的最大侵害，是对执政党权威的最大损害，所以，全面从严治党必须强化党内监督和国家监察；全面依法治国必须强化监察监督和法律监督。监察监督是国家监察机关运用监督、调查、处置等方式确保公职人员廉洁履职的监督职能，是用法治思维和法治方式惩治腐败的制度创新。它通过对所有行使公权力的公职人员监察全覆盖，来实现依法治吏，确保公共权力运行的廉洁性。法律监督是检察机关监督公共权力运行是否依法规范的司法监督机制，它通过诉讼监督即侦查监督、审查起诉、审判监督、执行监督、民事行政公益诉讼等方式，来实现依法治权，确保国家法律统一正确实施；确保有法必依、执法必严，既有力地惩治腐败，又最大限度地保障人权。

纪法贯通，就是执纪与执法统一指挥，一体运行。监察委员会成立以后，我国将形成一个新的、更全面的权力制约体系。在这个体系中，监察委员会和检察机关各司其职，分别从不同的角度和层面，以不同的方式实现对公权力的制约。监察委员会作为专门的反腐机构，对所有行使公权力的自然人行使监察监督权，通过约束权力行使者来实现制约公权力的目的。检察机关则通过检察权的行使，一方面以分工合作的方式对其他国家机关的权力进行制衡，另一方面直接对其他国家机关的权力运行和决策进

行监督。这正是推进全面依法治国必须坚持依法治权和依法治吏的核心要义所在。

法法衔接，就是为建立党统一领导、全面覆盖、权威高效的监督体系，保障监察机关与司法机关办案工作衔接顺畅，保障监察法律与刑事等法律无缝衔接。要从党和国家反腐败全局的战略高度，深刻认识监察法与刑事诉讼法在立法目的、调查对象、调查内容、行使权力等方面作出的制度安排。要切实处理好监察机关与司法机关、监察法与刑事诉讼法、留置调查措施与刑事强制措施等关系。各级检察机关要深刻认识国家监察体制改革是事关全局的重大政治体制改革，把思想认识统一到党和国家的决策部署上来，完善职务犯罪检察工作机制，与监察机关、审判机关互相配合、互相制约，在依法惩治腐败犯罪中继续发挥重要职能作用。要认真贯彻落实有关规定，切实做好提前介入、案件移送、审查起诉、退回补充调查和自行补充侦查等环节的工作；落实证据收集、审查基本要求与案件材料移送规定，实现监察执法与检察司法的有序、有效衔接，将中国特色社会主义制度优势转化为法治反腐的巨大动能，为夺取反腐败斗争压倒性胜利贡献力量。①

二、新起点上的反腐考量

“以不息为体，以日新为道。”在新的时代条件下，反腐败依然任重道远。从执法实践的分析考量中可以发现，反腐败斗争的压倒性态势虽然已经形成，但“三个并存”状况尚未发生根本改变：反腐败斗争成效明显和问题突出并存；反腐败惩治力度加大和腐败现象易发多发并存；人民群众对反腐败期望值不断上升和腐败现象短期内难以根治并存。腐败现象在新的历史条件下呈现出新的特点：

一是集团化。在政治上腐败分子习惯于拉帮结派，并在经济上相互牵连，结成同质化的利益联盟，呈现出了鲜明的群体性，即“窝案”“串案”。这类集团化的腐败表现为涉案人员众多，涉案人丧失了政治上的党性原则，形成了具有紧密人身依附性的关系网，经济上互相利用，结成了

---

① 参见邱学强：《迈向法治反腐新征程》，载《学习时报》2018 年 6 月 13 日第 A1 版。

利益共同体。例如，2016 年广东省中山市纪委对“赌博机”泛滥问题进行查处，揭开了当地公安系统“窝案”，在案件办理中公安机关涉案人员达 254 人，处级干部 12 人，科级干部 100 多人，全市 25 个公安分局中涉案公安分局 11 个，近 10 名公安分局一把手和 34 名分局班子成员涉案，涉案金额高达 1.06 亿元，追缴违纪违法款项近 5000 万元。一些腐败分子败露后，往往引发该官员管辖地区的官场“大地震”。

二是期权化。权力期权化特指交易不直接涉及钱物财物，因而犯罪的形成和实施过程都较为隐蔽，利益的相互兑现往往存在足够长的时空间隙，如高薪任职、分给股权、优厚待遇等。当前，腐败分子最喜欢的权力操作手段为“扶持企业、促进发展”等冠冕堂皇之借口。即使损害国家、集体利益亦可用“改革代价”“市场调节”等遮掩，过程隐蔽，其交易方不是在职干部，甚至不是本人。它改变了腐败获利的时间和方式，为党员干部的权力寻租提供了更大的空间、舞台。既可为自己留下退路，亦可“封妻荫子”。如安徽省委原常委、省人民政府原副省长陈树隆作为相关股票的内幕信息知情人员，在内幕信息敏感期内买入相关股票。此外，陈树隆还发动自己的亲属，让弟弟、侄女帮他担任操盘手，他自己藏身幕后指挥下单，累计成交金额 1.21 亿元，非法获利共计 1.37 亿元。

三是家族化。从近年来曝光的腐败案件看，不少“老虎”“苍蝇”的背后，都呈现出小家庭式或者大家族式的贪腐特征，纪委、检察院一出手就是逮出一串，抓住一窝。国家统计局原局长王保安就是明证，他利用自己的影响力构筑“王氏家族”。在王保安的弟弟当中，老二老三从政、老四经商，他为二弟和三弟提拔使用打招呼，又为四弟谋取巨额利益。有的领导干部的配偶、子女、亲属等在其治下领域“经商办企”，各种裙带关系“仰仗”领导干部的权势和影响力攫取巨额利益；有的领导安排亲戚朋友在自己保护的企业“挂名领薪”，或者直接持有股份。社会称作“门前当官、门后开店”，“官商一体”。例如，甘肃省委原书记王三运纵容甚至授意亲属在甘肃承揽工程以权谋私，还为多名老板办事，收受钱财、房产以及玉石、字画等贵重物品，与商人勾肩搭背，利用手中的权力大肆敛财，编制巨大关系网，形成庞大家族势力。

四是隐蔽化。腐败行为呈现出了深度的隐蔽性特点。作案手段随着社会发展、科技进步，越来越智能、隐蔽和复杂，比如犯罪分子以互联网高科技为依托，避免现金或实物交易，而采取网络交易方式，或是诸如以合作投资名义等收受贿赂。尽管许多地方或单位清除了“小金库”式的贪腐，剔除了这些易于滋生腐败的温室；然而，某些中介平台，与环保部门相关的环境评估公司、质量检测中心站等，与国土部门相关的土地评估、矿产资源检验等掮客又死灰复燃。例如，送礼改送“电子码”。在一些网络商城的网店中，节日卡、储值卡、水果卡、蔬菜卡、螃蟹卡等各类礼品卡名目繁多，且价格高达万余元，收礼者只要输入密码、地址等信息就可“等礼上门”。在其网站所列的合作客户名单中，不少银行等大国企、知名高校都在其中。

五是部门化。发达地区的干部可以借政府工程的发包、土地的出让、公共领域的物业租赁等实现权力的寻租；欠发达的地区则把目标瞄准各种财政资金，有的干部或单位要么截留挪用，要么贪污私分惠农资金或套取扶贫工程款项；就连研究机构等企事业单位也不忘捞一把，他们肆意侵占私分科研经费，医疗单位也以收受红包或借设备药物采购吃回扣，各行各业都存在不同程度的“近水楼台先得月”式的吃拿卡要现象。例如，2018年哈尔滨市查处“疯狂大货车”保护伞，其中公安交警系统涉案人员达108人，对其中11名领导干部及公职人员移送司法机关处理，公安交警系统89名领导干部及公职人员被严肃追究责任，对其他22名领导干部及公职人员严肃追究责任。

六是微小化。一方面表现为“小官巨贪”，主要是指科级及以下的官员贪污数额数千万甚至上亿。由于对基层党员干部的监督减弱，发现问题和查处不给力、不够及时，导致一些地方的基层干部或特定领域的企事业单位腐败问题突出，涉案金额巨大。例如，淄博师范高等专科学校原党委书记、淄博市教育局原局长张洪亮，大到价值上百万元的房产，小到面值500元的购物卡，只要有人送，张洪亮就敢收。张洪亮有4辆家用汽车，其中2辆系直接受贿所得，另外2辆分别由企业老板和市教育局公款购买，其家人长期占用；他还有13处房产和488幅名人字画，多为不当所得。正如一些学者所言：“权力再小，只要我们的监督管理、权力制衡等机制不到位，任何干部都有可能成为危害国家利益的硕鼠。”例如，贵州省黔西县观音洞镇新庆村党支部原书记刘勇，在2012年至2016年任职期间，多次在地质灾害搬迁、危房改造、户籍办理、生态移民搬迁等工作中收受群众好处费共计1.1万元，克扣他人危改补助款3000元。

七是裸官化。通常所谓裸官，即官员的配偶和子女在国境外定居、加入其他国家的国籍或取得国境外的永久居留权的国家公职人员。一些领导干部贪腐之后，急忙把自己的子女、配偶送到境外，把不义之财转移到别国，一旦出现问题就准备“脚底抹油”；甚至有的干部本人或近亲属具有境外双重身份、多个假证件，随意出入国境。例如，中山市博爱医院原党委书记、院长王莹（副处级），不如实报告个人外出去向，擅自办理出入境通行证出入国境；未吸取本人违规获取香港永久居民身份受处分的教训，故技重施，暗地里指示他人为配偶办理香港永久居民身份证，想方设法逃避组织监管，当隐形“裸官”，是典型的“两面人”。

据中国反腐败司法研究中心对改革开放以来查处的204名省部级领导以上干部腐败案件进行分析，显示出的问题发人深省。

从发案领域看，腐败案件涉及中央政治局，国家部委，军队武警，各级党委、政府、人大、政协、政法、央企国企、金融等诸多领域。从发案地区看，除中央和国家机关外，发案最多的省份是广东，依次排位是山东、辽宁、安徽、山西、广西、江西、四川、浙江、河南、北京、河北、贵州、重庆等。

从犯罪数额看，改革开放至十八大前，犯罪数额过亿的仅3人，十八大至十九大前犯罪数额过亿的有16人。从犯罪特点看，边腐边升现象突出，首次作案后职务仍获升迁占总数的80.88%；犯罪“潜伏期”长，作案时间跨度最长的超过20年。

从作案方式看，拉帮结派、选边站队、窝案串案多发，秘书帮派、地缘帮派、行业帮派、家族集团和官商勾结等现象突出。有的夫妻联手、父子上阵、情妇敛财，有的多岗位、连续多次作案，不收手直至案发。

通过对十八大以来查处的案件分析，又发现新的特点。一是案件总体上仍处于高发态势，年均办案数与前五年相比年均增加15%左右。二是腐败犯罪市场化、多样化、行业化趋势明显，采取委托理财、虚假交易、合伙经营、干股分红等手段变相受贿的占40%左右。三是腐败犯罪中“一把手”比例较高，约占处级以上领导干部案件的60%。四是干部带病提拔问题突出，新提拔人员占总数的5.7%，局级干部占总数的9.6%，省部级干部占总数的12.1%。五是“不作为、乱作为”式的腐败呈上升趋势，如滥用职权犯罪人数同比上升66.33%，而失职渎职造成的国家损失则高达189.03亿元，为前者的11.5倍。六是基层干部犯罪案件居高不下，每年查处的此类案件占同期立案总数的51.3%。①

一篙松劲退千寻。历史的教训时刻在惕厉我们，反腐败注定是一场生死战，也是一场持久战，驰而不息，方能久久为功。我们要时刻牢记习近平总书记关于反腐败斗争任重道远的教诲，以锲而不舍、挖山不止的精神，坚决铲除腐败这个致命的污染源，坚决打赢反腐败这场正义之战，为营造政治上的青山绿水不断努力。

三、新起点上的反腐精神

精神是一种状态，一种面貌。毛泽东同志曾说过：“人总是要有点精神的。”一个先进的政党更是需要有一种精神。从某种程度上讲，一个政党的精神状态反映了党的形象，关乎事业兴衰。“赶考”精神蕴含执政意识、忧患意识、进取意识、担当意识和宗旨意识五种意识，体现了中国共产党人的“底色”。

强化执政意识，面对即将建立的新政权，毛泽东同志提醒全党，不要被胜利冲昏了头脑。随着共产党执政后历史地位的变化。党所面临的形势和任务也随之发生了重大变化。一些同志滋生了骄傲自满、以功臣自居的情绪，开始贪图享乐，忘却了艰苦奋斗的优良传统。这对于共产党人来说是严峻的考验，能不能经受住考验，是共产党人面临的重大问题。“两个务必”的提出，表明了党在取得政权后要坚定不移地执行党的宗旨，不忘初心，充分说明了共产党人拥有清醒的执政意识和高度的预见性。

毛泽东同志把即将执掌全国政权比喻为“进京赶考”，要求全党要谦虚谨慎、戒骄戒躁、艰苦奋斗，以“赶考”的心态迎接人民的拣选。充分

① 参见中国反腐败司法研究中心：《党的十八大以来查办腐败犯罪案件数据分析》，载《监察案例研究》中国方正出版社2018年版。

说明了老一辈无产阶级革命家的远见卓识。进入新时代，这场考试还没有结束，还在继续。“进京赶考”的“考生”是作为执政党的中国共产党，“考官”是人民群众和人民群众创造的历史，“考题”是各种风险和挑战，主要是“四大考验”和“四种危险”，“考试成绩”是对我们党的先进性和纯洁性的评价。

强化忧患意识。毛泽东同志在离开西柏坡进北平前多次谈到“我们决不做李自成”。在进京前召开的党的七届二中全会上，面对即将到来的胜利，毛泽东同志指出，夺取这个胜利，已经是不要很久的时间和不要花费很大的气力了；巩固这个胜利，则是需要很久的时间和要花费很大的气力的事情。这些充分表明了以毛泽东同志为核心的中国共产党人在即将取得全国性革命胜利时保持着清醒的头脑，对即将诞生的人民政权实现长治久安、避免李自成农民起义的历史悲剧充满着深刻的思考。

时至今日，“赶考”远没有结束，必须切实增强忧患意识。党的执政地位不是与生俱来的，也不是一劳永逸的。改革开放以来，我们党自身所处的地位和环境与改革开放前相比发生了很大的变化，社会在不断发展变化，各种问题层出不穷，党面临的执政环境也日益复杂多变，在这样的时代背景下，作为长期执政的党将面临更多的风险与挑战。一方面，外部环境的变化，要求执政党能够时刻保持清醒头脑，不断提高自身的执政能力，不断回应社会与民众的需求，才能继续得到人民的广泛拥护与支持；另一方面，党保持了相当长时期的执政地位，党内会逐渐滋生僵化、腐败现象。这是摆在当前的考题，怎样才能经受住这场“大考”，是对我党政治智慧和执政能力的考验。只有保持强烈的自省意识，全面推进从严治党，才能使党永葆其纯洁性与先进性。

强化进取意识。毛泽东同志在党的七届二中全会上，号召全党重视学习，用极大的努力去掌握不熟悉、不懂的东西，“必须用极大的努力去学会管理城市和建设城市”。之所以强调得如此之重，主要是因为，“如果我们不去注意这些问题，不去学会同这些人作这些斗争，并在斗争中取得胜利，我们就不能维持政权，我们就会站不住脚，我们就会失败”。正是靠着这种宝贵的进取精神，才使共产党人能够团结一心，勤勉务实，在社会主义建设和改革开放时期向人民交出一份份优秀答卷。

在经济全球化、现代科技迅猛发展的过程中，不可避免地出现了许多我们不懂和不了解的新东西。我们面临着全面深化改革、转变经济发展方式、保障和改善民生、促进社会和谐稳定、改善生态环境等一系列“大考”。这就要求党必须弘扬“赶考精神”，在前进的道路上与时俱进，不断学习创新，破解“本领恐慌”，不断提高执政水平和领导能力。在新的考验面前，我们党的领导集体要始终保持“赶考”的精神状态，牢记当年我党“考出好成绩”的庄严承诺。

强化担当意识。在党七届二中全会上，毛泽东同志指出，我们能够去掉不良作风，保持优良作风。我们能够学会我们原来不懂的东西。我们不但善于破坏一个旧世界，我们还将善于建设一个新世界。中国人民不但可以不要向帝国主义者讨乞也能活下去，而且还将活得比帝国主义国家要好些。“赶考”，不仅体现了我党的忧患意识和进取精神，更彰显着强烈的担当意识。当前，各项改革已经逐步进入深水区，涉及利益格局的深刻调整。改革必然触动既得利益者的根本利益，而不敢进行深化改革，党也必定会失去民众的支持与信赖。面对新的机遇与挑战，共产党人更是应该增强舍我其谁的使命感和担当意识，不忘初心，奋发作为，攻坚克难。

强化宗旨意识。全心全意为人民服务是中国共产党人的根本宗旨，而要做到这一点，就要坚持群众利益至上的观点。毛泽东同志指出，共产党人的一切言论和行动，必须以合乎最广大人民群众的最大利益、为最广大人民群众所拥护为最高标准。西柏坡时期，我党不但在思想上强化党的宗旨观念，而且在实际工作中也高度重视群众利益。正如习近平总书记指出，“两个务必”思想，包含着对我们党坚持全心全意为人民服务根本宗旨的深刻认识。

知屋漏者在宇下，知政失者在草野。我们党的根基在人民，血脉在人民，力量在人民。党的最大政治优势是密切联系群众，党执政后的最大危险是脱离群众。世情国情党情深刻变化，各种危险和考验尖锐地摆在全党面前，不可否认，党内脱离群众的现象不同程度地存在，集中表现在形式主义、官僚主义、享乐主义和奢靡之风这“四风”上。毛泽东同志曾告诫全党：“我们当了人民的代表，必须代表得好。”人民满意不满意，人民答应不答应，人民的利益与福祉有没有得到保障与增进，这是对党执政能力评判的唯一标准，也是党能不能继续长期执政的重要依据。我们要时刻以“赶考”的心态面对权力，永远把人民当作考官，心存敬畏，肯保忧患意识，不断增强自我净化、自我完善、自我革新、自我提高的能力，永远保持其先进性。

四、新起点上的反腐力量

习近平总书记在庆祝中国共产党成立95周年大会上深刻指出，面向未来，面对挑战，全党同志一定要不忘初心、继续前进。这对党风廉政建设和反腐败斗争来说，提供了永远在路上的强大力量。

第一，要在对党中央反腐败决心足够自信中强化政治坚定力。党中央对反腐败的坚强决心，表现在对腐败现象实行“零容忍、无禁区、全覆盖”，做到“有腐必反、有贪必肃，老虎苍蝇一起打”，以“猛药去疴、重典治乱、刮骨疗毒、壮士断腕”的反腐败态度，将党风廉政建设和反腐败斗争进行到底。党中央反腐败的坚强决心，立足于党要管党，从严治党，始终保持党的先进性和纯洁性，确保党始终成为中国特色社会主义事业的坚强领导核心的指导思想；着眼于反腐败斗争关系党和国家的生死存亡，反腐败斗争形势依然严峻复杂，坚决反对腐败是我们党必须抓好的重大政治任务。反腐败斗争永远在路上的形势判断，来源于构建风清气正的廉洁政治生态。把权力关进制度的笼子里，实现干部清正、政府清廉、政治清明的任务目标。①

党中央对反腐败的坚定决心具有不可置疑的客观性、真实性和可期待性，十八大以来我国上演的一场又一场惊心动魄的“反腐大戏”，广大人民群众发出的一次又一次的“叫好”声，已经充分证明了这一点。但值得注意的是，社会上仍有人怀疑党中央的反腐败决心，有的人认为反腐败是刮一阵风，搞一段时间就会过去，现在打枪，暂且低头；有的人认为反腐败查下去会打击面过大，影响经济发展，导致消费需求萎缩，甚至把当前经济下行压力增大与反腐败力度加大扯在一起；有的人认为反腐败会让干

---

① 参见中国反腐败司法研究中心：《用“四个足够自信”汇聚反腐败磅礴伟力》，载《求是》2016年第18期。

部变得缩手缩脚、明哲保身，不愿意干事了等。这些干扰反腐工作的“杂音”，在铁的事实面前已经不攻自破。[①] 现在我们要做的是进一步强化反腐败的坚强定力。宋代赵善璙在《自警篇·善处事》中说“胸中器局不凡，素有定力。不然，胸中先乱，何以临事?”只要我们心中有党、有国、有民，就能做到有静气、不刮风、不搞运动。不是一阵子，而是踩着不变的步伐，把握节奏和力度，坚定不移地把反腐败斗争推向前进。

第二，要在对反腐败成绩的足够自信中强化真抓实干能力。党的十八大以来，反腐败成绩有目共睹，有案必查、有腐必惩，“老虎苍蝇”一起打，党纪国法面前没有特区、没有例外，既坚决查处大案要案，又着力解决发生在群众身边的腐败问题。无论是“打老虎、拍苍蝇”的数目，还是纠正“四风”的成效；无论是巡视工作的广度，还是深化重点领域和关键环节的力度，反腐打破“退休即平安着陆”的惯例，“打虎”没有上限，也没有“节点”，更没有“休止点”，“不论什么人，不论其职务多高，只要触犯了党纪国法，都要一查到底，决不姑息”，党风廉政建设和反腐败斗争从措施到成果，让很多人直呼“想不到”。广大人民群众深深地感受到了反腐败斗争“无禁区、全覆盖、零容忍”的法治逻辑正在向纵深推进。

反腐败斗争取得的成绩是党中央反腐败的坚强决心和以上率下、真抓实干的必然结果。反腐败工作克服了过去多年来，说到做不到甚至根本没有去做，以至于一些反腐举措流于形式的弊端。习近平总书记强调“打铁还需自身硬”，“抓作风建设，首先要从中央政治局做起”，要以“踏石留印、抓铁有痕”的劲头抓下去，善始善终、善做善成，防止虎头蛇尾，让全党全体人民来监督，让人民群众不断看到实实在在的成效和变化。这些久违了的、曾经熟悉的原则和准则，使得人们从反腐败取得的成绩中，既看到了强大的真理力量，更看到了强大的人格力量。真理力量集中体现为我们党的正确理论，人格力量集中体现为我们党的优良作风。我们要把对反腐败斗争成绩的足够自信，落实到反腐败斗争中的主体责任和监督责任

① 参见中国反腐败司法研究中心：《用“四个足够自信”汇聚反腐败磅礴伟力》，载《求是》2016年第18期。

中去，落实到保障“十三五”经济社会科学发展的执纪执法活动中去。以最坚决的意志、最坚决的行动扫除腐败丑恶现象，打赢这场输不起的战争。

第三，要在对反腐败正能量的足够自信中强化科学统筹力。反腐败斗争产生的正能量是多元的，涵盖政治经济社会等各个方面。首先，反腐败重塑了党的形象。中国共产党是以全心全意为人民服务为根本宗旨的政党，这是中国社会一切制度有效运行的逻辑前提，也是中国共产党的基本逻辑和本来面目。反腐败就是把被遮蔽了的逻辑重新彰显出来。其次，反腐败保护了党员干部。让真正想干事能干事的党员干部可以清白为官、廉洁从政，而不必去琢磨小圈子，顾忌“潜规则”。再次，反腐败促进经济社会健康发展。畸形消费带来的虚假繁荣的消失，楼堂馆所等享乐性项目的下马，“跑部钱进”等非正常资金渠道的堵塞，取而代之的是优良的发展环境促进招商引资，健全的机制制度规范项目资金管理，廉洁的政务环境保障经济建设有序进行等。

当下反腐败斗争是在中国特色社会主义的总体布局下展开的。党中央深刻预估到，彻底根除腐败是一个世界性难题，也是执政党自身建设中一项必须长期面临的艰巨任务。面对盘根错节的利益链条和错综复杂的利益调整，曾有人担心反腐败会影响经济的发展，会挫伤党员干部的积极性，甚至会失政亡党。实践证明，这种担心是没有依据的，反腐败给中国社会带来的是满满的正能量。现实告诉我们，惩治和预防腐败，是一场正义与邪恶的政治搏斗，又是各种矛盾交织的复杂斗争。要持续释放反腐败斗争的正能量，就必须运用科学方法防治腐败，善于从全面、发展的视角观察问题，善于运用协调统筹等科学方式解决问题。

第四，要在对反腐败光明前景的足够自信中强化价值追求力。反腐败斗争的光明前景，就是党和国家廉洁政治建设的战略目标，是干部清正、政府清廉、政治清明的政治图景，是为政清廉、秉公用权的现实愿景。对反腐败光明前景的足够自信，来源于对党的反腐败坚强决心，来源于打虎拍蝇取得的重大成绩，来源于振奋人心的反腐正能量。对反腐败光明前景的足够自信，是“全面建成小康社会”的政治基础，是“全面深化改革”的政治保障，是“全面依法治国”的核心内容，是“全面从严治党”的价值体现，是民心所系、民意所向。廉洁政治的光明前景把党执政的阶段性目标与长远目标结合了起来，不仅有助于我们党和国家从战略层面来谋划、部署、推进反腐倡廉工作，而且能够从社会关切层面来及时应对党风廉政建设所面临的新情况、新问题，以适应新的历史条件下大国治理的新要求。

对反腐败光明前景的足够自信，是几代中国共产党人的思想精髓。正如习近平总书记指出的：为政清廉才能取信于民，秉公用权才能赢得人心，这个道理我们党早就明确提出来了。1926 年 8 月，中共中央扩大会议发出通告指出，对腐化分子混入党内的现象必须高度警惕，“应该很坚决的洗清这些不良分子，和这些不良倾向奋斗，才能坚固我们的营垒，才能树立党在群众中的威望”。中华人民共和国成立前夕，毛泽东同志在党的七届二中全会上告诫全党务必保持谦虚谨慎、艰苦奋斗的作风，不要在糖衣炮弹面前打败仗。中华人民共和国成立初期，我们党严肃查处了刘青山、张子善腐化堕落案件，教育了广大干部，在人民群众中树立了共产党人执法如山的形象。改革开放三十多年来，历届党中央领导集体始终把党风廉政建设和反腐败斗争作为重要任务来抓，旗帜是鲜明的，措施是有力的，成效是明显的，为保持和发展党的先进性和纯洁性发挥了重大作用，为我们党领导改革开放和社会主义现代化建设提供了有力保证。可以说，如果我们党不是一以贯之高度重视党风廉政建设、坚决反对腐败，我国经济社会发展不可能取得这么大的成就，改革发展稳定大局也不可能得到巩固。

第五，要从反腐败全球治理的法治框架中增强我国反腐对国际的影响力。习近平总书记在中纪委六次全会上指出：我们坚定不移反对腐败，使我们占据了国际道义制高点。过去，美国等西方国家总想用反腐败问题来拿捏我们，不断在联合国、二十国集团、亚太经合组织等场合提出所谓反腐败问题。现在，我们在国际上一举转为战略主动。我们加强反腐败国际多边双边合作，启动“天网行动”，加大追逃追赃力度，将一批外逃多年的犯罪分子缉拿归案。我们主动提出一系列反腐败国际合作倡议，倡议构建国际反腐新秩序，特别是加大对美国等西方国家在反腐败合作方面的压力，要求他们不要成为腐败分子的“避罪天堂”。原来他们认为那些犯罪嫌疑人是他们手中的牌，现在都成了手里的烫山芋。各方面对我们敢于向腐败亮剑是佩服的，我们的反腐行动赢得了国际社会的尊重。

党风廉政建设和反腐败斗争如此，党中央领导的中国特色社会主义事业同样得到国际认同。在2011年提出“扳倒中国”的洪博培，在2014年却认为习近平总书记是“继邓小平之后最具有转型色彩的中国领导人”，并认为习近平总书记在其执政期间，将成为中国第一位真正的全球领袖。2014年4月24日（美国当地时间），《时代》周刊在网站上公布2014年度全球100位最具影响力人物名单，习近平总书记就任中国国家主席以来第二次入选该名单，这是习近平总书记自2009年首次入选以来第五次上榜。

洪博培还指出，中国前进的道路没有中间路径，如果改革成功，中国将成为美国在21世纪最大的挑战和机遇。从“扳倒中国”论到“世界领袖”论，不论洪博培对中国崛起的内心世界如何复杂，但是，以习近平同志为核心的党中央的领导能力、水平和魅力，无疑是引领“中国号”航船乘风破浪、勇往直前的领航人和巨大动能。

五、新起点上的反腐开局

2018年12月13日，中央政治局会议听取了中央纪委工作汇报，研究部署2019年党风廉政建设和反腐败工作。会议指出：党的十九大以来，以习近平同志为核心的党中央一以贯之、坚定不移推进全面从严治党，党内政治生态展现新气象，反腐败斗争取得压倒性胜利，全面从严治党取得重大成果。这是对新时代反腐败工作开局及面临的形势作出的重要评价和重大判断。新时代开局之年，反腐答卷亮点纷呈。

亮点一：从“中央纪委”变为“中央纪委国家监委”名称变化背后，是深化国家监察体制改革的重大成果。这一年，省市县三级监察委员会成立，监察法施行，国家监委成立并与中央纪委合署办公，形成了中国特色的国家监察体制。

亮点二：“纪律审查情况”变为“监督检查、审查调查情况”监察体制改革后，纪委监委既执纪，又执法，全面履行纪检监察两项职责。过去通报里的“纪律审查情况”主要反映党内监督情况；而现在的“监督检查、审查调查情况”，既反映党内监督情况，又反映国家监察情况，体现了党内监督和国家机关监督、党的纪律检查和国家监察的有机统一。同时，与过去两年相比，此次通报在“审查调查”前还加上了“监督检查”，是纪委监委把监督作为第一职责的充分体现。

亮点三：接受信访举报数、处置问题线索数创新高，群众监督更显威力。2018 年，全国纪检监察机关接受信访举报 344 万件，处置问题线索 166.7 万件。在 2016 年、2017 年，这两个数据分别为 253.8 万件、73.4 万以及 273.3 万件、125.1 万件。

随着监察对象的增加，受理信访举报和问题线索处置的范围也相应扩大，各地对违纪、职务违法和职务犯罪问题线索同步受理、同步调查。多地纪检监察机关进一步畅通信访举报渠道，建设更加便捷、高效的举报平台，织密群众监督之网，让群众的监督作用在全面从严治党进程中充分发挥。

亮点四：处分人数创新高。2018 年共处分 62.1 万人（其中党纪处分 52.6 万人），而 2016 年、2017 年这一数字分别为 41.5 万人（其中党纪处分 34.7 万人）、52.7 万人（其中党纪处分 44.3 万人）。

这其中，包括省部级及以上干部 51 人、厅局级干部 3500 余人——高压态势不松，惩治力度不减，保持震慑常在。

处分“乡科级及以下干部”“其他人员”的人数今年也有较大增长。改革后，对全体行使公权力的公职人员实现了监察全覆盖。在这被处分的 62.5 万人中，就包括原来党内监督和行政监察覆盖不到的人员。

同时，各地纪委监委积极探索监察职能向村居延伸的有效途径，强化“末梢监督”，实现对基层行使公权力的公职人员监督全覆盖。坚决整治群众身边腐败和作风问题，对侵害群众利益的“蝇贪”毫不手软。

亮点五：咬耳扯袖、红脸出汗成常态，日常监督更给力。2017 年第一季度，中央纪委第一次对外公布运用监督执纪“四种形态”的数据饼图，此后每次公布，饼图里有一块面积都在扩大——“第一种形态”占比。

2018 年全国纪检监察机关运用监督执纪“四种形态”处理 173.7 万人，比 2017 年增长了 31.9%。而“第一种形态”占比从 2017 年第一季度的 51.7% 增长到了 63.6%。

一年来，纪委监委围绕“监督”这个首要职责，在运用“第一种形态”上更下功夫，把纪律挺在前面，通过谈话函询使红脸出汗、咬耳扯袖成为常态，严肃党内政治生活、强化日常监督，使得党员干部、公职人员少犯错误或者不犯错误，真正体现严管就是厚爱。

2019 年 1 月 13 日，中国共产党第十九届中央纪律检查委员会第三次全体会议公报发布。公报指出，在党中央的坚强领导下，各级纪检监察机关牢固树立“四个意识”，深入学习贯彻习近平新时代中国特色社会主义思想，联系实际学、持续跟进学、融会贯通学，贯彻落实党的十九大全面从严治党战略部署，推动纪检监察工作取得新成效。把党的政治建设摆在首位，坚决维护习近平总书记党中央的核心、全党的核心地位，坚决维护党中央权威和集中统一领导，检查党的路线方针政策和党中央重大决策部署贯彻落实情况，确保党中央政令畅通。一体推进党的纪律检查体制改革、国家监察体制改革和纪检监察机构改革，全面完成各级监委组建和人员转隶，实行纪委监委监督检查和审查调查部门分设，创新派驻监督体制机制，加强法规制度建设，推动纪法贯通、法法衔接。① 深化政治巡视，坚持发现问题与整改落实并重，常规巡视与专项巡视结合，探索建立巡视巡察上下联动监督网。持之以恒落实中央八项规定精神，抓住重要时间节点正风肃纪，集中整治形式主义、官僚主义，巩固拓展作风建设成果。提高纪律建设的政治性、时代性、针对性，带头学习贯彻新修订的党纪处分条例，深化运用监督执纪“四种形态”，强化日常监督，精准追责问责。保持惩治腐败高压态势，“打虎”“拍蝇”“猎狐”多管齐下，推动改革、完善制度、强化教育，不断深化标本兼治。专项治理扶贫领域腐败和作风问题，严查民生领域违纪违法行为，严惩黑恶势力“保护伞”。加强纪检监察机关党的政治建设，增强履职本领，强化自我监督，以过硬作风和本领扎实推动各项工作。在肯定成绩的同时，全会分析了纪检监察工作面临的形势和存在的问题，要求高度重视、认真解决。②

---

① 参见中国反腐败司法研究中心：《用“四个足够自信”汇聚反腐败磅礴伟力》，载《求是》2016 年第 18 期。

② 参见《中国共产党第十九届中央纪律检查委员会第三次全体会议公报》，载人民网，最后访问日期：2019 年 1 月 14 日。

六、新起点上的反腐探思

2019年是中华人民共和国成立70周年，也是执政的中国共产党不忘初心、拒腐防变、持续反腐倡廉的70年。分析中华人民共和国成立以来特别是十八大以来反腐败斗争实践经验并进行理论概括，对于新时代新起点上书写人民满意的反腐败答卷，具有重要的现实意义和深远的历史意义。新起点上的反腐探思，可以从以下七个方面寻求答案。

（一）必须坚持党对反腐败斗争的领导，强化各级党委主体责任

中国反腐70年特别是十八大以来的历程证明，党的领导是反腐败斗争根本保证。古今中外反腐实践证明，历史周期律不只是中国历史上的兴衰治乱、往复循环，也是世界政党政治中执政在野、上台下台的历史写照。中国共产党之所以能够不断地破解历史周期律的魔咒，就在于能够以自我革命的勇气和壮士断腕的精神，在刮骨疗毒中解决了自身在思想作风和消极腐败等方面存在的问题，才能一次又一次实现了凤凰涅槃。中国特色社会主义最本质的特征是中国共产党领导，中国特色社会主义制度的最大优势是中国共产党领导，党是最高政治领导力量。在我国，领导反腐败斗争的重任，只能由中国共产党来承担。

党对反腐败斗争的领导首先是思想和政治领导。十八大以来，我们党关于党风廉政建设和反腐败斗争的全部理论，以回答为什么必须反腐败作为逻辑起点，并把这一思想贯穿始终。打铁必须自身硬。党要团结带领人民进行伟大斗争、推进伟大事业、实现伟大梦想，必须毫不动摇把党建设得更加坚强有力，毫不动摇反对腐败。我们党坚持用这一思想武装全党，引领人民，使全党和全国人民认识到，反腐救亡是实现中华民族伟大复兴的必然要求，是一场输不起的斗争，必须决战决胜。面对腐败易发多发的严峻形势，我们党和党的领袖的态度、决心、勇气，不仅是决定反腐败斗争胜负的关键，而且是克腐败而制胜的强大动力。

党对反腐败斗争的领导必须落实在主体责任上。习近平总书记强调，在新的历史条件下，坚持党对反腐败斗争的领导，必须全党动手，细化责任、以上率下，层层传导压力，级级落实责任；但首要的是落实党委主体

责任。主要是加强领导，选好用好干部，防止出现选人用人上的不正之风和腐败问题；坚决纠正损害群众利益的行为；强化对权力运行的制约和监督，从源头上防治腐败；领导和支持执纪执法机关查处违纪违法问题；党委主要负责同志要管好班子，带好队伍，管好自己，当好廉洁从政的表率。习近平总书记还提出，各级党委书记要尽到反腐败"第一责任"，对重要工作亲自部署、重大问题亲自过问、重要环节亲自协调、重要案件亲自督办。这些重要论述表明，在这个事关党和国家生死存亡的重大问题上，必须说明白话、做明白事、做明白人，把主体责任记在心里、扛在肩头、抓在手上。落实党委主体责任和书记第一责任，既抓住了反腐败斗争的"牛鼻子"，又抓住了反腐败工作的整个链条，对于推进反腐败斗争具有重大意义。

（二）必须坚持以人民为中心，把党的自我监督和群众监督结合起来

以人民为中心是由反腐败根本价值取向决定的。党的十一届三中全会，果断地把党和国家的工作重心从以阶级斗争为纲转向以经济建设为中心。党的十八大之后，党中央明确提出了以人民为中心的发展思想。反腐败，对于中国共产党这个把以人民为中心铭刻于心的政党来说，是一个永恒的主题，正是有人民这一最深厚、最强大、最坚强的不竭力量之支持，我们党才能一次又一次地打赢反腐败这场正义之战。

习近平指出："腐败问题对我们党的伤害最大，严惩腐败分子是我们党心民心所向，党内决不会允许有腐败分子藏身之地。这是保持党同人民群众血肉联系的必然要求，也是巩固党的执政基础和执政地位的必然要求。"坚决查办案件，不是要和什么人过不去，而是要严肃法纪。如果是你先同党和人民过不去、同党纪国法过不去，而我们不讲原则让你过去了，党和人民、党纪国法是不会答应的。并强调"必须着力解决发生在群众身边的腐败问题，认真解决损害群众利益的各类问题，切实维护人民群众的合法利益"。这一系列重要论述，不仅直观地展现了中国共产党人全心全意为人民服务的宗旨意识，更是体现了中国共产党人真挚为民的政治情怀，体现了人民利益至上的价值追求。

坚持以人民为中心，不仅要保持对人民的赤子之心，坚持工作重心下

移，扑下身子深入群众，面对面、心贴心、实打实做好群众工作，着力解决群众反映强烈的突出问题。同时要紧紧围绕人民群众对党员干部和公职人员的监督，积极推动党内监督主体和人民群众互动，积极推动党内监督和人民群众监督内容贯通，积极推动党内监督和人民群众监督形式对接，积极推动党内监督和人民群众监督机制协调，不断增强党员干部和公职人员自觉接受监督意识，养成在党组织和人民群众监督之下工作、生活习惯，真正做到把党内监督和人民群众监督相结合起来。要创新监督方式手段，促进党内监督和人民群众监督的有机融合、精准高效。要适应新一轮科技革命兴起，特别是移动互联网、物联网及云计算、大数据、人工智能的发展，广泛发动人民群众运用网上监督、网上举报等多种形式，积极畅通人民群众建言献策和批评监督渠道，充分发挥群众监督、舆论监督作用，形成人人要监督、人人愿监督、人人敢监督的良好氛围。

（三）必须坚持标本兼治方针，制定实施管用的反腐败战略策略

标本兼治作为反腐败斗争的基本方针，体现了腐败治理的基本规律。中华人民共和国成立70周年特别是十八大以来反腐败实践证明，什么时候治标和治本的关系处理得好，反腐败斗争就会取得令人民满意的实效。而既往反腐败斗争成效不尽人意，恰恰是在治标与治本的关系上出了问题。党的十八大以来，我们党始终坚持治标不松劲，不断以治标促进治本，既猛药去疴、重典治乱，也正心修身、涵养文化，守住为政之本，将治标与治本有机统一于反腐败工作实践，实现了由腐败与反腐败胶着形态到取得反腐败压倒性胜利的转变。事实说明，坚持标本兼治的基本方针，就要坚决克服治标忽视治本或治本忽视治标的片面思维模式，防止把治标与治本对立起来、割裂开来，坚持马克思主义唯物辩证思维。在实践中坚持以打促防、惩防并举，做到惩治腐败力度决不减弱、零容忍态度决不改变，坚决铲除腐败这个致命的“污染源”；以驰而不息的恒心和韧劲，做到治标不松劲，不断以治标促进治本。

反腐败标本兼治必须制定和实施管用的战略策略，这是中华人民共和国成立70年来特别是党的十八大以来的重要经验。党的十五次代表大会确立了“党委统一领导、党政齐抓共管、纪委组织协调、部门各负其责、依

靠群众的支持和参与”的反腐败领导体制和工作机制，为新时期反腐败斗争奠定了坚强的组织保障。党的十八大以来，我们党确立了现阶段以治标为主，为治本赢得时间、赢得主动的战略决策。并立足于反腐败斗争永远在路上科学判断，提出了从不敢、不能到不想的三步走战略布局。反腐败“三不”战略的确定和责任主体的强化，从根本上解决了新时期反腐败工作“船”和“桥”的问题，使中国特色的反腐大业由此走上了稳步推进、科学发展的道路。

坚持标本兼治的基本方针，要正确处理反腐败各要素间的重大关系。比如，在作风建设与惩治腐败的问题上，认清前者是固本强基之举，后者是刮骨疗毒之策；在拍“苍蝇”和打“老虎”的问题上，认清只打“老虎”不拍“苍蝇”就会养痈遗患，只拍“苍蝇”不打“老虎”就会越反越腐；在建章立制与制度执行的问题上，认清前者是反腐的基础，后者是反腐的关键；在国内反腐与国际反腐的问题上，认清腐败是全世界的共同敌人，切实加强反腐败国际合作，决不让国外成为腐败分子的避罪天堂；在反腐败体制机制上，既用好监督执纪“四种形态”，又用好“巡视巡查”和“派驻全覆盖”等行之有效措施；在反腐败法治资源上，既要坚持把纪律挺在前面，又要充分发挥刑事法律的治理功能，既要从严惩治贪污贿赂等职务犯罪，又要贯彻认罪认罚、宽严相济的原则等，不断增强反腐败斗争的系统性、创造性和实效性。

（四）必须坚持良法善治，用法治思维和法治方式惩治腐败

中华人民共和国成立70年来反腐败斗争的历史演进，从某种意义上说是一个从重“人治”走向重“法治”的探索过程。党的十八大以来，习近平关于“善于用法治思维和法治方式反对腐败，加强反腐败国家立法，加强反腐倡廉党内法规制度建设，让法律制度刚性运行”的重要思想得到较好贯彻，依法治国方略在反腐败工作领域得到重要体现，中国反腐由此迈向法治反腐新征程。法治反腐就是通过制定和实施法律，限制和规范公权力行使的范围、方式、手段和程序，创设公正、透明的运作机制。法治具有根本性、全局性、稳定性和长期性，法治反腐是反腐败思想观念、体制机制、方式抓手的重大变革，是有效遏制腐败的必由之路。而推进法治反

腐重要抓手，就是党的十九大报告中提出的“良法善治”，这既是深化依法治国实践的客观要求，又是用法治思维和法治方式反对腐败的必然要求。

法治反腐要加强“良法”建设。十三届全国人大一次会议通过的《中华人民共和国宪法修正案》，从指导思想、领导体制和机构设置上为反腐败斗争提供了最高的法律保障。新制定的《中华人民共和国监察法》取代了《中华人民共和国行政监察法》，通过将监察对象扩大到所有公共权力机关及其公务人员，实现监察对象全覆盖。扩大监察范围，明确监察职责，赋予监察机关更加有效的监督方式，从而汇集和表达人民群众的反腐意志和期待，形成与惩治和预防腐败相适应的强有力的法律利器。在此基础上，要以监察法为基础，制定与之配套的法律法规。不断提高立法的针对性、及时性、系统性、可操作性，形成完备的反腐败法律规范体系和党内法规体系，高效的法治反腐实施体系，严密的法治反腐监督体系，有力的法治反腐保障体系。

实现反腐败的“善治”，就是要提高执纪执法的科学性和有效性。纪检监察机关要依纪依法把监督执纪问责与监督调查处置贯通起来，不断提高运用批评教育、组织处理、纪律处分、立案审查“四种形态”的能力和水平。坚持在运用第一种形态上下功夫，抓早抓小、动辄则咎，让“红红脸、出出汗”成为常态。运用好第二种、第三种形态，对大多数轻微违纪违法者施以党纪政务轻处分，少数违纪违法者施以党纪政务、重大职务调整等重处分，体现党的“惩前毖后、治病救人”的方针。在第四种形态对涉嫌严重职务违法和职务犯罪的极少数，既要态度坚决依法惩治，又要实现监察执法与刑事司法的有效衔接。在查办职务犯罪过程中，坚持以程序正义为基础，以实体公正为主导。强调客观公正地查办案件，尊重和保障嫌疑人的合法权利。要认真研究和准确把握法律政策界限，增强办案的客观性和准确性，确保案件经得起历史检验。

（五）必须坚持改革与法治“双轮驱动”，健全反腐败治本措施

中国特色社会主义伟大事业有两大主题，一是改革开放，一是依法治国。两大主题有着内在的必然联系：一方面，改革开放的伟大实践产生了

对法律的需要，推动了法治的建设和发展；另一方面，法治适应了改革开放的需要，为改革开放保驾护航引航。要坚持在法治下推进改革，在改革中完善法治，使改革因法治而得到有效推进，使法治因改革而得到不断完善；坚持改革决策和立法决策相统一、相衔接，把改革决策同立法决策结合起来，将改革和法治同步推进。法治框架下的反腐败斗争，既是法治的必然要求和法治的重要引领，又是深化改革的重要保障和深化改革的重要内容。坚持改革和法治的“双轮驱动”，就意味着要坚持深化改革和法治反腐的“双轮驱动”。

全面深化改革是反腐败源头治本的根本举措。改革开放40年来，无论是经济体制改革还是政治体制改革，都涉及优化公共权力的合理配置，压缩权力腐败的空间这一重大课题。我国权力结构和运行机制总体上符合我国国情，但也必须看到，我国的权力配置和结构不尽科学，决策权、执行权和监督权之间有的没有形成有效制约，有的权力过于集中，有的权力边界不清晰，有的权力缺乏法律规范，有的权力监督制约乏力，各种监督不能形成有效的合力等。这些问题的存在，凸显我国“把权力关进制度的笼子里”的体制、制度和机制建设刻不容缓。党的十八届四中全会提出，“必须坚持用制度管权管事管人，让人民监督权力，让权力在阳光下运行，是把权力关进制度笼子的根本之策。必须构建决策科学、执行坚决、监督有力的权力运行体系，健全惩治和预防腐败体系”，“要形成科学有效的权力制约和协调机制，加强反腐败体制机制创新和制度保障，健全改进作风常态化制度”。在全面深化改革过程中推出重大改革举措共计230多项；有效破除束缚依法治国和法治反腐实践的体制机制障碍，在很大程度上解决了立法不良、有法不依、执法不严、司法不公、权力腐败、监督疲软、人权保障不力等突出问题。

完善反腐败治本措施必须在新的起点上深化监察体制改革。党的十九大提出构建集中统一、权威高效的国家监察体系，把组建国家监察委员会列在深化党中央机构改革方案的第一条，形成以党内监督为主、其他监督相贯通的监察合力。经过一段时间努力，国家监察体制改革已经显示出多方面成效：加强了党对反腐败工作的集中统一领导，优化了反腐败资源配置，实现了党内监督和国家监察、依规治党和依法治国的有机统一；实现了对公权力监督的无死角、全覆盖，解决了过去党内监督和国家监察不同步、部分行使公权力人员处于监督之外的问题；新体制的治理效能充分发挥，不敢腐、不想腐、不能腐的标本兼治综合效应更加显现。

（六）必须坚持统筹“两个大局”，提高反腐败国际合作能力

统筹国内法治和国际法治两个大局，是我国法治建设的成功经验之一。20 世纪 90 年代开始的中国加入世界贸易组织的谈判，为我国法律与世界规则衔接、融入法律全球化提供了前所未有的契机。截至 2019 年 1 月，我国已经与法国、意大利等 50 个国家签署了双边引渡条约，签订多项民事、刑事司法协助条约等反腐败国际条约，加强了以追逃追赃为重点的反腐败国际合作。十八大以来，以习近平同志为核心的党中央审时度势，以构建人类命运共同体为目标，以推动全球治理体系和治理规则变革为动力，秉持共商共建共享的全球治理观，建设国际法治，推进国际关系法治化。站在全球腐败治理的高度，构建国际反腐合作网络，消弭反腐合作中的各种分歧和制度差异、地缘政治争端，为国际反腐败事业贡献中国智慧。2016 年 G20 杭州峰会《二十国集团反腐败追逃追赃高级原则》的一致通过、G20 反腐败追逃追赃研究中心的成功设立、《二十国集团 2017—2018 年反腐败行动计划》的切实制定，以及亚太经合组织会议上《北京反腐宣言》的共同发布、反腐执法合作网络在中国的落户，无不体现了中国基于共同遏制和全球治理腐败的目标共识，构建国际反腐败新秩序展示出的强大国际影响力。

反腐败国际合作的实践证明，加强国际合作必须抓好对国际条约等法律规范的研究和实施。在反腐败执法中，加强职能部门与有关国家、地区、国际组织在调查腐败案件、抓捕外逃涉案人等方面紧密配合，确保国际刑警组织发布“红色通缉令”等执法措施及时高效。在引渡实施中以双边条约、多边条约或互惠为基础，积极争取涉案人所在地国的支持，将涉案人引渡至国内进行追诉和处罚。在司法协助上根据双边条约、多边条约或以互惠为基础，在对条约或协定等所涵盖的犯罪进行侦查、起诉和审判的过程中，相互提供最广泛的司法方面的协助。在“被判刑人的移管”上，依据本国法和我方提供的证据，对我国外逃人员进行定罪判刑后，将

该外逃人员移交我国服刑。在资产追回上，对贪污贿赂等犯罪嫌疑人携款外逃的，通过与有关国家、地区、国际组织的合作，追回犯罪资产。在信息交流上，与有关国家、地区、国际组织之间，发展和共享有关腐败的统计数字、分析性专门知识和资料，以及有关预防和打击腐败最佳做法的资料等。

加强国际追逃、追赃和防逃工作，是反腐败国际合作的基本要义。“国际追逃”要充分运用双边条约、多边条约或以互惠为基础，将涉嫌犯罪人员引渡至国内进行追诉和处罚。同时运用好遣返、劝返、异地起诉等引渡之外的替代措施。通过剥夺外逃人员居留地位并强制遣返至我国或第三国，外逃人员被定罪判刑后强制遣返、递解回国接受法律制裁，对外逃人员进行说服教育，使其主动回国接受追诉、审判或执行刑罚等实现追逃的目的。“国际追赃”要多策并举，包括：通过提请赃款赃物所在国查询、冻结、扣押、没收、追缴、返还涉案资产，组织受害人或受害单位在赃款赃物所在地国，通过民事诉讼方式追回犯罪资产；在我国国内启动违法所得特别没收程序，“国际防逃”要完善防逃措施，做好对党员领导干部个人有关事项报告情况的抽查核实。执法司法机关要设置防逃程序，对重点对象及时采取监控措施，让企图外逃分子“触网”回头。

（七）必须坚持忠诚干净担当，加强反腐执法执纪队伍建设

加强反腐败执法执纪队伍建设，是中国反腐特别是十八大以来探索前进的力量保障。习近平总书记指出：“纪检监察干部要增强专业能力，强化纪法思维特别是程序意识，主动接受组织监督，在遵纪守法、严于律己上作表率，做党和人民的忠诚卫士。”这充分说明从事反腐败的纪检监察工作，既是政治性很强的专业工作，又是专业性很强的政治工作。在反腐败斗争进入巩固发展压倒性胜利的新时代背景下、必须把政治建设和专业化建设统一于反腐败执纪执法机关自身建设实践中，打造不负时代的反腐败执纪执法铁军。

反腐败执纪执法者必须讲忠诚。对党的绝对忠诚，要害就在于“绝对”两个字。忠诚不绝对，就是绝对不忠诚。绝对忠诚，就要把忠于党的领导核心作为各项工作的价值皈依，在政治立场、政治方向、政治原则、

政治道路上同党中央保持高度一致，把对党的绝对忠诚、对人民的绝对忠诚、对宪法法律的绝对忠诚结合起来。而“监督者”的角色设定注定其属于“孤独类人群”，工作性质决定了他们必须要守住“干净”这个底线。对于执纪执法者而言，勇于担当既要在面对难题时勇于承担，不临阵脱逃，自己的问题要自己负责，用独当一面的面貌去面对挑战；又要在处理问题时有勇气有气魄，拿得起放得下，用新思维新方法去应对，不陷入故步自封的泥潭沼泽。在实践中不断提升能力水平，秉持执法为民的情怀，就能确保惩恶扬善的反腐利剑永不蒙尘。

纪委监察委在党和国家机构体系中是唯一的专责机关，专责机关不仅强调监察委的专业化特征、专门性职责，更加突出强调了监察委的责任，行使监察权不仅仅是监察委的职权，更重要的是职责和使命担当。因此，对于国家监察委的工作人员，应当建立一套与专责机关的工作职责相匹配的监察官制度。既要探索建立纪检监察干部资格准入制度，稳妥推进监察官制度建设，确保新进人员具备基本的专业素养和专业能力。又要严肃试用期考察的初衷，避免“走过场”，在实际工作中检验纪检监察干部工作能力，坚持德才兼备标准，完善试用期考察制度。还要加强对纪检、监察、法律等方面专业知识的考试，完善公平竞争、择优录取的选拔机制。同时，对纪检监察干部专业能力的考察，应严格按照选用标准和程序，注重遴选具有纪律、法律等专业知识储备的人员，完善纪检监察干部队伍的年龄结构、专业结构、知识结构。只有这样，才能适应反腐败法治化规范化的需要，肩负起宪法法律、党章党规赋予的法定职责和使命。

“路漫漫其修远兮，吾将上下而求索。”在时代是出卷人、我们是答卷人、人民是阅卷人的反腐败新征程上，必须时刻秉持不忘初心、砥砺前行的精神，牢记“永远保持谦虚、谨慎、不骄、不躁的作风，永远保持艰苦奋斗的作风”的教诲，以作风建设永远在路上，全面从严治党永远在路上，反腐败斗争永远在路上的坚韧和执着，在一次又一次时代是出卷人的考试中，努力交出令人民满意的优异答卷！

后　记

党的十八大以来，以习近平同志为核心的党中央以强烈的历史责任感、深沉的使命忧患意识和顽强的意志品质，率领全党全军全国各族人民，开创了中国特色社会主义伟大事业的新局面，取得了一系列具有重要现实意义和深远历史意义的成就，实现了党和国家事业的继往开来。若要问这几年党和国家工作中最大的亮点、最得人心的是什么，最具共识的回答一定是：反腐败！

本书《迈向新时代的反腐答卷》，就是在对中华人民共和国成立70年反腐败斗争的历史经验进行总结的基础上，对十八大以来反腐败斗争进行的实践总结和理论探讨。力求从新理念、新思想、新战略、新动能、新法度、新成效等多重纬度，展示迈向新时代我们党和国家自我革命的最新成果。从理论与实践的结合上论证在反腐败这场输不起也不能输的斗争中，我们党书写的令人民满意的时代答卷。

作为国家社科基金特别委托项目“习近平反腐败战略思想研究”的课题成果，本书的调研写作得到了中纪委、中宣部、最高检、中央党校、中央文献研究室、中国社科院、北京大学、中国人民大学等机构的领导专家的指导和支持。吸收了邵景均、运新宇、齐民、汉鸿、贾亮、宋玉波、杨大庆、胡守勇、李欣平、李雪勤、孙志勇、孟庆海、邓联繁、蔡常青、麻秀荣、徐理响、李志强、何忠国、张晓明、殷兴斌等专家学者的相关成果。湘潭大学课题组和法治反腐科研团队的张永红、吕晓刚、林艺芳老师，张咏涛、李世锋、刘峰、李春阳、杨立邦、马少猛等博士生参与了资料收集和相关写作工作。湘潭大学出版社对本书的出版给予了高度的重视和支持，黄琮编辑对本书进行了认真细致的质量把关，从而使本书得到了国家出版基金的项目资助。在此深表感谢！

吴建雄

2019 年 10 月